難民紙

滇逃泰緬國軍老兵口述史

周浙平 —— 著

（修訂版）

崧燁文化

一九五〇年二月，國共內戰尾聲，國軍殘部攜裹大量家眷，潰逃入境緬甸、泰國，此後十餘年，雲南農民不斷有人過境加入，為了獲得一張難民紙，他們整整掙扎了二十年。

目錄

題記

　　一九五〇年二月，國共內戰尾聲，國軍殘部，攜裹大量家眷，潰逃入境緬甸、泰國，此後十餘年，雲南農民不斷有人過境加入，為了獲得一張難民紙，他們整整掙扎了二十年。

內容簡介

一九四九年十二月二十九日，身處訪問莫斯科的毛澤東致電劉少奇，要劉伯承、鄧小平先頭部隊阻擊李彌、余程萬向越、緬前進。次年二月九日李、余部李國輝率部過境緬甸。從一九五〇年至一九五三年，雲南耿馬、鎮康、保山、永德、龍陵、騰衝、西盟、盈江等數縣地方不斷有領導人率民眾武裝及家眷過境與李國輝部匯合。

李彌受蔣介石指令，由臺至緬將原國軍及雲南地方武裝總編為反共救國軍，駐蹕緬甸。復遭緬甸政府反對，蔣介石不得不遵聯合國決議於一九五三年十一月至十二月將李彌部及家眷撤離至臺。以李文煥、段希文率領的地方武裝及家眷為骨幹的群體不願遠離家鄉，繼續與緬甸政府周旋。一九六〇年與入境的共軍又戰，後轉至泰北生存。

七十位老兵或家眷的口述者講述了這一段他們身臨其境的遭遇。他們堅守在可望不可及家鄉的山林中，國共兩方都不待見他們，泰國也不承認他們，為生存他們與各路人馬交火搏擊，參與到金三角這個世界最大毒品市場中撈生活，支持他們的信念就是為了一點點自由，不願在大陸受苦，也不願意為國民黨利用。直至一九七〇年，泰國政府決定承認他們的「軍事難民」身分，前提是為當局服務，替政府去打擊寮共。他們同意了，既不是中共批准的，也不是民國同意的，他們做了一次自己的主。仗打勝了，泰國皇帝賜姓，批准這些老兵可以入籍了。他們後代生活隨之發生變遷。

但何以為家？依然是繞不開的思緒。

作者簡介

　　周浙平，一九四八年出生。獨立觀察者。長期傾心中國農民生活現實。他堅持採用訪談原始記錄翻記的方法，完成多部農民口述史，有《影像中的『文革』農村》（二〇一二），《周浙平文獻攝影集》（二〇一八）、《酸刺林》（二〇一九）、《無花果》（未刊稿）。

前記：他們想說，沒有機會

▌訪塘窩村 [1]

　　馮玉中、李振鳳夫婦像事前約好，一直在等著我，是為了見證六十年前的那次罹難。

　　二〇一一年十二月九日，在泰國羅勇府東海岸工業區，為家鄉金海公司海外工廠採集人類學影像資料，與馮玉中、李振鳳夫婦偶遇。丁壁贇告訴我，幾年前他去泰北清邁招工，有人告訴他在差巴干縣、清佬縣有一些散落在北部山區的華人村，有華人居住。丁的第一個念頭就是何不招些華人，幫他們改變生活現狀。華人開的工廠，幫華人，是正理。丁壁贇盡可能的克服了在泰、緬居住華人的身分障礙，招了二十餘人進廠。隨著中國人去泰旅遊人數增加，華語導遊成為較好的職業選擇，泰北的華人難民後裔，具有語言資源，進入者眾。金海廠的華工也去了不少，可偏偏馮玉中、李振鳳還在，交談中得知，他們的母親仍健在，住在塘窩村，兩人的父輩都是老兵，屬原國軍三軍。我們相約在塘窩見，尋覓那段往事。

　　事物纏身，一直無法成行。三年後，馮玉中、李振鳳也去做導遊了。丁壁贇透過另一位金海廠的華工李新國，聯繫上她的妹妹李仙香，她剛從臺灣回到塘窩，在旅遊旺季幫助父母打理小店生意。阿香很熱心，接受了安排訪問塘窩村的計劃，終於使這次訪問落到實地。

　　二〇一四年十二月一日，我和幼勤乘航班從北京出發，當晚十一點到達清邁。雖近半夜，阿香和她的兩位朋友早已等在機場門口。無拘束的相見，沒有一絲生疏之感，住進酒店後，還一起到路邊的小攤，每人吃了一碗米粉。阿香的朋友也是華人後裔，一位是老兵的後代，她的男友是苗族的後代，正如此，他們在清邁做苗族服飾的生意。他們特意告知，明天不能陪我們去塘窩表示歉意，一對令人愉快的伴侶。

　　第二天一早，阿香已租好一部車等在那裡。經過四小時的路程，途徑兩道哨卡，有泰國軍警執勤，盤查沒有得到政府批准走出山區的少數民族社群人員，包括華人

1　凡書中使用的緬甸、泰國地名譯名，均採用中國地圖出版社二〇一五年修訂出版的世界分國地圖《緬甸》、《泰國》。圖中未標明的地名，採用音譯。

難民，還有一項任務是盤查有無販毒者出入。下午一點，到達塘窩村。我們就住在阿香父母家，那是一棟三間平房，是一九八二年起中華救助總會組織的泰北難民村工作團資助建起的，約四十五平方公尺左右，一堂兩室。我和幼勤住的那間是其中一室隔出來的，除了放一張兩人床外，只有二平方公尺空地，剛好放一只床頭櫃式的小桌。阿香家的老屋，現在用作廚房。那是用竹、木板拼接圍成的房子，不分間隔，板縫足以採光，地面與外面沒有差別，如遇雨季，怕是難熬。在接後的訪問中，仍見有人住在這樣的茅屋中。從中可以看出，前三十年的難民生活如此一斑。

當天下午，我們就開始了訪問。第一位接受訪問的就是阿香的媽媽鄧聰美，接下訪問她的爸爸李橋林。李橋林曾是三軍軍長李文煥的勤務兵，日常負責接待各級到軍部談工作的軍僚們，人頭熟，在接下來的訪問，大部分是他安排的。遠些的村子，坐一輛租村民的小貨車，近些的村子，李橋林騎摩托車載著往來。訪問安排得很密，在十五天的訪問中，共訪問了五個難民村，老兵六十位，當年為軍隊服務的馬夫一位，老兵後代九位。錄音時間三十四小時。

十二月十六日，專程訪問了五軍的中心村美斯樂，參觀了救總建的泰北義民文史館，並在老兵後代開的餐館、家庭旅店吃飯、過夜，有些接觸。

十二月十九日，返回北京。全程十九天。

▊義民文史館

泰北義民文史館，由臺灣的中華救助總會倡議並撥款建成，二〇〇四年二月竣工。此館為「中國宮廷式建築」群，正殿為「英烈紀念館」，擺放著國軍官兵的靈位，用於祭祀。東西兩側偏殿為文史資料館，主要陳列品為救總的活動照片和資料，及國軍的一些遺物。建文史館的「首要意義在使當年浴血奮戰，為國捐軀官兵之英靈得所安息；榮光遺族，激勵忠貞，使先人的奮鬥史實永存典範。」離塘窩村約兩公里處也有一處待建的工程，以供奉三軍的已逝官兵。另外，在熱水塘新村、美斯樂村分別建有李文煥、段希文的大型陵墓。北京的共和國政府，臺灣的民國政府，均為中國政治內義，遵循同一傳統，雖有立場相異，內戰中共解放軍戰死的官兵與國軍戰死的官兵，可謂處置樣式一致。

文史館所占的九千六百平方公尺土地由美斯樂難民村撥出，救總撥資一千三百三十萬泰銖。黃瓦白牆的宮廷式建築，直接可以聯想到古今的陵墓習俗。

古有秦始皇陵，至清東、西陵，現有民國的中山陵，至中華人民共和國的紀念堂，再就是數不清的王、侯、將、相之墓、委員、將軍之墓。所建之墓陵無不顯現出這些達官顯貴的地位、財富。這些墓葬的遺存，還滋生出考古學的重要構成，還生成了盜墓者的營生。至於在他們生前統治下的平民墓穴，考古學者和盜墓者是從不問津的。英烈館儘管也擺滿了官兵的靈位，可誰知他們及家眷親人的屍骨何存。當我們剝去古代的儒學、現代的主義，誰能看出這些官陵的區別。當統治者上位即著手建造的墓穴，至死後躺進去，告知國人的是權力和財富的遊戲規則，生前死後，權力和財富都是他們的。他們主張、營運、維護的秩序，千古如是。

在塘窩村訪談中，曾聽到一些老兵，對捐資建李文煥墓，及未建成的英烈館頗有微詞，他們在言談中表達的不是反對，而是遲遲未建成，或建得不理想。對他們的思維方式，可以理解為對從古至今的達官顯貴的陵墓習俗理應如此，權力和財富理應屬於他們。如此荒謬的邏輯為何數千年不改。孔丘解：君子喻於義，小人喻於利。他把那些輝煌陵墓裡的人歸為君子，有權、有財是得道而來，是為義。平民只為貨利，柴米油鹽，不得道，只配稱小人。君子們奉孔丘為聖人是可以理解的，對人說教他們獲得權力和財富是正義的。可小人們也跟著起鬨供奉這位吹鼓手。民國以來革命者要打倒孔家店，推倒孔丘這尊泥菩薩，但照舊造陵建墓。革命者的正義是平等，實在是權力和財富的遊戲規則修改了嗎？中山陵、紀念堂，義民館昭示的是新秩序嗎？在一家家老兵的探訪中，確有依賴在市場獲得財富而改善其生活的事實，但大部依然是舊長官們的居所鶴立雞群，他們不說財富的來源，也不便深問。千古不變的是人性，不論君子、小人，都有欲，如何滿足，規則由誰來定，在美斯樂文史館看到的，依然是古例，所謂稱「義民」，不過是現代廣告而已。

在文史館的管理處，購得四本關涉泰北難民史的文獻，雖都是拷貝本，不是原版書，但不妨使用。很有意思的是這四本文獻代表了四種不同的歷史敘述。按出版時間排列，《異域》，柏楊著，一九六一年先由臺北《自立晚報》連載，隨即由平原出版社出了單行本，後又經星光、遠流出版社重印，一時成為銷售六十萬冊的暢銷書，影響頗廣，是媒體人的歷史敘述。《異域行泰北情》，石炳銘著，二〇〇八年十一月由中華救助總會出版，是救總在泰北的工作記錄，為政府團體人的歷史敘述。《金三角國軍血淚史（一九五〇～一九八一）》，覃怡輝著，二〇〇九年九月由中央研究院聯經出版公司出版，十一月二次印刷，是政府學術機構學者人的歷史敘述。《從戰亂到安定》，鄧國雄訪錄，是一本既有引用被訪者原語，也有訪問者

敘述的間雜陳述的訪談歷史敘述。不知是拷貝的疏漏，或有其它原因，不知出版者與問世時間。

古往今來，英國雖早在十六世紀廢除出版許可，但現實中各國政府主導的歷史敘述仍占據著主流地位，不論是以學者面貌顯現，還是以政府機構操作。數千年來，人類的歷史知識大都是這樣的歷史敘述灌輸而來。同時，民間流傳的歷史敘述也從未間斷，令人遺憾的是少有文獻傳世，所以有人說多數人是沉默的。以前述四本文獻與本次訪談記錄的區別為例，做個比較分析，民間的歷史與官造的歷史有何異同，及各自存在的意義。

先說柏楊的《異域》。葉明勛在一九六一年八月一日寫的首版序中，談到書稿的來源，是「本報社（臺灣《自立晚報》）駐曼谷記者李華明於去年（一九六○年）從泰國寫來一稿，書名為《血戰異域十一年》（即《異域》），原作者鄧克保。」「鄧克保一字一句，都是英雄眼淚。」（頁七）四十八年後，覃怡輝指出《異域》中「杜撰的第一人稱主角李彌的副官鄧克保，是一百分之百的『假人』」。而化名鄧克保的作者「柏楊先生，並未一履異域，亦未參與異域事，而摭拾不實不盡的一些資料，化名鄧克保，逞其生花之筆，寫成《異域》一書，風行一時，但所描寫，遠離事實，亦不少曲筆，大為異域人士所詬病！」二○○○年十一月，遠流版的《異域》在封面署名上正式標明了柏楊著。證明覃怡輝、李拂一並非虛言。

媒體為現代以來產生的宣傳物，主持者大體有政府或政黨一種，社團一種，商業一種。主持者決定了所辦媒體刊載宣傳物的立場。對所造宣傳物的製作，要實現盡可能讓受眾願意接收，否則難以實現宣傳的目標。至於媒體標榜的真實性、現場性，正是迷惑受眾的基本手段。《異域》即是一例。柏楊未到雲南、緬甸，未曾有軍旅之歷，以虛構鄧克保一人的經歷，活靈活現的再現十一年前的場景。這正是媒體遊戲中常見的。我在二○○九年十二月曾探訪緬甸克倫族聯盟總部營地，拍了數千張照片。除我外，現場並不見任何國家的媒體人。可在事後，各國媒體卻有大量新聞報導出現，全是道聽途說，如《異域》出籠一轍。

由於媒體主持者的背景原因，所載宣傳物從不存在歷史學者的中立。《異域》在報端連載，並出版的時間，正在國民黨執政的「白色恐怖」時期。能通過審查、發表、出書，唯一的理由，是《異域》符合國民黨意識形態的宣傳口徑。一九八七年臺灣「解嚴法」生效，柏楊先生在二○○○年還把《異域》編入自己的精選集。這正如借鄧克保所言，「我們不是替別人反共，而是替我們自己反共」。（頁

六〇）柏楊先生有如此濃重的黨派意識形態立場，他的作品怎麼能有歷史價值呢，不過是一件宣傳品。宣傳品對受眾灌輸的，正是政府、黨派所需要的，利用第三者的身分，加上「親臨現場的描寫」，更能蠱惑人心，達到政府、黨派不能及的效果。對於宣傳品的識別，很簡單，這世上就沒有真實、客觀的媒體，它要說的話，要表明的意思，一定是媒體人自己要講的。媒體的真實就是媒體人自己。正如《異域》是柏楊自己要說的，與泰北難民的歷史經歷無關。

石炳銘寫的《異域行泰北情》是一本救總在泰北工作實錄。救總原是臺灣民國政府的一個團體，後因臺灣政局變遷，改以民間社團面世，主要以救助境外華人為宗旨。自稱從一九五〇年啟，就開展了對泰北的救援工作，至二〇〇四年結束（頁四、頁一七）。實際救助工作應從一九八二年成立的《泰北難民村工作團》到達泰北算起。歷時二十二年。這從本書的老兵訪談中可以證實，一九五〇年至一九八二年間談不上有什麼實際工作落實。

書中的第一節內容就是對泰北難民村的界定。這是一個基本前提。最早進入泰北夜柿縣避難的陸軍眷屬是在一九五〇年六月至八月間。一九五一年三月，進入泰北清萊省夜柿、滿堂、老象堂、回海，及清邁省猛放邊境馬康山、萬養賀肥一帶，有幾百軍屬及平民。至一九七〇代後期，人數達六萬人，到二〇〇〇年代，增至七萬人，形成近百個難民村，分布在清萊省、清邁省、密豐頌省、達省。（頁一二）對於難民人數，在二〇一四年的訪談中有二十萬或三十萬人之說。

書中對難民的構成和來源分為兩類，一類是前雲南國軍的（軍人和）眷屬，另一類是為「逃避故國赤禍逃出國境的滇籍平民」，大多數經緬甸逃至泰國，少數有經寮國而來。這從訪談中可以證實，在土改運動、大躍進運動、文化大革命運動中都有出境者，其中也有為種罌粟者，專門越境。還有就是在難民社區有一個現象，難民間有親友關係，部屬關係的人不在少數，也符合投親靠友的習俗。

這個群體與歷史中國到緬甸、泰國、寮國、越南等各國人群的遷徙不同，是因一九四九年在雲南國共內戰引發的國軍外逃他國發生的，經過時間的演化，大部國軍官兵又分兩次撤臺，留在泰國並繁衍至今的難民還有內在的原因。這些人既不想去臺灣，也無法回雲南，這是其一。其二，中國、緬甸、泰國、臺灣間的關係變化，直接影響到難民的處境，生存空間漸漸有擴展。其三，難民基本屬於雲南籍，少數由緬甸遷來的，也是早年由雲南遷緬的華人後裔。鄉土情結難捨，中國改革開放後，難民回鄉探親訪友的很普遍，只要旅費可以籌措，都是老兵的第一選擇。

羅仕達[2] 說，中國政府曾不承認他們的難民身分。但泰方從指定美斯樂、大谷地等十三個難民村居住管理開始，（頁一二～頁一三）逐漸接納了難民的事實，並分期分批承認了難民、入籍、長期居住等身分，適當撥配給土地，放棄軍旅身分，不再從事鴉片販賣，軍事行動，最終形成移民的事實。

救總「受政府之託，承擔了該地區的救助工作」。就我在二○一四年所見範圍，修建有難民村連接公路，改建難民茅舍，架電，引水，建子弟學校，推廣農業技術，輸送難民子弟去臺灣讀大學等等。難民村可說是一塊飛地。歷史的弔詭是這些難民既是國共之爭的受難者，先是背井離鄉，冒險生存，後有臺灣方面的救助，改善了生存環境。二○一四年的羅仕達在訪談中，卻對國共雙方的歷史行為都沒興趣，他更關注未來，不止他一人，都談到中國的變化，並引起泰國政府的態度取捨，使他們感覺到異域華人的地位向好，例如原被泰國禁止在難民村開展華文教育，學中文還要偷偷進行，現在連一些泰國人的孩子都跑到難民村學校學中文了。

覃怡輝在《金三角國軍血淚史》的結論中，最後寫道：「國共兩黨在金三角地區的鬥爭，乃是兩黨在大陸鬥爭的延續。在這場延續了數十年的國共鬥爭，無論是在大陸的大戰場或是滇緬邊區的小戰場，國民黨雖然都輸給了共產黨，但是在最後的『三頭馬車時期』，爭氣的三、五軍終於戰勝了中共支持的泰國共產黨，這場勝利不但讓三、五軍的官兵及其眷屬贏得了泰國的公民權，就如同一個『中華之女』嫁入了『泰國之家』，終於得以結束那三十多年的流浪歲月，而且也使泰國人民能免於遭受一場臨頭的赤禍之害。總而言之，這一批曾先後奮戰於金三角地區的國軍反共游擊隊官兵，在他們背井離鄉之後，不是另去新的家鄉臺灣，就是入籍泰國為民，這可說是他們在歷盡滄桑之後，所得到的一個歡喜結局。」（頁三九三）

如果我們不僅限於覃怡輝的這個敘述國軍在滇、緬、泰邊境地區的歷史，考慮到本書訪談中的那些老兵的個人命運蹉跎，得出結論的就並非是一個歡喜結局。老兵和眷屬付出的代價，不是「政治正確」就可以忽略不計的。覃怡輝簡略的在書中探討了國軍在大陸的失敗原因，也披露了國軍入緬之後繼續延續國共鬥爭的指令來自蔣介石一人的執意，及臺灣民國政府對留緬國軍一些失誤的策令，上層軍官的貪腐，等等。但，終沒有擺脫政治正確的教科書框架，去關注人的命運，去關注老兵和眷屬的個人生計。他們的選擇是被迫的，誰也不願到異國他鄉，去得到一個所謂

2　每個難民村都有自治村委會，負責難民的內部事務。羅仕達是難民選出的熱水塘村自治會村長。

歡喜結局。造成這樣的結果，是國共雙方共同「努力」下完成的。無獨有偶，覃怡輝用「血淚史」來比喻國軍官兵及眷屬在緬、泰的經歷，中共在開展階級鬥爭教育時，也是要求民眾控訴舊社會（國民黨執政時期）三座大山下的「血淚史」。兩部「血淚史」實為一部史，大陸的階級鬥爭與臺灣的白色恐怖，能有什麼區別，不過你抓親國的人，我抓親共的人。值得慶幸的是接受訪談的第一人鄧聰美，就直白她二哥當年曾是中共的臥底，後遭國軍殺害棄屍河流的經歷。什麼都可以講了，不再忌憚，不再有暴力，世道變了。

　　覃怡輝假設「沒有鴉片，國軍就不可能在哪個地區生存」，他認為在書中沒有將鴉片與國軍的關係加以討論，「這實在是一個重大的失誤」，因此他在再版序中將「鴉片問題做一個分析，以化解大家心中的疑惑」。（頁 i）他敘述的李彌時期、柳元麟時期、段希文、李文煥時期都與鴉片有著直接、間接的依靠關係。（頁 Vi）意味從國軍進入緬甸、泰國境內始，至取消國軍軍人身分，從當地鴉片生意中獲保護費、稅，或直接販賣獲利，是不爭的事實。還應補充，鴉片的種植、加工、販賣在緬、泰、寮國及雲南長達一百五十年或者更長的時間背景，不應該忘掉的是十七世紀英國的「食人的帝國經濟」侵蝕印度後，為了追求高額利潤，開始在印度種植鴉片，為了擴大面積，還以武力從清國手中將果敢地區劃入緬甸，發動以鴉片命名的多次戰爭。英國殖民經濟的兩大惡行，販賣黑人奴隸與鴉片，後者的惡行就是在這一地區展開的。當李彌的部隊從滇潰逃到緬時，對當地長年的鴉片經濟既無力改變也難潔身自好。而政治鬥爭的不計手段，從鴉片生意中尋找工具是再自然不過了。帝國經濟的遺產至今還在影響這一地區的政治、經濟、族群的現狀。西方的一些歷史敘述將國軍與鴉片的關係描述為世界毒品泛濫的最大源頭之一，是不公允的。如果沒有英國人的「光榮年代」，恐怕當地農民仍在田裡種水稻為生吧。

　　訪談者中有許多老兵或眷屬都談及與鴉片的關係，如女眷日夜趕工，縫製裝黃金的布袋，老兵在雨季中押運黃金換鴉片，翻越大山密林，趕馬馱至山外交易，換回稻米，一家一家用鐵罐分發；再如染上鴉片煙癮者，長期臥床不起，老父從雲南來看兒，得知此情形，扭頭便回，不願見兒子一面；戰場上的士兵靠吸一口大煙去打仗；等等、等等。這些往事，不是獵奇者所能體驗的。外部世界的受眾更關注從金三角轉至香港，再輻射各地的毒戰故事，將國軍的行為描繪成十惡不赦的壞蛋。如果我們想抓住兇手，罪魁只能是英國政府的政客、軍官、資本家，還有後來參與

國的政客、軍官、資本家，士兵、平民為求生存不得已而為之，歷史的審判席上應坐著的是那些所謂時代的精英。

因為沒有出版者和出版時間，《從戰亂到安定》的可靠性是第一問題。文中說作者二〇〇三年四月訪問了其中的老兵，「後記」中說是十年前的訪問記錄，照此推算，小冊子最早是二〇一三年印製的，封底卻印著售價。從中很難判斷作者的動機。作者自稱是一九三師的一員，曾參與邊區戰役，為了「老兵哥兒們」，「希望他們在歷史上留下百年不朽的一頁」。（頁一）書中個人專訪有名姓的十五人，有多人專訪的四篇。其內容大體由三部分構成，被訪問者的簡歷、國軍的軍事行動、少量的個人經歷細節。前兩部分有專著更準確更詳實的敘述，最應在專訪中顯現的個人不同的經歷才是價值所在。可以說，這本小冊子並未實現作者所說的，使他的「哥兒們」「成為名傳千古的有名人物」。

▌洗淨記憶後的敘述

鄧聰美對上世紀五十年代後期的記憶，如果在六十年代、七十年代公開議論，就會招來殺身之禍。塘窩村三軍軍部遺址中，依然可見關押犯人的場所、處死人犯的場地。現場足以證明這不是聳人之見。鄧聰美選擇把這段記憶講出來，是她認為講出來不再會危及她的生活。作為一名訪問者，在什麼時間、什麼地點，訪問何種身分的對象，實在是一種機遇，是歷史的賜予，不是你想不受約束的訪問就可以實現。訪問者同是一名親歷者，當你把感同身受的經歷試圖記錄下來，只能私下為之，不可堂而皇之的詢問、討論。部分學者認為口述歷史不可靠，前提是學者認為的歷史不是口述者記憶中的歷史，所以他們在不願放棄口述者身分的同時，對口述材料加以剪裁、整理、考證、闡釋，成為某種符合歷史學者口味的歷史。難道這樣就可靠了嗎？從這個意義上講，這根本不是口述史，除了保留口述者的身分外，依然是歷史學者詮釋的歷史。

口述者將記憶中的歷史講出來，自然不會和盤吐出，他能講出來的，一定是現場氛圍能包容的記憶，不合時宜的，他不會講，或者講出來後加一句，此話不能發表。這種許可，直接來自口述者對現場的判斷。包括訪問者與口述者的共鳴，雙方採取對立的、追問的等等方式接觸，訪問者獲得的材料其價值幾乎很難下斷語，其原因在於訪問者的主觀一開始就想替代口述者。甚至可以說，這時的訪問者是口述者身分的盜用者。

不用諱言，口述者的言談存在謊言、存在記憶模糊、遺漏等等。但決定採取口述記錄的方式，就等於要接受口述者言談的一切，包括謊言、歪曲、遺漏等等。不僅詳實的記憶為我們提供了理解歷史的線索，謊言、歪曲的口述也為我們提供了認清歷史人物的現場，因為我們不是在追溯個人道德的高低，目地是在觀察歷史中的人的言行，口述資料的珍貴，是因為為我們提供了一個可遇不可求的思考歷史的現場。

認為口述不可靠的認識，多數是依據對某一歷史事件的敘述，個人之間的敘述往往大相逕庭，但這不是口述者所能把控的，個人的經歷只能有一個側面，影響歷史走向的所謂事件，恰恰是每個個人經歷的綜合效應，並不是事件本身。如覃怡輝的敘述，依據了大量政府檔案，包括指令、電文等等，加其它佐證材料，書寫出國軍的軍事行動。這不過是書寫的表象，引發行動的緣由，恐怕永遠是個謎，誰也說不清楚，而且也不需要說清楚。教科書的歷史都是這樣書寫，其實現的動機就是為了表達整體的存在，及存在的意義。這種歷史敘述的價值對普通人而言，其意義是被灌輸，其外價值甚微。口述歷史敘述的價值是在個人情感的記錄，是透過個人經歷的細節表達的歷史情感，不是抽象的宏大的「們」的情感。這在一些歷史學者眼中稱不上是歷史，他們對小人物的情感沒興趣，他們不想或者做不到從小人物的情感去審視歷史的存在，他們所能做到的就是使用來自邏輯、理論、教科書、學術規則的資源書寫歷史，他們不想或者做不到對小人物口述的歷史情感作出記錄。

在對口述者訪問的記錄中，所謂歷史學者須退出，退出的意思不等於不與口述者交談、討論，最終呈獻給讀者的文本不應含有訪問者的意見。正如我們經常看到的「訪談整理」，不知是口述者的認知，還是訪問者的見解。極端的例子是電視或報紙刊載的訪談，斷章取義，任意刪改，口述者完全處於被利用的角色，連辯論的機會都不給。當下充斥圖書市場的各色各樣的歷史書寫，很大部分就是這樣的垃圾。口述歷史的文獻出現，首要的意義是它的獨立性，區別於其它形式的歷史敘述在於這是口述者的歷史存在，訪問者只是一個媒介，是一個志願者，是一個主動、自願把他人口述記錄下來，並呈現給世人的志願者。

如何理解口述者敘述的記憶材料，這對任何一位傾聽者來說，都是一個重要的前提，不但要願意聽，還要能聽懂。做到這一點並不容易，因為你可能沒有同樣經歷的經驗，也沒有任何教科書的提示。在那些平淡無奇的回憶中，隱含著對歷史的認知，意味著作為一個傾聽者，用口述者的眼光進行一次歷史旅行，所見所聞獲得

的經驗，將印證我們每個人所曾經歷的情感，我們都是一樣的人，不過他或她在某一時間、某一地點講了出來，記錄在那裡。感謝他們帶給我們一次對自己歷史的回憶。

當我在泰北對難民口述做記錄的過程，感受到一個相同的經驗，就是在過往八年中對中國山西北部農民口述者的記錄中，兩地口述者有一個共同的現象，就是所有口述者都幾乎不談及執政者把控的意識形態對個人生活的影響。是他們忘了嗎？可近五百名的口述者都忘了嗎？這怎麼可能。我揣測，之所以不談，是口述者認為那不值得談，是有意忘記的，選擇性的記憶。他們記憶中的故事只是發生在他們個人身上的故事。如鄧聰美只記得她二哥死了，全於國共鬥爭的那些曾猖獗一時的說詞，她沒有興趣，更不願提起。總之，是人死了，被另外一些人打死了。她告訴我們一個最普通不過的常識，即一些人為了什麼，就可以置他人於死地。在難民的口述中，這樣的故事有很多，有在戰爭中被打死的，有在家鄉土改中被打死的，有在組織（軍中）內部被打死的，等等。無論什麼理由，對生命的踐踏，是最刻骨銘心的記憶。

作為傾聽者，我們無權要求口述者的回憶都是我們想要聽到的，對不願聽到的回憶就指責。口述者的記憶選擇，就是我們的選擇，沒有挑選的餘地。對口述者回憶的記錄，你可以批評，詮釋，但你做不到尊重、做不到容納，一切皆無可能。

▌謊言對真實的佐證

對口述者記錄最嚴重的批評就是認為口述者的記錄是謊言。這也是曾困擾我的一個難題，明知口述者在撒謊，對他的謊言是照直記錄呢？還是刪去呢？我還是選擇了一字不漏原樣記錄，記錄證明口述者是一個撒謊者。這就是歷史，也是訪問者無力去改變的。也印證一個歷史常識，沒有謊言的歷史是不存在的。如果沒有《異域》出版問世，怎麼證明柏楊曾是一個撒謊者。這也是歷史的價值，這個價值中就包括謊言的價值。

古代史，多是政府專職官員修史，一切皆從立意出發，材料取捨全憑統治者的意念，連不同政見者的言行都會隔絕，留下的少數也是為了證明統治者的英明，與百姓更是無關。因而有人說，「一部二十四史都是假的」，也可解釋為全部是謊言。政治中的謊言是手段或是工具，一切皆為權力，史官敘述的歷史自然有如何使用謊

言的記載。如何識讀是另一回事，政治家需要的是那些運用謊言執政的手段，思想家需要的是從中找出隱喻的動機，藝術家需要的是從中找出曲折的故事，教育家需要的是從中找出編撰教化百姓的道理，等等。官史，皆為政史，是官人和準備為官人的人的專用資源。

　　現代以來，平民入史成為可能。現代主義開始出現的新史學，統治者以外的群體開始成為撰史者關注的對象，這些對象多是以集體面貌出現，集體的行為，集體的言論，集體的思想。這樣的選擇很容易被舊史學的讀者利用。前邊提到的幾種識讀者，輕易地就會把某些集體言行的歷史納入某個政黨、政府、主義、大學、學者領域的需要，與舊史學比較，儘管有些變化，延續的內容可能更多些。直到平民個人的歷史敘述出現，才能說是對舊史學的徹底分離。

　　平民個人命運歷史文本與古史文本都存在謊言，卻是不一樣的謊言。有有意撒謊者與被迫撒謊者之分，均與古史文本把謊言當作正當的使用不同，謊言都是由個人選擇的，不是統治者集體製造的，公認的，或被多數統治集團中的成員接受的。個人選擇的謊言，任何人都可以不予接受，而對統治者謊言拆穿可能要付出慘痛的代價。這與平民的歷史境遇相關，謊言涉及的範圍狹窄，很難波及廣泛的人群，拆穿個人的謊言相對容易，傷及的人員有限。但說謊者的存在給了我們一個機會，一個探尋人性的線索，自由的說謊者，或不自由的說謊者，或者兩者兼而有之。而且在某一特定環境，說謊者不僅僅是個體的選擇，還可能是多數個人的選擇，雖然他們的說謊並未經多數人討論，決議一致採取說謊的行為。多數人不約而同的撒謊，一定是有一個共同的矇騙的對象，多數人對多數人的一對一的撒謊，幾乎是不可能的，個人命運差異的事實，使這種謊言難以存在。

　　歷史敘述存在的謊言與現實存在的謊言也是一種不同的謊言，當歷史的境遇在當下已經變化或不存在的現場，有的人依然堅持歷史的話語，而更多的人隨著境遇的變化而變化，那麼，是誰在撒謊，是很難下斷語的。存在都撒謊，都沒有撒謊，某人說謊，某人沒有說謊的各種可能。在這種情況下，就會出現多樣化的理解，多樣化的歷史存在。這不正是歷史的本來面貌嗎。所謂教科書中的「一致擁護」、「一致反對」的事實，從來不曾有過，不過是撰者的編造。這樣的謊言如何拆穿呢？個人命運的歷史文本大量面世，給了我們機會。

　　個人命運的歷史文本，無論是否說了謊話，都是一個不一樣的存在。以集體名義的歷史敘述都是令人懷疑的。那麼，什麼是真話，當口述者毫無保留的將記憶中

的經歷講給傾聽者，這樣的口述記錄就能理解為是真話嗎？口述者的敘述與傾聽者的經驗相衝突時，這樣的記錄同樣可能被認為是在說謊，因此，真話與謊言一樣，都是屬於個人的，不是所謂符合公共標準的，邏輯的，已知歷史知識的一個註腳。

現實中對歷史的認知

「現實中的歷史」，或者「歷史就是現實」，對這樣的詮釋如何理解。任何一位口述者回憶的現場，都在當下，在現實中重塑自己的歷史經歷，是經過「加工」的記憶。如難民在說到土改運動、大躍進運動、文革運動中的恐懼，也談到在泰緬邊境的雨林中運輸黃金或鴉片時，面臨隨時可能遭到緬政府軍或其它軍事武裝伏擊的恐懼，還談到組織內部對異己人士懲處帶來的恐懼。不同的環境產生的恐懼，是對危及自身安全產生的心理狀態。對恐懼的回憶，這種強烈的意識，可能正是現實中放鬆心態才能產生的記憶，因為在身臨其境時，第一要選擇是行動，是本能的意識。口述者在回憶時說，那時他們被嚇到了，很害怕。這種歷史狀態能清晰的表達出來，是對人生經歷的總結，是與在現實中日常生活進入放鬆狀態的反思。假設現實中依然處於某種恐懼狀態，當下的口述者能否回憶出更久遠的恐懼經歷嗎？結果可能是正相反的，如在文革中的那些恐怖年代，一個農民口述者能談出土改時亂打亂殺的情景嗎？反而可能會講土改前國民黨政府欺壓百姓產生的恐懼。正如前節所言，謊話佐證了文革中恐怖的真實存在，否則怎麼會信口瞎說呢？

在難民的個人口述中，很少有人提出這樣一個問題，每個個人命運的總和產生的歷史是什麼樣子。也很少有人提起，現實正是不堪回首的那個歷史的延續。沒有國共內戰，沒有中共在雲南的一系列執政方針，沒有緬、泰政府採用的一系列內外方針，更重要的是在這種歷史境遇中，沒有每個難民從中為生存的掙扎，就沒有當下的現實。而每個難民在歷史中能作出的選擇，就是想方設法活下去。當然我們不能認為，今天的現實就是必須付出的歷史代價換來的，歷史中的個人命運是不得已的選擇，是無奈中的選擇。現實中難民的日常生活發生了與歷史不同的存在，但對命運的選擇沒有任何改變。

從某種意義上講，歷史只是少數人的選擇，而非多數人的意願。從公元前一百年左右開始起草的《史記》，至二○一二年的《中華人民共和國史稿》，千篇一律的書寫著帝王侯將相、主席、委員們是怎樣塑造歷史的，還有被挑選出來的儒、賈、俠、軍等傳，模範、英雄事跡，以證歷史的豐富多彩。皇帝一道聖旨，主席一個指示，

億萬民眾隨聲起舞，不知所以。經考古現場證實，地下挖出來的無數千年之墓，堆滿金銀玉帛，卻未見一座民眾墳塋。他們消失在漫漫的人生旅途，有誰還記得他們，他們是否想說，他們可能告訴後人的是什麼。如果對這樣的歷史用「這是人類的選擇」一筆帶過，豈非太殘忍了。現代主義正是民眾覺醒的時代，給了每個人言說的機會。雖然我們做不到將消失的個人命運軌跡再現，但在當下可以將任何個人想說的機會留住。

一些固執己見的學者們，面對這個挑戰採取的態度，是急匆匆的批評指責，認為個人命運的口述記錄不過是個別事實，不能代表整體的、全面的歷史敘述，認為記憶是靠不住的，認為零碎的記憶不是歷史，充其量只是一些歷史的線索。這些學者像他們的老祖宗一樣，從事著史官的營生，端著執政者賜予的飯碗，戴著執政者頒發的榮譽桂冠。那他們何必計較這些小人物的歷史敘述呢？原因並不複雜，正是這些顯現人性真相的小人物的命運細節，直接撬動了占據歷史敘述千年的正統地位，揭示出傳統歷史敘述的最大缺陷，就是對民眾個人命運記載的缺失。還有可能是他們不善此道，不願從事這種費力不討好的工作，因為被訪者不會賜給他們飯碗，更不會奉上榮譽和桂冠。因為他們自認為他們不是其中的一員。

想要完成的歷史敘述儘管是對過去式的追溯，完成者卻生活在現實中，這是你無法擺脫的歷史。還以《異域》為例，作者在一九六一年敘述的是一九四九年、五〇年、五一年發生的事情，而在當年正是臺灣的「白色恐怖」時期，在統治者如此嚴酷的禁言環境下，作者卻可以暢所欲言的書寫「可歌可泣的國軍官兵的事跡」，但如《走出白色恐怖》的作者孫康宜卻做了不一樣的選擇，因為她親身感受到家人及朋友是如何遭到無妄之災的迫害，雖遲在擺脫那個恐怖年代之後，出版了《走出白色恐怖》，揭示出了與《異域》不一樣的歷史。兩者之間的差別在於對現實的認知，前者是接受和認可，後者是反抗和叛逆。這等於說，對現實都無從把握的作者，怎麼能做到對歷史敘述的把握呢？躲避現實，「象牙塔」裡製造出來的東西，也只能是個擺設。

▋口述的不可修改性

對口述歷史的敘述者，至今，我做過三次訪談。頭一次是在一九九四年至一九九六年，對川、藏、青、滇部分地區的藏民訪談，用時兩年半，留下六十餘小時的錄音。二次是對中國山西北部的農民訪談，從二〇〇八年開始，至今還未結束，

已用時八年，訪問了四百二十一人。本書的訪談記錄是在二〇一四年，用時十九天，訪問了七十一人。訪談的目的，就是想將藏民、農民、泰北中國難民的歷史個人經歷呈現給有興趣的傾聽者。

一九八一年開始接觸藏學的文獻，讀了一些專著、論文和專門雜誌，兩年後漸漸感到，已有的文獻不能滿足我對普通藏民生活了解的意願，就有了實地訪談的想法，因各種原因始終未能成行，直到十四年後才有了田野考察的機會。六十餘小時的錄音，至今沒有書寫成文字記錄，重要的原因就是上節說到的現實的限制。

為了第二次訪談，我準備了四十年。一九六九年我下放到這個地區，親身感受到那裡的農民是怎樣的生活，定了心願，將農民的言行告之世人。四十年中，我從未停止過對農民經歷的關注，等待著機會。當二〇〇八年三月我重返山村時，熟悉的鄉親主動向你傾訴，道古論今。機會來了，我就一戶戶上門，傾聽他們的敘述。

這次的訪談，從見到馮玉中、李振鳳夫婦至完成，間隔時間不長，就是現實給訪者提供了良好的機會。

有了充足的準備，當你進入訪談現場前，要找一名嚮導，一名認人的嚮導。第一次訪談時，我在四川甘孜州某縣就遇到了拒絕，當地一位縣政府領導不允許我展開訪問活動，還指派了縣公安局的幹部把我禮送出境。有了這次教訓，我懂了，訪問者和被訪問者必須建立起信任關係，否則很難成功。在塘窩村訪問，李橋林、鄧聰美、阿香一家就成了最好的嚮導。一位八十二歲的老兵，當聽了李橋林介紹後，說，「你來看我們，就很好」。介紹中說，我是從北京來的，想了解老兵的經歷。傳達給這位老兵的訊息很簡單，只是一位不知姓名、不知背景的、不知目地的陌生人，想和他談談，卻引起老兵激動的反應，有些老兵還淚灑當面，就是因為眼前出現了一位可以信任的傾聽者，給他們帶來了傾訴的機會。在歷次訪談中，我找了數十位嚮導，沒有他們的引導，沒有他們建立起的信任媒介，訪談幾乎是無法完成的。

坐在被訪者對面，不是要問出什麼，不是要挖出奇聞祕辛，而是做一名完全的傾聽者。傾聽口述人想告訴你的一切。這是一個過程，當口述人感覺到你是一個自願的傾聽者時，才會無保留的傾訴，相反，口述人認為你想得到什麼時，他可能選擇不說，或者迎合你，或者說他揣測你想要的。做田野考察的一些人類學者早已覺察到這種現象，他們發現土著民告訴他們的歷史，正是某個人類學著作的翻版。作為訪問者要拋棄所謂歷史知識的意見，任口述者講個人的故事。一次嚮導領我去見

一位老人，遇到她時，正蹲在家門口，嚮導向她說明來意，她不願說，嚮導和我直接進到她家裡，一邊和照顧她的人閒聊，一邊耐心的等，她回來時聽到我們交談的都是生活瑣事，她說你真想聽，我說你慢慢談。老人講了兩個多小時，使我聽到一個催人淚下的故事，一個十二歲的女孩是怎樣到了今天風燭殘年的歲月。

任何一個口述人敘述的經歷，是他或她準備了一生的經驗，當他或她把藏存在記憶裡的經驗決定告訴訪問者時，作為訪問者的感激之情難以意表。一些口述人的親屬和朋友也是頭一次了解到口述人有過那樣的經歷，他們感到吃驚和意外。之所以這些人是第一次聽到，就是口述人認為在他身邊長期生活的人中沒有做好傾聽者的準備。這不是個別現象，在我訪問的多數家庭成員中大體如是。口述人張不開嘴，是因為沒人要聽。人們普遍認為那些「陳芝麻爛穀子」的事不值得一提。或者是認為那些往事是再正常不過的了，不值得大驚小怪。從某種意義上講，大多數的沉默是自己選擇了沉默。當你發現了任何一位口述人的人生命運經歷，如果不再珍惜，輕易放下，就是有罪於歷史。

口述人的語言環境都是獨特的，具有不可修復性。在千篇一律的現代生活方式中，普通人的語言與政府文獻、學者專著、媒體宣傳相比，是受通行語言汙染最少的地方，或者說保存帶有最明顯習俗（方言）的語言，絕不僅僅是保護自由的一種方式，有著保持鮮活生命的文化價值。當你行走在青藏高原崎嶇的山路中，偶遇藏胞時，會相互道說「慢慢走」，而不是城市生活中人們說的「你好」。「慢慢走」三個字，凝聚了世代藏胞面對高原缺氧環境中對你的最高問候，如果你把這三個字改寫為「祝你平安」，就完全失去了當地語言的意義，也失去了歷史一個個性存在。再如，你在路邊休息時，走過的某位藏胞，也會過來坐在身邊一起休息，而可能一直相對無語，當他站起身要離開的時候，一定會說一句「慢慢走」，你回答，說「慢慢走」。三個字勝過一切交談。

▌史學偏差

人們對歷史不斷的書寫，我們到底想從歷史中得到什麼。舊史學，皆為官學。勝利者熱衷的是為官之道，為帝之術。失敗者得知不如人處。新史學雖有重寫歷史的勇氣，但在其中能看到個人命運的影子，也還難成所願。從寫作到出版，控制在意識形態主張者，或在食利的出版商手中，兩者對平民的個人命運都毫無興趣。民間基金有好此道者，但在官方許可和市場雙重擠壓下不易成事。這種衝突往往使個

人命運的歷史書寫偏離了口述者的本意，成為介入政治的工具，或為盈利的商品。這類曲解歷史的書寫，除了告訴我們誰是撒謊者，誰是圖利者，剩下的還有什麼呢？但無論怎樣，新史學還是給我們提供了對歷史思考的機會，為什麼是這樣，不是那樣，等等。思考過程產生的個人命運的書寫，給了我們理解人性在歷史中的多樣存在，人性在歷史事件中的選擇，任何書寫都難以遮掩。中國難民在泰北經歷的口述記錄，是告訴傾聽者，在那樣獨特的一個氛圍中，人性不是媒體宣傳的那個樣子，不是學者研究的那個樣子，不是官方工作報告中的那個樣子，不是旅遊紀念品的那個樣子，而是人性常識中的一個個人存在的事實。

我們可以認為昨天以前發生的事情都能作為歷史來處理，正如一些口述者訴說的心理一樣，往事就如昨天發生的一樣，歷歷在目。這既是一種心理時間，也是歷史時間。兩種之間卻不能混淆，否則，歷史就會任意書寫。當下流行一種「非虛構」式的書寫，成為一種歷史學與文學之間的事實，但你會發現一些歷史敘述轉換成一種文學式的書寫，這是一件很糟糕的事情。透過一種被稱為「合理想像」的方法再現歷史的現場，這不僅無助於對歷史的理解，還糟蹋了原本可靠的史料。杜撰者以少有的史料為綱，編織出了一個所謂「非虛構」的網，用「非虛構」招牌區別於虛構的文學故事。不管書寫者與出版者抱著怎樣的動機，我都會毫不猶豫的認為這不是歷史敘述，他將傾聽者引入歧途，誤以為「非虛構」書寫出來的故事，都曾真實發生過。

從上世紀八十年代迄，中國有大量政府檔案出版，有《實錄》、《文件彙編》、《編年史》等等，規模越來越大，由單冊發展到數十冊全集，幾十萬字到千萬字，與此同時各級檔案館有大量檔案開放，可以查閱。由此衍生出「全部來自解密的政府檔案」的歷史書寫。政府保存的檔案，主要有文件類、報告類、簡報類等等。檔案文本幾乎都是由各級政府部門主持書寫的，執筆人大多為專職文祕所為。從這個意義上講，政府檔案材料彙編，或以此為主要依據成書的「實錄」、「編年」等等，可以被當做「官史」解。

文本形成的基本模式是統一的，認識論的指導意志是馬克思主義、毛澤東思想，使用的詞彙概念是特定的，語言是由延安時期形成的中國共產黨的語言延續而來，用途從制定執政方針，到上傳下達布置工作，向全體黨員幹部，直至民眾灌輸執政意圖。由此判斷，直接使用檔案提供的事實、語言、辭彙、意識、邏輯衍生的歷史書寫，無論是頌揚的，甚至是批判的，政府大都採取了容忍的態度，其原因是這些

書寫都接受了檔案文本的辭彙、事實的前提。還有一些使用了西方經濟學、社會學、人類學、歷史學等等方法重寫的歷史，因為同樣原因可以被出版。另外，在美國等地也出版了大量的中國檔案，如關於反右運動、大躍進運動、文革運動等等檔案彙編。同樣，有這類衍生歷史書寫的出版物；同樣，是接受政府敘述前提的書寫。

從檔案開放，到政府允許出版的歷史書寫，涉及到了中國共產黨的成立，直至「改革開放」的年代。大行其道的緣由，是中共需要重新建構自己的歷史，是當下執政的需要。對歷史採取批判的方法，以證明現行政策的進步性、合法性。官史的寫作是為了用，為官方所用。

新史學的動因之一，就是試圖把史學處於一種獨立的存在，不再依附政治的、經濟的力量。陳寅恪指認王國維就是一位有「獨立之精神，自由之思想」的史家。王國維在革命風起雲湧的大潮中，為了不受一點辱，帶著他的辮子和思想，投昆明湖自盡。無獨有偶，另一位留著辮子的史家辜鴻銘，直接寫文嘲笑站在潮頭上的新文化的弄潮兒胡適，說他操著留學生的英語，大講白話文。他本人卻用濃厚的維多利亞時代的英文鞭撻現代主義。陳寅恪的史著也是獨步一隅。在那樣一個令人恐懼的橫掃一切牛鬼蛇神的革命年代，這三位做到了獨善其身，獨掌自學。但付出的代價不是常人能做到的，禁得住潮流誘惑的定力也不是常人能把持的。他們的成就首先是人格的成就，有此才有學問的成就。史學偏差的背後是著史者人格的偏差。

共產黨殺了父親，我就出來了

口述人：長麗芳 八十四歲（女）

訪問地點：泰國清邁省清佬縣猛納區十保大谷地村長麗芳家

訪問時間：二〇一四年十二月五日

長：長城的長，美麗的麗，芬芳的芳。

周：年齡？

長：今年八十四（歲）。我是屬羊。

周：老家？

長：我的老家是騰衝。

周：什麼時候到的緬甸？

長：民國三十八年（一九四九），共產黨把我父親殺掉那年[3]，我就出來。

周：共產黨為什麼殺你父親？

長：為我家有錢嘛，我家是地主。

周：當時你一個跑，還是跟其他人跑？

長：我是跟隊伍跑。我愛國民黨，就跟國民黨跑，我弟弟愛共產黨，就跟共產黨跑。我都是真的。

周：你弟弟跟共產黨跑了？

長：對呀。

周：你是跟國民黨哪個部隊？

3　長麗芳記憶父親被殺時間可能有誤。一九五一年五月一日，騰衝縣城及各區展開鎮壓反革命大會，共槍決惡霸地主、反革命多人。同年，十一月起，全縣分四批進行土改，一九五三年夏結束。

長：這個九十三師。我是九十三師的人。我們的軍長是李文煥[4]，師長劉紹湯[5]，在騰衝當縣長那一個。

周：在騰衝當縣長，你就是跟著他跑到緬甸？

長：對呀。那個共產黨怎麼罵，說我們地主，任錯殺他一百個，不要放他一個。

周：就把你父親殺掉了？

長：我家一天殺掉四個，祖父是他們吊死，我的父親，三叔、二叔，還有一個大伯的二兒子，二哥，一天槍斃四個。在騰衝滿滿街，那天槍斃二十五個人。二十五個都是我的親人，姐夫、姑爹、丟丟（音）、表兄弟，二姑家一天槍斃四個，另三個兒子。

周：都是（民國）三十八年（一九四九）槍斃的？

長：大概都是這樣，具體記不清楚。那個共產黨，民國三十八年（一九四九），我第一次回去，從緬甸回去，他們就問我說，你回來，你不怕死嗎？我就說，我怕死不敢出去，怕死我不敢回來，我根本就不怕死。

周：你什麼時候回去？

4　李文煥入緬前，曾任職地方武裝自衛隊，在耿馬、永德、鎮康等地活動。一九五〇年四月四日，他與中共保山地委王風等人洽談合作，五日經王風保舉為永德縣副縣長兼自衛隊副隊長，並就職。十七日參加就職典禮。五月中旬，致信縣長高進程，表示棄政從商，率自衛隊撤往勐堆邊境。六月，加入李彌組織的部隊，出任縣長。另據《鎮康縣志》記載，李文煥這期間經歷一致，這與區劃變更有關。李文煥加入雲南反共救國軍後，曾任第八縱隊主官（一九五一年五至十二月）、第一四八縱隊主官（一九五二年七月），又任東南亞自由人民反共聯軍第五軍第十三師主官（一九五三年七月），又任雲南人民反共志願軍三軍主官（一九六〇年五至十一月）。

5　一九四九年十二月十日，時任騰衝縣縣長劉紹湯派員與中國人民解放軍滇桂黔邊區縱隊七支隊三六團接洽，要求部隊進駐騰衝。十五日，騰衝和平解放。二十三日，劉紹湯參加臨時人民解放委員會任副主任委員，參與接管縣政府。入緬後，劉曾任雲南反共救國軍第三十路第一四三縱隊主官，三軍副軍長兼十四師師長。

長：我一共回去三次。第一次是走路回去，那時候跟部隊下來，沒有身分證，在部隊裡面，就騎老緬那個團（音）子[6]，到馬親，一直到緬甸，又到勐統，又到大江邊，這樣回去。三十年前。屬鼠年回去，到現在有三十年了。

周：第二次什麼時候回去的？

長：是我去臺灣退回來，我弟弟的三兒子，結婚，我回來，回到泰國又去。我有身分證，從清邁到昆明，直飛了。

周：家裡還有沒有親人？

長：有啊。我的弟弟他們都來。

周：你的弟弟參加了共產黨。

長：我家姐弟六個，六個都還在。

周：你老幾？

長：算上那邊，還有大哥、大姐、二姐，我算第四個。還有一個弟弟，一個小妹。

周：你弟弟在共產黨那邊做什麼？

長：那個時候他還小，不跟部隊跑，不認識路，共產黨是說，殺錯一百個，不要放他一個。

周：你跟部隊跑多大年紀？

長：十多歲嘛。

周：你什麼時候參加部隊的？

長：我出來，馬上就改名字了，我在的時候叫長玲，就改成長麗芳。

周：長麗芳是出來改的？

長：你不改，共產黨找到你，地主的女孩子，也要處理你，所以我就把名字改掉了。

周：你參加了部隊就是參加九十三師？

長：對呀。

6　騎摩托車，由嚮導帶著，花錢買通行證過境。

周：那個時候有沒有女兵？

長：我們出來那個時候還沒有。我是藉部隊逃我那個命，讓我們受訓是在孟薩。

周：是在孟薩。

長：在孟薩受訓。

周：還有沒有其他女的，還是就你一個？

長：二百多呢，單位多。

周：女的有多少？

長：我們女生就有二百多。現在在臺灣呢，多數在臺灣，在泰國沒有，就我一個。一個、二個、三個，在泰國還有四個。

周：她們回臺灣，是不是第一次返臺時走的？

長：不是。一次、二次都有。撤臺好幾次[7]。

周：三、四次啊。

長：那個時候，我在孟薩，登記報名撤臺。

周：後來為什麼沒有撤呢？

長：我在家裡有兩個哥哥，一個都沒有跑出來，就我一個跑出來，一個哥哥在臺灣（聽不清），說不可以，一個長家不要讓她去臺灣，國民黨和共產黨，都是死罪，是對頭，以後就沒有機會回大陸了，打一個電報回來，不去，不去。我們長家老祖，是兄弟三個。叫我不要去的這個是我二公的哥哥，我是三公家，我家只有我一個人出來。一個是叫去，去深造，一個是叫不去，以後沒有機會回去。兩個哥哥還是關心我，也不能怪誰，這個我的命。在這邊也可以。

周：大公家和二公家的哥哥勸你不要去。一個鼓勵去，一個反對去。三公家只有你一個出來。

---

7 國軍一九五二年潰逃緬甸後，先後組成「雲南反共救國軍」，後改為「東南亞自由人民反共聯軍」、「雲南人民反共志願軍」。奉臺灣民國政府命令於一九五三年十一月、一九六一年三月，先後撤回臺灣。未撤回者，儘管繼續使用原番號，民國政府實際斷供給養。

長：弟弟跟共產黨，我再跑到臺灣。那一年我回到騰衝，也是共產黨心寬，我是直話直說了，共產黨又來了，說我們對地主家的厲害呢，准許我們申請一點，我們家很寬，騰越城那裡，讓我回來，人民幣十五塊錢一平方公尺，我們家管的是嫂嫂。一共七個人。共產黨來了，我們家死了三十七個，連吊死的。

周：那一年是不是土改？

長：不是，土改是隨後，就是共產黨一進來。土改時我已出來了。

周：土改前的事情，為什麼突然就殺這麼多人呢，因為戰爭？

長：不是因為戰爭，就因為我們家是地主呀。把我們的錢全部拿去完了。那時候我們鄉下田多，收穀子多，二五減租，二十五個像打滾一樣，還是除呀，把我父親就抓起來。

周：他們是為了徵糧？

長：對，是為了徵糧。我還小，記不清楚。

周：二五減租，是為了徵糧。

長：那個時候就有槍斃了。

周：不是土改。騰衝土改，我估計是在（一九）五一年。

長：我是民國三十八年（一九四九）出來。弟弟當兵回來，又教書，當校長，又當老師。就用我的名字申請，出來前沒有結婚，還是個女孩子，我的身分合法申請，家裡的名字長玲，出來改的名字。我弟弟用我的名字，查我的文書，五個，沒有我的名字，我出來得早。我弟弟年齡小。那個時候還沒有電話，就是寫信出來，寫了十封信，叫我一定回去，回去證明。證明我不是假的，我是真的嘛。我們兩個小孩都去臺灣念書了。隨後我就說，我出來，也是家破人亡，家裡現在有這點事情，我是應該回去，我要不回去，對不起死掉的，也對不起活著的。我的想法是這樣想。隨後我就說，我的一個親家在滿堂，是當市長。叫他過來一下，出來這樣一個問題，這也是我一生最大的問題。我出來，是因為共產黨把我父親殺掉了，一家人害得這麼慘，家破人亡，現在家裡出了這麼個情況，我應該回去。我這個親家就跑過來，說不可以去，因為你的小孩在臺灣念書，現在你回去，那邊是共產黨，這邊是國民黨，要影響小孩子。我說顧不了這麼多了，這樣我回去的話，也對得起我死去的父母。

我不回去的話，對不起死去的父母，對不起我的弟弟，現在政府要劃給一點地皮，剛剛房子蓋，蓋一、二樓的，一層裝修，二層裝不起。

周：噢，你（一九）八四年回去，是為了中國國內叫落實政策，給你家落實政策。

長：就是賠給你一些地皮。這邊一個月半月到家，還有清明節要掃墓。叫他們等著我，我要去路上耽誤。

周：（一九）八四年怎麼回去的？

長：走山路。緬甸我沒有證件，一路上騎那個摩托車，到一個地方再騎。

周：一路上，走了一個半月才到。那個時候就有泰國身分了。

長：也只是隨身證，公民證還沒有。

周：（一九）八四年還沒有身分證。

長：我們就是倒楣呀，在國家是倒楣，出來參加部隊也是倒楣。應該我們是第一批得了身分證，第二批我們的軍長把它（名額）賣掉，我講話對天對地，我敢講。

周：軍長把名額賣掉了？

長：他說不是他在賣，是他的部下在賣。我們是大陸出來的，應該是第一批得了身分證，我們是不得呀，我去臺灣，是因為我兒子去讀書，服兵役，兵役服完以後，我們申請拿身分。

周：是不是就是那個何先生說的陳茂修[8]？

長：他是我們的參謀長，還有那個劉（聽不清）。

周：是不是他弄的？

長：不是，這個是軍部的人弄的，這個人是十四師的。

周：聽說這個人很能幹。

長：很能幹呀。是十四師的參謀，我也是十四師的，我們吃一鍋飯嘛，他在清萊負責這個事。他在清萊，已經過世兩年了。

周：這個人還可以。

8　陳茂修，曾任雲南人民反共志願軍三軍十四師參謀長（一九六〇年五月～十一月）。

長：很能幹，為什麼我們大大小小在泰國，一直到打苗共，部隊都抽大煙。他們就說，你們這個部隊抽大煙呢，泰國部隊十多年了，都打不下來，泰國人有兩支槍，我們這邊部隊有三支槍，是什麼三支槍，長槍一個，短槍一個，還有菸槍一個。抽菸人很多嘛，你給他一點，晚上就抽嘛，白天就精神。

周：等於第一批名額，李文煥沒有全部給老兵，給了一部分。

長：我講話是不怕的。

李橋林（插）：人事處處長賣了（名額），吃了。

周：下面的人給賣了。

李：人事處處長。

周：他們把指標賣給什麼（人）？

長：賣給張家（張啟福部）[9]。

周：不是我們部隊的人。

長：別的單位，他們做毒品嘛，錢多。拿這個錢出了。大家見錢眼開呀，眼睛就瞎了。像五軍段軍長做事就公道，段軍長就很了不起，不管他貧苦，姓張姓李，都一樣的發給身分證。就是我們三軍要分，也要姓李的，姓羅的，跟他有關係的。

周：都是鎮康的。

長：都是要他們鎮康的，因為我姓長。有一次軍長李文煥的生日，李文煥的五嫂家，李文煥的兄弟，我也去了，我是部隊裡的政工隊，每一次。我這個人的嘴巴，該講我就講。當時我不怕他。小麗芳，中午他們就到了，你為什麼現在才到？我說，伯母，我不知道，你們發身分證要專門有關係呢，伯母，我不知道，我要知道就要專門給你送禮。我怕什麼，我小小的就跟部隊走呢，從沒離開過，我為什麼就不得有身分證呢？我這個心上當然不滿，這不是事實嗎？

9　張啟福，又名坤沙（一九三三～二〇〇七），華裔，緬甸撣邦萊莫山弄掌大寨人。曾加入雲南反共救國軍，並受訓。組織地方武裝，一九七一年建立撣邦聯合軍，一九八五年改名撣邦解放軍。人數最多時達兩萬人。一九八九年在金三角地區收保護稅達四億，成為當地最大毒品、玉石走私者。一九九三年，宣布成立撣邦共和國，一九九六年一月向緬甸政府軍投降，下屬部隊繼續占據緬北。二〇〇七年十月，病逝仰光。

周：張自鴻，你認識嗎？到現在也沒有。

長：認識，我們是同事。

周：就是那老會長。

長：也是我們十四師的人，因為我們不是鎮康的，是騰衝的。

周：他說主要是跟李軍長走得近的人。

長：對。張自鴻也是政工系的。

周：今天何先生也說，這裡也有很多恩怨。包括第一批、第二批、第三批，有很多人沒有拿到。

長：我是去到臺灣，申請了隨身紙。那一年我跑了三次，光機票錢花了好多。

周：到臺灣跑了三次。

長：證件在這邊，還要問話。一下要做什麼，又要跑回來，那一年三次。

周：當時你是住在臺灣？

長：我是兩面住。

周：因為孩子在那邊？

長：孩子去念書。我有三個小孩嘛。女孩在那邊教書，教了八年。隨後兩個哥哥去了那邊。後來畢業了，就申請，去了，我的女兒就不得身分證。不得身分證，就這樣刁難我呀，一下要有雲南會館的證明，一下要那個證明，跑也是（哽咽）。

周：哪一年辦到？

長：是回到臺灣三年，是哪一年也記不清了。

周：你第一次回大陸還沒有，可能是九幾年了。

長：我去臺灣，這個孩子有五、六歲了。

李：是屬鼠年，這個小孩子和我孩子一起念，後來去臺灣了。

周：現在多大了？

長：三十多歲了。

周：二十四年前。一九九〇年。一九九〇年才拿到，就很複雜了，還要考試，這個證明，那個證明，很麻煩。

長：對。因為我到那邊，小孩子拿不到身分證。小孩子（去臺灣）有一百零六個。我是要回來。

周：你三個孩子泰國的身分拿到沒有？

長：沒有。

周：臺灣拿到沒有？

長：拿了，要不我就過去，不是我的申請，是小孩子們申請。

周：是因為你孩子拿到，邀請你過去。

長：在那邊還服了兵役，生病了，得了憂鬱症，這是大的。在這邊，照顧他。這是我的命，沒有辦法。我前世欠他們的，這樣一想，就想開了。我是什麼都打不垮我的。那個時候十多歲，共產黨來。

周：看你這個性格也是，很直爽，很能幹。八十四了。

長：共產黨到我家，一上來殺了那麼多，那個時候我都不死，不然我還是人嗎？那個時候我都不死，血海長流。我還撿那個石頭，共產黨是一個一個打，一個補上一個。我的老爺只有二十一歲，我的老嬸現在還活著呢。二十一歲就在家守寡呀。還要說有錢有產哪，那時候還要拿枇杷果吃，煮了，曬乾，摻飯吃。你是騰衝人？

周：不是，是浙江人。

長：聽你的聲調像這邊的人。到處跑的人，跟我一樣。我回去，我的弟弟，我的侄子，把我的身分證收起來，說三姑媽，不要帶你的身分證出去。我說，我不帶著，你們要保證我。好啊。我們地主要翻身。我弟弟家的小孩子，他的大兒子，在昆明，當公安局的領導人。

周：那不簡單嘛。

長：我的二侄子在騰衝，開旅社，五層。第三個是跑玉石市場。第四個是女孩子。第五個是城建，他讀書用功，完全是國家培養，現在在英國。國家保護的。

周：公費。地主家的能幹。

長：地主家的兒子很厲害。考大學時，人家問他的名字，你祖父的名字，不知道，你公公的名字，不知道，只知道我父母的名字。事實也是這樣，那個時候只有十二歲。根本不知道嘛。

周：騰衝的長家現在也了不得了。有當官的，有經商的，有出國留學的。

長：親姐妹有五個。

周：只有一個出來。

長：他們爸爸是當共產黨啊。還不錯了。一個當（過）兵。

周：雖然時世變遷，但現在還不錯。

長：那個時候我們在現場，我們家這樣殘殺了以後，我們也不敢想有今天。想不到了。我們還活著，還要留下這些。也還不錯，也是祖宗的後代。他們就說，你們長家就不那麼長壽。我說我們是有仇不報必有福。

周：寬容嘛。

長：共產黨把長家都殺了，也不報。

周：有仇不報，對。寬容，所以長壽。

長：不管它。自己想，天不高，地也不遠，他們會看見的，有錢，有地，是我們自己苦來的，不是我們謀殺別人搶來的。

周：靠勞動換來的。

長：靠勞動。

周：像我們這個年齡很多不理解。在中國當地主很難的，地主如果多的話，中國早發達了。成了發達國家，成了資本主義國家。中國地主很難，那個時候糧價很便宜，掙一點糧食，然後再買土地，很不容易的。

長：很不容易的。像我大哥，九十多歲，還沒有死，像我的姐妹一個也沒有死。三年前，我們回去掃墓。人家說，頭髮白烏烏，眼睛清，牙齒也好。他是最樂觀的，年齡這麼高，打一個電話，這邊來一個，那邊來一個。去年我去臺灣看我的眼睛，白內障，我大姐，雙十節，我的侄子，在臺灣兩個。就說，三姨呀，我媽媽要來了，她還可以來。說真的，那一天要團聚了，來到臺灣三葉，不約而同了。

周：她多大了？

長：去年，屬牛，九十多歲了。

周：長家人都長壽。

長：不是了。我們三公家，五個姐妹也有，六個姐妹也有，三個姐妹也有。就我們家齊齊的還在。他們（那些）家沒有我們慘。

周：等於三公家最慘。

長：三公家最慘。

周：大公、二公家好些。

長：他們還跑出來。

周：大公、二公家也是地主，三家不一定都是地主。

長：都是地主。大公、二公是共爺呀。

周：就是三支。

長：就是三支嘛，像我們這樣。

周：你跟我說說你在孟薩受訓，說說隊伍生活。你受訓是多大年紀？

長：我到緬甸，一進緬甸那時還小，十七歲、十六歲，有的記不清，那個時候心情很不好。

周：你受訓時候多大？

長：大概是十七歲。

周：受訓後做什麼？

長：就在部隊。

周：在部隊裡做什麼？

長：到什麼地方，都是跟著，我們是政工。政工隊，我們是在師部，做事，醫療方面，照顧這些傷兵。到這個地方，到一個村子，跟他們勾攏，跟他們買米，買什麼東西。政工大隊跟他們接（洽）。我們都是背資料，共產黨整我們的資料。我

們一個隊長，脾氣也是怪異的，好了，讓長麗芳去，長麗芳有魄力。人家派我，大隊長鬧我呀。非去不可，沒有辦法，就讓你去。我們又會講一點那個彝話。

周：白彝話是彝族話。

長：是個小民族，那國家的小民族。是白語，第一次我說什麼，瓜嘮。

周：瓜嘮，是去的意思？

長：你去那裡。

周：學會的第一句話，就是你到那裡。

長：我們要買米嘛，一愷（音），緬甸的籮，一愷，就是一籮。說比要（音）。

周：相當是緬甸的重量單位。

李：對。

周：等於你做群眾工作，代表部隊和老百姓打交道。

長：對。晚上又跟他們跳舞，會不會都要跟上跳，給他們拉點關係。我們師長喜歡愛民嘛。白彝家栽稻穀啊，我們都要去幫忙，還不准我們跟他們吃飯。

周：還幫助老百姓勞動。

長：栽秧啊。

周：還不准吃老百姓的飯。

長：可以跟他們買。有一次，跟他們買，就是不賣。不賣，我們非吃不可，兩個男生，我們四個女生，我們就去買米，（說白話）就是不賣，沒辦法。我就動手，你們不動我動，我就一把揪住小夥子的衣領子，你賣不賣呀。（他說）賣，賣。

周：你還挺厲害，比他們男的厲害。

長：他們男的不敢動，不敢動就沒有辦法。

李：那個時候困難。

長：我們不動不可以，就是說，男的不要動，你一動就是欺負人家嘛。年齡又小，不怕的，讓我們動，又可以講話。他要告官的話，長官就說，她是小孩子，不要理她，

這就推掉了嘛。就叫我們這樣做，萬一他們告。我們吃過山毛野菜，去山上背野菜，（分）一段一段的，一個單位一段，你們單位這段，你們單位那段。那個山毛野菜。

周：那個時候很苦，女生和男生還不一樣。

長：不過，我們還是堅強的。因為我們是家破人亡。我是女生，我下來父親就交代了，你是囡呀，女兒也是兒子，姑娘就是你，姑娘也是兒子，以後有機會去找劉紹湯，就是我們的師長。

周：你父親認識劉紹湯？

長：他們在一起做工，在騰衝，我們家鄉人。

周：在騰衝就認識。劉紹湯也是騰衝人？

長：是，是張家村人。

周：你父親囑咐你了，去找這個劉師長，投靠他。

長：就是這樣，我是來找你了。

周：否則你怎麼來呢？

長：這時候堅強呢。等到我回去的時候，他們問我，你回來不怕死？我說我怕死不回來，怕死不敢出去。

周：劉紹湯是九十三師師長。

長：不是，是十四師師長。九十三師是李文煥師長。

周：後來合併了，成了三軍。

長：合併了。那個是正軍長，我們師長是副軍長。和老緬打嘛，我們就撤到寮國，我們的基地寮國也有，當初是在那邊，造紙。

周：你們有工廠？

長：有，打江拉就撤到那邊去。我們師長就在那邊。我們的大部隊在緬甸，我們後邊的司令部，眷屬這些的在寮國。和寮國隔一條江啊。

周：師部在寮國。你是跟師部，政工隊。

長：我一直是在師部。我們在師部，第二天就說，要去前方。師長不放心，就坐小船過到緬甸來，不知道緬甸有部隊在，緬甸部隊就鑽過來了，鑽過來，我們警衛的部隊在後面。老緬鑽過來，師長正坐著船過來。炮就一直掉呀，射得很厲害，我們師長鳧水很厲害，槍炮一直就打，打那個小汽艇，一直掉，一直掉，師長就飛（落）水。第二天才找到，已經死掉了。

周：師長去世了？

長：去世了。那個時候我們最慘了，在寮國時。

周：就是劉紹湯？

長：就是劉紹湯。死掉了。（現在）小娃在那兒也不知道了。

周：師長就是緬甸部隊打死的，砲彈。

長：對，師長的家在清萊。

周：夫人還活著。

長：一百零一歲了。又是我親媽。

周：怎麼是你母親呢？

長：那個時候在部隊，大年的時候說我們兩個做姐妹，我看你說話很爽直，處得好。我說不可以，我是部下，你是小姐，都是家鄉來的，也是差別不大。

周：劉紹湯和你爸認識，等於世交了。

長：對呀。在家鄉的時候，我們不知道。我在孟薩滿堂結婚，還是我親媽嫁出來。

周：劉紹湯的老婆不是你親媽，是乾媽。

長：是親媽，不是乾媽。因為我是和媽的女兒姐妹，應該叫親媽。我是乾女兒。我們在孟薩鎮，一直在一起。我一開始不答應，那個時候雨下得很厲害，一天到晚洗衣服，那個山水一直在漲，一直漲，她坐在那裡，說你不答應不可以。我有我的想法。

周：劉紹湯的女兒性格也比較烈。

長：她有她的想法，我有我的想法。我是部下嘛，說不可以。我們兩個處得好，但我是部下，不可以高攀。雖然我們差不多，現在不同了。那時候水一直漲，把我

們快淹掉了，我說好了，好了，我答應了。她就（從下邊）上來了。（她母親）這個時候就成了親媽了。我在塘窩住的時間長，住了十二年。三個女孩子是我供起，供起到臺灣。我是堅持，又到這邊。

周：你在塘窩，一開始是不是在華亮？

長：華亮和塘窩只差幾步。

周：在塘窩合併。

長：在江拉合併。李文煥沒有撤臺。軍長到我們十四師，那個時候我們還在緬甸，他到我跟前說，他講話怪怪的，今天我到你們十四帥來，一個人給你們二十塊，就（講）完了。我們想你軍長啊。

周：不會講話。

李：講話不行。

周：你們劉師長會講。

長：會講，聲音又好，聲音發出去。我們到江拉去，去打球，去演戲，去做什麼，都是他出來，跟團友講話，就是我們師長講呢，軍長不講。第一次到我們單位講。

周：李文煥會做生意。

長：會做生意。

周：說是在鎮康就做生意。

長：那個時候我們在孟薩受訓，有進過學校的，有沒有進過學校的，我們沒有進入學校的，很吃力呢，叫困難部。我們在家鄉就小小的。

周：你在騰衝小時候念過書沒有。

長：念過。我在家鄉是龍江鄉大並弄村 [10]。我在叔父家，弟弟這時到了騰衝。

周：你在塘窩生活了十二年，一直做政工。

長：我一直跟著部隊走，剛才不是說身分紙我不得嘛，那個時候我不知道，要不，我就給你送禮了。長麗芳呀，這個話你不要講，這個是我們部下做的，我的心很痛。在清邁，我是講過很多次，我不怕，我沒有做過錯事，沒有開過小差，我該講就講。

10 現騰衝無此名鄉。

我到臺灣去，我囡不得臺灣身分證，我折回來，要證明。我的囡也是改名字了。為什麼，第一次申請到臺灣，不得，要生下來的證明，不批准。又改了一個馬家言，在清邁，泰國人的名字，邁屋言。

周：你什麼時候結婚的？

長：二十八歲結婚，大我小孩三十歲。結婚二年多生孩子。

周：你先生做什麼的？

長：他們出來三個。他大哥，不是親哥哥，他是獨兒子，大爹的兒子出來一個，他父親一個。

周：那兩個是堂兄。他們因為什麼出來？

長：也是地主。

周：也是騰衝的嗎？

長：不是，他們是龍陵的，保山。

周：出來也到部隊了？

長：他大哥是當營長的，馬文斌。

周：馬文斌，是不是馬俊國[11]那個部隊？

長：不是，就是我們這個單位，馬俊國是另一個單位。馬文斌是他堂哥，他們出來不是三個人嗎？還有我們的老公公一個。我的丈夫叫馬文通，和他父親。

周：他父親叫什麼？

長：馬富昌。老公公老了嘛。馬文通在運輸隊，在部隊裡，又要照顧父親，又要做生意，就是那樣。

周：馬文斌在部隊裡做什麼。

長：當官，做副師長，也叫副司令。

周：十四師嗎？

11　馬俊國，國軍入緬甸後曾任雲南反共救國軍第九縱軍主官（一九五一年五月～十二月），第一四九縱隊主官（一九五二年七月～一九五三年十二月），雲南人民反共志願軍參謀長（一九六〇年五月～十一月），西盟軍區司令。

長：對。

周：十四師副師長。

長：我們是同事嘛。

周：也是政工隊。

長：不是，是一個單位。是帶兵的，作戰的。

周：馬文通呢？

長：是生意幫，也是幫助公家做。

周：是師裡專門做生意的。

長：這樣的，劉師長喜歡。

周：是不是師長給你雙方撮合？

長：師長知道我們長家，老人家有一個規定，女孩子不可以做填房，不准做小。填房就是老婆死掉。知道馬文通沒有結過婚，師長知道。

周：馬文斌是副師長，所以比較了解他們家。

長：因為我親媽也是透過那一條線跑出來。都很熟悉。他是回教，不是漢教。

周：姓馬，是回教。

長：在緬甸主婚，訂婚，那個時候就公開。師長就叫我，長麗芳，這個馬文通也是討生意，人不錯，家事我們也知道，也沒有結過婚，做事情很認真。這樣叫我上去說。有人，我就報告師長，單獨談，（沒人），我叫親爹。我說親爹，這件事情我不可以答應。他說為什麼。因為我出來，不是為我終身出來，我出來是因為家破人亡出來，叫我變質是不可能的事，我對不起我死去的父母，對不起我的祖。我這個人講話，心裡怎樣想的，就說出來。師長說這沒有關係呀，你不會變。我說不變，萬一他叫我變，怎麼辦。他說不可能的。他家不是有三個人嗎？到你家吃人家的飯，到我家吃我家的飯，沒有自由，我說不可以。到那個時候，混亂的時候，不好。你知道我出來的時候目標是什麼，當然我（現在）知道他是父親的好朋友，出來時要用人，還跑去我家，我公公在那時候還不能跑，要抬不行，騎馬也不行，沒有出來，我家就我一個。我的叔母是封少凡，可能你們也聽說過，封族長的姑娘，是我的親戚，

老嬸。我的老爺十五歲是後繼母生的，還小我大哥八歲，是第二個小娘生的。我父親說，老人家在著，給弟弟結婚掉，那時老嬸還念書呢，不在一、二年，二姑爹說沒有關係，結了婚還可以念書，結了婚到我家念了兩年，都是小孩子搭夥念。這是叔叔。

周：你爺爺娶的第二個老婆，當時歲數還很小。

長：是四十一歲生的，第一胎，是我老爺，也是最後一個。就是我父親看我祖父還在，奶奶還在，還娶老婆。也是有名望的一家，還不夠。

周：你先生一直給單位做生意。

長：後來墮落了嘛。

周：吸大煙。

長：吸過菸，家庭的事情就我一個人扛。你不扛不行，小孩子還小，小孩子沒有錯，我不能不管，你問他們，這一段橋林就知道了。在塘窩，專門踩那個縫紉的機器。

周：就是你丈夫成天抽大煙，不管家務事，全靠你一個人。

長：孩子到臺灣念書，全靠我一個人。我這個人就是，沒有丈夫，不結婚，一個人還是過日子。我丈夫還在，我等於他死掉了。我還是要過呀，我就來到大谷地。我是很慘的，我告訴你。

周：你在塘窩十二年，就靠縫紉機吃飯。帶著三個孩子，供他們成長，念書。

長：三代人，長麗芳是不可以。（哽咽）

周：後來是怎麼來大谷地的。

長：這邊裁這個地皮，政府裁給的，我就跟師長說，才蓋新村嘛。

周：原來在新村給你一塊地。

長：是我的名字，隨後這邊發展，又挨著緬甸，可以趕著那個牛車，跑來跑去。那個時候呢，這裡新開嘛，只要穀子長，你挖的多少是你的。我來到大谷地，第一次種稻穀。

周：你還種地。

長：種啊，你不種怎麼討生活。兩個孩子念書，小的我帶下來。

周：你丈夫不行了，就是一個廢物了。

長：吸大煙。

周：你種了多少地，面積。

長：我那塊地，四十多拉。

周：你一個種四十多拉。

長：不是，換工，我有什麼本事。

周：一個女孩子，太艱苦了。

長：今天做你家的，做好。

周：大家集體換工，今天做你家，明天到他家。

長：那時候一個錢也不找，我和共產黨一樣。我小時候父親被槍斃掉就去薅秧。我是不怕呀，小時候在家鄉就薅過秧。好，今天就到你家薅秧，我薅的秧就在水上飄的，把稻秧薅了，第二天就不要我了。

周：你把穀子都拔了，誰還要你。

長：他們問了嗎，隊長問了嗎，叫你薅秧，為什麼你那稻穀怎麼飄著，你沒見過薅秧。我是地主家的姑娘，沒有做過工。我家有錢、有地，我沒有到地裡做過，不會做，你們叫我去做，叫我薅秧，沒叫我薅草呀。

周：把草都保留下來了，把秧薅了。

長：他們叫我去呀。

周：你沒弄懂。我上學時還薅過秧。專門拔稗子。這個地方不知道雜草是不是主要是稗子。

長：對，對。

周：那個很難薅。

長：很難薅，那個要分開，穀子是穀子，稗子是稗子。

周：那都長在一起，長得差不多。

長：我們就分不清。我剛剛到大谷地種稻子，第一天就去看，說這個很好看，看的很漂亮，就去薅，全部把我的穀子薅掉了，毛草留下了，因為毛草是綠的，稻穀是黃的，我就不知道。

周：關鍵是稗子長得比穀子壯。

長：我的親家李家，李文煥的弟弟，我沒有帶水，到他家要水吃，看一下就可以薅了，就自己薅了嗎。長麗芳，那個跟你來。我說一個人來。你一定薅錯掉了。不錯，不錯，好的我留著呢。大家都知道了，給我難看。中午過去，又去栽，把稻穀又栽上。

周：真是不容易，自己種地。

長：還要砍地。

周：還要帶孩子，伺候老公。

長：什麼都做了。

周：老公什麼時候過世的。

長：快九年了。

周：他一輩子就這樣，到老了還抽。

長：到臺灣去了，去了九個月，就熬不住嘛。

周：臺灣沒得抽，癮上來了。

長：不斷了不行嘛。就寫信過來，你是不是替爸爸著想。媽媽早就決定了，帶你爸爸到臺灣來。我就跟小孩子說，媽媽的目標是，我們是中國人嘛，一定要到中國的地方，沒有辦法抽，不管是大陸也好，臺灣也好，媽媽的想法是這樣。一定要過來定居，你要不要來，自己想。在塘窩就斷，下來也斷，說了多少次也不知道。

周：戒過很多次。

長：啊呀，我就不管他了。

周：張自鴻也很厲害，抽得基本上起不了床，但他最後，他的老父親還活著，從雲南老家來看他，一看兒子這德行，扭頭就走了。從此，張自鴻就戒掉了。現在八十五了。就讓他父親刺激了一下。他父親現在去世了。後來他回去過三次，前兩

次老人家還在，第三次就不在了。就是那次，老父親來看他，他就在床上，一天二十四小時都不起，抽，吸。他父親一看兒子這個德行，就走了，不理他。戒掉了。

長：回來眼睛瞎掉了。

周：他孩子比較孝順他，還可以。

長：是，他一個孩子在臺灣當醫生。在家照顧他一個，一個月前我還去看他。

周：就是腿不太好。

長：打個拐杖。我去一個朋友家，他不在，就去看張主任。又去看趙臺長那個太太，她還陪我出來，我們是同事。以前也處得很好。趙太太對我說，她跟上我百分之一，心裡就好過。你一個人，有便車，就搭便車來了。回大陸，也是我一個人，回臺灣，也是一個人，來來回回一個人。

周：你丈夫在臺灣熬不住是不是回來了。

長：斷掉了，過關過不了了。

周：後來回來沒有。

長：回來了，待了九個月。回來也沒抽。

周：那還可以。

長：抽菸還是抽，吸大煙不吸了。

周：抽菸還可以嘛。

長：也是抽菸的關係，是肺癌嘛。

周：肺癌跟抽大煙沒關係吧。

長：有，抽大煙是吸呀，往裡吸。又抽香菸。他死的時候，我七十六歲。他說他抽菸多少時間，快六十年了，活得這麼久。

周：從十六歲抽，過去小孩抽菸十四、五歲就抽了。

長：抽這個遺傳，我說他這個就遺傳，老公公也抽。

周：主要是你太能幹了，女強人，這個男的就顯得沒辦法，只好抽大煙，沒別的事做。

長：趕那個牲口跑那個緬甸，馱馱，馱著金條上去，還是跑呢，你吸，我吸，大家都吸。我最小那個孩子，我是發現他抽菸，我說你不要抽，好不好。他死不認。我逮他嘛，逮到你以後。就趕牲口的行李，回來我要洗呀，一打開那個菸具，我就拋了它。這個是錢買的。錢買的怎麼樣，把它拋丟了，打爛了。

周：是你老三四個月的時候，發現他抽菸。李文煥吸不吸？

長：他不吸。劉師長也不吸。這些長官都不吸。

周：李文煥的弟弟，這些親屬也都跟著他在這個部隊裡？

長：對呀。

周：他家裡都有些什麼親屬？

長：老公公，二個女兒，一個沒有結婚，兒子結婚了。

周：他弟弟？

長：不是親兄弟，出了這麼多年不知道有親兄弟。小的和一個泰國人交過朋友。

周：昨天見李健園，她大侄子很大了。

長：他哥哥做事不如大小姐厲害。大小姐我們也打架，我是不怕。還是很客氣，叫麗芳姐，問你去臺灣申請難不難，我在你家長大，長到老，我來要一個證明，你們刁難我，為什麼難。我不得這個紙，不得身分證，我很不滿。我們這個地方到那個地方，為什麼不難，我們回來要，還要我寫報告。

周：我在訪問中感覺到，在這個身分證處理上，沒有處理好。

長：把人打下十八層地獄，這些小孩子，如果沒有陳茂修站出來，泰國打這個苗共的話，現在還沒有。還是陳茂修，段軍長[12] 處理得好。

周：何先生說，陳茂修有良心。

長：我們小小的時候在一塊，一塊處嗎？那個時候當主任，我們叫他客氣主任，我們說陳主任你何必呀，客氣呀。

12　段希文入緬後，先後任雲南反共救國軍第二十路主官（一九五二年七月）、三十路司令部主官、五軍軍部主官（一九五三年七月）、雲南人民反共志願軍五軍主官（一九六〇年五～十一月）。

周：人事關係做得很好。李文煥，這個事都快完了。

長：一敗千丈。

周：英名一世，栽在這個上。部隊一散，他就沒了。

長：我去臺灣的時候，去清邁，到我朋友家住。去李家，李太太說，小麗芳，你要去臺灣。我說我們還沒有走。臉都是黑的。應該說我是第一批，最後到第五批了。

周：第一批是前方的，第二批是後方的，應該有了。

長：我一直沒有離開過部隊，一直做什麼，都是長麗芳，派什麼都是我。為什麼我不得。

周：主要是不公平，有的有，有的沒有。李橋林也沒有，傳令兵，成天跟著李文煥的都沒有。到現在都沒有。

長：他到現在還沒有。

周：沒有。

長：他沒有去辦。我足去了幾處，我還到大公地了，我就跑到新村找，就跑到查馬干找。我問那沈司令官的兒子，那個沈慶功，現在在清邁，是我們騰衝人。我就問他，沒有換名字，沒有換出生年月，在哪裡找也是這個長麗芳，沒有變。

周：後來很多人像你一樣，靠自己努力爭取。單位前期還可以，到後期就不行了。依靠不上了。

長：就要自己動腦筋了。

周：就要找關係，花錢，什麼事情都出來了。

長：花錢，花不起。我這個女兒買公民紙，是花了五萬。臺灣事情下來，我還有二百四十塊錢。給他們六十塊錢。給老公公，剩下的給你們買香菸。他們說伯母，你一再幫忙，給我們補褲子，換拉鏈，也沒有收過我們的錢。你的人情我們永遠記在心。第二天還有人說，長麗芳下來，一定是有錢下來，賣給你十桶米，先收錢，等到割穀的時候給你（米）。他們就不知道我的內心。我的內心，我的丈夫去緬甸做生意嘛，我縫那個機器，不是賺得賺不得，我那些同事、長官，優厚的給我，我幫助他們縫背條子（黃金）的衣裳，背首飾的衣裳，一段時間用首飾來交易，縫一件衣服，就是背條子那種，八碼首飾，一碼首飾四百塊，半碼首飾就是二百塊，還

有布料，我的手工就是五十塊。我又縫那個軍帽，縫那些軍用品。那時候拚命呢，一直縫到三點，大部隊出發掉了，都買不得了。這個幫我帶一百頂，那個幫我帶一百頂，上緬甸去，回來他們帶一點大煙。我們軍長也不要我的稅錢。這個軍帽、帶子，都是拿到清邁換的，不要了，不收她（的稅）了。這一點，還算有一點厚道。但這個紙，心上實在，我一輩子沒離開過部隊，我不得。那個時候我們不得這個紙，沒有這個不得行，到清邁就要拿上這個紙。說不完了。我來到孟薩，剛由大陸出來，在孟薩受訓，在上面講話，說這個共產黨的隊伍，講這個地主，要不要寫個稿子。我們的黃主任，是政工隊的，政治部主任。說長麗芳要不要寫個稿子。我說你們搞定要我講那幾個問題。就說共產黨怎麼樣殘殺你的祖父，殘殺地方上的長官，你的父母。我的母親是一段三截。我母親十五歲結婚，那個時候還小啊。共產黨要錢，把那個鐲子一抹，蛻皮呀，要吊嗎，要審我們的錢財。

周：吊起來，那會叫浮財。

長：對，怕要不出來。

周：要白洋，要金銀。

長：什麼都挖光，全部挖光[13]。要不，我跑得沒那麼快。明天要是槍斃人了，頭一天，會我母親，會我三叔，他們也沒有講什麼，我父親就說，阿玲，你是女兒，兒子是你，（哭了）你以後有機會就來看我們的墳。就講了這些，那時小小的，還是聽到了。有機會你要跑出去。（又哭）說不完的苦了。過了山窮水盡。叫我上去講，孟薩有多少萬人。我跑上去，開始就講共產黨怎麼殘害我全家，怎麼樣，我祖父那鬍子全部拔光。我父親是，用那個香，一把香，把頭髮全部燒光。燒那鐵條，一上去把肉都脫下來。還叫我們呼號，小孩子要呼號。我父親叫長啟新。打倒長啟新。叫就叫吧。那個時候我讀六年級，要寫一節目出來，要和農民站在一條線。我說好啊。我老孀也是為我好。我是十二歲，十三歲還不滿。她說，順著他們，你去，他們說我們該殺，該槍斃。不要嘆氣，不要掉眼淚。我媽媽，姑媽。我在那個現場上。三個兄弟，一個侄兒子，烤那個皮，站也站不住，爬不起來。老孀說不管他了，在我家一直守寡到今天。沒有這麼堅強。我回去三次，第一次很吃苦，第二次、第三次我從臺灣回來，有了身分證，坐飛機，我們五個人，我們兩個是隨身紙，不讓過，隨身紙算是華僑，我們就打折回來，出門沒有經驗，沒關係，買一張機票到昆明，反正我們保山有家，大理有家，去那裡也可以，打一個電話，讓他們來接就行

13　一九五〇年九月，騰衝縣全縣開展減租退押運動，實行「二五減租」。

了。轉回來打一個電話給沈司令官的兒子，說我們去寮國不得，我們母子兩個不能過，你幫我們買機票，墊了錢。臺幣要鬥（換），人民幣要鬥（換），要一萬多塊錢，要到清邁鬥（換）。我的女兒在臺灣，要從臺灣去大陸，在臺灣換一點，到大陸可以換，我不曉得泰國。我女兒打電話，不能去泰國，要直飛。我們折回來到清邁，買直飛昆明，要多花三萬塊錢。出門沒有經驗。我說不怕，我們是當兵的。我的命不好。我姐妹六個，大的不負責，小的負責，我還要負責。又跑出來，父親交代了，拿著命跑出來。後來政府允許申請，還是拿我的名字申請。這是命。我這一生，我這個人想得開。我對馬家也有個交待，三個都是回教，對我們長家，我還是跑出來。

周：都你一個人安排。

長：我一個人安排。馬家三個人都死在這邊。但我不信回教，按回教方式，唸經，安葬。上一次我回保山，我丈夫侄女，請我們吃飯，說長麗芳不是回教，我們馬家三個都是舉行的回教葬禮。我不是回教，還是向他們請教，回教怎麼樣。不信是我的原則。那個時候我就說，叫我變，我不變，要變教就對不起我的父母。我的兒子有一歲多，那個大伯以為自然像別的孩子一樣（信教），我不變。

周：你這個照片不錯，很精幹的樣子。什麼時候照的。

長：這是六年前，曼谷的新聞記者照的。這是前年回去照，這是大哥，這個是大姐，這個是二姐，這個是兄弟，這是當過兵的那個，這個是三兒子，這個是弟媳，這個是我兒子，跟我去的，兄弟的二兒子，這是大姐的外孫，這個是姐夫，人姐夫死掉了，是腸癌，去臺灣開刀，開了刀還是來我這裡住了一個禮拜，回去不久過世。這個是回大陸照的，這個是那壩山，這個是我大公的孫子。我的女兒是這個。這個是我老公公的家鄉，他們那裡。這個是我同事，回臺灣時照的，她中風三十年了。

周：她鍛鍊還可以，看樣子可以。

長：我一去她要哭，我要回來她是哭，她說我要像你一樣，，買張機票就回去，買張機票就回來。你是獨行獨來。你看這張怎麼樣，我們在做玉米粥，這是二兒子，我的孫子屬虎嘛，這張照片二十年。頭髮黑，是臺灣回來時染的。照片很多。這是同事。這是看眼睛前，在臺灣看的，兒子在臺灣，有醫保。

周：去泰國看病可以不要錢，也有醫保。

長：有。我病過三次。我十三歲病過一次，跟老娘到騰衝，去醫院去醫，第一次。一次在孟薩受訓的時候，也病過一次，叫機構隊砍竹耙來包，有兩個人病。在孟薩有七個醫生，幾個說不會過十二點鐘，不要驚動同事的心，死就拿那個竹子堆起來，用麥耙包起來，不要讓人看見。

周：就是說你活不過十二點。

長：我們兩個，張敏芳和我，我們兩個要吃一點稀飯。他們抬那個竹耙，他們說你們政工隊死了兩個，在哪一個房間？我們政工隊長說，我們政工隊不死。說昨天已有人通知，叫我們抬竹耙。後來說不死，慢慢的我們好了，出來看到那個竹耙還靠在我們房間外。說是好了，我說還好，我們命好。他們打仗，死了好些，有人好心用竹葉子蓋住那個臉，這算好的。我們還有個竹耙，最起碼我們有個灰罐子還抱著。後來他們要取，我們說這個竹耙子是我們的命，沒給。在拉牛打過一仗，死了多少人哪，有什麼竹耙呀。

周：你還是很樂觀，堅強。

長：殺我父親的時候，打下的基礎。吃的沒有，住的沒有，就跑出來了。一點半點沒有，什麼都打不垮我了，什麼同情的話，傷心的話，什麼都不講，講不清。什麼大媽在好活些，我說你們搬來嗎，我可以寬容你們。我是小的好運動，什麼足球、籃球、羽毛球、排球，什麼球都玩。縫鞋給兒子縫十雙，我要縫二十雙，我媽媽就說，囡子你為什麼吃鞋。我說媽，不是我吃，是腳吃，我的腳吃。整天跑，什麼都愛玩，整天野跑。我想我身體健康，人家說你年齡那麼大了，什麼病都沒有，吃什麼長壽藥了。我說長壽藥不吃，我是心長，開玩笑啦，我長麗芳不是姓長嗎。

周：心態好。

長：我的心情怎麼會好呢。第一個我的家庭，不行，（孩子）小的時候丈夫又抽大煙。

周：就是寬容，能想得開。

長：就是我父母不在了，打下的基礎。這是第一。

周：十一歲呀，經歷了血腥的場面。

長：第一天要撿那屍首，要翻哪，這是我父親，這是我叔叔。

周：屍體要一個個辨認。

長：要把他撿呀，拖起來，抱起這個，又去撿那個。叫幫我抬的人，人家不幫我，就叫老孀，她封家的姑娘。

周：老孀也是有腦子的人。

長：有腦子的人，她父親當族長，她教我怎麼做，說咱們地主家現在是落難，順著他們的毛嘛，不要倒，一倒我們就完了。

周：這個也很厲害。

長：厲害。

周：她二十一歲。

長：她爹就厲害，老孀教我的事情，沒有一點他們問住。

周：老孀。

長：老爺的太太，是我叔母，我們騰衝叫老孀。她有三個兒子啦，我出來有一個死掉，我大那兩個弟弟。我叔叔鎮壓掉了，就不給她兒子念書，就是我老孀在家教這兩個，晚上給他們上課，白天放牛。所以這個人有教義，是沒有辦法的。在騰衝我們幾個姐妹大團圓的時候，我一提起父母的話，心上就，眼淚自然就流出來。他們就說過了，大姐心寬，算了算了，過去的就不要提了。你們是間接，我是直接，你們是故意抹掉，但是我不能抹呀，我是親眼看，親手過，什麼都是親眼親手，你們是不在場，她們是嫁出去了。大姐、二姐都嫁了，就我一個人可以出動，父親的事就是我一個，後邊還小，也不在家。

周：當時施行刑法的人都是農民，農會的。

長：對呀，都認識，還是我們家族的那些人，他們的家窮嘛。

周：跟雁北一樣，就是亂打亂殺。

長：你們看，這是我加明家的三哥，死我都不會忘掉。這個是她大哥，我丈夫的大妹子，這個是加明家的二哥，我的這個三哥，是加明家的三孫子。我家的錢財裝了二十四個大箱子，拿到他家，三哥就當開明地主，主動把錢財交出去，連我們的也交出去了。我說不可以，我要拿回來。第二天就清算我們了，進去二百多個人，

我說講不講理，我還拿個槍，起小我就膽子大。起碼錯，我什麼錯，我是學生，我要我這個書包，別的我不要，我要我這個書包，我要去上學。

周：是大公的孫子，要做開明地主了。把你們家的東西也拿去了。

長：那天鬥我父親、母親，我說三哥，把我換回父親母親可以不可以，他說好。我的父母已經受不了。我們姐妹兩個就去換他們，他說可以，你們兩個先跪下來。

周：誰讓你們跪。

長：是我三哥呀。開明地主，在那主持會場。我們家大公，二公，三公，我們家是三公。我二公是祖爺。他說你們想跪就上來跪。就是要換我父親休息。沒有換，還是叫我們跪。我回去，我丈夫的妹妹，每一次回去，三哥給紅包，我都不收，我說你的紅包我不收。永遠都在我心上。我弟弟就說，三姐，算了，強龍不如地頭蛇。我說怕什麼，我就說我的弟弟，你們是間接呀，我是直接，三姐是直接，永遠都不能夠抹。上一次上大陸過來，什麼地方都有好人壞人，那個時候到我們這個地方，來我們村子騙錢，騙錢就是拿一張白紙給你們看，給你們唸，你們著什麼，著什麼，有些沒有腦筋的。我說凡是光明大道的人，開著燈，亮著做，為什麼房間不准開燈。這個就是騙人的。是大陸來的，後來抓攏了。說來看看道義，要提一百塊，說伯母幫你看手相。我說我自己手相自己看。我從小一個孤兒，自己天下自己打，我自己弄，我說你大陸來，我三十年前回去，大陸招待我們，當我們是貴賓。

周：你們（老家）村子有多少人。

長：我們長家大呀。

周：是一姓的，全村姓長。

長：都姓長。還是有姓李的、姓楊的。人家說無楊不成村。長家的多。

周：騰衝你家的有二百多人。

長：二百多人。二公的二哥年輕，在昆明念書。回來看我祖父，連我叔叔也抓了，槍斃了。我們那個新家，搬進去半年沒有。我們那個二哥跟那個叔叔，在農村怎麼樣有錢，還要養牛、養馬，就要腰摔斷了，他把腎摔斷。就分了家，政府給（分給貧下中農）他們的房子，就不敢住，全部拆光。

周：為什麼不敢住。

長：說有鬼嘛，那是我第一次回去，他們對我說政府把我們家的房子全部拆光了。老房子有八個天井，很寬的。

周：都分給貧下中農，後來全拆了。

長：後來十五塊錢一平方公尺，全賠了我們。弟弟問我你回來（住），我說我怕死不敢住，政府現在登報了，准許殘害地主家的事，補償一點，我也是空空回來，空空回去，補償一點，我們家七個人，我沒有這個能力搭這個份，我不管你們補償多少，都是你們的，我一毛也不會帶回個，一塊也不會帶出個。我在外頭窮也窮夠了。最後我弟弟還是申請給我一點，我去（祖墳）燒錢，這是我的心意。那個時候我的孩子正在上學，弟弟說等他長大了。

周：直接的親屬有七個被殺了，間接的親屬二十五個被殺了。

長：膽子小一些，嚇都嚇壞了。

周：這個比雁北還厲害。雁北（晉綏）土改，歷史上很有名，殺人無數，但一下殺二十五個，這個場景還是很少的。

長：我二姑爹家，一個不得拿回來。那些表姐不會說話，槍斃他們，也要給他們吃的，他們不給抬回來，就是挖坑埋，什麼都沒有。像我們，有老孀教好，要是沒有老孀，也會像表姐她們，一個也拿不回來，那個時候是老孀開道，她很能幹。

周：她給你做工作。

長：我出來，也是老孀鼓動我。她說，阿玲，現在我們三個，最大的三歲多，再有個二歲，還有一個沒出生，我們是不可以出去，現在最佳能出去的就有你，看你一家子，死也要著你一個，活也要著你一個。

周：三家就你一個。

長：老孀和嫂嫂賣那個酒藥，幫助窮人打藥，沖兌，打了以後，可以換點鹽巴來吃，老孀和嫂嫂不能，就是不可以出村，就是我的年齡不到，可以出村，老孀和嫂嫂不可以出去。

周：民兵看著。

長：有民兵看著。有一次我去看我的大哥，也是關在騰衝，我的父親和老爺關在鄉上，鄉公所。有一個老師，姓廣，他說你是不是校長的小姑娘，怎麼會有人叫我的名字，我是哭著。我大哥原來關在公安局，我去看都是在公安局，沒有了，我就去政府（問），政府說在別處，不知道，我又跑到別處，問了三個地方，找不到我的哥哥。我就哭，在路上，一直在路上，就是陳茂修的那個村子，我外甥家。

周：陳茂修也是騰衝人。

長：對。我就到那邊，我的舅母，就給我三塊玉米粑粑，叫我中午吃一塊，晚上吃一塊。我就捨不得吃，想拿給哥哥，不吃。那個老師說，你是不是長家的。我說是啊。說你父親怎麼處理了。我說槍斃掉了，埋了。騰衝關的一個大哥哥，以前我來看是關在公安局，現在是縣政府，縣政府又說不知道，三個地方我都走了，我沒有辦法。我那個老師很好，他說你要不要聽老師的話。現在怎麼要啊，我不得念書了，不得聽老師的話了。你聽老師的話，我帶你去吃飽，吃那個粑粑絲。我說肚子不餓，我不吃。看到你餓的講話都沒力量，你還不吃，這個就是你不聽老師的話了。好，好，我聽老師的話。老師就帶我去吃，老師買了一碗粑粑給我吃，他說他吃過了。他說我帶你去公安局，你哥哥原來在公安局。這個老師很明白，他是貧僱農。他對公安局講，這個小孩從東江走過來，要走四個小時的路，你看她那腳板走的那個泡，你們良心在那裡，那一條，那一代也是講良心的，這裡面關著一個長髮。那個公安是剛剛接班的，說不知道。老師就問我，剛剛你問的是不是這個，我說不是。那個很高。我老師就說，你讓那個接你班的人出來，那個就出來。你們為什麼這樣做，這個小孩來找，錯是老人家錯，小孩子沒有錯，你們看她的腳，還背著三塊玉米粑粑。老師說以前在一個（牢）房。他們說沒有。他們說槍斃了，槍斃在銅水河。大哥沒有槍斃，在一個小攤子講話，我看到大哥，就哭得講不出來，大哥說我知道了。父親、三叔、小叔他們的事情我都知道了。我沒有事。我說我這有三塊玉米粑粑，是我舅母給我吃的，我要拿來給哥哥。這個老師很好呀。

周：是你小學老師。

長：小時候的老師，在我們村子裡教的老師。

周：在縣城碰上了。

長：在城上碰到，那個時候我的衣服很爛哩，沒有那麼好的老師了。

周：在那麼個環境下，他還敢說話。

長：在我們村子裡，那些貧農根本不敢跟地主家講話。要抬起頭來，就說地主不許抬頭，然後就低下去，我們就過這種日子。

周：你這個大哥後來。

長：關了十七年，又派他到高黎貢山，四個地主家的人都去拆飛機，日本人的飛機，拆了五年。一個都沒有死。我大哥還跑到緬甸。現在回家了。

周：放出來以後跑到緬甸。

長：放出來了，在家生活討不起，關了二十二年，跑到緬甸。

周：一九七一年，跑去緬甸，在緬甸待幾年。

長：好多年。大陸開放了，環境好些，他的眼睛又不好，他弟弟把他接回去。他九十歲。

周：是你親大哥。

長：但是兩個媽，我是兩個娘。我是小娘生的，大哥和二姐是大娘生的，帶我大的是大娘，我小娘四十歲生病。我來泰國病過一次，七十二年（一九八三）時，第三次生病。在大谷地，在觀音寺整水管，喜歡給朋友幫忙，一有時間我就去幫助他們拉水管。那天天氣不好，暈過去，他們怎麼抱我出去我不知道，就送醫院。住了三夜，這個人一直跑啊。我女兒從臺灣打電話來，叫趕緊轉院。轉到清邁美國人的醫院，一針四百六十塊，打一下半個小時就好了。

周：我沒聽明白，你是在安水管，被什麼咬了。

長：瘧疾。蚊子咬了，最危險是上腦子。我女兒從臺灣趕到，說怎麼辦。醫生說你母親很堅強，腎裡面沒有病，就是瘧疾。一個醫生是醫腎，一個醫生是醫瘧疾，還洗了腎。不需要拿藥，不需要回來看醫生。真正沒有回去過。我叫兒子和女兒扶我站起來，站在小板凳上。踩地下，又扶我一下。我要上廁所。醫生來了，說病人哪裡去了，說你們為什麼叫她起來，我女兒說，我媽媽就這個個性，她說怎麼辦，就怎麼辦，我們也沒有辦法。醫生說你媽媽像個男生，她過去是做什麼的，我女兒說她是九十三師的人。那個泰國醫生說，難怪她的個性是這樣。

周：塘窩有一個馮宛貞，六十五歲了。

長：她是後代，又接下來的，當過兵，沒有受過訓，沒有扛過槍桿，沒有在過部隊，就是跟著部隊跑下來嫁人了。

周：馮宛貞後來當了女兵。

長：當過，後期了。我的小孩子，她們幫忙帶了嘛。一個周培英，我就請她們幫忙帶孩子。教我們三個小孩子，大的四歲多，第二個是女兒，三歲，還有一個小的。我沒有時間，是孩子開始學習的時候，叫她們教。我老公抽大煙，不管。我是縫機器討生活。蔡師長說老撇呀，我有個綽號，白彝話，叫老撇呀，是頭人的意思。他說你會想辦法，你好自私，自己的孩子叫別人帶，你就不為團體著想。我是大頭百姓，我說我為團體著想可以，你們八百多人，八個大隊，你們馬上就可以辦這個學校，不到兩個禮拜就可以開學。蔡師長說，老撇呀，你說兩個禮拜開學，怎麼可以。我說一個大隊三個中隊，一個中隊開場子，一個中隊砍竹子，一個中隊平地基，一個中隊鬥竹子。那個時候房子都是竹子鬥起的。你分工合作，一個禮拜就可以入住了。蔡師長說，哎，我們本事沒有，不如老撇，開玩笑呢。我像我父親，趕牛車養一個，踩機器養一個，跑牛車養一個。我就這個個性。我兒子有難民證就過了，臺灣來回跑，我女兒就必須有身分證，買泰國人的身分證，一年一萬，跟朋友借。給兒子讀書，不給女兒讀不可以。像我父親，兒子、女兒一樣。只要你上進，就讀。借錢，我不白借，轉身就還了。這個人哪，人家說黃連苦，我們這個比黃連苦。

周：你背負了三代，父親一代、丈夫一代、孩子一代。

長：離婚了我不離，拖帶大的，小孩子，老人我照顧公爹，我說照顧老人是我的責任。軍長說，長麗芳是供養三代人，長麗芳走了，小孩子也受罪。軍長說你馬文通，要不是長麗芳，我把你槍斃，碎剮了，我們要是沒有長麗芳，老的也沒有活，小的也沒有活。

周：你的孩子是拿的臺灣身分。

長：我也是。

周：你沒有泰國身分。

長：我拿的是隨身紙。我們現在回大陸，去臺灣，都要去曼谷拿護照。只有兩個月，泰國的隨身證只有兩個月，上飛機用泰國護照，下飛機用臺灣護照，我是背那麼一疊。

周：拿臺灣護照回泰國，居留是兩個月。

長：我是雙重國籍。

周：你沒有泰國身分。不是雙重國籍。

長：要是李文煥那個沒有良心的，我就有了。李文煥死了，骨頭還沒有埋掉。拿著那個山腳埋著，石頭壓著一輩子翻不起身。橋林，那天待在那邊的老兵就說，李文煥在那邊站位。你那麼在乎這個，為什麼這麼多年沒有修好忠烈祠，要鬥爭他嘛，有人講。

周：外邊圍住了，裡面沒有修。外面的示意牌都塗掉了。

李：沒有修。

長：這個錢來多掉了。李文煥死的時候，臺灣來了公禮書，那個帶來的錢，是大小姐他們拿掉了。公禮書，要回臺灣報帳哩，上千萬呢，還不是實情實報了。在新村那天拜了嘛，人家心意到了。你不趕緊修，你吃了錢，那個時候老兵還多呢。在忠烈祠裡面，我們政工隊有一個名字，長建芳，是我三叔的凶兒，就是我說槍斃的那個三叔，在寮國死的，我們上江拉演戲，就排戲。

周：忠烈祠修好了，對好幾代人就有團結的作用。到現在沒人弄。誰應該負責。

長：到現在，捐款都捐了多少次了。去年清明節，大小姐說這個門要蓋了，那個門要蓋了，還不是捐了。今年又完了，沒辦法。

周：（十二月）五號了。

長：明年，這些老兵差不多都死完了。像我們十四師，大谷地還有三個，我一個，楊明彪一個，唐去芳一個，耳朵也聾了。

周：她門都是孟薩受訓的女兵。

長：對呀。

周：大谷地有三個，那兩個耳朵都聽不見了。

長：聽不見了。頭天我還看她。我去摘那個菜葉子餵雞。我是每天早上、晚上做運動。也去散步，跑完一長坡回來。天天上坡，習慣了。

周：你能活一百多歲。

　　長：我的孩子很孝，三個侄子在大理，每天打電話來，臺灣的孩子也是，一個
月打來一次。三姑媽，我們家沒有幾個三姑媽，就一個三姑媽。家裡有事就跑回來，
有事又跑回去。還有嫁回教，不信回教。我是堅強的，一個人就要堅強，病也沒有
了，我什麼也不想，人家有錢是人家的，我沒有錢，是我的。我養小的，是養我的心，
一會看小雞，一會看雞下蛋，一會看孵小雞，心情一下好了。

五二年土改時亂殺人嘍，不跑不行

口述人：張自鴻 八十五歲

訪問地點：泰國清邁省差巴干縣龍窩區十保熱水塘新村張自鴻家

訪問時間：二〇一四年十二月三日

周：今年您多大年紀了？

張：今年是庚午，八十五（歲）了。

周：您叫什麼名字？

張：我叫張自鴻。

周：跟我們談談您的經歷。

張：也沒有什麼好經歷的。

周：您是什麼時候當老兵的？

張：我是一九五二年，從中國，家是龍陵的。

周：跟朱先生是老鄉？

張：我們兩個村子挨著。

周：您是（一九）五二年出來的，是因為什麼出來的？

張：那個時候殺人哪。

周：土改的時候殺地主、富農？

張：什麼地主、富農，管你錯不錯嘍，都殺嘍。

周：那個時候您是跟著家人一起走的，還是自己走的？

張：自己走啊。

周：家裡人呢？

張：弟、妹這些的，還小。

周：您是老大？

張：我是老大。

周；您就一個人跑到緬甸去了。

張：隨便組織起來，大家就反抗了，居住在緬甸。那時緬甸照顧也不好，管理得不太好。大家出來太多了嘛，我們在邊界，邊界容易跑。

周：從龍陵跑出來的多不多？

張：多，很多，很多。

周：是自己走，還是結伴？

張：結伴。喜歡當兵的，就當，喜歡個人的，就個人為生。各自為生了。

周：你們那個村子跑出來多少？

張：跑出來的多，真正當兵的，我們有兩、三個人。

周：參加的是二十六軍，還是三軍？

張：大家組織起來，也就是烏合之眾。以後李彌[14]將軍的一九三師順著湄公河，從中國國內來，有一千多人。他這一千多人來了以後，緬甸叫改（編），他們不叫改（編），這樣子抵抗、抵抗，反抗、反抗。那時候緬軍作戰很幼稚，兩軍作戰，他們就事先埋伏，來了就著了，打打停停，後來他們就交給一個地方了，孟薩。孟薩是大森荒林，雖然有些巴依（少數民族）住著，開些田就夠吃了，他也沒有買賣。我們來到孟薩，巴依的穀子，田就那幾丘，出來的穀子，幾倍的出米，所以他們就有穀米賣給我們。等到第一次撤臺，老巴依說，你們都不在了，我們的田就那麼幾丘，幾倍的長起來，現在你們不在了，糧食就長不起來了，這是天意呀。就是你們走了，產量也不行了。回到我們來之前的那個產量。

周：是不是氣候不好了？

張：不是。就是說我們這夥人，來了，還是原來那幾丘田，就有飯吃。以後第一次撤臺，我們是不撤的，不撤就留下來，就轉到湄公河那邊，孟敦。我們幫忙栽

---

14 一九四九年十二月九日，盧漢宣布脫離民國政府，李彌被民國政府宣布為雲南省主席。國軍潰逃緬甸後，李彌曾任雲南反共救國軍總指揮。

秧子，種田，協助，那一年巴依家的孟籬，裝穀子用的那個囤，是建了一個，邊上兩個，還是那幾丘田。

周：你們來了，產量就高了。

張：也不知道，反正就有米吃了，有糧食賣給我們。等到打仗了，撤退了，那一年（糧食）就沒有了，又是（回到）原來那個產量。從第一次撤臺，有兩次那樣的經驗。所以，這夥人是不會滅亡的。

周：你參加沒參加和苗共作戰？

張：那時候我在緬甸。在緬甸工作，從孟薩出來編隊，在那裡（待）七年。在（泰緬）邊界待了七年。李彌將軍第一次撤退以後，大家各自為先，沒有補濟，政府也不管了，要求暗地留下來，結果就留下來。

周：留下來怎麼生存呢？

張：啊呀，這個不能說了，怎麼也要吃呀。在山上，有時向泰國買（糧食）吃，僅僅是吃飯而已了。到最後，大家撤回去了，不到半年，政府又派柳元麟來收容，就又有買飯吃的錢了。菜嘛，在山上，大家自己找啊，毒芽子，都可以吃，這些沒有問題了，就是說有飯吃了。這樣就混著、混著，拖著、拖著，到湄公河那邊。又開闢了個江拉。我是四十七年（一九五八）按新計劃，他們去邊界襲擊，到瀾滄的邊界，執行以後，撤到孟年這邊，派一個組，到我們出來的那個地，芒縣、隴川嘍，龍陵，收容那些 [15]。那個時候（一九）五八年，大躍進嘍，大鍋飯嘍，毛澤東搞的那些鬼名堂，所以大家民不聊生，邊界那些人們出來種地，整什麼，整點基礎，種鴉片煙，時間到了跑回家躲著，把家裡人招攏來，夜晚就跑了。

周：你們這個組當時是收容他們？

張：也不是收容他們。

李橋林：是接他們出來。

周：你老婆是（一九）五八年出來的，是你接的？

張：接出來的。

周：你孩子呢？

15　一九五八年九月，西盟縣發動暴亂，波及八十四個村寨，二千餘人外逃。

張：有一個孩子。還有兄弟他們，多。開始只有我一個人跑出來。把老婆接出來，孩子是個囡，當時八歲。背也背不動，走也走不動，放下了，放給家裡人，交給妹子照顧。以後時間長了，再去接呢，老人說算了，算了，接出去那邊去住，丟下孩子是常事，帶著孩子跑，看到幾個人，就把孩子丟下了。

周：也搞不清是不是解放軍。

張：是啊，這些孩子丟在大路邊，也可憐。人家看見了，又把（孩子）接回去。所以我的孩子就接不來了。

周：很多這個情況？把孩子就丟到路上了？

張：是啊，很多，看見幾個種田人，分不清，就丟下了。後來，我在上邊工作了兩年多。下邊這裡又第二次撤臺了，共產黨又派部隊從邊界過來，掃蕩過來 [16]。

周：在緬甸，是吧？

張：在緬甸。湄公河，這邊是寮國，那邊是緬甸。他就是沿著這個掃蕩過來，到江拉，孟帕一帶掃蕩，那個時候，就撤到寮國去了。第二次撤臺以後，政府又派情報局的來，情報局又派人收容。三、五軍就是那個時候，大家那時各自謀生，也好多了，大家也有這個經驗嘛。我們這個李軍長、段軍長，他們不願意離開，帶著這點部隊，都是家鄉出來的，都是鎮康的人，親親戚戚，比較多，所以他們就不願意接受國軍的指揮了，聯合國搞不成就走了，他們來了就搞他們的，我們這夥人，個人做生意吃飯，種莊稼吃飯，就這樣待下來。以後寮共，在帕孟山那邊作亂了，泰國人去剿，去多少人，死多少人。結果他們用人來聯繫。我們這些部隊住在邊界，他們在協調，三軍、五軍各派出六、七百人，去協助。把（苗共）他們滅了，帕孟山收回來。

周：打了好幾年？

張：一年多，兩年。（苗共）又跑到西孟山，考克考亞，生存哩，那裡地形很險要。泰國人沒辦法，又請了三、五軍各派二百人，第二次，歸陳茂修指揮，打了將近一個月時間。把他們（苗共）打垮了。打的時候，一個單位派二百人，傷亡多少呢，沒有幾個，出了點小事，負傷的一邊十三個，死十幾個，平平均均傷亡這麼多。

16 中共與緬政府達成祕密協議，中共派出十三、十四兩軍三個師過境與緬軍聯合作戰，打擊佤族武裝、國軍殘部武裝。中緬軍方由一九六〇年十一月二十二日下達的聯合作戰命令啟，至一九六一年二月九日中共撤軍返回大陸止，歷時八十天。

死傷的都一樣。陳茂修做事很公平，什麼事也都是平均下來。後來活了九十五歲。在清萊去世。

周：當時你參加那個戰鬥沒有？

張：沒有。我在這邊。以前這個寨子，是出了一點小錢，收購了一些（地）給眷屬。

周：新村是什麼時候開闢的？

張：民國五十三年（一九六四），是龍年，甲申年。

周：這裡原來沒有人吧？

張：沒有，外邊才有。他們在這裡耕種一點點地。

周：你什麼時候來的？

張：上、上、下、下的，真正家來的時候，是這個寨子有了十幾年後，我在這安家。部隊主要是靠近緬甸那邊，做生意呀，什麼的，上面也需要有人住嘛。

周：出來以後，又有孩子沒有？

張：有啊，先是個女兒，後來生兩個女孩，一個男孩。

周：在緬甸生的，還是在泰國？

張：在緬甸生的，後來慢慢轉下來。

周：後來回去過沒有？

張：回去過。二十年前。

周：見沒見到你那個女兒？

張：見了嘛。我那個女兒也出來幾次。

周：來看你，最早是什麼時候？

張：七、八年前。來過兩、三次了。

周：那還不錯。

張：我回去過三次。

周：你家裡還有很多親人嗎？

張：有。

周：他們現在怎麼樣？

張：還不是住村子上。我有四個妹子，二個兄弟，連我是七個。我是最大的。我那幾個兄弟、妹子都還住著。

周：都已經成家立業？

張：還做工作，難做去了。

周：他們現在生活怎樣？

張：生活還可以，自足有餘。我第一次、第二次回去，老母親還在著，九十四歲才老去，去世以後，我又去了一次，獻墳又去了一次。現在（我）生一點病，中風，那裡也不可以去了。

周：女兒也找到了，還不錯。

張：她都做奶（奶奶）了。

周：你都四世同堂了。

張：是啊，是啊。重孫屬蛇。十三、四歲了。

周：這三個孩子都在泰國？

張：泰國一個，臺灣住著兩個。

周：他們在臺灣做什麼呢？

張：做醫生。

周：她們是去臺灣讀書？

張：她們是在這裡讀書，讀書以後，救總幫忙，幫助這些青年去那邊（臺灣）念書，她們每個月都發生活費，畢業後留在臺灣工作。她們去臺灣，十五天內登記辦身分證，那個時候在這邊沒有合法的，只有那邊可以居留，到處跑還不可以。現在去（臺灣），一、二年都發不到（身分證），現在管教比較嚴。沒有身分證不可以嘛。

周：蔣經國對這些難民還可以，李登輝就不管了。

張：李登輝根本就不是中國人，他是日本人，日本種。凡是李（彌）總部、柳[17]（元麟）總部都有名冊在那邊，這邊申請，只要花名冊上有名字的，包括死了的，都可以，每人發給十萬臺幣，李登輝手上發的。

周：李登輝還給老兵發補貼。

張：這個叫戰時受貼補償金。如果在那邊，是榮民，永遠得的。在這邊，就乾乾淨淨一次得的，二十萬臺幣。

周：在那邊好像退休金，老有。

張：對，對。

周：這兒是一次性。三軍、五軍，只要花名冊上有名字的，一次性發二十萬。

張：第二次撤臺以前，名冊上有的，以後（參加）的沒有了。報不上去，沒有。那時候培訓，李彌將軍也是培訓，柳元麟將軍來收容的時候又培訓了，你這個單位就地培訓，培訓以後，只要點驗上名字的都給，以後的就沒有了。

周：後邊的就靠自己了。

張：相比（李）橋林這樣的，以後來的就沒有了。

周：他是李文煥到塘窩這裡招的兵。就是五抽一、三抽一那次。

張：他們這些不得了。原來沒有（參加）培訓。以後招來的還很多呢。打帕孟山那些，老的也多，新的也多。

周：打帕孟山，他們這撥也很多。

張：是啊。

周：他們沒有就可惜了。

張：那時候緬甸（那邊）也是打，打土匪，又守鋪子，大家也是搞這些，大家都是民不聊生嘛，好事嘛，是好發動。

周：緬甸環境差，招兵很容易，招了很多。昨天見的那位，六十二歲了，也是緬甸的那一批，還負了傷。他肯定也沒有。

17　柳元麟，曾任雲南反共救國軍總指揮，一九六〇年五～十一月。

張：沒有，沒有。現在難民村這些個，老兵這些建數，不到一半，三分之一左右。餘下的是老兵的家屬，走了以後又賣，轉賣，路兩邊（的地），凡是發展出去的，以後才來的。他們自己有親戚在，就到這居住了嘛。自己移民（過來），自動移民。來了以後，泰國人也好，慢慢地又做給你居留證。暫時不能亂跑，要去遠處呢，要辦通行證。凡是你有居留證，要出去可以辦一個通行證。取了通行證，那裡也可以去，現在在曼谷打工的也很多。只要有打工紙（證），現在又變成了打工紙。居留證你要簽個字，他規定半年內、一年內要來換，你回來就要換，不回來在那邊住也行，也不管了。反正你那個紙就好了。

周：現在新村三分之一是老兵和家屬，三分之二是後邊移過來的？

張：對，對。

周：也大部分是緬甸移過來的。

張：原來也是從大陸到緬甸，從緬甸移過來這樣子。那個時候在緬甸山區，到處是種鴉片，你不種鴉片吃什麼，你一天買米吃，生活費，完全靠鴉片煙。

周：大陸跑出來，都種鴉片煙，誰收購呢？

張：做生意的太多了。你說不做生意，不搞這些名堂，你怎麼生存哩，發展，生存。以後生活轉好些嘛，每個人都要發給零用金，副食、主食，什麼都要發給。你有一個家，連老婆、孩子，都要給吃飯，在塘窩這些。這些錢哪來的，都是做生意來的，做鴉片生意，就是這樣生存下來的。打了考克考亞以後，泰國皇帝去看看，去醫院看看這些傷兵，很同情這些傷兵，趕快發給他們入籍紙，不一定每一個人都給了。以後慢慢給了居留紙，後來開了一個口，申請，申請入籍。在幾歲以內可以申請入籍。

周：第一步承認你的難民身分，然後符合什麼條件就可以申請入籍。

張：是啊。幾年以前，就有中國人到泰國來，五十歲以內都可以入籍，只不過是自己向政府申請。專門有這樣一個機構。不超過五十歲的，雖然不是出生在泰國，都可以申請。那個時候中國來的要三十五年，三十五歲，雖然不是泰國生的，也可以說是出生在泰國，只要頭人簽個字，就好了。

周：只要連續在泰國生活三十五年以上。

張：相比，像我們這樣就不可以。

周：是不是因為年紀大？

張：不是泰國生嘛，難民紙就是大陸生的嘛。三十五歲以下的都可以申請。

周：那你最後獲得沒獲得泰國籍呢？

張：我現在用的是隨身證。你沒有資格享受特權。

周：公民權。

張：像買房子、買地，這些都不可以。

周：那你回大陸幾次，怎麼回去呢？

張：隨身證，泰國給簽署護照就可以。

周：發的是泰國護照？

張：泰國護照。還有一個居留紙（證）。居留紙就是你出國一次，要上稅一次，以前一次一千多（元），現在是三、四千（元）了。

周：他叫什麼稅呢？

張：（持）隨身證的人，你是客人，不是真正的泰國公民，如果你有泰國公民就可以了。我兒子申請的就是公民紙，現在有房了也好，土地也好，都是兒子的名字。

周：他是正式的泰國公民。

張：如果你沒有這樣一個人，是不可以的。他自己申請了，如果他有兒子，生下來就是泰國人了。不用申請。出生的時候，人家給你一個證明，拿來登記，登記在你戶口，時間到了，現在他七歲，就可以領護照了。放鬆到七歲，現在七歲以上的都有公民紙了。我的孫子都有了。

周：中國好像是十六歲發身分證。

張：以前也是十六歲，現在七歲就可以領了。

周：那你回三次大陸，就要領三次護照，上三次稅。

張：是啊。這不算扣查的。你在這邊好好蹲的，在泰國拿著隨身證就可以通行。出國要用護照。

周：好像還有一種不能出府（省）？

張：就是以前的難民證，從緬甸來，給你一個臨時居留證，時間久了，也可以申請。看病也可以免費的。

周：隨身證是不是就是長期居留證？

張：長期居留。我們這個也不算中國籍，也不算什麼（那個）國籍，空降的。

周：就像我昨天說的，這一代最可憐，哪一個國的都不算。

張：這一代不多嘍。有隨身證的人，以前有三幾千人，在清邁、清萊，我看，現在都淘汰了。

周：都淘汰了。

張：差不多都淘汰了。

周：沒有，像你八十五了，李橋林六十二，他倆口子都是隨身證。所以這三千人不止。

李：他說是第幾期了。第一期的可以申請公民紙。

張：那算是老兵入籍。這個算是我們這個團體對不起我們了。

周：是啊。

張：我們是應該有資格入籍的。

周：對。

張：算是老兵了，應該入籍了嘛。經不起分彼此。鎮康的（人）就得了。

周：鎮康人就是李文煥的老鄉了。照顧老鄉，他可能有名額限制。

張：我們是江西岸的人。

周：你是保山以北了。

張：是啊。以西的。現在還是歸保山管了。騰衝、龍陵嘛。

周：鎮康算不算保山的？

張：不算。昌寧、龍陵、緬寧。

周：李文煥當時比較照顧老鄉了。

張：騰衝，龍陵歸保山。

周：騰衝是最南邊了。

張：我們是最邊界了，龍陵、鎮康這樣下來。

周：那也是很近的，是不是受名額限制？

張：不管嘍。總之，那個時候三軍的了，原來大家都拿的軍人身分證。

周：剛才朱先生說了，他也照了前軍人身分證。

張：那個時候，每一個小兵都照，我們部隊擺在彌龍那邊，到最後我們這個單位有幾個鎮康人也沒得，比如張杰、張之晨，羅仕達家。

周：可能不是全部辦，離他近就都辦了。

張：羅仕達家通通辦了。張國杞 [18] 家是最後才給辦的。辦到快結束了，好像不給不好意思了。這些人當時都是戰將呀，帶兵打仗出大力的。

周：他是軍官是吧？

張：是啊，好像不知因為什麼，到最後才給。

周：都是大陸來的，不容易。辦的時候李文煥還在？

張：在。

周：對後代也有影響。

張：是啊。我們這些已經老了。現在你讓我帶著公民證到處跑，我也沒有能力跑嘍，也跑不動了，外邊都不想去，就在這兩棵樹下，還涼涼的。

李：還要到養老院去。

張：養老院（裡的老兵）那些都是李橋林那一批的。

周：養老院是不是住的沒有親人了？

張：有的負過一點傷，有的沒有依靠了。沒有什麼子女，沒有什麼親人，送到這邊。

18　張國杞，曾任雲南人民反共志願軍三軍十二師三十五團團長（一九六〇年五月～十一月）。

周：養老院是誰辦的？

張：那是我經手蓋的。親手策劃，地點也是我選的。救總來，我當會長。我這個頭人還可以。我當了三年。村自治會會長。現在要民選。要當地出生的，四、五十年的有了。

周：你這個會長是單位任命的？

張：是李將軍指定的。

周：自治會都做些什麼事呢？

張：就是管理這個村子。這個（各家的）地都是我劃的，那個時候不需要出錢，泰國人劃給你這個範圍，這個都是樹林，你肯開墾，你每一年都可以耕種，玉米、穀子，公家需要的時候，你有資格提出來劃分，各家做什麼。

周：土地歸自治會管理。

張：救總來，我當會長三年，他給修整個自來水，從山上引下來。公路，原來救總給一百萬，我又找當地修路工人來做，墊了好幾層，當時沒有這種柏油，也走了十多年，二十幾年。當地要你選一個伯龍，就是保長這一類，第一任伯龍呢，路基我修好了，原來也是一層薄薄的柏油，他們又鋪了，就是現在這一層。

周：這個電是不是救總出的錢？

張：電不是。是泰國政府給架的。歸電管局，建好了，家家戶戶收錢。

周：你當會長是幾幾年？

張：記不清了。

周：你是不是第一任？

張：不是。前邊有三任，前兩任做的時間不多就不做，第三任有十多年，也很辛苦，不容易。他年紀大一點，又指定我當。我當了三年，就滿六十歲了，我說六十歲就不做了。救總在著呢，第一次叫我來設計，設計自來水，那一年，整個寨子把水管埋起，建一個大水井，就把水從山上引下來。我接那股水時沒有路，埋水管時就有路了，大家開墾不注意，把水脈挖了，水就乾了，沒水了。現在又從高頭挖了。引來只管用，管理不好。姓田這個伯龍，又從塘窩後山，又引來一股，現在這個。

周：很遠，有十幾公里。

張：這個水就好了。很好。這個水源換了兩、三次。救總出一百萬，修到那個熱水塘（溫泉），那個報告我也沒出，實際一百萬出頭。頭一年修這個路。第二年讓我修這個養老院，他們找不著地點，在我整水的時候到處跑，我看那個位置很好，又高，又涼，又背靜，就治山，整個治下來。

周：這個錢也是救總出的？

張：救總出的。他們出了多少我不曉得了，我修電、水、道路，我花了一百八十萬。（養老院）房子也蓋好了，家具、床鋪是他們做的，弄了八個月。

周：是不是附近都可以收容了？

張：是老兵這些的，老兵，殘廢的。

周：都是三軍的？

張：也不是，清邁、清萊的都住這邊，那裡也有一點點部隊，也有不願意來的，當初整好以後，有一百個床位，還有餐廳那樣的。現在只有十個人了，不曉得了。我有好幾年沒有爬上去了，這些人也不認得了。原來一百個床位，死了一個，填進一個，那個時候保持著一百個。最後救總沒有錢來供養了。現在他又找了一個慈濟會支持，還辦了一個學校，是臺灣來的，臺灣一貫道。他這個長老現在還活著，大家也捐了很多錢，世界上都給救濟呀。從這個時候就是慈濟接手，接手以後呢，這些老兵大部分都是吸毒，抽洋菸，抽菸的就不接收了。

周：老兵吸毒的多？

張：多。那個時候在那山區住著，到處都有鴉片煙，你在那個山上，你不是這種（吸菸）人，怎麼待得住呢。真正有事，要幹的時候，鼓起勇氣還是行哩。

周：不吸毒也待不下去。

張：不可能。到現在老了嘛，淘汰了，新的又讀書那樣，又不同了，是新生的，老的就不會說。像我這種什麼都能做過，做過嗜好，鴉片煙也吸過，不死還是不死，現在還不是一樣的。現在我就是吃點菜，吃點水，吃飯。紙菸也不抽了。

周：大煙能戒掉嗎？海洛因就不容易戒了。

張：海洛因很厲害。鴉片煙也厲害，不過是沒有海洛因純度高。海洛因我真正幹過。吃了以後，我的家人從緬甸到泰國來以後，什麼也不幹，也不做生意，也不吸毒。我是當兵的，就劃了這麼一塊（地）。我一樣都不幹了，在路邊整一個小鋪子，做一點維持生活就好了，等孩子上大些，就永遠不幹了，孩子這些連什麼是鴉片都不知道，我自己一蹲就是享受了。

周：抽鴉片是不是也是一種享受呢？

張：我說話你聽，那個叫沒有辦法了，不是這種人待不住。海洛因這些，就是吸食量，就可以了。吸鴉片煙慢慢的，很久才會上癮。海洛因吸二、三次就得（上癮）了。鴉片煙不是每天吸，慢慢的，幾年也不會上癮。但是嗜好這些，接觸兩、三次就甩不掉了，就是想哩，想啊，手就去摸著，說是不了，手就去摸著，不就是又吃，最後什麼都不做了，一天就喝一碗粥，一碗白粥。我給你們講這個東西，就是最厲害的。現在聽說都是麻藥，沒有鴉片煙。

周：都是化學合成的。

張：好好的一顆我都沒見過，在人家拍的照片上看過，真正的沒見過。

周：那還是戒掉了，真不錯。怎麼戒的？

張：我樣樣幹過，癮也沒有。為什麼呢，他叫我吃，我死也不吃，怎樣能有癮呢。你一天躺著，身子那樣，一點點得了，一點點得了。

周：恆心。說不抽就不抽了。

張：恆心，說不抽就不抽了。幾天以後就沒有事了。你就是永遠摸不得的。如果是這樣有些朋友，他拿來引你呀。我說，你今後不要來到，你不要隨便買點來弄我，我不吃。

周：後來，大部分老兵是不是都戒掉了？

張：我說給你聽。那些兵呀，不吃的很少，大家都生活在一起，泡在一起，這個吸煙，個個還不是想去搞，搞著搞著就多了，都在一起嘛。

周：會不會因為吸鴉片煙把命送掉？

張：不會。

周：是不是影響不大？

張：吹鴉片煙，你要吹好煙。好的，煮出來，吹，一天吹幾口，但是有個數目，你吹得太多，你也沒有那麼多時間整。這個嗜好太方便了，隨時就可以了。這個吃沒有保（持）住的，越吃越厲害，你根本沒得保住，沒有滿足。說是弄一個段落是不可能的，除非你沒有時間去吃。那個東西，海洛因是日本人發明的，汪精衛這些個，在南京搞偽政府，日本人就是拿這些東西鬧在山上打游擊的這些人。就是製造海洛因，鬧這些人。給這些人吃。給你跑不動，打不起仗。以後就蔓延到這個地方。有兩個上海人，他就會這個東西，傳在了寮國、緬甸、泰國。

周：他在寮國生產海洛因，傳到緬甸、泰國。

張：做了以後就到處傳播了嘛。

周：當時三軍、五軍主要是鴉片煙，有沒有海洛因？

張：沒有。

周：後來才有？

張：後來才有。

周：坤沙（張啟福）？

張：他也是做鴉片煙來養活部隊。他在緬甸，有時和好，有時鬧翻。

周：坤沙是緬甸人，還是中國人？

張：緬甸人。亂冒山人。祖籍是中國人。來的時候好像會做事那樣，當官，這樣，那樣，住著、住著，老百姓也喊人，走攏一點，就成為一個漢人區，也是緬甸管。他大概是第三代、第四代了。

周：他跟咱們三軍、五軍有沒有合作？

張：說來話長。當初是他來找三軍，一樣不會的，是個生意人。以後，都是朋友鼓勵，鼓勵嘛，還給了幾支槍。那個槍還是由我轉手給他的，不多，三、四支，四、五支，有機關槍什麼的。我那個時候在家種地，已經是第二次撤臺後，這邊也聯絡不上，只好在種田，有時候搶人，有老婆嘛，搶人吃。他們來了，把槍給我，再轉給他。

周：他就靠那幾支槍發家呀。

張：也不是。在邊界，我們也收一些（鴉片），賣一些。等到生意興旺的時候，寮國、越南、柬埔寨，都有共產黨來作怪，美軍也來打仗，那個時候有這個嗜好的人就多了，那個時候（他）就出來了。

周：那個時候寮國、越南、柬埔寨共產黨也做鴉片生意？

張：那個不做。就是賣給美國部隊那些人吃。美國的兵回去的時候，都是買了一件一件帶回去，在這邊也吃。

周：有了市場啦。

張：有了大市場。

周：賣給美國部隊。

張：他們那個槍，就是隨便打幾槍，就拿出來賣了，就說丟了，賣了就是丟了。賣了槍，買嗜好吃。

周：用槍換鴉片。

張：就是這種嘍。隨便打幾槍，買的槍都是新的。

周：坤沙做大跟環境有關係，有了機遇。

張：有了機遇。不做怎麼發展哩，養活了部隊，有了錢，自己也做，找些人做，自己抽手。

周：坤沙的部隊算不算中國的部隊？

張：不算。

周：他這個算什麼部隊呢？

張：在緬甸來說，合法的時候算自衛隊，緬甸的自衛隊，跟緬甸鬧翻了，就是他個人的，叫緬甸撣幫的革命部隊。有很多撣幫的人，還有移民這些。到處組織，各搞各的一派，主要是說你有槍桿子，什麼都可以做了。哪家有子弟，就可以徵收，調動。就是有那幾桿槍。

周：槍桿子裡面出政權。

張：槍桿子太厲害了。

周：一個時代。

張：一個時代，時世造出來的英雄。不是那個人有那個本事。這些老些的是死神，打不死的，就是突出來，寮國也有了共產黨了，就去打，跟老緬打一樣，老緬是叫響了來，你這些暗暗的來，埋伏起來打。他們是沒有辦法整的，就是用我們這個游擊隊，幫忙。幫忙，就是打不死，把敵人打垮了，他不承認，你也不得。如果通通打死了。

周：打死也就打死了。

張：打死就死了，這邊的敵人也消滅了。

周：他就是利用我們。我們也沒有辦法，為了生存。

張：是啊。他當初來聯繫，給咱們那樣那樣，到時候不給你也不得。所以後來，移民什麼的。

周：華人等於付出血的代價，後邊的一代一代才能生存下來。

張：等於我們的子女，後邊出生的人，已經做享福了。

周：子女享受的福，是老一代的福。

張：是啊。所以，現在各個難民村，想辦法教中文。過去教中文不得。他為什麼教中文不得呢，中國共產黨蔓延進來，在泰國嚇人哩，原來可以多教一點點，我當會長時，徹底趕出來了，不要在這個地方，趕出來以後，自己還是想辦法，當地學生還是那幾個，白天教泰文，晚上遍寨子教著，教中文，這邊教一下，那邊教一下。

周：等於是偷著學中文。

張：朱家、馬家，養騾馬的地方。

周：什麼人反對我們學中文？

張：泰國政府。泰國政府把中文趕出來以後呢，他們就好好教泰文。我們自己呢，就東跑、西跑，學。我們現在劃一塊地方，蓋學校，也沒有關係了。又請中文的老師在幫忙，我們這個來幫忙的也有兩個。兩個也很便宜，因為我們不能接納他們，本地老師都有家嘛，學校沒有伙食這些，所以他們來呢，就教泰文，住泰文學校，教中文。

周：是大陸來的志願者。

張：大陸來的。他們一次來兩個，就調在泰文學校，泰文學校老師負責給他們住，給他們吃。教書嘛，晚上（到）這邊教中文，白天由泰文學校那邊安排教課。他們也方便，因為晚上個個都來讀書，白天讀泰文，不喜歡可以到外邊讀。

周：現在都喜歡讀中文，你當會長時不行。

張：就是那個時候把我們趕出來。現在這邊這個學校，那時算公益，私人收幾塊（錢），二、三塊。

周：中國的文化也很不容易啊。

張：很不容易。現在這個學校已經滿了，還要有些空位，又蓋了一間，要蓋三層。耶穌（教會）要蓋一間托兒所。我就申請、申請，准蓋了。由我們出面蓋中文學校不得的，叫耶穌來蓋一間托兒所以後，多蓋幾間，晚上做教室。結果，他們七湊八湊，搞搞搞，又來個公司說，他們要做廠。我說我做三年了，時間滿了，還差一個多，整得差不多了，就辭職了。以後是劉士好當董事長，臺灣來了幾個人，有個老闆叫易永輝。他們就去拍他馬屁，這個人也不錯，是個黑社會的，結果給一百萬錢，分五年給，一年給二十萬。當時二十萬，像那個小房間可以蓋好幾間。所以劉士好當董事長呢，單獨在這個土地蓋房子，慢慢的就蓋成現在這個樣子。

周：還不錯，黑社會還幫了忙。

張：所以他們寫了一塊牌子，易永輝先生監建。

周：把他的名字留下，洗白了。

張：對呀。到後邊，一處處發展起來，有一點，建一點，現在集得二、三百萬錢，要蓋一間三層的大樓，現在開工了，錢還有一半不夠，你做著嘛，有錢就做，沒有錢就歇，大家有錢就又做。

周：等於以基督教的名義蓋幼兒園開始。

張：我就把這塊地劃出來了，開始了，他們要做什麼廠，我就辭職了。

周：還是有你的功勞，你要不打這個基礎，就沒有今天。

張：我前幾年進去，說為什麼你們要蓋學校呢，他們說永輝給我們一點錢，那時候也有點鬆了。

亂殺人時，七、八歲跟著爹媽逃出去的

口述人：查小雲　六十八歲（女）

訪問地點：泰國清邁省差巴干縣龍窩區六保塘
窩村查小雲家

訪問時間：二〇一四年十二月四日

周：今年多大了？

查：我六十八歲。

周：叫什麼名字？

查：我叫查小雲。

周：你老家什麼地方？

查：在中國。

周：中國什麼地方？

查：在鎮康。

周：也是鎮康人？

查：我哥哥從鎮康來十多年了，我就去了。下來時十九歲，十九歲就來泰國。

周：你在緬甸待了多長時間？

查：十一、二年。七、八歲從中國出來，到緬甸。

周：你七、八歲時是跟誰一起出來的？

查：老爹、老媽。那時候殺人，亂殺人，什麼都搶去了，搶人，叫黃大龍，亂搶人。

周：是不是土匪？

查：土匪了嘛。

周：土匪在鎮康？

查：搶啦，殺啦，就跑出來，到緬甸了。

周：大陸還沒有解放的時候？

查：沒有。

周：你是一九四六年生人，跟著父母一起跑出來？你還有什麼親人？

查：阿哥、妹子，這些人還在。

周：他們在哪裡？

查：拉休。

周：到緬甸時全家人一起到？

查：一起到。

周：一開始怎麼生活呢？

查：飯都沒得吃。到山上挖那些毛竹（筍）些，二、三十個人加在一起。

周：還有一家人，是你們親戚？

查：是我們親戚。二十多個人。用很大一個鍋煮。

周：挖竹筍。

查：一年多，就會種穀子了。

周：在山上挖些（野菜），然後開荒，種地。

查：種穀子，種玉米。

周：你後來怎樣，慢慢講。

查：我嫁了老兵，是警衛團的老兵。

周：你老公是哪裡的？

查：是從中國，和軍長一起跑出來，衣服都沒有，藤子繫在身上，穿著短褲，洗個澡，把衣服又穿上，三軍有個姓羅的，背也光著，後來有賣布的來，一人縫一套，大布，一疋一疋的，做衣服穿上了，原來沒有。

周：你老公是跟著軍長過來的？

查：一路上，打仗，打仗，一路上打過來的。打不死的，在泰國打了多少。軍長叫背金條，放在身上，一次背三十二個，三十二塊金條。

周：很沉的。

查：睡覺時也要背著。縫在衣服外面，背著，背著，打仗不在，我就領小孩，餵小孩，也都餵大了。

周：你有幾個小孩？

查：有七個，一個不在了。

周：還有六個，他們是在哪裡出生？

查：都是這個，七個都在塘窩。

周：在緬甸時還沒有？

查：沒有，沒有。

周：你跟你老公是什麼時候結婚的？

查：我有十九歲（結的婚），二十歲來塘窩，生的第一個孩子。

周：你老公叫什麼名字？

查：蔡小順。

周：去世多久了？

查：有六十六歲，有二十多年了。

周：他比你大多少？

查：大我二十歲，我四十四歲他就去世了。

周：有二十八年了。就自己帶著孩子？

查：自己帶，不找了。

周：他是警衛團的什麼？

查：營長。

周：他打過很多仗？

查：噢，打得很多。打仗時，有個師長，叫他打到那個位置，他就打到那了。

周：受過傷嗎？

查：一點也沒受過。

周：很能幹。

查：一點也沒碰過。也沒有做過壞事。金條背過那麼多，子彈也沒有拿過一顆，最那個，六十多歲，就得病，就那個了。

周：得的什麼病去世的？

查：壞病。

周：你老公去世前有沒有身分？

查：有，有了公民紙。

周：你呢？

查：我有，不是公民紙，那時候帶著小孩，不可以走路去辦，沒有批下來，就整丟了，孩子大，批下來，可以去中國轉了。

周：回過中國沒有？

查：沒有，回過緬甸。

周：你出來時，那二十幾個親人怎麼樣？

查：老的都去世了，小的在，在緬甸嘛，泰國有五、六個。

周：都是些什麼親友？

查：哥哥的孩子。他們來看過，又回去了。在清邁，七十多歲了。曼谷在、清邁在、郎谷在。

周：各地都有。他們在這些地方打工？

查：嗯。在這些地方都成家了。有房子了。

周：哥哥有七十多歲了。現在還在？

查：在拉休。身體好哩。

周：哥哥這些孩子來，是不是到難民村？

查：一來就做工，教書，結婚，又成家。

周：他們來了多少年？

查：二十年有了。

周：他們是投靠你，還是靠自己？

查：靠自己，投靠我們，我們什麼也沒有。他們讀過書，靠自己。

周：他們不是到難民村，從緬甸來直接去打工。這個是孫子。

查：孫子有十一個。女兒沒有。

周：全部是孫子，沒有孫女。

查：讀大學的有了。老二的兒子讀大學了。

周：在哪裡讀大學呢？

查：在曼谷出去，什麼地方。

周：在曼谷南邊。有七個孩子，一個去世了。

查：老五去世了，剩下的全部在外邊（打工）。

周：做什麼呢？

查：在那邊遊客什麼的。

周：導遊。

查：一堆在著。

周：六個都成家了嗎？

查：二個不成。

周：你這個房子是自己蓋的？

查：自己不會蓋，都是孩子做的。

周：孩子賺了錢，蓋了新房子。現在全靠孩子了。

查：我在家幫忙帶孩子，種點菜吃。

周：這個房子很大。

查：大哩，蓋了三年。

周：你這個房子在塘窩算不算最好的？

查：不算。

周：還是比較好？

查：它是寬大，那邊是老大家。

周：你六個孩子的家都在塘窩嗎？

查：就這一個。老二在帕塔亞買的。車子也買了。這邊也有一個。車子有二、三輛了。老六在清邁。都買了房。

周：你這後代都不錯。

查：差不多了。孩子們都不吸毒，吸毒就沒有了。

周：吸毒，錢就留不住了，花掉了。

查：吸毒沒有了。一個都沒有（吸毒）。

周：你這日子過得挺好的。

查：比以前好多了。那會兒背著孩子上山，種地，痛苦著呢，去上邊（對面山上），（孩子）是背大的。找個吃的、穿的難，現在不難了，有得吃，有得穿了。

周：你二十歲到了塘窩？

查：十九（歲）來了，現在老了。

周：在這個村子，將近四十九年。

查：四十八年。現在孫子們每個都讀書了，多讀些，讀高中。

周：老幾在臺灣讀書？

查：回來了，先當兵。

周：你的孩子還當過兵？

查：當泰國的兵。

周：華人怎麼能當泰國的兵？

查：他有泰國籍呀。不當不得了。

周：必須當。

查：抽籤，看你抽到抽不到，抽到就得當。

周：這是老幾？

查：老七。

周：在臺灣讀書。

查：當兵時他不在，回來抽籤就當了。

周：在臺灣讀高中，回來當兵當了幾年？

查：兩年。

周：當兵以後又去工作？

查：後來工作。

周：你的這些媳婦都是華人嗎？

查：華人有，泰國人也有，是泰國生長的。老六的媳婦是泰國的，也是中國人，是泰國生長。老二的媳婦是泰國人，現在和大陸過（來）的一個過。

周：老二找過三個老婆。

查：三個老婆。

周：泰國可以娶三個老婆。

查：二個，大陸來的是四川的，最小的這個。

周：其中一個不要了。

查：相處不來嘛。

周：現在是兩個，一個泰國的，一個四川的。

查：他的孩子讀大學了。

周：泰國法律可以娶兩個老婆？

查：幾個也可以。中國不可以。

周：這是大兒子弄的水，供全村人用。

查：他在臺灣打工，賺了一點錢，就回來弄這個水了。

周：投資辦了這個水廠。

查：塘窩水少，沒這個就沒法了。都是吃這個水。這個房子多的是老二出的，老六也出一點。

周：老二能幹。

查：老二能幹哩。

周：老二這個四川媳婦是怎麼？

查：也是來泰國玩嘛，大學畢業，才二十多歲。

周：到泰國來旅遊認識的。

查：我說你前邊也有孩子，你也不是大老闆，你瘋了，他是不聽。

周：你說娶一個他不聽。

查：年歲大了，四十多歲了，三個、四個孩子了。

周：最大的多大了？

查：四十五、六了。最大的小我二十歲。

周：那就四十八了。

查：老二也四十二了，老三也四十多歲了，老四有四十了，老五三十多，老七三十不到。

周：那時候你年輕，帶七個孩子不容易呀。

查：痛苦哩，背起，背起。背著孩子去勞動。這是老三的孩子，有兩個上學了。小的在托兒所。

周：真好。

叫我們鬥地主、富農不可以就跑出來

口述人：張有興　七十九歲

訪問地點：泰國清邁省差巴干縣龍窩區六保華
亮村張有興家

訪問時間：二〇一四年十二月七日

周：叫什麼名字？

張：張有興。

周：多大年紀了？

張：七十九（歲）。

周：入籍沒有？

張：有。

周：老家哪裡？

張：雲南梁河灣。

周：什麼縣？

張：梁河灣，就是梁河縣。靠近騰衝，靠近龍陵。

周：你什麼時候到的緬甸？

張：民國四十六年（一九五七）進的緬甸。

周：你怎麼去的緬甸？

張：我們中國來的，去的緬甸。

周：你為什麼出來的？

張：中國，共產黨和國民黨亂嘛，待不得。

周：你家是地主？

張：不是，是貧農。

周：是貧農，共產黨為什麼鬧你家呢？

張：不知道呀，我們在中國，地主、富農待不得，我們貧農待得。

周：對呀。

張：打開窗子說亮話，叫我們鬥爭地主、富農，不可以。

周：你不願鬥爭地主、富農？

張：不願意啦。我們大家，我們村子沒有地主、富農，只有貧農、中農。

周：你們出來是一個人，還是幾個人？

張：沒多，五個人。

周：你們村子叫什麼名字？

張：芒東。

周：跑到緬甸做什麼呢？

張：當小工吃，後來到泰國。在緬甸還不是緬軍抓我們。以前李彌。李主席出來，在孟薩受訓。事前沒有和他們接上來，後來跟上下來了，當兵。

周：你當兵是在緬甸當的，還是在泰國當的？

張：緬甸當的。

周：你當兵先到哪兒？

張：賴東。

周：在賴東做什麼？

張：受訓。老緬又打，撤到帕當，民國五十年（一九六一）。打苗共我沒去，就在這兒了。

周：到華亮你來了，做什麼呢？

張：還不是當兵，做生意。

周：送過金條嗎？

張：沒送過。我是後來來。我是跟我們楊師長來了，和楊師長在一起。楊紹甲[19]師長是騰衝人。

周：那個時候，李文煥在不在？

張：在。李文煥是鎮康人，楊師長是騰衝人。第一次撤臺，疏散的逃兵，在這個地方做土匪搶人。

周：十三師、十四師這兩個師在第一次撤臺後，下來收容這些人。

張：土匪來搶人，那些還是營長這些的。我們在賴東受訓，他們在這裡剿匪，繳械的繳械，投降的投降，打死的打死。

周：那個時候你在賴東，這個地方剿匪你在不在？

張：不在。從賴東撤到帕當去，住一年，五十年（一九六一），五十一年（一九六二）就來這裡（華亮）了。住年把，不好住。高頭（塘窩）有水嘛，住（到）塘窩去。我沒有去過塘窩，從帕當來，直到今天，我是五十五年來華亮。五十一（一九六二）年來是軍部。

周：你在華亮四十八年了，你什麼時候結的婚？

張：就在這裡了，有四十九歲。

周：規定四十歲以上結婚，是不是沒有錢？

張：有錢的結婚，沒有錢的也結婚。你沒有錢結婚，婆娘沒得吃，就跑了。有一個楊文龍，有兩個孩子了，也是從緬甸來的，婆娘就跑了，丟下孩了。

周：軍部發口糧的嗎？

張：口糧發，不夠吃。小孩子發不足，比大人還能吃。

周：你娶的女人是什麼地方人？

張：緬甸人。

周：怎麼娶過來的？

張：緬甸還不是亂。

---

19 楊紹甲，曾任雲南人民反共志願軍三軍十四師師長（一九六〇年五月～十一月）。

周：在緬甸生活不下去，到這裡找男人？

張：緬甸黨派多，亂。

周：是她自己來的？

張：自己來到這個地方。從孟臘引來的，她是傈河。

周：你結婚後你們怎麼生活？

張：她幫工。

周：你一個月發多少軍餉？

張：三十塊。

周：泰銖。結婚是哪一年？

張：我是民國二十五年（一九三六）（出生）的。

周：是一九八四年結的婚，老大是什麼時候生？

張：民國七十四年（一九八五）。

周：老二？

張：（一九）八七年。

周：你們一共幾個孩子？

張：五個。老大在清邁底下打工，在泰國人公司，修路。老二在本地打工。老四和老大在一起，修路。老三是姑娘，嫁泰國人了，老五還小，只有十多歲。老大有一個孫女，一個孫子。老二結婚，還沒有（孩子）。三姑娘有兩個孩子，死一個。老四還沒有結婚。

周：你這個房子，當時救總幫助了沒有？

張：沒有。（這房子）原來是師長的師部，楊師長給下我的，太小了，劃給地皮，救總沒有幫我蓋。我們沒有救總的關係，沒有自治會的關係。

周：華亮也有一個自治會？

張：有。塘窩、新寨各有各的。

周：華亮自治會沒有報你們家？

張：他說我有公家的房子了。那些沒有當過兵的也給了，從緬甸來的白彝也給了，每家給五萬五泰幣。老兵有優先權，老兵蓋完了，後其他人，不是全部，挑著蓋。

周：師長為什麼把師部給你了，關係好啊？

張：不是，其他人都有家，我還是一個人。只要臺灣有案，不管車夫、馬夫，每個官兵都是二十萬。我們是五萬，最後結束了。

那托（張妻）：他年齡不到六十歲。

張：不到年齡的得不到。臺灣李登輝經手的，把錢得了。

周：很多人一分錢也沒有，返臺後到三軍的，臺灣花名冊上沒有。孟薩受訓的，都得。

張：陣亡的也有，親戚、朋友得。

周：你是入籍了？

張：沒有。難民證。小娃們有。有三個孩子有，兩個小娃沒有，那兩個山生後可以要。

周：你老婆呢？

那：也沒有。

張：她哪年哪月哪天出生都不知道。

周：少數民族。和你一樣，難民證？

張：一樣。

周：你回過梁河沒有？

張：沒有。

周：當初和你一起出來的兄弟們都去哪兒了？

張：緬甸死散完了。在緬甸住下了。

周：他們沒有當兵？

張：沒有。

周：當時跑出來的多不多？

張：我們村三個。

周：你在村裡做什麼？

張：生產隊有三個小隊，我是第一小隊，批地主、批富農，我們村子沒有。他們下來，我們一個幫一個，換著做，說和舊社會一樣。我對他們說都是換工啊，不是一個賺一個錢，你幫我，我幫你。

周：那會兒有人民公社嗎？

張：沒有。我們第三生產隊。

那：他是隊長。

周：你老婆叫什麼名字？

張：那托。彝人。

周：塘窩有個叫那絲。

張：同一種人了。

周：你老婆多大年紀了？

張：五十多。

周：和你結婚時多大？

張：二十二、三歲。

周：你們這個村子嫁給老兵的彝族多不多？

那：完全都是。

周：有多少？

那：我們來時五、六十戶。

周：都是彝族？

那：都是。當時就我一個，嫁給兩家的都是彝族。

周：兩家都是華人？

那：都是中國人了。

周：找彝族的是不是都是窮人？

張：不一定。

那：還是有有錢的。

周：是不是沒有女人？

那：嗯。

張：那些是有公民紙，那裡可以去的。

那：兩個都是華人，從緬甸來的。

周：在華亮兩口子都是華人的，只有你一家。華亮五十多家，都是一方是華人，一方是彝族。

那：有兩戶，是華人的。（全村）八十七戶，七十戶沒有一點。

周：男方都是華人，女方是彝族。男方是老兵。這個村了老兵還有幾戶？

張：兩戶。那一戶有八十四（歲）了。還有一戶八十三（歲）了，都是從中國來的，沒有當過兵，小小的，爹媽沒有，打日本的時候就死了，跟日本人在一起，小啊，沒有吃處，反攻時又跑到邊界，小小，又跟著國軍在，倒倒水，倒倒茶。

周：幹點雜務，先給日本人，又跑到國軍這兒，給長官倒點洗腳水，什麼的。

張：對呀。以老百姓身分出來，慢慢的，流浪。

那：他現在已經四代了。

周：孤兒，生命力頑強。

那：七歲就一個人流浪，自己養自己，今年八十三了。

周：在華亮安家了？

那：先在緬甸，一個人來。

張：他老婆是白彝。慢慢，把姑娘、姑爺帶來。現在在清邁，打工。

周：什麼（時間）來華亮？

張：幾十年了，那時候做生意，做大煙，收稅呀。

周：叫什麼名字？

那：許有忠。他剛來沒有住，在我家住過。救總幫他蓋了房子。

周：難民證在泰國看病免不免費？

張：免費。在醫院辦個手續。

那：我也是一種了，我有緬甸的身分證，泰國是難民證，不上稅，給我身分證不要，孩子們都有。隨身證每年上四百塊居住稅。

張：難民證的時間到了，換新的，六年換一次。

周：難民證不能領護照，出國不行？

那：在國內可以。領通行證，一個禮拜到一個月。

周：有時間限制。你到緬甸要偷著去。

那：我有緬甸身分證。我是在緬甸生長，十二歲就可以辦身分證，我來泰國二、三十年了。

周：他到緬甸也不行。

那：他是中國生長的。

國民黨和共產黨吵那個時候出來了

口述人：翟玉安 八十二歲

訪問地點：泰國清邁省差巴干縣龍窩區十保熱水塘新村翟玉安家

訪問時間：二〇一四年十二月十五日

周：你怎麼稱呼？

翟：我叫翟玉安。

周：今年多大了？

翟：八十二（歲）。

周：老家什麼地方？

翟：我是永德。

周：你什麼時候離開家鄉？

翟：我十七歲出來。

周：當時怎麼出來的？

翟：國民黨和共產黨吵，那個時候出來的。

周：內戰。那時在家鄉做什麼？

翟：種地嘛。

周：那你怎麼想要出來呢？

翟：跟著大人跑。

周：跟著父母？

翟：跟著家鄉人跑。

周：家鄉人跑出來的多不多？

翟：不大多。

周：一起跑出來多少人？

翟：不大多，陸陸續續跑出來。

周：你是跟著你父親出來的？

翟：不是。跟著叔叔出來。

周：你們兄弟幾個？

翟：獨子，一個。

周：那你父親同意你出來？

翟：（父親）老一點，跟朋友嘛，混亂中，沒有法子的事。中國就鬥爭了，怎麼樣做嘛，還是怕一點點嘛。

周：鬥爭地主？

翟：那個問題很大，還是怕，那個時候不平靜。不像現在好了。那個時候混亂了，你打我，我打你，不要命，很麻煩的。

周：那會兒你們家算不算地主？

翟：貧窮，最貧窮的人。

周：最貧窮的人也跑？

翟：怕嘛。

周：地主家更得跑。

翟：不跑，就勞教呀，殺鬥呀，這樣做，怕一點了，麻煩點嘛。現在不消說了，好了。什麼人都平平的，你講我了，我講你了，什麼事情不做了，現在好了。

周：跟叔叔出來做什麼呢？

翟：出來就做阿兵哥了。

周：你做阿兵哥多大歲數？

翟：十七歲。

周：你一出來就做了？

翟：一出來就跟團體了。

周：一開始在緬甸了？

翟：在緬甸三年。

周：二十歲來泰國了？

翟：剛剛二十歲到泰國。

周：那三年中，當兵做什麼？

翟：學、跑、打呀。

周：跟誰打？

翟：那個時候跟老緬打。

周：你十七歲當兵，參加什麼部隊？

翟：李文煥，李將軍。

周：李文煥的部隊也在緬甸？

翟：陸陸續續出來的。

周：那時有多少人？

翟：人不多，幾千人有。

周：那時就有幾千人。

翟：後來就多了，各路出來的，臺灣的，上萬人。那個時候好多單位，一個在這裡，一個在那裡，都集中了。

周：除了和老緬打，還跟其他人打過嗎？

翟：沒有。中國人沒有打過，出來後。

周：一九六一年和解放軍打過一次，你參加沒有？

翟：那個時候我還在家鄉沒出來，那是在卡拉山打的。

周：我說的這個事，你已經二十七、八歲了。解放軍化妝追過來。

翟：對，對，我在泰國了，打總部那次，打江拉。

周：在一個什麼山口。

翟：對，對。

周：說打死幾千解放軍。

翟：化妝的，把我們打不下來。我們中國人又來了。

周：那次你參加了沒有？

翟：沒有，我在這個地方。在賴東。

周：高團長講得很詳細。一路打贏，一路打輸了。

翟：有這回事，我沒參加。把總部打垮了。這些地方有游擊隊。老緬打不贏我們，中國人就來幫。

周：老緬打不過你們，就請大陸的人。

翟：對，對。（指地圖）這邊是寮國，這是湄公河，這些地方通通是游擊隊站著，這點打不進來。怎麼樣，中國人從寮國來。

周：從寮國繞過來的。

翟：所以打贏了。游擊隊注意不到，丟了很多東西，那時候臺灣也來支援。就走後面。

周：把你們包抄了。

翟：後面來的。

周：高團長說，共產黨很聰明，怕國際上說。引起爭端。

翟：很聰明嘛。

周：說我們有兩個師叛變了，三個師去追他們，實際來了五個師。

翟：實際來多少，我們不知道。我們中國人來了。丟了很多東西。損失一大回。飛機場的東西丟多少，都是空投的。

周：臺灣空投的東西不要了。我們死人了沒有？

翟：死了，損失很大。

羅仕達進來：我有個事情了解一下。有個謝金華你可認識？（謝金華是老兵，在清邁去世，通知新村自治會去領屍體。羅仕達任村自治會長。）

翟：警衛團的。

周：他有沒有孩子？

羅：為什麼叫我們來拿？

鄧聰美：他沒有結過婚。

周：現在歲數應該大了。

翟：八十多，九十了。

羅：他有神經病。

翟：謝金華不正常。

周：就他一個人。

翟：謝金華老人了，在警衛團當過營長。

鄧：這下找到老人了。

羅：他們問我有沒有印象，我就來問，我不曉得，用車子去送，也不曉得。我跑了一寨子了。我再去問，該怎麼處理一下，怎麼處理。你要去問，要去查，不是簡單一回事。還要花錢，還要辦手續。拿回來要怎麼處理呢。萬一我們到停屍房拿，還要拿一個棺材，要裝呢，不能那樣拿。還要找車子，不是一般車了，難哩。

鄧：在上面（火）化了，你說。

翟：警衛團的人。

羅：謝廷華，不是金。

鄧：我打電話，沒人接。

羅：我打了兩遍，沒人接。怎麼花錢要問一下，不能用村子裡的公款化。

鄧：你們官家應該付出。

翟：九十左右了。

羅（打電話）：我問不著，現在問翟先生，說是警衛團的，叫謝廷華，這個人什麼人送進去，是個雲南人，是哪一個送到瘋人院，是那個辦的手續。應該火化了，拿骨頭回來，拿到大眾山埋了。

周：那次損失很大。

翟：對呀，損失很大。

周：解放軍把機場占了。機場物資全丟了。

翟：占了嘛，後頭來占了。

周：機場在寮國？

翟：不是，在緬甸三家口，挨著湄公河邊。

周：修了一個機場，是自己修的？

翟：老兵挖的。

周：臨時機場？

翟：臨時的，隨隨便便可以落，空投，沒有路。

周：機場的東西全部讓共軍搶走了。

翟：對呀，打了四十八天。

周：他先是從緬甸這邊打？

翟：打不進。

周：又到寮國打？

翟：對，對，從後面打。

周：現在檔案公開了，是緬甸找中國幫忙。

翟：總部就在機場旁邊了。沒辦法了，又撤到寮國去了。

周：物資都丟了。

翟：能拿的拿了，用船運過河。損失大了。

周：跟寮共打你去了沒有？

翟：我沒去，有很多夥伴去了。

周：那個打的時間長了。

翟：打了好幾年。三、四年不止。那個又是我們去賣命了，幫泰國人打。賣命賣得了。

周：打到（一九）七一年，皇帝給李軍長發了嘉獎金，七一年六月，有照片。後來辦身分證，五軍辦了，三軍辦的不多。高學廉的觀點是李軍長想繼續控制部隊，不辦，今天，張鎮華也是這個看法。

翟：第一批在帕當得了。時間不長，第二批在這裡。

周：第三批到第五批也是這兒辦的。

翟：那就要申請了。

周：要交錢了。

翟：收一點錢。前二批不收錢，也不要登記。現在還申請著。

周：有的申請幾年了，還沒批下來。你在塘窩待過嗎？

翟：時間長了。以前還到緬甸做生意，上上下下的。

周：做鴉片生意前前後後二、三十年。

翟：怎麼樣都有。

周：部隊生存要靠這個？

翟：要買子彈、買槍、買炮，家屬口糧，很多錢哩。

周：你聽說過軍部印過緬甸假幣？

翟：這個我沒聽說。在總部卡拉山時用過老黃。

周：老黃是什麼？銀元？

翟：緬甸的銀元。卡拉山時用過。在哪兒做的不知道。

周：銀幣。那卡拉山時還沒有遷到塘窩？

翟：沒有。

周：早於塘窩，不同的階段。繳了槍你做什麼？

翟：種地吃啊。上山也種，種芋頭、馬鈴薯、玉米。

周：那時有多大歲數了？

翟：六十多，七十不到。下個月八十二了。

周：你老伴什麼地方人？

翟：果敢人。

周：緬甸華人，多大結婚？

翟：三十歲。

周：你幾個孩子？

翟：四個孩子，大的不在了，在曼谷出車禍了。兩男兩女，大姑娘在曼谷，二姑娘在臺灣。孫子都二、三十歲了。大姑娘嫁臺灣人了，二姑娘嫁到臺灣了。二兒子在家，帶團。

周：你老伴多大了？

翟：小我十二歲。

周：謝謝你。

我是隨自衛隊撤出來的

口述人：許慶潮　八十二歲

訪問地點：泰國清邁省差巴干縣龍窩區十保熱水塘新村馬培成家

訪問時間：二〇一四年十二月十五日

周：叫什麼名字？

許：許慶潮。

周：今年多大？

許：八十二歲。

周：你談談你剛才講的是怎樣從梁河出來的。幾歲出來的？

許：出來幾歲嗎，從中國出來，也不怕。共產黨來，老蔣撤臺。共產黨來了占了我們的地方，老蔣來又占了我們地方。地方官楊世禮就說，我們大家起來抗戰，我們那個地方種煙，鴉片煙，如果不起來抗嗎，不得種煙。你的生活是種煙，人家起來要抗，不怕，國民黨我也不怕，經常講。那個時候抗倭，我有十七歲，來孟壩川。

周：你從梁河出來幾歲？

許：那時我們都不記了。

周：你一個人出來，還是和家人一起出來？

許：一個出來，那個時候是當兵（的）。

周：那個時候已經當兵了？

許：在中國時候就當兵了。地方官講了，共產黨來了，要抗。我們老百姓還不是聽地方官的。我就當了。

周：地方的自衛隊？

許：自衛隊。我們那裡是石康，共產黨占了，我們就抗，慢慢幾年，就撤出來，來孟壩川，我有十七歲。抗倭大學[20]畢業我有十七歲。抗倭大學一畢業就是十四師，劉紹湯當師長。原來是騰衝縣長。

周：劉紹湯去世時，你在不在那裡？

許：我在呀。那一次打仗我在。

周：那次和老緬打的時候你們犧牲多少人？

許：那一次戰場上其實沒有犧牲。臺灣來飛機要空投，李軍長帶著一個團，來江拉接受這個空投。我們十四師去了兩個梯隊，一個連上派三個，我們十一團一個梯隊，四十團一個梯隊，在休息，早晚還是上早操，來接收空投。空投，臺灣飛機來是夜間，用大火目標燒著，晚上，看到就投下來。那一夜間守著，湄公河也投下的多了。樹頭掛著，就剪斷拿了，就抬回來，別的單位也沒有見過。我們是第三軍。不大服柳元麟。東南亞這個部隊失控，就失控在柳元麟。老總，第一是我們李彌主席，泰國、緬甸，我們就是邊界，又是臺灣人，又是緬甸人。人家告老蔣，說你們在我們國家打我們，你的人要撤。要撤，沒有法呀，就心心慌慌的撤了。哪一個單位不撤，老蔣就用人來抓。那個撤，那個不撤，你們留下。一九三師通通撤完。五軍撤一部分。撤到臺灣，老蔣就叫我們撤完了，怎麼打呢，你們是抗命不撤臺。四個國家告老蔣，老蔣有交代。

周：第一次撤臺你為什麼沒撤？

許：我們年輕，我還十七歲，你喜歡撤，上邊不讓你撤。這邊是放不了。

周：聽說第一次返臺還有回來的？

許：有啊。撤到臺灣，民國四十九年，還是四十八年，我記不得了，臺灣部隊又開來了，在江拉，開來一部分。一個教導中隊，歸柳元麟指揮，打中國，什麼都要靠我們指導。總部，中國開兵出來打總部。三道你可知道，就在湄公河下流，上流叫三道部隊，駐的國民黨部隊。共產黨（部隊）就到三道，下來就朝我們下流。

周：共產黨部隊來打過一次，打總部。

---

20 應為反共大學，分為軍官隊、學生隊、行政隊、政幹隊、通信隊、寮生隊，分一至四期不等，受訓時間由一九五一年十二月至一九五三年九月。

許：就在湄公河，我們的機場，防不了。上流他們占了，部隊也在著。最後，共產黨說了，中國說了，我們的兵跑了三個師，我們要開出來打我們的兵。派老緬，老緬熟悉地形，帶著中國出來（的部隊），一來第一就衝我們孟棱，攻不下來。一線攻我們總部，打垮，總部垮下來，防不了。張國杞團長，三十五團守不在（孟棱）那裡。三線讓共產黨占完了。飛機場過江就是寮國地，到寮國，共產黨也不圍他們了。共產黨又下來到孟棱，我們守住兩個小時。

周：又打兩個小時。

許：沒有，我跟你講。兩個小時是總部被撐過江，共產黨沒來追，給了我們兩個小時，從飛機上下來還不得兩個小時。就是為什麼這兩個小時不來追了。再來追不得，我們折回山上，他們就撤回去了。

周：打了四十六天。

許：前後是有了。差不多。我們三個師才撤到緬甸、泰國邊界。九十三師國際上才承認。我講給你九十三師。抗（日）戰（爭）時候，九十三師就守在這個西雙版納，沒有公路上去，沒有被日本人打垮過，所以國際上就承認著。我們出來，國際上又承認我們是九十三師的兵。

周：九十三師是不是李彌二十六軍的部隊。

許：很可能。

周：實際你們出來，九十三師就沒有了。

許：我們從那個地方跑出來，一樣出來，到這個地方也打垮多了，還剩下不多。

周：九十三師是不是二戰遠征軍的一部分，跟英國人、美國人和日本人打。是那個時候的部隊。

許：大概我也不詳細。

周：人們都說九十三師，九十三師究竟是什麼時候的部隊？

許：九十三師就是抗日時候在西雙版納，也沒有水流上去，也沒有公路，日本人打不到那個地方，九十三師就在那個地方，以後出名。我們出來，國際就說我們是九十三師的兵。是這種情形。

周：李文煥、劉紹湯是鎮康、騰衝地方保安團，是李彌從臺灣來收攏時出緬甸的，不是九十三師。

許：我們在賴東受訓還是八縱隊，後來又改為十三師、十四師。

周：李彌後來返臺，換柳元麟。

許：李彌去臺灣，老蔣不給來了。

周：不論共產黨、國民黨、老緬、寮共，這地方從雲南來的這些人是怎麼熬過來的？

許：就是不穿、不吃，山上躲著，逃過來呀。我們打仗、負傷。從緬甸到泰國家，與泰國邦交一言一語。從緬甸到泰國家，把這些人抓了，抓了扣留三年。六七十個人，整個總部。

周：六、七十個人被扣了三年。

許：被泰國扣的。緬甸告他，你要把這些人抓起來。你想想，就是大家都整你。那就花一點點錢。

周：有沒有你？

許：我就是其中一個。

周：打傷了，腿也打傷了。

許：我開了四刀。

周：這是泰國人打的？

許：緬甸人打的，緬甸人一天就要打我們。是我們的仇敵。

周：你兩腿都受過傷。

許：這，這裡了。炮片，兩隻腳。守大巴雅。關了三年、四年。

周：你被泰國人關押？

許：緬甸告訴泰國人，我們交涉進來，緬甸告訴他，你們要把這些抓起來，扣留起。

周：扣了多少人？

許：七十多個。

周：扣在什麼地方？

許：扣在曼谷。曼谷警察局。叫拘留，在監獄還舒服些，我們是拘留。他們虐待我們。那個送飯的人告警察，就把我們關在黑間裡。我們是國民黨老兵，我們在裡邊要銬啊，要打啊。我們住兩間，還有一部分沒有送攏，住不下。我們開會，（決定）開打。有個處長，潮州人，膽小，說你們打你們的，我不，躺下，打了以後，這個處長就生病，去醫院，死在醫院了。

周：嚇死了，不會吧？

許：這個處長膽小。我們要打泰國警察。執勤班長報告執勤排長，執勤排長有四十歲，頭腦清醒些。他們有槍，我們也計算好，把槍奪過來，開好會，要把他五牛分屍。我們開會劫獄，是這樣子了。這個執勤班長來到門邊，背著卡賓槍，開開門，就進來，提著槍，我們就撲上去，說你是要死，要活。這個排長有些年紀，他就站著。警察局就給彭程[21]打電話，我們是老兵嘛。彭程那天恰好在住處，接電話。警察局說你趕快來，你們的人吵架了。他說我來我來。開著小車，一下就來到了。那個警察局就說，局長說，你問你們的人，為什麼吵架。不為什麼，他們把我們的人抓在關在黑間上，我們今天吵架為的是好。那個局長說，好，好，我們放。那些關在黑間的人放回來。關在黑間不見天的地方。我們是老兵，你那樣的做法，死也要和你拚，我們能饒了你們。

周：一直關了三年。

許：交涉，總部也去交涉，送到自立村。在裡頭銬了嘛，就絕食不吃飯。張蘭成當華僑主席，他就來開會，（叫）出去，我們當兵的不出去，裡面有營長、連長。張蘭成就說，你們吃飯，我接著給你們交涉，三個月給你們去自立村。自立村就是泰國要瘋的人送去，方方的，三百公尺，關著，讓你休息。結果，說著，我們這邊也不接受，天黑了，到晚上七點，頭天五點就該吃飯。那幾個營長、連長就夥談，說張主席在這裡，接受你的條件。張主席（在）飯店叫的飯，他親自送來。叫警察開開門，我給他們送飯來，到我們關的地方，一人一包，夠吃，吃多了不行。關完又送到自立村。到那有七十五個人，給我們八萬塊錢，我們自己主持。我們是國民黨老兵，不知道錢是政府出，還是僑領出。

21　彭程曾任雲南反共救國軍第九十三師主官（一九五一年五～十二月）。

周：自立村在哪兒？

許：在曼谷，周圍有鐵絲網，不扣留你們，看守晚七點來關門，早上七點來開。鐵絲網有士兵守著。鐵絲抬起可以出去，控制不了，衛兵也不站了。吃完那八萬塊錢，泰國政府說，彭總，你的人，你要往那裡送，你送去。彭總包車，大公路去，把我們送到皮塞灣，找一個住處，這也不行，那也不行。當地人說，你們是找招待處。彭總說是。當地人說幾句學校沒有人住，可以住。彭總說再好沒有了。住了下來，就交涉。第一營長叫個副連長來查，十七點要回去，說人回去了。彭總就交待，有三個老人，跟我們營長說，你們走到哪兒給我一個信，要送到我手上，你們明天去那裡，告訴我，我用車接這三個老人。要去的時候，那個地方姑娘多，在那裡五、六個月，還有開小差的，還有不願回來的，陸續走了，就跑了一部分。走起的時候往寮國邊界，走了十七天，被安排在一個叫安乃的地方。到警察局的衛兵室，這時還有三十個人。走不贏，又歸還大路，又開來車，警察。警察說，你們來個官，和縣政府交涉，講、講，又把我們交給縣政府。又安排在安乃。國家不能公布。我們要回部隊。他們沒法，又把我們送給省政府，有一間空房子，在裡面，晚上七點關門，早上七點開門。一天一人放兩塊錢。那個地方生活低，兩塊錢吃得好了。在那裡頭，兩個營長都挨我。兩個營長每天都要喝點酒。兩個營長搞不攏，兩個都要找我，叫我吃，都叫我陪。說開下條子，讓我們去帕西瑤家，是一個姓羅的雲南人，是瑤家。第一營的營長叫我叫第二營的營長來，出來三個鐘頭才找到，碰上第一個村子，山寨。第一營的營長說讓我查好路，他們才去。跟這個山寨說讓他們送，他們不送。他們要兩個人。路上慢慢走，他們背那個長刀，要砍竹子，燒飯吃。我就問他們，喜歡吃酒，他們說喜歡，喜歡吹煙，他們說喜歡，喜歡鮮雞肉，他們說喜歡。我說你們跟著走，這個地方我沒法弄，就是走到快一點，我負責了，要吃酒我買，要吹煙我買，要吃鮮雞肉我買，到了瑤家我負責。到了瑤家，一隻鮮雞多少錢，五十塊。我說五十塊就五十塊，捉來。幫他們整，吃，煙也幫他們吹了，吃飯酒也買來，樣樣是我答應的。那個營長（聽）不懂話，都是我做主了。我要操作，你不哄他們，他們不走，就蹲在溝邊，我們受不住。兩點鐘就走起，走到那個瑤家山，就看到了。不能公開說，只能說我們開小差跑了。政府開放了，下邊還不是開放了。那也不是重點，跟頭人交涉了。這邊的煙多少錢一揝，什麼行情。盤，盤，盤到九點鐘，我才說，我們第一次來了解，先下去，再上來，再說。我們下來在靖康找到雲南人，遇到雲南人就直說了，我們是國民黨兵，我們要去滿堂，就說給他了。這個雲南人說，好，下去走那個小路，我指給你們，前邊有個村子，再轉去。我領著四個人，到了

村子，我說給他們，一人買一套童羅，泰國的服裝，穿起。明天早上吃飯，一個和一個不大講話，我們不大講話，一講話就雲南話露了，各吃各，吃完飯出來，坐車子，到清萊。到了清萊，再轉來，我們就說到滿堂。滿堂也有警察，也有老兵住著，但我們還是來。一個一個童羅衣服穿著，我還不是照穿。我們四個才到滿堂。

周：一路上走了多長時間？從自主村出來。

許：先是坐車子，那裡到那裡，在皮塞灣四、五個月。

周：用了四、五個月才回到家。

許：在孟納又讓他們抓住一次，我們那個營長又寫信給彭總，彭總又來。

周：彭副老總叫什麼？

許：彭程。整個總部他是副總，在曼谷辦事處辦事。總部在江拉。

周：除去開小差的，最後回去多少人？

許：陸陸續續回去的。不是那個營長查人頭嗎，四、五個，分散，陸陸續續回去。我是第（次）批回去的，還帶了四個人。結果，有三十個人回去。原來七十多個人。

周：發生這個事情是什麼時間？

許：大概是民國四十四年（一九五五）。我負傷開了四次刀。

周：負傷是抓你之前，還是之後？

許：我負傷是來泰國醫。

周：在緬甸負的傷？

許：在孟帕克。我們來泰國醫，總部付的錢，緬甸告了。出錢給他泰國呀。不出錢，怎麼給抓。出點錢就抓了嗎。是貪汙。

周：抓你時候有多大？

許：十七歲畢業，十九歲。

周：有二十歲。

許：畢業就上山，上山年把，就和老緬打。

周：還不到二十歲？

許：不到。

周：大約十八、九歲？

許：不記了。

周：全憑年輕呢。

許：我開了四刀。開了四次。

周：十八、九歲被抓，扣了三年，又回部隊。後來的經歷怎麼樣？

許：回來以後，還不是打仗。我在連上，連長叫我出公差，回來以後。民國五十年（一九六一）從緬甸到泰國，到塘窩大概是民國五十二年（一九六三）。塘窩是軍部，我們從帕孟山撤到塘窩。軍長來那裡呀。來了以後，軍長就發表著，我們的團長沈加恩[22]。

周：沈加恩是打寮共時死的吧？

許：不是。

周：他是總指揮？

許：對呀，他是我們師長。他是要回家。他家在新村。坐飛機，兩架一起飛，兩架碰在一起。又不是戰場上打死的。

周：是。

許：我們的部隊分成幾股，我們在緬甸，打寮共我沒去。我們在的地方重要，送武器經過。

周：做生意的要道。

許：我們要吃飯呀。吃飯要做生意呀。過大山要收稅，你買煙下來要收稅，軍長斷了，不繳給政府。

周：部隊解散，你做什麼？

許：在這個地方，幫工吃飯。那方有工，就去幫工。

---

22 沈加恩，曾任雲南人民反共志願軍三軍十四師四十一團團長（一九六〇年五月～十一月）。

周：你什麼時候娶的老婆？

許：老婆也去世了，子宮癌。留下五個孩子。

周：幾男幾女？

許：二男三女。

周：他們現在怎麼樣？

許：一個還沒有結婚，在臺灣。老二在曼谷，原來也是在臺灣。老大也在臺灣。

周：他們生活怎麼樣？

許：還不是幫工吃飯。

周：你是拿的難民證、隨身證、還是公民證？

許：隨身證，自己出錢，我的朋友，同事幫忙。救總工作團長，這個也幫忙。龔承業[23]呀。

周：你家蓋的房子，救總出錢沒有？

許：我自己蓋的瓦房。

周：救總不是有資助嗎？

許：那是要村長幫你報，報也沒有報。我進養老院，就是龔先生幫忙說的。

周：你去養老院了？

許：以前去，後來退出了。

周：你的孩子入泰國籍了沒有？

許：有入臺灣籍，有入泰國籍的，臺灣籍我也入了。抗倭大學畢業，入就是個名義。臺灣懂的人對我說，我一個少尉，退役金三十萬。我也不曉得臺灣錢什麼樣。馬英九當總統，他能給你三十萬嗎。臺灣榮民退休文件，馬英九不識字，他不看。

周：你是去臺灣辦的入籍？

23　一九八二年十月臺灣成立泰北難民工作團，龔承業曾任執行祕書、團長。

許：我去臺灣辦了三、四年。臺灣的總統搞臺獨，靠的是美國。馬英九就是個臺獨分子，人家叫他怎麼做，他就怎麼做。李登輝就是個日本人，靠日本。我叫小娃找記者，找不著，我要讓那李登輝丟臉，釣魚島是中國的。

周：正確。

許：我的退伍書是第三軍十四師十一團第一營十二連少尉排長。

周：你這些證件都在？

許：都在。

周：臺灣不管？

許：我在臺灣三年，我去榮民局去報到。裡面有個小姐，她說，大伯，你到臺灣多久了。我說三年了。她說，拿你的護照我看看。她說，對呀，大伯三月五日就到臺灣了，你趕快去到泰國辦良民證到臺灣，老了到臺灣，大小便都檢查了，清清楚楚。過了三天，劉小姐說，我還有個主官，他不得。這是不是馬英九的事。

周：是，官僚機構。

許：結果她說，你的小娃有幾個，都叫來。最起碼要三個月才批到。我說好。我回來了，我兒子打電話，說還要叫你回臺灣。拿著泰國的商務紙到商務處，交給那個小姐，小姐說我們見過，找不著辦。我打電話，兒子說你把電話交給那個小姐，說請你幫忙查一下，我爸爸在泰國有什麼書辦到臺灣。還是不過關。結果又到輔導會，輔導會派了幾個公文紙，這個國民黨講得清清楚楚，還給我。我交給她，她問我民國三十九年（一九五〇）可在營房。我說我在中國打過多少仗，不過我是個小娃，打幾次，我記不著。我又打電話給輔導會小姐，問我的事辦好沒有，說還沒有辦好。我又打電話，人家說在外邊。後來辦了，一個兵籍一個月一萬四千。

周：你領到沒有？

許：領到。

周：總算有個著落。

許：這個不算退役。

周：你也別太認真了。你在緬甸、泰國，爭取到這個也不錯了。大部分人不是什麼也沒有。

許：沒有，他不去辦。

周：不一定。

許：有的人去臺灣也辦不了。

周：你的子女都大了，享子女的福就行了。你真的別太激動，對身體不好。

許：很多人說。我血壓高，泰國醫生說，我頭暈。

我父親參加反共救國軍，從昆明一路打過來

口述人：蔣淑琨 六十八歲（女）

訪問地點：泰國清邁省差巴干縣龍窩區六保塘窩村 3 軍軍部舊址餐廳

訪問時間：二〇一四年十二月四日

蔣：李將軍決定把部隊留下來，駐紮在這邊。就接到這裡來。接到這裡已經是撤臺了，就沒有補濟了，決定自救，謀生這樣。留下兩個軍隊，一部分撤臺回去了，留下來過平淡的生活，就是這樣。

周：你的父親最早的時候是反共救國軍，在雲南的時候？

蔣：對。

周：是反共救國軍的成員？

蔣：對。

周：他是做什麼的呢？

蔣：曾是入軍校，講武堂。後來參加反共救國軍。一直到這邊來。

周：先是到緬甸？

蔣：經過緬甸，然後下來。

周：你的家是什麼地方？

蔣：順寧，保山地區。

周：當時你還沒有出生吧？

蔣：剛剛出生。內戰的時候就離開家鄉了，我剛剛出生幾個月而已。

周：你是幾幾年出生的？

蔣：民國三十九年（一九五〇），屬老虎的。

周：那你應該是在緬甸出生的。

蔣：我是在大陸出生的。在家鄉出生的。最小的是我。比我大的在家鄉出生的，比我小的就是外地出生，家鄉（出生）的是最小的一個。外地就是緬甸出生的，這裡出生的。

周：你是跟你父親部隊一起帶來的？

蔣：部隊帶來的。那時小，經過那一帶，那些事不知道。來到這裡完全記得，我到這裡已經六歲，那時候部隊眷屬都在家鄉，還有就是沒有娶老婆，李將軍還不是軍長，是十三師師長，仕華亮村。

周：是你父親建議，從華亮遷到這裡（塘窩）？

蔣：對，撤臺以後呢。

周：二次撤臺。

蔣：對，我父親在這裡住下以後，有個叫什麼白文超，伊斯蘭教族的，來看望我父親，他們十三師，放電影，也有在臺灣的影片。我妹妹剛剛會跑的樣子，看到人在臺子上講話的樣子。最後，我們就留下這裡。

周：塘窩開闢的時候，你們是最早來的家屬？

蔣：最早來的。

周：當時你母親還在？

蔣：在呀，這裡有幾家，泰文學校這裡有幾家，都是逃難過來的，娶了當地少數民族，在這裡謀生的。有什麼傈僳族。這裡就是十三師的陣地，我們家就在這裡。這裡還沒有，萬甲是第一個難民村，國民黨的難民村，經過安康山，從那裡上來的。軍長在這裡停留，喝水，養神。搭了一間草房。

周：在你來這裡之前，已經有幾家，就是和傈僳族結婚的。

蔣：對，也是從大陸逃難來的。

周：和你們部隊有關係嗎？

蔣：沒有。也有曾經是部隊的人。大概有十來戶人家。漢族混在裡面。叫李開明，就是（現在）保長的祖父。還有一個叫什麼老四的家。還有我伯父的家。還有李老師的家。

周：是你們來了後，部隊才來？

蔣：不是。部隊已經在華亮村了。

周：在塘窩沒有？

蔣：沒有。

周：只有這十幾戶人家？

蔣：對。

周：後來部隊從華亮遷到這裡？

蔣：對。還有果敢的私家部隊駐紮在這裡，在泰文學校旁邊。

周：他們也是從（緬甸）那邊跑過來的。

蔣：這就不太清楚，我父親沒有講過。我父親歸了部隊，就沒有再管其他人的事。但是我父親有對軍長說，部隊要在泰國永久居留啊，要求政府，要不然，有北共什麼的，我們是有政府的。這個時候建議，已經是李將軍了。一到這裡來，已經是軍長了。就去開闢，叫光武新村，我父親建議李軍長去開闢。

周：光武新村和熱水塘新村是同一個村子？

蔣：對。

周：是你父親建議？

蔣：對。是我父親去開闢的。後來要求政府，要有華文。

周：是不是政府這個時候承認有十三個難民村？

蔣：這個時候還不可以承認。

周：和苗共還沒有打。

蔣：沒有。要承認下來，那個時候到那裡都要通行證。那裡還有自由行動。我父親有建議，要求給我們一個保障這樣，要求泰國政府允許我們居留，生存嘛這樣，

要辦中文學校，教材是臺灣來的。教材薄薄的，沒有注音符號，現有注音符號，厚厚的。

周：當時你母親有幾個孩子？

蔣：這個母親我們有兄妹四個。

周：你的母親是你父親第二個老婆。

蔣：第一個老婆。我父親來到緬甸，又娶了第二個老婆，跟我們一起來到泰國，後來又返回她的家鄉去了。

周：她自己回去了？

蔣：我們去接，她不來了。她不跟我們住了。

周：又回緬甸了？

蔣：回緬甸了。

周：當時你父親在部隊任什麼職務？

蔣：軍校一參加，就是團長一級，最後是在雲南總部，總務科科長。

周：反共救國軍總部總務科長。

蔣：對。

周：參加李文煥這個部隊以後呢？

蔣：沒有參加過。撤臺以後就脫離部隊了。自己謀生而已。

周：第一、第二次撤臺後，你父親就脫離部隊了。

蔣：就是政府斷掉補濟以後，來到這裡還有補濟。

周：二次撤臺以前來到這兒？

蔣：對。

周：後來你父親做什麼？

蔣：過這樣平淡的生活，也沒有什麼好的出路。

周：這十幾家跟十三師，後來的三軍都沒有什麼關係。

蔣：大家都是跟雲南反共救國軍總部一起來的，但沒有參加過李將軍這個部隊。

周：他們是另一類的移民。在泰緬邊界一共搞了五個軍，一軍、二軍、四軍都不幹了，軍長去做生意了。有的去了曼谷，有的去了馬來西亞。

蔣：對。那個時候我還小，不知道軍隊裡的事，在這裡就停下來了，也沒有歸隊伍，老鄉啊，父親的部屬也有。

周：你後來成家沒有？

蔣：有結婚過，丈夫車禍身亡，多年了。

周；你丈夫是華人？

蔣：是泰國人。

周：有孩子嗎？

蔣：沒有。

周：其他兄弟姐妹呢？

蔣：我有兩個哥哥，也去世了。還有一個妹妹，來到這裡去世的，來到這裡兩年多就去世了。有一個妹妹在。

周：也在塘窩？

蔣：在清邁。

周：等於你是最早的到達塘窩的難民之一。李文煥來的時候是十三師師長。

蔣：對。

周：是在這裡改編的。

蔣：我不清楚，來到這時候已經是軍長了。

周：你父親是在這裡去世？

蔣：埋葬在清邁市。

周：那你母親呢？

蔣：埋葬在一起。

周：那還不錯。

我的老公跟日本人、毛澤東都打過

口述人：羅小知　七十三歲（女）

訪問地點：泰國清邁省差巴干縣龍窩區六保塘窩村羅小知家

訪問時間：二〇一四年十二月四日

羅：老家在中國彌渡，寨子叫馬青橋、馬青寨。

周：是保山地區。

羅：噢，是保山嘍。

周：你今年有多大？

羅：我七十三（歲）了。

周：叫什麼名字？

羅：我叫羅小知。

周：你是和家人，還是自己到緬甸的？

羅：我小娃的時候就在緬甸了。

周：你出生在緬甸？

羅：噢，在孟達羅索。

周：你是第二代、第三代？

羅：我們老祖公是從四川來的。

周：你是第幾代？

羅：老阿公，三代了。

周：你出生時，你家靠什麼生活？

羅：在孟薩，靠種地吃。種地吃飯，種煙嘛。

周：種洋煙？

羅：我爹我媽都是種洋煙。我們又搬家，搬到卡拉山，又搬到那地。

周：搬了三次？

羅：搬了多次，在那地，長在那邊了，在那邊出生有二、三個。中國出來時有三個姐妹。

周：你是老大？

羅：老大，我們成長在那地了。我八歲出來，二個妹妹在卡拉山那地成長。

周：你什麼時候結婚？

羅：二十多歲結婚。

周：你老公？

羅：也是中國人，他爹爹媽媽在中國了，又搬在緬甸了。

周：他是父母帶出來的？

羅：出生在緬甸了，他父母是中國來的，是鎮康。

周：你老公是什麼時候參加三軍的？

羅：他有證件，他是領了那個證件的。那時逃難出來，參加的是國軍，跟著的就是蔣總統，是從玉溪跑出來的，那些出去臺灣了，到緬甸沒人管，跑山來的嘛。

周：你老公比你大多少？

羅：我結過二次婚，這個比我大一、二十歲。

周：現在這個是第二次，第一個呢？

羅：死掉了。

周：怎麼死的？

羅：病死了。我們是眷屬了，三軍。

周：是第二個丈夫比你大一、二十歲。

羅：跑出來了嘛，我一個女人帶三個娃娃。

周：這三個娃娃都是第二個丈夫生的。

羅：第一個有的，都大，第二個生兩個。那個姓何，第二個姓王。

周：叫什麼呢？

羅：叫王金南。

周：他是？

羅：他是中國軍人，跑出來的嘛。

周：他是從玉溪那邊跑出來的，跑出來就是國軍。

羅：他讀過軍事學校跑出來的，十六歲就進軍事學校，畢業後跑出來的，在彌渡，跟著總統國軍。

周：他是不是跟著李彌將軍？

羅：不跟，不跟，是到這裡參加的，跑出來了，緬甸住不久的，他跟著朱師長跑出來，在三軍部隊，李軍長。

李橋林（插話）：李軍長下面一個師長。

周：是一九三師，那他這個資格老。

羅：要活著九十幾歲了。

周：他跟日本人作過戰沒有？

羅：作過呀。

周：這個差不多，他跟日本人也打過。

羅：他打的仗，我也不識字，日本人，毛澤東啦，都打過。打了幾個月，打了幾年，個子小的，鋼盔戴著。

周：打了很多年仗。

羅：打了多少我都不曉得了。十多歲，還有毒氣彈，他碰到，個子高的都死掉，他個子小的，他個子矮，高的死了，還在那站著。

周：日本人打的毒氣彈。

羅：火箭的嘛。

周：人死了還站著，那是很殘酷的。

羅：打了幾年，在彌渡。

李：日本人在中國用過毒氣彈的。

周：用過。從東北到南方都用過。

羅：死了多少啊。他是打不死了。

周：他命大。

羅：他命大，女兒有，兒子有，好噢。

周：他幾個孩子？

羅：二個女兒，一個兒子。

周：姓王的有三個，姓何的有幾個。

羅：也有三個。

周：一共六個孩子。

羅：二個女兒，一個兒子去臺灣，一個兒子在曼谷做工，一個在這頭，大兒子五十多歲了麼，在金三角這邊做事。

周：姓何的兒子老大。

羅：做木材，木材廠。

周：當時怎麼來的塘窩？

羅：當時麼，軍長，眷屬帶了來，兩個（用馬）馱了來，太小了，五、六歲，三歲、五歲，軍長用騾子馱了來，我們這夥小孩有十幾馱，大谷地還有些。

周：你的孩子有些在緬甸出生？

羅：三個，在緬甸出生，這裡有三個。這個軍長接眷屬來嘛，想辦法了嘛，小孩太小馱了來，大人走步來，給你米吃，給你住，馱牲口一些，就在塘窩了，屬牛那年來的。

周：四十多年了。

羅：夢一樣。喔，夢一樣。好日子還沒有過過哩。

周：過去很苦。

羅：是呀。

周：你在塘窩出生的第一個孩子多大了？

羅：四十多歲，屬虎的。女兒。昨晚她給我做這個墊子。她做工程。

周：工程師？

羅：可以了。有一、兩百個人了。

周：很不錯。

羅：大學畢業。

周：在哪裡讀大學。

羅：在曼谷讀四年，專科，那個女兒在臺灣讀的中科，人家要識字不可。

周：兒子在臺灣，畢業了嗎？

羅：老了，兒子多大了，二十八歲才結婚。

周：六個孩子都結婚了？

羅：都有孩子了。

周：都有孩子了？

羅：孫子、孫女，七個、八個。

周：他們找的都是中國人嗎？

羅：都是中國人。噢，小（兒子）的媳婦是泰國人，他們是同學，一起讀書的。

周：同學？

羅：就是泰國人，不是中國來的。

周：那王先生在三軍做什麼？

羅：當教官，當官的。

周：他軍校畢業的，有經驗。

羅：他識字，軍長留他當教師，當會長。

周：訓練那些軍人。

羅：教那些，他識字，他懂，還會寫，會說哩。

周：當會長是什麼時候？

羅：當會長當到死了。

周：當了多長時間？

羅：一、二十年，有十多年。

周：塘窩村的會長。

李：記不得多長時間。

周：是李文煥指定的？

羅：叫他管理這個寨子，人事，識字人少，這種人要識字，會說。

周：有受過教育。

李：過去有受過教育的人少。必須要有這個有教育程度的人。

周：就是軍部所在地的這個會長是他當的。

羅：他當的。

周：第一任就是他當？

羅：不是。慢慢的。

周：他之前還有幾任？

李：以前沒有，眷屬來了以後，就叫他當了。

羅：小娃家沒有人教了，軍長就叫他教了。

周：那還教過孩子？

羅：教過。

李：當老師。

周：李軍長當時在這裡還辦學校？

羅：辦啊。這裡有個學校。

周：辦起學校他去當老師。當過教師，當過會長，管理過鴉片。用黃金從緬甸換回鴉片，剛才是誰講過，背上黃金，換鴉片。三十二條背上。

李：我們也背過。

周：背多少。

李：三十二個。

周：每人都是三十二個？

李：是。

羅：他也背過。

李：還要帶槍，三百發子彈，還要帶米。

周：哇，很累。

羅：是。

李：不是很重。

羅：年輕嘛。

周：還要在雨季。

李：背長了，一個來月，一個禮拜，就墜，就重了。

周：一開始不重，後來就越來越重。路遠，一個來月。

羅：背著睡。

周：換成鴉片煙也是背嗎？

李：鴉片是牲口馱。

羅：不背，牲口馱。

周：回來就是空身了。

李：就是背米、子彈。輕鬆了就是這個金條。

羅：你是中國那裡的。

周：我們是北京的。王金南活到今天是九十二歲。王先生有受教育，做過許多。他來這裡打過仗沒有？

羅：打過。主要是訓練老兵。

周：他這個教官既訓練老兵，又教孩子們念書。

李：對呀。

周：那個時候你做什麼？

羅：賣東西，老兵下來，買東西。

周：賣雜貨，一來塘窩，你就開了雜貨店。

羅：是嘍。

周：生意好吧？

羅：還奵。

周：那時全村是不是就這一個店？

李：下邊還有。

周：一共兩個店。

羅：軍長那邊還有一個。

周：一發餉都來買東西，那個時候都賣些什麼東西？

羅：吃的東西，牛奶、餅乾、糖果。

周：貨從哪裡來呢？

李：就是我們昨天去那裡來。

周：新村，熱水塘。

羅：用馬馱來了，沒有路。

李：清邁賣到新村，那裡有啊，再賣到這裡。

周：她這個日子那時好一點，不用開地，種馬鈴薯呀。

羅：餵豬、餵雞。

周：你也種地？

羅：不種，就是種些茶。山茶種了九千多棵。

周：那也辛苦。

李：現在活著的有四、五千棵。

周：成活很多，那也可以。

羅：我們出去，現在請人種，種不動了。年紀大了，動不得了。

周：比剛才那家好些，要翻那麼大的山去種地。

羅：好的多哩。

周：（她）現在好了，兒子出錢，蓋了那麼大一個房子。當時可是苦啊。

羅：苦哩。人生出來就苦啊，沒法啊，種地，砍地，還要打藥。

周：種茶葉很麻煩的。管理起來很細膩的。

羅：採來，還要烤，這兩天沒有了，都是我一個人做。現在還不好賣。

周：泰國是不是喝茶的人少？

羅：現在到處都有種。

李：泰國茶太多了，有公司上來。

羅：這是大兒媳婦。去年結婚，是泰國人。他犯法，坐二十年。

周：做毒品。大兒子犯法。

李：做毒嘛，抓了。

羅：判二十年。

周：判了後，原來媳婦跑了，放出來，和這個媳婦結婚了。

羅：又結了。拉休的。

周：是泰國人？

羅：中國人。去年初八結婚。

周：初八是？

羅：冬月初八。十月以後是冬月。

周：我們這個年齡記不住了，你們可能還在用這個舊曆。

羅：我不識字，還用得過去的。

周：大陸不用這個曆，我們都不知道。

李：就是十一月了。

周：孫子還小？

羅：兒子，五十多歲了。

周：泰國判了二十年，要坐滿嗎？

李：坐滿了。

周：不減嗎？

李：也減，減了坐二十年。

周：那判了不止二十年。

羅：無期，沒有期。

周：先判無期，又改成有期，又改二十年，那跟大陸差不多。毒品不行，大陸超過五十克就可以槍斃了。

李：殺了。

周：最初是這樣，現在好些。你兒子出來幾年了？

羅：出來兩年了。

周：這第二代也是很坎坷，大兒子是何先生的孩子？

羅：是。前幾年也有大陸來訪問的。訪問大小姐這些。

父親被定地主跑了，五六年把全家接到緬甸

口述人：朱成亮 六十三歲

訪問地點：泰國清邁省差巴干縣龍窩區十保熱水塘新村朱成亮家

訪問時間：二〇一四年十二月三日

周：叫什麼名字？

朱：我叫朱成亮，出生在雲南龍陵縣，在芒市和騰衝中間，一九五一年出生。

周：談談你的經歷。

朱：四歲時，解放軍來抓我父親。在我家鄉，我父親被定為地主。其實我的家鄉很窮，也只是自己種，自己吃些。來抓他，當時父親就跑了，後來又想辦法把我們接出來，一年後，把我母親、哥哥、我、姐姐，一共四個人，找人想辦法把我們接出來，先到的緬甸。我是一九七〇年下來的。

周：在緬甸怎麼生活呢？

朱：一跑到緬甸，父親先趕一下小市集，緬甸那裡是五天一小市集，父親馱一些小雜貨，做的很小很小的買賣。後期做了家庭紡織廠，小紡織廠。織布廠。

周：有幾個人呢？

朱：一步一步慢慢來的，先是買了一臺腳踏的織布機，用木頭做的，兩隻腳踏。後來讓媽媽也來做。老式的那種，兩隻腳踏，兩隻手換梭子，又買了兩臺。雇了一個女孩子。多年了，又慢慢地改成用電的。用電帶動的織布機。很辛苦，那時候剛出來手無寸鐵。空著兩隻手出來的，完全靠老一輩的努力來的。我一來就是到了新村。

周：新村是（一九）七〇年開闢的？

朱：不是，更早。這麼講，民國三十八年（一九四九）大陸淪陷，蔣先生到臺灣去，一部分，李彌將軍帶的二十六軍到了雲南。我先講所有的這些難民是怎麼來的。淪陷後，多數的國民黨到了臺灣去，海陸空軍都去了，像比較偏遠的地方，像我們雲南地方，李彌的二十六軍，還有幾個師，好幾個團，還跟共產黨作戰，一打的時候，雲南省主席盧漢叛變了，就把李彌和中央的代表扣在武華山了，李彌的部下呢，就跟共產黨打起來了，盧漢一看情形不妙，又把他們放了，張群他們就飛南京了。下面的部隊就邊打邊退。我們在美斯樂做了個義民館，裡面都講了這個來源。退到沿江，背水一戰，最後退到中緬邊境的孟薩，就成立了基地了。那個時候叫李國輝團長 [24]，是李彌將軍的手下，他退下來的時候人數不超過八百人。其他人都陣亡了。後來陸陸續續跑出來的，都收編在一起。孟薩成了李彌將軍的指揮部。後來與李彌將軍聯絡上了。李彌從臺灣飛到香港，又飛到泰國，又來到大谷地（村），成立了指揮部。又回來指揮了，那時候又與緬軍作戰，還有一些游擊隊，都是大陸來的華裔了，儘量不和緬軍正面衝突了，後面因中共的影響，又告到聯合國去了，民國四十二年（一九五三）第一次撤臺，到了泰國的湄賽，經過一條小橋，小河，在泰緬的邊界，是竹籬笆橋，雨季一來，洪水就沖掉，往緬甸孟敦那邊下來。那個時候美國、泰國、緬甸成立了一個指揮部，那個時候清萊還沒有飛機場，往湄賽坐車子坐到南邦，臺灣的飛機到南邦來接。第一次就撤回去八千多位。這些是老一輩將軍的傳說，當時臺灣還在聯合國裡邊，新中國還沒加入進去，那時候還要受到聯合國的限制，緬甸告上去，你國民黨的軍人在緬甸國土境內是不允許的，你一定要撤回臺灣去。這一批就撤回去了。撤回去以後，老總統還是有計劃的，就是明撤暗不撤，還是很多留在這邊。大多數留在這邊。那時候有三萬人了。撤回去八千人，其他的都保留了下來，後來幾年在緬甸，與緬甸軍又發生了幾次衝突，在大其力打了幾次，把緬甸的飛機都打下來了。緬甸又告到聯合國去了，就不能不撤了，民國五十年（一九六一）就第二次撤臺。當時撤臺，老總統就說，在聯合國的壓力下，不能不撤臺，表面上我們不能不撤，暗地裡我們一定要留下一部分人，就派他的特使，也沒有文字的命令，到報把這邊指揮部來了，離大谷地有十多公里，發展的有一個反共救國的軍校，培訓人員，又撤了一次。老總統有交代，整個都不能在緬甸了，就撤到泰緬邊界來了，一留就留了幾十年。國民黨也沒有什麼補濟，老總統宣布，不撤的這些人是抗命不撤。外面宣布。你們怎麼這麼多人都沒有撤回去呀，那你要做個交代。他就洗脫了，是抗命。就是現在的三軍、五軍。三軍就是李文煥將軍，

24　李國輝，曾任雲南反共救國軍第一九三師主官（一九五一年五月～一九五三年十二月）。

五軍段希文將軍，這兩支部隊多數就留下來了。有一部分還是撤了。五軍的軍部在美斯樂，李文煥將軍到了塘窩。三軍、五軍在臺灣軍隊的編制還有，軍隊在泰緬邊界，明著不能講，暗著在這邊。情報局還管著。三軍、五軍就在泰緬邊界住下了，後來泰國政府邀請了三軍、五軍去泰寮邊境帕孟山去打苗共。說起來，那時的毛澤東到處搞世界革命了，在緬甸，支持緬共，在泰國，支持泰共，在馬來西亞，支持馬共，還有柬共，那是毛澤東的政策。他說到處都要有他的盟友嘛。每個國家都要有他的組織呀。那些部隊裡面完全背的都是毛澤東的語錄，全部是中國人民軍的武裝。為什麼我要講到泰國政府邀請了三軍、五軍去打苗共，在泰國的是苗共，苗族。

周：寮國就是苗共？

朱：就是寮國過來的。打仗的那個地方就是湄公河邊界，泰、寮邊界。打仗的原因是什麼，清萊派來了一位省長，苗共就給這位省長寫來一封信，說，我們來投誠你來了，希望接納。省長也不了解，就派幾個科長、縣長帶著官員開著吉普車去接洽，一去就中了苗共埋伏了，就把省長打死了，還有幾個縣長也打死了，跑脫了幾個。這個消息一登報，就傳出來了，泰國政府就不得不重視這一點了。苗共在邊界這麼猖狂，不得不重視，一定要想辦法，和他們做一個決鬥，最高統帥就和李軍長、段軍長來商量囉，說泰國政府全部的經費、糧餉、彈藥由他們出，空軍的支持，陸地的運輸，泰國政府也負責，真正攻打的部隊完全由三軍、五軍兩軍出，三軍、五軍就各派了八百個武裝，一共一千六百個武裝，五軍的指揮官叫吳永昌，三軍的指揮官叫沈加恩，也是雲南人，三、五軍百分之九十五是雲南人，廣東人、東北人很少，這樣就去打，一打就是幾年。不是一、二天，一打就是好幾年。離現在有四十年左右，詳細情況去看資料。

周：打了幾年呢？

朱：打了五、六年。打的是游擊戰了，他在山上什麼地方，你看不到。他在樹林裡邊，原始森林裡邊，挖那個地洞。你在上邊，空中偵察，怎麼偵察都偵察不到。

周：但最終還是寮共掌權了。

朱：寮共也分兩派。一派靠美國，一派靠中共。靠美國的這派，後來全部移民了，有的去臺灣，有的去加拿大，有的去美國。這樣打了幾年以後，基本擺平了。後來又到帕雅披帕這邊，有個龍沙縣，那邊也有一支苗共。後來泰國皇帝就到長空縣，接見李軍長和段軍長，勉慰你們辛苦了，你們的部隊為國家流血流汗，第一批就入

籍了，泰國皇帝就批准，全部參加打帕孟山的部隊入泰國籍，歸泰國國民。泰國皇帝就把從中國大陸來的軍隊和後裔變成泰國國籍了。

周：包括他們的家屬嗎？

朱：也有一些。主要是給部隊的軍人。眷屬是後期。泰國政府就把泰緬邊界的十三個村子，作為自衛村，都是部隊住的陣地。這十三個村子，都由泰國政府劃給土地，大家就住下來了。到民國七十八年（一九八九），所有武器泰國政府都繳回去了，都安排了，入籍的也有，劃給土地，讓這些村民有耕種的土地。

周：這十三個村子，美斯樂、塘窩都算嗎？

朱：都算。第一個村子在彌窩，夜豐頌省，離這裡有三百多公里。就是當時部隊駐的陣地，落地生根，就變成村子了。

周：都是原始森林。

朱：有些地方有少數民族，有些地方簡直沒有人。

周：塘窩當時好像就沒有人居住。

朱：彌窩的軍部就是原始森林，沒有人。武器全部繳去了。大的村子發給一百五十條散彈搶，裝五顆子彈，打獵用的，中等的村子給一百條槍，再小的給五十條，最小的村給三十條，給你自己用。原來這些村了都是部隊，有武器，收走了，給你一些槍是讓你有生活的保障。

周：怎麼生活呢？都是種地嗎？

朱：都是種地，像塘窩村你看了吧。

周：種馬鈴薯、玉米。

朱：對，種一些短期作物，一些豆類、雜糧等等。

周：還有買賣煙土，李文煥那時給大家發米。

朱：說不上有，不多了。

周：說是用黃金，買賣煙土，買糧，分發給大家。

朱：每個眷屬都發糧的，當兵的都領糧。

周：據說成人發一點二五桶，孩子是零點七五桶。

朱：就是看年齡，還有零點五桶的，就是半桶了。看家裡有幾口人，每個人在補濟處領糧，前邊（新村）有個米倉，把米存起來。

周：塘窩的米都是從這裡背過去的。

朱：對。就是從外面比較大的商人那裡買來米。用馬馱過去。當時這條路（新村通塘窩）還沒有開，都是山路，只是騾馬馱。

周：還有人背，人挑，很艱苦的。

朱：對。

周：那麼新村開闢不是（一九）七〇年，是六幾年了。

朱：軍部到了塘窩。李軍長就派蔣中烈下來開闢這個新村了。

周：這個地方原來也沒有人。

朱：沒有，都是森林。

周：現在開闢的村子，是不是已經超過那十三個村子了？

朱：怎麼講呢，有些部隊都在山上，眷屬們就遷下來，在平地，所以就不止這些。平地的村子就比山上的多了。

周：原來的十三個村子全部在山上。

朱：對，都是部隊的駐紮地，陣地。

周：那麼，現在華人總共有多少人？

朱：數量詳細的沒有。三、五兩軍住下了以後，生活有困難，就向臺灣政府提出，那個時候是蔣經國當總統，老總統已經過世了，希望過來幫助一下，政府就撥了經費，到這邊來調查，在民國七十八年（一九八九）調查，那時有五萬人了，還含一些少數民族在一起，因為整個村子還有少數民族混在一起，現在應該有十幾萬人。後來，陸陸續續進來的人也多。

周：現在可能更多了，我看每個家庭子女都很多。還有很多大陸來的，從緬甸那邊來，投親靠友的。

朱：我是在臺灣中華救助總會駐這裡的專門聯絡員。

周：那麼，這麼多年你們救助總會在這裡都做了些什麼事呢？

朱：從民國七十二年（一九八三）起，這邊向臺灣要求支持，臺灣就撥了經費，派工作團來了，民國七十一年（一九八二）就來了，七十一年底、七十二年來，開始基本建設，道路、橋樑、水電，那個時候塘窩沒有自來水，沒有電，連上街的路也沒有，這個路就是救助總會來開的。

周：都是臺灣出資？

朱：臺灣出錢。不是泰國出錢。塘窩、華亮、新村的電都是救總花錢，由新村這裡接上去的，原來都是騾馬走的路，你們來的這條路都是救總建的。

周：美斯樂那邊也是嗎？

朱：包括美斯樂在內，水、路、電、橋樑，基本建設，做了三年。

周：全部是救總出的錢？

朱：臺灣行政院撥的錢。中華救助總會來執行。

周：這三年他們投了多少錢？

朱：全部經費這個我們有統計，救總有一本書籍有統計。

周：臺灣還做了很多事情。

朱：你現在看到的塘窩，通向每一個小家庭的水泥路都是救總花錢做的。

周：除了這些還做了些什麼？

朱：當時做得很多了，帶了醫療、醫生，塘窩不是還建了一所診所，救總蓋的，你去看了嗎？

周：我們是剛到，昨天上午才到。

朱：你（指李橋林）先帶他們去看看這些設施。蓋塘窩診所的沙石都是騾馬馱上去的。沒有路。沙石、水泥都是從新村馱上去的。

周：醫務人員從哪裡來？

朱：臺灣派來的。醫生從臺灣來，培訓當地的小護士。

周：臺灣還派了很多人過來？

朱：還有教師、農業專家，還有辦婦女班的，縫紉這些。一個團裡組織了好幾個單位的在裡面。像農業專家就是臺灣輔導會派的，醫生是榮總醫院派的，還有護士，就地也訓練一些護士。

周：這都是蔣經國手裡辦的，老總統已經去世了。現在救總還做些什麼？

朱：現在主要是教育。泰北地區華文學校，教師培訓，種子培訓，剛剛十一月份還來了七位退休的校長，志工，來回的機票、吃住，全部由救總負責。請過來，在這些泰北華校。

周：整個在泰北，華校有多少？

朱：單單清萊地區就有五十五所。清邁地區有二十二所，總共七十七所。有的很小，只有二十幾個學生，大大小小有七十七所。

周：都是華人子弟？

朱：都是華人的村子，除了華人還有一些少數民族的子弟，都有。

周：現在華文很吃香，到處都是。你們這裡等於有一個機構。

朱：救總一直到民國九十四年（二○○五），從七十一年（一九八二）政府派過來，這個工作團才回去。政府就不撥什麼經費了，也沒有什麼資助了。現在救總是財團法人了，民間團體。當時救總做什麼，都是政府大力支持。救總成立的原因，就是大陸淪陷以後谷正綱[25]就向老總統提出，我們國共這個樣子，一定有很多不幸遭殃的難民，就成立一個「中國大陸災胞救濟總會」，從大陸跑出來的，救濟他們。

周：不止泰國、緬甸，好像非洲還有。

朱：早期主要是從大陸逃出來的。

周：是不是這個地方最多，其他國家也有？

朱：印度啦，遠征軍還流落在那邊的也有。

周：救總管不管呢？

25　谷正綱（一九○二～一九九三），一九五○年在臺北籌組「中國大陸災胞救濟總會」，任理事長。

朱：也有，少部分。那邊不像泰國成立工作團長期住著，他們有沒有書面的申請，要求去了解他們。

周：等於重點在這裡。

朱：在這裡。當時針對的是大陸跑出來的。後來改成「中華救助總會」。改了三次，大陸不要了，中國也不要了，現在成了中華。

周：現在又是國民黨，又是民進黨。

朱：他們都管不著，現在是財團法人，民間的。

周：支持力度是不是不夠了？

朱：怎麼樣講，救總過去是國民黨的一個團體，裡面的人都是國民黨的，是個變形的政府單位。

周：李登輝就不管了。

朱：李登輝時代就沒有了。

周：現在我們這個村子，有泰國籍的能不能占一半多。

朱：整個村子有泰籍的八百多位。

周：那還很少嗎，這個村子不是有一萬人口嗎？

朱：新村不到。

周：不是說有二千戶，一萬人嗎？

朱：有投票權的八百人，滿十八歲的才有投票權。我只是以投票的算。算上小孩子，應該有一半。

周：新村有沒有其他少數民族的人居住？

朱：很少，基本是華人，百分之九十幾都是華人。

周：您有幾個孩子呢？

朱：四個。結婚了兩個，還有兩個沒有結婚。還有小孫子。

周：你等於是三代人了。你的後代都加入泰國籍了嗎？

朱：都加入了，我也是泰國籍。我們第一次照的那個照片叫什麼，身分證，是前國民黨軍人證，是白色的，是泰國政府發給我們的。

周：你當過兵嗎？

朱：當過。

周：是幾幾年當的？

朱：我是一九七一年參加的，後期的。

周：你參加的是幾軍？

朱：是三軍。

周：是在這邊。

朱：也是在緬甸參的軍，然後過來。

周：那時你在緬甸，是在三軍控制的地方。

朱：三軍不能控制，還是緬甸政府控制，三軍是在一些高山上。

周：那你當時為什麼參軍，是三軍去招的嗎？

朱：我是第二代了嘛，還是受到誘引了嘛，父親是逃出來的。

周：三軍去招兵，很多華人願意參加。

朱：就這樣參加了。

周：據說還有一些當地少數民族也有參加？

朱：有。

周：你是自願的，還是？後來聽說有三抽一、五抽一。

朱：後來在這邊是這樣，在泰國這邊，三、五軍才這樣做。這邊眷屬都是李軍長出錢接下來的。

周：一開始只是軍隊，沒有家屬？

朱：對，三抽一、五抽一，只招了一期。

五八年大躍進做不贏，跑去緬甸

口述人：李英惠 七十五歲（女）

訪問地點：泰國清邁省差巴干縣龍窩區六保塘窩村李橋林家

訪問時間：二〇一四年十二月二日

周：您是怎麼來的這個地方，您今年多大年紀了？

李：七十五（歲）。

周：叫什麼名字？

李：我叫李英惠。

周：木子李。

李：不識字。我們這裡都是木子李。我嘛，（一九）五八年，大躍進那年，小娃娃們也做工，晚上也做工，晚上做工，崴著腳了，媽媽說你做不贏嘛，就出去吧，跑緬甸嘛，我就出來，那個時候苦，人家說大躍進，吃大鍋飯，晚上割穀子打穀子，邊邊圍起來，舂，用石頭煉鐵，晚上拿嘛，把腳崴了，媽媽就說，苦不贏嘛，去個緬甸去了，叫我出去。

周：是媽媽帶你去，還是你一個人去的？

李：媽媽領著，父親死得早，媽媽領著，一個女兒，一個兒子。

周：三個人？

李：嗯，就一起出來。

周：你老家雲南什麼地方？

李：俺們老家耿馬這方面。也是鎮康，媽媽是耿馬的。我丈夫是鎮康人。

周：當時你們怎麼走的？

李：走山上的小路。走了一宿，六點天亮了，就過界了，不算遠。

周：當時沒人管嗎？

李：怕是怕了，那些中國兵。

周：只能偷偷地過。

李：不能發現。

周：（一九）八六年我也去過邊界看過，還碰見四個，一個女的，三個男的，趕著三匹馬，馱著東西，從緬甸到大陸做生意，他們是進個寨子，我們在寨子遇到，一問是從緬甸來的，把東西賣了，第二天回去，我說第二天跟你們回去看看，跟他們去看，第二天到對面緬甸的一個寨子，沒碰上解放軍。

李：大路不敢過，就是過山上，走山上。

周：（一九）五八年幾月份？

李：十月份。

周：秋天了，做食堂，大煉鋼鐵是春天的事。

李：人家割穀子。

周：你的腳受傷了。

李：受傷了，我就回了家。媽媽說好點了，還要去。出來了就去緬甸，在緬甸住了三年，我丈夫又來泰國。

周：你去緬甸結的婚。

李：在緬甸。丈夫又從泰國來接我們，去泰國。

周：你是在緬甸結的婚。

李：他是上去做生意。

周：李文煥派他上去做生意。

李：是啊。

周：又把你們全家接上來。

李：是啊，跟李文煥做生意。

周：你丈夫不是李文煥手下，是跟李文煥做生意。

李：是手下。

馮：親家是在大陸就跟著李文煥來這裡了。

李：那個時候當兵嘛，二、三個兒子當兵，跟著李文煥先生。

周：你丈夫的父母親，解放前就跟著李文煥過來了。

李：我丈夫的父母親還是在中國住下了。丈夫跟著李文煥，後來接我們。他上去做生意，我們就認識了，從果敢下來，下來就沒有上去過。

周：就是你母親和你兄弟一起來。

李：我阿哥來到馬利巴又回去了。

周：又回中國了。

李：嗯。

周：你和你母親留下了，你們在緬甸怎麼生活呢？

李：在緬甸種煙，後來和我老公認識了。

周：你有幾個孩子？

李：我有五個，兩個女兒，三個兒子。阿旺（馮玉中）是老大，還有個大姐，大姐五十多歲了。

周：阿旺是男孩裡的老大。

李：是。

周：阿旺也有孩子了，我記得他給我看過照片。

李：嗯，十四歲了。也讀書了。

周：我記得他說在這裡讀，為了讀中文。

李：是，是。倆姐妹。

周：你們家是不是全有了身分？

李：有哩。

周：老一代的也有，你也有。

李：有，來到泰國，第三期整，就做紙。

周：你是第三期取得的證。

李：嗯。拿到身分證。

周：你老公也取得了。你母親呢？

李：母親也拿得了，母親去世了。

周：一直跟著你。

李：一直跟著，在這裡。她的墳在這裡。

周：埋在塘窩了。

李：就在（李家）對面。

周：那你哥哥在大陸怎樣？

李：消息沒有，不曉得在哪邊。

周：一點消息都沒有？

李：沒有。

周：搞不好，你哥哥回去，人家還整他呢。

李：整過，不曉得啊。

周：（一九）五八年、五七年過來的人多不多？

李：還是來得多哩。

周：（一九）六六年文革時過來的人多不多。

李：那時候不多。就是（一九）五七年、五八年那個時候，你做的不夠自己吃嘛，你一年給六百斤。

周：吃不飽。

李：吃不飽，你種得不自由，吃不夠。

周：關鍵是合作化以後吃不飽，（一九）五三年統購統銷，農業社了。

李：不給你自由，不給你吃了嘛。

周：土改的時候出來的多不多？

李：那個時候出來也多哩。

周：鬥地主、富農那個時候，聽說那個時候也多。

李：是嘍。那些有錢的，土改，人家受不了了，可以逃的，就跑出來了。

周：文化大革命反而不多，可能能跑的都跑出來了。

李：跑得多呢。

周：這個經歷。

李：我丈夫做生意，只是李文煥手下，他股份沒有，半點也沒有。他是李文煥的人，跟著的。

周：給李文煥打工那個意思？李文煥相當於老闆。

李：就是這樣。

周：發軍餉、發糧食是怎麼來的？

李：李將軍做像洋煙這樣的生意，他不做，這麼多老百姓，軍屬和軍人還要養活，他就有時候做洋煙。

周：到緬甸用黃金買。

李：我們這邊政工隊就是縫。

周：把黃金綁在身上，是吧。全部是用金條，打仗就是把道路打通。

李：他的中心物就是背，背黃金上去，買洋煙下來，養活部隊，養活家屬。

周：既艱苦，又危險。

李：天晴時不敢上下，還都是在雨水，雨季出發，敵人少，大風大雨，不下雨不去，敵人多。我來的時候走了一個月，這裡躲躲，那裡躲躲，走路下來，雨季敵人少些。不是雨季不出動。老兵出動的時候就幫助縫背呀，都來幫手，有時候做到夜裡二、三點鐘，要趕東西，什麼時候睡覺呀，白天趕不出來，水褲套、馬搭子，還有背金條（的帶子）的，這些東西。槍袋、米袋，通通是。做米袋，我有二兒子了，

三、四個月了，他們派我來做米袋子，九十多條，一下子做不出來。拿金條到緬甸換洋煙，賺點錢養活這些人。這個大家庭。

周：大家庭。人越來越多，家屬。要生存，每家發那麼多米，哪來的，花錢買的。就這樣比（一九）五八年大陸好一些。

李：是啊。

周：大陸（一九）五八年口糧標準哪有這麼多，還是原糧。全年三百多斤，一個月合二十多斤。

李：是，是。（一九）五八年隨便做錯點，人家關你了，有的自殺了[26]。

周：土改就有，年年都有。老搞運動。先整地主，再整老幹部，再整搞投機倒把分子，都有事情，熬不過去的只好自殺了。

李、馮：受不了。

周：你們當時居住在這裡，民情怎麼樣，就是人和人的關係怎麼樣？

李：怎麼講，當時泰國方面和李文煥沒有調和好，新村和我們的公路沒有整，每個禮拜每個人，新村有個米倉，每個人要挑一桶米上來，慢慢的李文煥先生把槍繳給泰國政府了，一顆子彈不留，做老百姓了，那麼洋煙也接收了，泰國政府幫助買去了燒掉，從那以後我們才做公路，從新村修了公路，過去沒有路，老兵受訓時就是肩膀扛。

周：大家共度難關。把武器繳了，和泰國政府達成協議，以後才修得這條路。活得不容易呀，全世界的華人各有各的苦。

李：那個時候要打哩。

周：泰國人打我們。

李：要打死哩。最少中國人有個火機，有槍，不可以下去，不敢出去。一直到李文煥先生把槍繳出去，辦好手續才可以，才能出去。那時中文也不能好好讀，躲躲藏藏的，那時中文不得讀啊，一直到辦好（手續）才可以正式讀。才允許學校讀中文。

26　一九五八年，保山縣因大躍進中的強迫命令，蒲縹、潞江一個月發生自殺事件二十一起，全年死於肉刑二十三人，潞江、上江一千六百人多逃往境外。

周：原來泰國不允許讀中文。

李：是，這時大多數泰國人也來讀我們中文。

周：現在泰國人都學中國話。據說清邁這附近的大學都有中文系。現在不一樣，中國人的苦日子過去了，過去裡邊苦，外邊也苦。

李：我們老人在家看看家。

周：現在中國和你們情況差不多，也都是老人在家，孩子們出去打工。

李：最小的在家讀書，老人們在家，現在能做事的都不仕了，都出去了。

周：大陸叫「空巢老人」，看孫子。

李：一樣。你們多少歲數。

周：我們比你小，六十六歲了。

李：還年輕啊。

周：還可以，我們剛一來一看，比中國國內貧困地方要好，中國國內像青海、甘肅、貴州，很窮，很貧困，像雲南跟這裡也差不了太多，各地區有點差別，也都是打工，都是老人。

李：老的、小的。大多數這樣。

周：所以中國國內定了一條法律，年輕人必須定期回去看看父母，不看犯法。

李：像我們也沒有回去看看。昨天看到我弟弟，對我弟弟講，他說你不想我呀，我說不是不想，結婚以後有子女，又有孫子孫女，一大串，沒有辦法去看呀。

周：現在年輕出去打工，要賺房子，賺車子，壓力大，一堆事情。你們回去過大陸沒有？

李：我回去過兩次，我出來一、二年回去過一次，又四年多些回去一次。

周：你回去也沒抓你。

李：不抓，你喜歡去外國就去吧。我們想家鄉，想大哥哥，看親戚，也不做什麼。

周：那還對你不錯。（一九）五八年出來，一、二年回去一次，四年後又回去一次。

李：也不說什麼。說你不喜歡中國到外國去，你回來幹什麼。我說想家鄉。

周：想家鄉了，不錯，沒有把你們扣住。

李：我哥哥沒有聯絡上。

周：當年你回去就聯絡不上了。

李：嗯，我回去時，他已經回去了，第一次我回來了，他才回去。

周：八十年代以後回去過沒有。

李：下來以後再也沒有回去過。

五八年我們二十一人乘小筏子過江被民兵打散了

口述人：何紹芳 七十一歲

訪問地點：泰國清邁省清佬縣猛納區十保大谷地村何紹芳家

訪問時間：二〇一四年十二月五日

周：你今年多大年紀？

何：七十一（歲）。

周：你怎麼稱呼？

何：何紹芳。

周：你給我講講你的經歷。怎麼到的緬甸、泰國，家鄉是什麼地方的？

何：龍陵的，雲南。

周：你什麼時候到的緬甸？

何：中國，一九五八年[27]。

周：大躍進那一年？

何：大躍進。

周：當時你怎麼出來的？

何：當時我們離緬甸很近，很接近，要過江，過一條江。

周：游水過來？

何：有一個小筏子。

周：你一個人出來的，還是和你家人？

---

27 一九五九年四月，龍陵縣因大批「三自一包」，大辦食堂，強迫命令，出現「捆、吊、打、罰跪、扣工分、扣口糧」現象，糧食減產，一萬多人上山找代食品，兩千多人外逃。

何：我是一個人，當時小，在工地上，做工，（修）水壩。

周：吃大鍋飯，水利工地。

何：也去煉鐵、煉鋼那裡（做過），那時小，也有年紀大的，五、六十歲出來的也有。那時太累了，白天這樣做，晚上還要做。

周：出來的多不多？

何：當時我們二十一個。我們剛剛過江以後，就被民兵追打，跑散了一個，過江已經到鎮康這邊了。

周：民兵追到緬甸這邊？

何：還是中國的地（方），我們出來二十個，裡面有兩個家庭，年紀大的帶著，一個老人帶一個孩子，在邊界那邊住下了。

周：年齡最小的有多大？

何：十四、五歲。這兩個家在邊界住下了，後來又返回去了，大陸開放以後回去了。那個時候大陸政府也叫出來找。有些親屬就找回去了。因為我們來到泰國了，距離太遠嘛。再有就是找不到。那個時候通訊也不行。

周：改革開放後又聯絡，找回去了。後來你們怎麼樣？

何：就這樣流落到泰國。

周：你們是進入緬甸內地了。

何：是，又從緬甸到了泰國。

周：你是入伍來的，在緬甸。

何：那時候緬甸有國民黨的游擊隊，上去招兵。

周：你是多大年紀入伍的？

何：十四歲。

周：你比老李大二歲，他十二歲入伍。

何：我們不是一起，他是後來的。

周：你入伍就在泰緬邊界。

何：到孟東，皇太后的家鄉，在湄賽。

周：湄賽就是邊界了。

何：在那兒住了三年多，那時撤臺，撤臺灣的就走了。

周：第二次。

何：我們趕的是第二次。第一次趕不到。

周：你沒有走，留下了。

何：因為我們這邊去得少，三軍這邊了。

周：三軍走得少，是不是五軍多些？

何：五軍這邊也不多。三軍、五軍的留下了，其他的，總部啦、一、二、三、四、五，五個軍，如像一軍還歸總部，不服從調了，因為打了，和緬甸打了好多時間，在江拉了，打來打去，死了的比較多了。突然之間，臺灣方面又要撤臺。因為那個時候臺灣也不好了，如果臺灣環境好，大家也就撤去了，臺灣環境也是控制了，臺灣經濟也不好，不發展，到後來才發展。大家覺得這邊接近家鄉，還有一線希望，到時候回去。

周：那時候大家不願意去，臺灣也不好。

何：我們也不太了解。第一次撤臺有的回來了，回來講，我們這邊撤去了，臺灣那邊很辛苦的，經濟環境各方面都不好。老蔣在的時候比較差，那個時候也沒有什麼旅遊社。我們去臺灣（的人回來說），那時的一般農民說，嫌老蔣死得太慢，小蔣死得太快。如果老蔣早死五年，小蔣遲死五年，臺灣不是這個環境。那個時候和大陸的關係也不好。

周：蔣經國實際與大陸聯繫了，談判。

何：這都是命。我跟他們講，人生命運，看你生在什麼環境下，生在混亂時間，你的命就不好嘛，現在生的，小小的就享受了。現在這個跟一般的就不同了。像我們那個時候，如果能讀書我就不出來了。生活也比較苦，我們也不可以在家讀書。我們出來，人家說怎麼怎麼，我們對緬甸也不知道嘛，不像現在都開發了，有電視，有電話，什麼都可以通了，人也可以通流了。什麼邊界都不知道，我們是小孩子，那個國界了怎麼樣，也不知道。

周：反正太苦了，也沒有機會讀書，就走了。實際上也搞不清楚怎麼回事。

何：你就是跟著老人跑就是了。那個時候緬甸還可以種鴉片，出去種點，弄點錢又回來了。跨過江就可以回到家鄉了，很快的。轉過來，成了一輩子了。我還回過去一次家鄉。

周：什麼時候回去的？

何：二〇〇〇年以前，回去過一次，現在可以通電話了，很方便了。

周：家裡親人還多嗎？

何：我有四個弟弟，還有妹妹。

周：都在那邊？

何：都在那邊。

周：當時你家只有你一個人出來了？

何：一個人出來了。

周：父母沒有出來？

何：當時母親已經去世掉了。我父親又娶了一個小母親，也不很好了。命啊。

周：後來你跟三軍從湄賽到了哪個地方？

何：就到塘窩。

周：沒有去華亮？

何：塘窩和華亮是一線。軍部原來就在華亮。那個派來剿匪，第一次撤臺，有很多流落下來，亂搞啊，老百姓不滿意。一個軍人，如果發展這樣就無法待下去了。民反不得了。總部就派來清剿這些撤不出去留下來的，就來收管。收管，那個時候就是做生意了。我們就把他們帶到這邊來，就是華亮了。華亮就是太擠了。第二次撤臺，我們全部過來，就不適合軍人住了，就遷到上面塘窩了。那些都是傈僳了，少數民族。在泰文學校那邊，整個是傈僳人住了。

周：你們來之前都是傈僳人，多不多。

何：上百家了。他們到處是砍伐森林，在那裡種那一點，種穀子，種鴉片。

周：你們來以後，傈僳人怎麼撤了？

何：慢慢的就去了。

周：那個時候還有馬俊國的人在。

何：因為發表馬俊國是西盟軍區司令。

周：東西南北的西盟呢？他是不是伊斯蘭教，青海那邊？

何：他也就是大陸裡面出來的。

周：也是從緬甸過來的。

何：從緬甸。原來他是在總部（反共救國軍總部），發表這個西盟軍區司令，第二次撤臺後他還有薪水，我們就沒有了。

周：馬俊國一直領薪水。

何：一直到大陸工作處。大陸工作處撤臺以後，他才改變這個地方。

周：他在塘窩是不是比你們早？

何：他們在這裡有一個聯絡組。

周：聽說只有十幾個人。

何：十多個人。

周：後來也撤了。

何：因為搞不攏啦，好像我們人多了，你們只能離開了，我們在這邊大家都不好，那麼我們是靠自己討生活了，你們是靠政府，思想就不同嘛，隨時就會發生摩擦，以後他們就離開了，去緬甸了。

周：二次撤臺，三軍到了華亮、塘窩，就完全靠自力更生了。民國政府不管了。

何：不管。三軍、五軍臺灣都不管了。

周：真正成了難民了。

何：自己養著。

周：一次、二次撤臺前，政府給給養。

何：給給養。當然給得比較少。我們每人零用金，零用錢是二十塊泰幣，伙食錢是二十塊。維持費了。

周：這是撤臺前，撤臺以後怎麼辦呢？

何：生產，做生意。

周：做生意本錢哪裡來？

何：我們軍長去找了。

周：當時，從這個塘窩，一路上有些據點，然後派人用這個黃金去買賣鴉片，這是一部分。

何：這是一部分，後邊我們慢慢一些商人也跟我們走，貨運，我們有些貨運費，我們有一點稅收。

周：過境費什麼的。

何：是。

周：那時做鴉片的商人很多。

何：做鴉片，做石頭（原石），什麼都做了。看什麼賺錢，像大谷地，後來生意做不成了，政府也脫離了，來這裡種穀子，叫下個大谷地。

周：也是我們三軍開闢。

何：砍了樹，種穀子。

周：軍人和軍人家屬。

何：那個時候純粹是軍人，家屬很少，都規定不准結婚，生活都過不去，你再結婚生孩子。

周：開始到華亮、塘窩純粹是軍人。

何：家屬很少，除非年紀大的，有些是從大陸帶過來的，不多。

周：這個財政就是一些稅收，一些生意，還有就是就地生產。

何：多種形式，維持生活。像一個連隊，你自己去養豬、養雞，這樣來維持，生活就好些。

周：種菜？

何：種，各單位分的（地），也種一些（菜）。

周：從緬甸把家屬接上來是與苗共作戰前，還是作戰後？

何：後了。

周：是不是接下來就發生與苗共作戰這個事情？

何：那個時候國際上已經給壓力了，生意不能做了，鴉片生意絕不可以做了，壓力很大。那個時候泰國的參謀總長也到中國去訪問，去和周總理談了，說你們中國有一部分難民還在我們泰國，我們得不到中國的同意，泰國也不好處理。周總理就跟他講了，我們中國既不遭難，怎麼會有難民。

周：不承認。

何：不承認。希望你們給他們一個華僑身分就可以了嘛。就等於是移民一樣，不是難民。談不攏了，又回臺灣，從泰國又去臺灣談。跟臺灣說你們這部分人，你們是管還是不管，如果你們不管，我們就管。你不讓他做生意，生活怎麼辦。泰國壓力也重，像什麼禁毒委員會。如果沒有一個妥善的管理，亂起來我泰國也受不了。雖然人數沒有多少，我們也不輕易，因為我們在山上，擾亂他們也受不了。臺灣方面就答應了，你們去照顧，去管理，去和他們談好了。就找我們談，叫我們幫助他們去打仗，僱傭了。出錢，出槍，就是這部分人生活我負責了，那你就不用管了。

周：當時三軍有多少人？

何：起碼有二千多人。

周：五軍那邊？

何：當時泰國政府談的時候，叫出七百人，五軍軍長段先生好像猶豫一點，不是沒有人，總是覺得拿去我這七百人，我後邊空了，自己就孤立了，問不出什麼。又問我們三軍，我們說可以，再多些也可以，人數不成問題。到時候我們就去清萊了。

周：三軍去了多少人？

何：我們去了五百人，五軍去了三百人，共八百人。

周：打了幾年？

何：二年，在寮國，我們躲著打，你看不到，打游擊了。我們的已經有傷亡了，死的也有了，就是看不到敵人。因為那個地方都是大森林，他們熟路，地形，我們一走動就被打。我們在那裡住了，早上、晚上隨時來打，槍響我們已經負傷了。

周：咱們那麼傷亡多不多？

何：很多。打的，慢慢的，我們住下以後，住的家慢慢才弄好，招安他們，也希望他們不要再打了，清萊省長被打死了。修路也修不通，公路不通，公路通了對我們好嘛。慢慢談的，招安回來，才慢慢好些來。地方上的老百姓，生活也慢慢的轉好，這樣安全下來。

周：是不是從這開始，難民的命運發生變化。

何：那以後，臺灣就派一個救總，救濟總會。

周：臺灣救總過來，是在泰皇承認我們之前，還是之後來的？

何：泰皇僱傭我們在前。救總來得也早，是那種祕密的樣子，不是這樣公開的，不是很公開的，我們也很少知道，救總什麼的，我們也不知道了。

周：臺灣是不是也想利用這股力量？

何：臺灣想做什麼呢，他想要這個兵，不要官。官可以用臺灣的，他來可以自己組織，像這裡的，雲南的，對政府也不是好像有多大忠誠，你叫他撤臺，他為什麼不撤呢，為什麼不會去呢。再給多少錢，他也不會忠於你，還是自己想法。

周：就是第一、第二次撤臺以後這部分，不怎麼聽話。

何：這邊多是地方上出來的，他也不是什麼軍校生。

周：李軍長也是地方上的，段軍長他是軍校出來的，段軍長去臺灣，想來就來，想去就去。我們第三軍，李文煥這個很怕去臺灣，去了不准他回來，他飛不出來了。

周：段軍長那邊人比這邊少得多。

何：人都是雜牌，他是各縣、各省的都有。三軍的都是家鄉的，當官的，都是親親戚戚的。而且我們三軍軍長從小就是做生意嘛，對經營比較熟。像五軍，軍部的那些做經費的，都是交給私人去做，私人不就撈一筆。像我們軍長不可能的，我要下多少本金，都要打電話要聯繫了，有電報來往。

周：那個時候是你負責，你是臺長。

何：那個時候多了，我們這個臺從這裡到緬甸有十一個臺。

周：一路上。

何：都要做情報了。部隊上下了。

周：通訊手段只有電臺，沒有電話。

何：沒有電話，無線電了。

周：你是仕軍部這個電臺。

何：軍部的電臺，外邊我也去過。那時用手搖機了。

周：手搖發電機。腳蹬的。救總過來做一些工作。

何：那些建設。很多建設是救總。

周：都是蔣經國期間，創辦是蔣介石手裡，谷正綱，真正修路，福利方面的是蔣經國。

何：到這個地區推廣的時候，李登輝也做了些。

周：李登輝是不是少了些？

何：因為李登輝是接的蔣經國，像經費這些的。

周：最後給老兵發的一筆錢，說是李登輝。

何：李登輝下臺以後，（救總）就成民間的了。國民黨不能執政了，全部就沒有了。

周：聽說是行政院撥錢給他們。

何：最多的時候二、三億。

周：他有個團在這裡。

何：代表團。

周：農業專家、教育專家、醫療專家，建築什麼都有。

何：像那個時候泰國也不希望我們讀中文，慢慢來才開始放的。救總在這方面也花了一些經費。像建築學校。

周：一開始是偷著學。

何：偷著學，學中文，不合法。那有一段時間，我們幫助他們襲寮共，也辦好了，關係弄好了。但他們就不准我們學中文。

周：還是不放心，他不准我們學，（泰國）當地也不行。

何：像一些老華僑也不可以。

周：當時對中共有戒心嘛。

何：時間也不長，好像二、三年時間。那個時候化整為零，你看見什麼書籍，也不給了，我們跟臺灣要有困難了，進口這個書籍有困難了，從緬甸那邊寄，緬甸那邊也是臺灣的教材拿過來，很困難的。

周：打苗共後，就允許我們成立自治會了。

何：打苗共以前就有了，為什麼呢，中國人在了，自己管自己了。叫軍隊管理也不方便了，但大體上軍隊可以照顧你，但很多細節你要自己管理，自己控制，要有個會長出來領導大家。那個時候開始就有自治會。

周：自治會是三軍自己辦的，跟泰國政府沒關係？

何：自己辦的。

周：就是管理難民村難民。

何：泰國政府又給你加一個保，保長就等於村長一樣，每個村都有一個。

周：等於承認我們這個地位以後才有的。先有自治會。這個時候家屬就接來了。

何：因為我們給泰國打仗的第二年就要了這個土地，慢慢就有了些遷移了。這個階段咱緬甸部隊上的（家屬）也多了，親親戚戚就下來，這樣。組織自治會。一九七〇年以後，泰國政府就給了地了，皇家就劃給了，皇家答應，（政府）就來劃給了。軍人就派個小組在這住起。

周：總共有多少個村子？

何：像我們清邁省，有二十八個，一開始不到，救總來的時候二十八個。

周：現在聽說有八十多個。

何：不到。上清萊那邊就多了。

周：就是算上清萊。

何：整個華人村有九十多個，有些跑出去了，一些老兵和本地人結婚了，現在那邊有十多個戶了，成立了一個，也算華人村了。一辦中文學校就叫華人村了，成立中文學校，報上去，像雲南會館、臺灣辦事處，人家就幫助你一些經費，有些書籍，這樣子。慢慢的也算華人村了，不管是什麼，都是華人了。

周：後邊這些華人村和前邊的華人村，待遇呀，土地，實際是不一樣的。

何：實際大家都去砍（樹）嘛，過去砍的，政府來劃（地），你就種了，後邊的不可以了，就不能再砍了，證件嘛，老在的就有個證件，那新來的。

周：關於身分問題是什麼時候開始辦理？

何：也是我們幫助泰國打仗以後。我們第一次打帕孟山時，也是談經費問題，也給你一個證件，跟你打過仗了。到打考克了，考克考亞這個時候，我們要求，如果打贏了，應該給我們一個合法居留權，慢慢他們也同意了。打完以後，他們開始做公民證了。

周：第一批做的就是入籍了。

何：先是要老的，他也看懂了，只要是中國人，那個時候你不會（說泰語）話也可以，慢慢就入籍。現在不會泰語就不得了。

周：後期的不懂泰語的不能入。

何：你申請，有一部分屬於我們雲南的難民，難民證，這樣的給一次。

周：李健園說過這個情況，她參與了。

何：本來有四期，我們報上去，他一次給你一千個名額。這一千個名額就看你怎麼安排了。

周：關係近些的，好些的就先辦了。

何：這樣的也有。難講啊。清萊就給得多。清萊那個時候是陳茂修，陳茂修在，只要過了陳茂修那一關就行了，這樣就得得多嘛。

周：比我們三軍這邊多。陳茂修是五軍的。

何：本來是三軍的一個參謀，我們幫助泰國打仗，陳茂修就成了一個三、五軍的聯絡人，和泰國人接洽。只要他，人哪，良心忠，跟泰國人談得也很好，臺灣也相信，泰國也相信。那個時候，他給你個名片，在清萊就能通行。

周：怎麼講，四面八方了。

何：在清萊，陳茂修就是大當家了。你有病，不能去醫院，證件沒有，有了陳茂修的名片就可以了，如果你曉得他的電話號碼也可以通行。

周：這麼厲害。

何：人是很好。像五軍雷雨田[28]，最後軍長不在，雷雨田接手，他在山上，交給他全權管理。陳茂修做了很多好事。

周：那個時候環境，不管是老兵，難民，相互幫襯才行。

何：要有個證據，出行才方便，討生活比較方便一點。

周：部隊什麼時候算是解散，收繳武器？

何：一九七八年，這樣，泰國收繳武器。當時不注意這個事情，那個也沒有記。

周：作為華人地區，咱們自己有沒有組織？

何：沒有，散了。各村管理各村的。那個時候村子比較少，五軍和三軍有十三個村子，他們有駐的聯絡小組。有什麼事和他們打交道。

周：各村各自為政，這些部隊領導人也不管了。

何：他沒有權管了。

周：部隊領導人也是自己顧自己了。

何：各人管各人。

周：你比如說，像咱們這個村子，大谷地是軍人自己開闢的，開荒、種地，塘窩、華亮都是軍人先去做，陣地也好，基地也好，都是軍人先去站住腳，然後是家屬來一起做。是不是這麼一個狀態？

28　雷雨田，曾任雲南人民反共志願軍五軍十五師師長。

何：是啊。

周：那麼新村呢，李健園說是李文煥買了一些地。

何：這個我們不知道了，你去跟人家打交道，但也要花錢一點，不花一點錢怎麼跟人家打上那個交道。有些泰國人，你花上一點錢，這個屬於合法的交易。他幫你向政府申請。新村也是歸聯絡組管的。

周：說是有些原住民，李健園說是他爸爸拿黃金，一戶一戶談，加上軍方領導的關係，第一批地是他買下來的。

何：這個我們不知道。

周：張自鴻說，規劃得很好，路這邊歸你，路那邊歸你，一家一百六十平方公尺，平均分配。大谷地沒有這個規劃。

何：大谷地原來軍方準備住三百戶，現在三千戶都有。慢慢來，慢慢買的。

周：這是周邊最大的村子。

何：最大的村了。好像泰國這樣巨大的村了也沒有，比這個人的沒有。這都城市（化）了。

周：這有兩萬多人，新村一萬多人。是新村一倍，有二千多戶。

何：三千戶也有。因為沒有戶口（登記）了，一個房子住著幾家。

周：改革開放以後，緬甸第二代、第三代大量來，還有第四代移民，因為大家都是華人，來打工，這些人全都沒有身分。

何：他們叫這個白彝了。

周：彝族的彝，白色的白。彝族分白彝、黑彝。他們的文化是骨頭是白，屬白彝，骨頭是黑的屬黑彝。

何：現在有身分的也多了。不一定當兵有身分。慢慢來了。他有錢了，就可以弄到身分了。

周：中國雲南這個很特殊，和伊拉克那個難民不一樣。先是軍事，國共內戰，包括這些軍人、家屬。然後是一九四九年共產黨的這個政策，極左，土改、大躍進、

包括文化大革命，又有很多人過來。大家都是華人，有的是親友，最後融合成這麼一個團體。再後來，就是這一部分人，再融合。

何：就是我跟你講了，前邊講的，我們也感謝共產黨，能夠有今天，我們也感謝國民黨，沒有兩黨相爭，我們也沒有這個地方，那真是難民，在這三家、五家的，不能合在一起了，不可能的了。現在來說了，中文開放了，我們中國大陸力量大了，中文才開放，那麼我們這麼強盛了，我們在外邊也沾光。都要想開一點，實際就是這樣。如果沒有共產黨，國民黨怎麼會來照顧你，沒有國民黨，也沒有人來照顧你。也就是說，大家的命運，也不要怨天，也不要怨地。

周：說得深刻。國共之爭，這些人得了好處。改革開放，這些人又享受了中國強大的好處。剛才你說了，周恩來說我們沒有難民，泰國就不敢亂動了。

何：人的命呀，想得遠些，想得寬些。心情就好多了。實際說來，如果共產黨不強盛了，外面的華僑真正抬不起頭來，臺灣是怎麼樣有錢也抬不起頭來，臺灣沒有這個能力在國際上打壓。那現在中國大陸，說不分你軍人、平民都是我的人民，受欺負，隨便你說身分。

周：現在中國人吃香了。

何：現在泰國不跟美國走也不怕了，中國強大了。他經濟各方面靠這方了，出口商品都靠這方了。中國大陸不收他的東西了（稅），像稻米賣得多了，中國有那麼多人口，中國的錢是不可以賺完的，因為土地太多了，人口太多了。我們也是覺得很驕傲了，我們是中國人了。我們在電視上看到，那個習主席，訪問西非什麼的，像迎接皇帝，接見什麼的。

周：昨天聽李健園說，李克強來訪問也談到這個問題，華僑、華人地位。

何：他不可以承認我們難民這個地位，就像周總理說的，我們不遭難，怎麼會有難民。我的中國人在外國，希望你們給他們華僑身分，平等嘛。

周：周恩來講的這一句很聰明的話。關鍵是泰國政府不呀，他一開始對我們不好的，後來才轉變的。國共之爭呢，臺灣又幫助了這些人，怎麼說呢，也不應該忘記臺灣，臺灣方面也做了很多工作。具體工作比中共做得多，那個時候中共什麼都不做，而且很多難民就是中共造成的。這個客觀的歷史你也得承認。家家戶戶蓋房

子，臺灣還給你出錢了，像中國當地一樣，包括醫療衛生，教育，道路，水電，做了很多好事情。

何：我們希望雙方好，這是最好的。

周：中國如果統一，就更好了。

何：因為美國其中卡著。馬英九說得很慘，他沒有這個能力了，他想動，達不到了。像以前說，那個時候是蔣經國，臺灣人說蔣經國死早了，遲死四、五年，和大陸關係不是這樣的。這個國家的國運，大家的命運。現在民進黨選得很好，民進黨也緊張了，蔡英文很緊張了。

周：因為經濟跟大陸太密切了。

何：如果你走歪，不是中國大陸的心，中國大陸可以隨便可以捏你一下。臺灣出去，國際上不給簽證可以呀，如果大陸捏你，不可以了。

周：二〇〇二年國臺辦叫開會，我就說不要老盯著意識形態，國共談判了，應該抓經濟，中國這麼大的市場，臺灣很小，你只要開放市場，包括對日，對韓，關係都是這樣，經濟上你一旦容量巨人，臺灣就跟中國分不開了，再談統一也來得及，別著急。後來對臺辦的人說，我們還沒想到這一招。現在像蔡英文，大陸非常淡定，誰上臺我都不怕，學生鬧歸學生鬧，凡是做生意的人，尤其是掌握經濟命脈的人，對大陸好，離不開大陸。你太太是什麼地方的人？

何：保山。是來緬甸出生的。我岳父他們出來，在大陸結婚以後出來。改革開放以後大陸來找親屬，就不回去了。

周：你太太出生在緬甸，你們什麼時候結的婚？

何：在塘窩。

周：你現在有幾個孩子？

何：五個。

周：孩子怎麼樣？

何：都在外面做工。

周：他們都入了籍？

何：入了。

周：他們生活怎麼樣？

何：勉強可以過去，我們的孩子可能能力有限，泰文成績差，讀得不高，讀到中三就不得了，讀五、六年級的也有了，都比較低了。

周：都成家了嗎？

何：還有一個囡。

周：四個都成了，那也有第三代了。

何：三代了。

周：也不錯。談得很好，謝謝。

我們的父親五八年出來投奔李文煥當兵

口述人：鄒生雲 三十九歲 鄒生榮 四十九歲

訪問地點：泰國清邁省差巴干縣龍窩區六保塘窩村路邊小賣部

訪問時間：二〇一四年十二月八日

周：弟兄兩個。

鄒雲：他是老大，我是第四個。

鄒榮：我叫鄒生榮。

周：你今年多大歲數？

鄒榮：我四十九歲。

周：那弟弟呢？

鄒雲：我叫鄒生雲。

周：你多大？

鄒雲：我今年三十九（歲）了。

周：你們的父親當年也是老兵？

鄒雲：我們的父親當年是這樣的，父親直接跟著李文煥將軍一起出來的。那時候中國大陸在亂，共黨跟國民黨在鬥爭，國民黨到臺灣去了。爸爸出來的時候跟著一群親戚，出來十三個人。這裡國民黨就招兵買馬，就參加了。

周：具體什麼時候？

鄒雲：什麼時候我不清楚，我老爸說是四十七年（一九五八），鄧大姐可以帶你去，我老爸在新村。

周：四十七年、四十八年很多，一九五八年大躍進那一年。

鄒雲：我老爸說那時共產黨已經把國民黨推翻了，掌到權力了，要去挖東大溝、西大溝。

周：那就是四十七年（一九五八），做水利。

鄒雲：我老爸跟我的阿公，聽到這個狀況，村裡人也有去的，挖東大溝、西大溝，吃大鍋飯，那個時候受不了，跑出來一段時間，在中緬邊界，等挖完了再回去。結果出來，就聽到李將軍在那裡招兵買馬，就跟著下來了。

周：當時出來十三個人。

鄒雲：有阿公、老爸，隔壁村子的。現在大部分死掉了，打仗打死的。

周：你父親還在，你媽媽呢？

鄒雲：有在。阿公去世了。

周：你媽媽當時一起出來的嗎？

鄒雲：我媽媽是緬甸出生的，是緬甸的華僑。我爸爸是阿兵哥，被派到緬北，去跟李將軍做一些生意，來回來回，去到我媽媽那個村子，認識老爸，聽老爸說，那時這些阿兵哥不能結婚。

周：四十歲以前不行。

鄒雲：我老爸是李將軍批准的第一個可以結婚的。大家學的，結婚的就很多了。他今年七十多歲了。

周：（一九）五八年那批出來的，大部分七十多歲了。

鄒雲：我老爸參軍的時候十六歲。臺灣的一些研究員，常常來訪問我老爸，兩個禮拜前，有個中央研究員訪問他，一年、兩年總有。問一些歷史。當初李文煥將軍，聽我老爸和老一輩的說，他當初也不是將軍，當初在鎮康縣做保安大隊長。

周：是反共救國軍，一個游擊隊的大隊長。

鄒雲：保安團這類的。那時共產黨和政府鬥爭，還很小，他剛好有一批人馬帶出來，當初下來在緬甸，叫賴東，住下來了。招兵買馬很多，要反攻大陸嘛。那時共產黨拉緬甸政府鬥他們。他們在賴東受訓。李彌主席來到那個地方，段希文在那裡，他是將軍，李文煥參加到裡面，還不是將軍，只是一個大隊長，怎樣。李彌是總指揮，聽我老爸講，李文煥服從段希文的指揮，然後他自己的人馬越來越多，靠攏他人越來越多，他的身分就越來越高了。但怎麼升到李將軍就不知道了。聽說有個小洛水，在鎮康，跟共產黨打得很厲害，而且是村裡人組織起來的。李文煥很重

視洛水的人，聽老爸講，這些小洛水的人在山洞裡躲著，共產黨的兵一聽說打小洛水的人就哭了，因為一去打就死掉。最後被共產黨攻破了，有的被抓了，有的跑出來了。聽說現在還有一個，叫翟玉安，還在新村。他是怎麼跑出來的，跑的時候也是十五、六歲，共產黨攻破了，就把繩子拴著，一個一個栓起來，拉著去，他這個人就跑，過一個山崖，他就跳下去了，就滾滾，天黑了，他醒起來，知道自己沒有死。新村就這麼一個。

周：他現在還在世？

鄒雲：在，在新村。我父親七十八歲。

周：你們在哪裡出生？

鄒雲：就在這裡（塘窩），我們兄弟姐妹八個，在臺灣過世了一個，老三，去臺灣打工，做小包商，快過年了，中國人就趕工，蓋大樓灌漿，樓板塌下來，就過世了。

周：你們都有身分了嗎？

鄒雲：除了爸爸媽媽，我們都取得泰國身分。那時泰國政府要求三、五軍不能養兵，不能有武器，給你種一些果樹，武器收走了。為什麼三、五兩軍在泰國繼續生存下去，很多人不知道，那時候剛好有泰國共產黨。說泰共，現在很多人不知道，就三、五兩軍幫泰國政府打的，泰共、寮共打了很多年，泰兵打不過寮共，沒有辦法打，所以就拉攏三、五兩軍去打，結果打呢，就打下來了。泰皇就給了三、五兩軍泰國身分。有的有了，有的沒有，為什麼，當時五軍百分之九十以上的有了，三軍百分之五十沒有。現在百分之九十八的百姓對他們很反感，有意見，就看不起他們，這樣子。實際怎麼樣，大家都在猜測，當時聽我老爸說，有一個處長，排長，好幾個人，李文煥交代他們辦這個身分證，泰國政府說，你們打泰共以後，慢慢繳武器以後，全部要給這個身分，結果呢，我三軍這邊大概百分之五十都沒有。什麼處長，香港、新加坡來的商人，隨便送他們幾瓶酒，很普通的酒，就把身分證給他們了。有幾百給你三軍，幾百（人）給你五軍，有限制人數嘛，給了一個，就沒了一個，給了那些商人，那些商人得到泰國身分的很多。新加坡、香港、馬來西亞的都有。

周：據蔡國安說，他還去查過，到泰國內政部去查過，實際泰國給三軍、五軍有個底子，有個名單，三軍報的也好，五軍報的也好，結果給的不是那個人，是另外的人，對不上。

鄒雲：像我老爸十六歲參軍沒有，有的剛來參軍就得到。

周：有的第一批的，一九四九年，都沒有。像張自鴻跟部隊從大陸出來的都沒有。

鄒雲：連李文煥最身邊的人也沒有。

周：我們訪問過的大部分沒有，有的也是後來申請的。

鄒雲：他不是最早那批，小安哥那樣就可以參加什麼競選了，他父親沒有，他的身分證比一般還好些，他的姓是皇家給的。有一個李處長，還有一個李臺長，我老爸知道，他們仨個人就控制了，為了自己的利益，到底怎麼回事都不知道。

周：我也問了李健園，她說前幾批她沒有參與，後幾批參與了。

鄒雲：很奇怪，沒有辦法證實，就是剛才說的那幾個人辦。

周：軍長還在。

鄒雲：當時他在清邁。他和當時泰國總理的關係比較好。

周：這還是一個謎。當時還殺了一批，幾個師長。這也有好多說法。為什麼殺這些人？

鄒雲：我聽我老爸說，李文煥有一次上來，那時候沒有路，騎馬，阿兵哥站崗，騎一段換馬，他人大，壯，後來路通了，有一輛吉普車，那一臺吉普車好像還在。這個時候我已經記得些。他殺這批人，因為有兩個到臺灣的，有阿兵哥，是三軍的或是五軍的就不知道了，從賴東去臺灣，有一個叫張叔全，一個叫梁仲夷。張叔全的老婆跟這裡的蔡萬廷，蔡萬廷是這裡掌握兵權的，蔡萬廷的老婆和張的老婆是姐妹。因為三軍做生意，生意就是鴉片生意，跟張啟福有關係。張啟福是這裡的阿兵哥，或是一個商人，我搞不清楚。聽我老爸說，他從泰國到緬甸，出去的時候是李文煥支持他去的，槍支武器，凡是好的，打開倉庫讓他挑。當他到那邊當了官，白彝的，張啟福的老爸是中國人，他的老媽是白彝人，他中文名字叫張啟福，他的白彝名字叫坤沙。

周：張啟福就是坤沙。

鄒雲：他到那個地方就當了官，那個時候人們叫他新官，招兵買馬，勢力越來越大。本來是和李文煥一起做生意的，後來摩擦越來越大。跟收稅聯繫，這邊上去，他要收稅，他不認人，三軍的他也收，結果打起來了。矛盾越來越深，沒有調和的時候。

周：殺的那些人說是和張啟福有關係。

鄒雲：說是那樣，實際不一定。我聽我爸說是這樣子，跟張啟福關係破裂，張叔全的太太和蔡萬廷的太太，他們是掌握兵權的，李文煥當時不在，他們是老大，很多人聽他們的，先把張啟福擺在一邊。跟一個金老闆有關係，這個金老闆做玉石生意，很多人跟他做生意，他不在這裡，他在清邁不知道。聽我老爸說做這個玉石生意，很多人從緬甸送玉石給金老闆，他沒給人錢。就有人偷偷告訴了李軍長，告密說這個人很皮，把我們的東西拿走不給錢。這樣金老闆被軟禁在這裡，在軍部後面，現在的餐廳後面。金老闆是個商人，就對蔡萬廷幾個人說，我給你們多少多少錢，把我放掉。其實李文煥已經和他談好了條件，準備放他。他自己沒有搞清楚，實際上已經被李軍長決定了。蔡萬廷不放他。不放他就是再勒索他，勒索他的錢。最後怎麼樣，聽我老爸說，有一天早上，有人叫他吃早飯，在他床上用一個條凳蓋上被子，實際人已經走了。那麼，人是怎麼走的，由蔡萬廷處長安排，用蔡萬廷的馬到新村交易的，馬是蔡萬廷的馬，主意也是蔡萬廷的主意，牽去的人也是蔡萬廷的人，在那邊交易，給他們很多錢，大部分錢是假的，真幣在上面，下面是假幣。交易以後，聽我老爸說，蔡萬廷就通知，或是寫信，我不清楚，調李軍長上來看看部隊，部隊好像有點亂的樣子。李軍長準備要上來了，他準備半路殺李將軍。那一天，早上他要出門的時候，李軍長的太太有預感，就好像有點不對勁的樣子，感覺到我老公今天不能去，去了會出事，就勸下沒有來。沒有來，就有人偷偷去報信了，說張啟福來了，到了馬康山，安康那裡，邊界上，只要成功了，張啟福就進來了。內奸勾外。我們過世的一個叫李朝臣，李文煥的兒子叫李朝柱，他們是一家人，可能是血統一家人，他們是後邊慢慢跟來的。很多人知道這個祕密，害死，李朝臣寫了一封信，誰寫的不知道，下面一個李營長，李學壕。

周：鄧聰美的舅舅。

鄒雲：反正這一批人，是誰我不知道。這批人就解開了這個密，就是晚上，用了兩個保鏢，三個人往山上，連夜把信送給了李文煥。

周：有這個說法。

鄒雲：李文煥開始用計把那幾個人抓起來殺了。

周：好幾個師長。

鄒雲：都是大的，有兵權的。

周：還有一種說法，是下級軍官想占他們的位置。李文煥患病，利用李文煥的老婆，相互之間勾結，把高層軍官一下抓起來殺掉。

鄒雲：李軍長在清邁的時候，其中一個叫楊在奇，是李軍長的傳令兵，還有一個叫李金連，在大谷地，楊在奇被殺了，李金連沒有被殺。這兩個人李軍長就暗暗的派到這裡監視這幾個人，看這些官員有什麼動作。結果楊在奇、蔡萬廷，還有一個叫李保昌，三個人被殺了。

周：你說的蔡萬廷，是不是蔡國安的叔祖父？

鄒雲：對。他們家對這事很不滿意。楊在奇、李金連都是軍長最信任的人，派他們來監視這些官員。楊在奇被殺了。

周：誰殺的？

鄒雲：李軍長。

周：他是被派過來的，為何殺他？

鄒雲：楊在奇、李保昌、蔡萬廷他們都和把金老闆放掉有關係的。就是他們合起來。李金連為什麼沒有被殺呢，引起現在人們的懷疑，為什麼這個人沒有被殺。聽我老爸說，當時出事的時候，李金連到大谷地去了，不在了。

周：事後也會追他呀。

鄒雲：我老爸說，就是事情已經很長時間了，一個月，他一直在塘窩，他應該知道。直到現在，他嘴巴很緊，他跟李軍長的兒子關係很近，關係也好。但是聽我老爸說，他是嘴巴緊而已，心上鬧不好是那一夥的，就是會說話。

周：光嘴甜不行吧，他肯定知道些什麼。

鄒雲：很奇怪。就是他們兩個人，一個被殺，一個還在。要不是他就是告了密。聽說蔡國安的老爸就是李軍長的警衛，李軍長對他爸爸說，聽說你叔叔藏了事情，

只要他說出真相我不殺他。當時他去問他叔叔，李文煥又派一個人去偷聽，結果他說給。蔡國安的爸爸叫蔡小順，（李軍長）說小順啊，在一夜。天亮才走，說明李文煥派人偷聽，就是不肯說出真相，就被殺了。他們是怎麼被殺的，就是在這個操場上，那個樹還在，用繩子吊起來，不說，又把他放在操場上，用竹削的籤打進去，四腳四手都打進去了，緊緊的捆起來，晒在那裡。聽老爸說，他們發過誓，誰也不咬誰。就是不說事實真相。

周：可是一般人受得了那個刑法嗎？

鄒雲：我想，這麼疼痛的話，應該說了，也許他們真的沒有這回事。

周：扎指甲是全身最疼痛的部位，絕對忍受不了的。正常情況是忍受不了的，可能就說不出來什麼。有這種可能，一個堅強，另兩個也堅強，不大可能。

鄒雲：蔡萬廷從這裡挑出去準備殺的時候，說二十年後要到陽間告狀，他還有問楊在奇來沒來。

周：他有懷疑。

鄒雲：楊在奇在前已經被殺了。人家說來了，後邊來了。老爸這樣對我講。依我看，他們把金老闆放了，也沒拿到實惠。

周：就是拿點錢，那時候人人拿。

鄒雲：好像是在鬥爭。有些人想升官。聽老爸講，蔡萬廷在中國大陸的時候，他和共產（黨）有聯繫，他來投軍的時候不敢來，他好像臥底一樣，給共產（黨）告過密。後來他出來了，到緬甸，來投軍不敢來，有一個人擔保他，我爸知道他的名字，我忘掉了，擔保的說有問題他負責，李軍長就把他接來。蔡萬廷不來，我跟你說的小洛水的那幫人就不來，有一群人。

周：小洛水的人是跟蔡萬廷來的。

鄒雲：對。因為蔡萬廷是有頭腦的人，年齡也比較大些。實際上跟共產（黨）打的那些人，他沒有參加，他沒有打。三軍希望他來，過去的事就算啦，那些人就跟著他來，如果他不來，那些人也過不來。因為他有頭腦，那些人也沒有讀過書。來這裡，軍長也相信他，慢慢的就升官了。

周：是不是還是懷疑他跟共產黨有關係，要不怎麼會殺他呢？

鄒雲：殺他的時候應該和共產黨沒關係，已經在撤臺後，這裡也沒用了。

周：一共殺了幾個人？

鄒雲：殺了幾個不清楚，知道是這三個。蔡萬廷、李保昌、楊在奇這三個人。李保昌也是官。蔡萬廷是處長。

周：也有說是副軍長。

鄒雲：是，他是掌握兵權的。

周：蔡國安的父親是李文煥的警衛營長。

鄒雲：對，我老爸是慢慢去的。有個叫字光麟的，也是小洛水人，他比較重視小洛水的人，因為小洛水的人比較能幹，字光麟也是跟著蔡萬廷出來的。這個字光麟是在他身邊照顧他的人，跟他最貼身的人，後來慢慢字光麟就不在他身邊了，因為他兒子在臺灣去世了，他心情不好就回到這裡，就不跟軍長了，就換成我老爸。還有一個大谷地的，兩個人輪流，大谷地的那個叫字用雲。我老爸跟到最後，他斷氣了。斷氣，才回來。

周：你老爸一直在身邊，也沒給身分。

鄒雲：沒有。他最信任是那些人呢，他以前做生意，一個人要背金子。背這個金條是最信任的人，而且你家屬要在這裡。像我阿爸，有阿公在這裡，他信任的，就可以背金了。背金到緬甸有帶隊的，也有保安。到緬北把金子交給人家了，又回來，換成鴉片用騾馬馱。聽我老爸說都幾次背金，被江沖走了，划那個木船，水很急，那個木船都快沖走了。有一次，老爸在江邊，有竹箭掉下來，就掉下去，就把住邊上的竹子上來。聽我老爸說，情況緊急的時候，老緬在那裡聽消息，情況不好時要背著金子睡覺。有的被人搶，怎樣。他們沒有被搶，保護得很好。他們背金，聽說衣服褲子都破了。背的乾糧我們經過了，白色的，長長的，像豬腸一樣，一圈一圈，掛著，掛在脖子上。李軍長他人馬多，也沒錯，他給人家的利益太少了，這其中有很多原因。

周：他只給發口糧嘛。軍人有軍餉。家屬只有一份口糧。剩下什麼也沒有。

鄒雲：被蔡萬廷副軍長控制的。那時部隊也不說反攻大陸，慢慢要解散的樣子，我老爸就是其中一個被解散的，就不給口糧了。蔡萬廷他掌握軍權，只要他說的就

算了，誰誰這個月底就不要加入軍隊了，去做老百姓了，口糧也不給你了。只要蔡萬廷不喜歡的人，就被解散掉了。

周：只有軍人、軍人家屬有口糧，老百姓沒有。

鄒雲：對。我們就是其中一家，口糧沒給了。

周：那李軍長賺了很多錢。

鄒雲：他的錢很多，像那邊段家是沒有錢。他賺了很多錢，聽我老爸說，用在軍隊上的也差不多了。但是他們家在清邁，從緬甸做玉石，賺了很多，所以他們很富，很有錢。他們在這裡賺的，剩下多少誰也不知道。聽我老爸說，他們做玉石，在這上面實際賺了很多錢。那時候很多商人從緬甸拿來玉石，都是拿到他們家這裡的，後來做了很多年。有人動這個頭腦，移到香港去了，玉石就不到這裡了，不跟他們做了，直接到香港了。這裡就沒有做了。他們是美國也有家，這裡不動產也有很多，都是很值錢的，曼谷也都有。段希文就沒有什麼了。現在很多人防他，就說他家生活過得好，別的人過得不好。他家過得好，其他人過得不好。這個說法其實沒什麼。但是他們家有個個性，自從李文煥去世，就沒有人到他家，去送禮啊，去玩啊。李文煥在的時候，家裡常常有貴賓，泰國政府的，臺灣的，香港的，李軍長過世了就沒有什麼了，誰都沒有去。為什麼呢，人家很清楚，李軍長這個太太，李意文，兩個人弄的，人家就是很反感這個。很多阿兵哥，有的做了二代、三代，對李文煥印象很好的，就不理李文煥的這兩個，他太太和他的小孩。這兩個把錢看得太重，抓得太緊，該給人家的不給。怎麼講，像我們一定會看他們，一定會補助一點，看看阿兵哥，做過我家兵的，我們看他太困難補助一點。他們沒有做這個動作。但他們的錢用不完，錢太多了。人家看你這樣做，很小氣，看都不去看你。人家會說我們當了一輩子兵，死就死掉了，沒死的也沒有什麼得到。臺灣給老兵的補貼。

周：聽說了，有兩次。

鄒雲：這次又要給，還沒有給，第三次。受貼有人辦到，有人辦不到。他說民國五十年（一九六一）前做阿兵哥的都要給。但是有的得了，有的得不到。像我老爸、阿公都沒得到，他們一起出來的十三個人，有的得到，有的沒得到。同一天參軍的。現在沒有的，也在申請，還沒有得到。這個錢為什麼要給呢，是臺灣政府蔣經國要給的。日本人投降，阿兵哥也沒有給什麼，後來想到給人家錢。

周：臺灣給得多，榮軍，像退休金一樣，一直到死。

鄒雲：這裡也有這樣的，李學壕就有。年年都有，每年臺灣又去一次，去報到。只要得到臺灣這個受貼的錢，都要去臺灣，要在臺灣待一年，才給身分，就可以像臺灣老兵一樣領到死。

周：這個就很複雜了。有的老婆、孩子一堆，怎麼去。

鄒雲：有的沒有泰國身分，也去不了，所以有的心不服。我家也是三代，我阿公、老爸、大哥。

周：你大哥也是老兵。

鄒雲：我大哥也是當。這裡也有一家，是從大陸跟他出來，姓付，過世了，他老媽在，姓馮。

周：他老公姓李，他兒子在普吉打工，我們認識。你大哥也當過兵，現在是中文學校校長。你們第二代入了籍，和父母的命運就不同了，有什麼想法？

鄒雲：我們的身分不是泰國政府給的，慢慢的，是自己申請的，花了很多錢，只要是泰國出生，要得到也不容易。要換很多次資料、照片，慢慢的才可以。要到泰國內政部批准才行。我得到時已經有二十一歲了。我們得到身分以後呢，我申請讀泰文是高中畢業，到縣政府那裡讀，在這裡中文初中畢業，到縣政府那裡租房子住下來，也是很困難，那時候沒什麼錢。畢業以後，我又到臺灣，用初中畢業的身分讀高職，用泰文考就可以進大學，當時沒有人做這個動作，在臺中讀。因為沒有錢去念書，就從這裡準備，跑到臺灣又去打工，百分之八十的人是這樣。

周：用上學的名義，實際是打工。

鄒雲：我們去的時候形勢還不錯，還可以有三萬臺幣。我去的時候是泰國二五三九年（一九九五），我去了八年，回來十幾年了，回來十一年。

周：一九九五年去的。

鄒雲：那個時候，每個人的願望都是去臺灣打工。才會轉好自己的生活，每個人去臺灣都想改變自己的生活，有的人改變了，有的人呢無法改變。有的人去臺灣不回來了，定居了，有的人去臺灣存下一些錢又回來，有的人在臺灣賺的錢就花掉了。但沒有去的人更好，他就跑到普吉島做導遊，這些人已經發了，我們塘窩就有好幾個，都是大老闆了，財產有上億了，開旅遊公司的。

周：當導遊很賺錢。

鄒雲：現在不行了。還有人賺很多錢。像我弟弟也是剛剛去的，考的旅遊證。鄧阿嬸的兒子也去了，阿國去了也有三、五年了，還有他的弟弟也是做導遊。他們接的客人都是大陸客人，現在大陸人有錢，來玩的人更有錢。那麼他們在其中就可以賺錢，怎麼賺呢，比如說帶二十個客人，去珠寶店買珠寶，如果客人買一百萬的東西，你自己可以得二、三十萬，一次。聽說，大陸的老闆一次買五、六百萬的也有，一次三千萬的也有，碰巧一次就發了。還有幾個大項，按個摩，這些都可以賺錢，洗個澡，泰國人二百，大陸人一千五百，二、三十人，要賺多少錢。臺灣都不去了，現在沒有人想去臺灣了，所以去臺灣的現在都回泰國了，做導遊。我弟弟也去了六年，回來半年考個旅遊證，也去做導遊了。我家有八個兄弟姐妹，去世一個，還有四個兒子，三個女兒，在臺灣結婚兩個女兒，我們三個在大谷地，在這裡一個，我在新村。

周：你爸爸家安在新村。

鄒雲：因為我爸爸做阿兵哥久了，上山多了，天氣涼，腳會比較痛，我們就待在新村了。天氣熱一點，對腳好一點，老爸、老媽和我住在一起。大哥老家在這裡，挨著李學壕。我家每個都到臺灣去一次，嫁到那兩個，剩下都回來了。我去的時候，只要你去念書，臺灣政府馬上就給你護照，我就用那護照生存。後來去的，你要正式大學畢業就給你身分證。當初一開始，只要是三、五兩軍去的，一卜飛機就給了身分。後來的只給護照，不給身分。我們用兩個護照，進機場用泰國護照，出臺灣機場用臺灣護照，泰國是紅色的，臺灣是綠色的。我要臺灣身分也可以，在臺灣待一年，把申請書弄好了，就可以得到臺灣身分，但我沒要，只有護照。

周：有臺灣身分，到泰國是不是又麻煩了？

鄒雲：不麻煩。你嫁了臺灣人，可以把泰國的身分取消掉，但是可以恢復，你在臺灣不想待了，回來可以恢復。我老爸三年前，跟我弟弟有回中國大陸去了，回了趟老家。到了那裡，他的老媽已經過世了，奶奶去世了。他出來時，他弟弟剛會走路，去了已經老了，還在。

周：他們的生活怎樣？

鄒雲：他們就是種茶，他（叔叔）的兒子去深圳打工。聽說是鄧小平去那裡，弄好了。我老爸是怎麼去的，就是他們這十三個人，過世的已經過世了，其中有一

個回去了，當初是寫信，沒有電話，寫來了好幾次，叫我老爸趕快回去看他老媽，說她還可以餵豬什麼的，叫他趕快回來。過了一段時間，住址換掉了，騰衝換成了德宏州了。後來奶奶沒有聯繫到，去信他們沒有收到，他們也沒有寫來。好多年沒有聯繫到。後來有一個人，也是我爸爸的年紀，就回去了，把家裡的電話帶到這裡。有一天，我老爸參加一個婚禮，人家辦喜事，就遇到他，把電話拿回來。我老爸叫我打，一下就打通了，一個禮拜，就回大陸去了。我沒辦法去，有老婆、小孩，還有媽媽。我兄弟沒有負擔，就陪老爸去。簽證三十天，他們去了二十八、九天。去了這裡吃飯，那裡玩，做墳墓，做奶奶的，做爺爺的，時間很趕，最後一刻回來。這段時間我們有問他，想不想去了，他說不想去了。我老爸這個家族，很多人叫他大公什麼的。他們蓋房子，中間要燒火，烤火。我想這樣不太好，因為煙到處散去。我看照片，有一點一樣，也在山上。和新寨差不多，一層一層的。我聽我老爸說，他在中國大陸的時候，共產（黨）來到騰衝時，那裡要結婚了，很多人一起結婚，村民就請你去吃咖啡牛奶，就算結婚了。

周：集體結婚。我也聽說了，一九五八年那裡年青人結婚是一杯咖啡兌奶茶。那時候很窮。現在不一樣了，也是大辦婚事。大陸人與這兒的人，基本同步。不論原因，前三十年生活很苦，一九七九年開始好轉。經過三十年，就是現在的樣子。都來泰國旅遊了。

鄒雲：在新村，每天晚上都有好幾車泰國人送進來，學中文。私人學校，公家學校，通通都有中文教了，大學也有。大陸的商人也有投資很多。像我們雲南人就有機會和大陸老闆工作，薪水比較高，泰國的大學生畢業也不如我們，就是語言嘛，會講中文、泰文。泰國大學畢業沒用，泰文老闆聽不懂，曼谷這樣的多。

我爸跟李軍長沒錯，很多人就把我們和李軍長看成一家人，實際沒得什麼好處，完全靠自己的雙手。實際上我們也分得清楚，處朋友，和你處，不和他處，沒有這回事。私人交情就歸私人交情，政治就歸政治了。很多人想不清楚，就看我們很接近，跟他們很好，心上就有隔閡了。但我們沒有那個心思。很多人看我們這樣，他們怎麼看是他們的事，我們怎樣做是我們的事。

周：李文煥去世你爸爸就在身邊。

鄒雲：很辛苦，他個子又壯，抱去，翻身，又上廁所。他頭腦滿清楚，記憶很厲害。他是有糖尿病，很多人是喜歡李文煥的，就是他的太太和大女兒，關係沒有

弄好，就是他們的一些傭人，做菜的，做守衛的，都捨不得給人家。抽菸錢都給得很少。近的都不給，不要說遠的了。如果大方些，那就沒話講了。我老爸講的還有，就是共產黨怕這邊發展了，反攻大陸了，那個時候有收音機，在收音機上廣播，哪一家餵了幾隻豬，哪一家餵了幾隻雞，那隻豬生了幾個兒，都會報出來給你。你去看，是真的。

周：那麼清楚，有臥底，要麼怎麼知道？

鄒雲：有臥底，有的被殺了。你在軍中隨便講話不可以，講錯話就殺。離這很近，叫殺人坑、殺人洞，牛馬跌下去都看不到。

周：很深的一個洞，在餐館後面，殺人就把他扔下去了。講錯話也不可以。

鄒雲：講錯話也不可以，逃兵不可以，抓到也要殺頭。

周：說是逃兵很多。

鄒雲：雲南話說開小差，誰開小差，殺掉了，抓到殺掉，跑的很多。還有新寨出去，叫下塘窩，也叫沙塘窩，那裡有土匪，其實就是逃兵，他們被抓住，都殺掉了。聽我老爸說，抓住了，一個牽一個，來到半路，誰牽的就誰打了，結果有一個用快槍沒弄好，把自己人打死了。抓住就沒命了。

周：聽說很多。

鄒雲：逃不脫的就殺了。我老爸的一個朋友，也是十三人之一，他朋友打仗打死了，也是和他的堂弟，他怕了，也跑。跑出去，到山區少數民族那裡，頭髮長的用刀割。

周：個人命運真不好說。

鄒雲：在李軍長隔壁一家放了一卡車的炸藥，要炸李文煥沒有炸到。

周：命夠大。

鄒雲：炸了好幾次，沒有炸到。

周：殺他的人都是些什麼人？

鄒雲：像老一輩的人說呢，大部分都是張啟福的人。我們想一想不是共產（黨）的人，應該是泰國政府的人，泰國政府有兩派人，事實真相我們不清楚，我們猜測，

因為打了泰共，泰國政府有一部分專門去打泰共的人，阿兵哥丟了面子，可能是泰國人，這一部分人幹的。

周：不僅是丟面子，還丟了發財的機會。

鄒雲：三、五軍（打泰共）發財的人很多了。

周：有意不把他消滅，就是拖著。有這種可能。

鄒雲：還有他們自己家，我有問過大小姐，她說可能是張啟福幹的。是他們自己猜的。我想不是張啟福，因為沒必要。還有那個金老闆，也有可能。

周：說說你的經歷。

鄒榮：我是二五五一年出生的（一九六五），今年四十九歲，加入了泰國籍。

周：你自己申請的，還是泰國政府給的？

鄒榮：開始是難民證，經過好多次，慢慢向泰國內政部申請。拿到泰國身分證快三十年了。我是塘窩出生，老家都在下面（一處塘窩的山名）。

周：小時候在塘窩讀過書嗎？

鄒榮：那個時候是這個樣子，這個學校是官兵辦理的，我的老師就是三軍的。剛開始讀時全部是中文，還沒有泰文，讀一整天，上午八點到下午三點，從小學一年級讀到六年級。要讀中學，去讀易興中學，那時大谷地還沒有，只是新村有初中，大谷地是後一期的。大谷地是李將軍從緬甸招來的眷屬。最早是中正中學，後來是易興中學。我個人只是小學畢業。

周：是不是還要幫助媽媽做活？

鄒榮：我是家裡的老大，幫媽媽做工也很多。我就是在這個村子長大，十七歲那一年我就當兵。我當兵時，阿公已經去世了。我當大少爺的衛士，十七、十八、十九、二十，差不多當了五年。五年後，三軍差不多槍就繳了，我們就屬於泰國難民了。交武器了，阿兵哥就改善了，過平靜的生活，就做泰國的百姓，這樣子。

周：就是你二十二歲的時候。二十六年前，一九八八年。

鄒榮：對。那時去新村的公路還沒有。

周：部隊解散，二十二歲以後做什麼呢？

鄒榮：在家種地一、二年，到華亮農場做四、五年。是臺灣救總辦的，救總是臺灣政府派出來的龔先生，在華亮辦的農場，做了五年。我又到曼谷去，在曼谷做了二、三年，做翻譯。政府辦的仲介公司，為臺灣介紹民勞。

周：你沒有去臺灣？

鄒榮：有啊。九二一大地震我在臺灣，地震後一年我回來的。在臺灣待了三年，當時我是帶外勞去的，在工廠翻譯，管理泰國的民勞，在臺灣工業區。那時我們的簽證就是三年。大地震後回來就沒有再去了。回來時還沒有（成）家，回來後結婚，那一年三十八歲。一年後我就當塘窩小學校的董事長，校長年紀大了，我又來當校長，在這裡我已經當了十四年的校長。

周：咱們這個學校有多少孩子？

鄒榮：那個時候一百多，這個村子（子弟）都是馬夫，伙夫的，那些師長、團長都到大谷地、新村去了，張師長、楊師長都到萬洋、黃樹那些地方了，都是馬夫、伙夫的兒女。

周：師長、團長都去那些好一點的村子，士兵都留在塘窩了。

鄒榮：對。目前有六、七十個學生，一至六年級都有。

周：老師從哪裡來？

鄒榮：從緬甸過來的。

周：也是華人？

鄒榮：是華人。我們本地長大的，不會在這裡當老師，薪水太低了，去曼谷高，這裡只有三、四千塊而已，最高六千塊。

周：學生是交費還是免費？

鄒榮：學校的主要來源靠學生交學費，給老師薪資。我們這個華校，二、三十個校長在一起開會，在救總來的時候，在僑委會來的時候，談到這個問題，華校是（當地）最大的學校，學生來得比較容易，一個班分中班、小班，一個年級五、六個也有，太少了，就不能養活。

周：救總不能幫助一點？

鄒榮：我們看過救總的資料，他第一是教育，然後是農產品。我們學校只養了三個名額。

周：三名老師？

鄒榮：不是，是學生的名額。救總、僑委會，還（有）慈濟，他們要求太高了，要求家庭很困難的，但孩子又要好讀書的，這樣子。我跟他們講了，你們的條件太高了，我找了十幾個，這樣不公平，條件這樣高，我們不管他有錢沒錢，他讀書成績比較好，他能好讀書這樣的同學，我們就可以鼓勵他，實現理想。但我已經盡力了。

周：這裡有點錢的，會不會把孩子送到新寨去讀書？

鄒榮：有，比較少。

周：大部分在這裡。

鄒榮：讀一年級到六年級，初中、高中必須到外面去讀。（一九）九六年我辦過初中，辦了初二。教科書不行，教委會不支持，再有學生少，三學期，中二只有十五個學生。到了五月份，泰國是五月份開學，泰文比較高，中文是中二，泰文是中三，五月份畢業，他要到外邊讀，一下剩了五個。跟我們的學校不配合，沒有辦法。

周：華亮是不是更糟糕。凡是有點地位、有點錢的都往山下走。山上都是困難的，等級分明。

鄒榮：我做了十四年校長，（民國）八十九年（二○○○）就開始了。做得很累。你不做這個，就沒有這個感覺。老師做了十年、八年，留不住，不吸引人，條件太差，沒有人來，只能是緬甸來的。不管是誰的小孩，我們是一家人。我這個人，不是我的孩子，也當做自己的孩子。我講過多次，我不是教育的人才，文化比較淺，而且我們也沒有錢。就是這樣講，有錢沒錢，都要去走，我要把學校辦好。學校不是三合一，你說嘛，老師、校長、學生合一嘛。我是這樣講，如果不是這樣三合一的話，你請一個博士來當校長也沒有用，是不是這樣。你就感覺到，一個人沒有力量呀。

周：這些孩子都是第三代、第四代，有沒有第五代。

鄒榮：第三代，第五代的沒有。

周：第四代的好像有。

鄒榮：比如說我是三代，有阿公、阿爸，我的孩子就是四代了。

周：是啊。個別有第五代。

鄒榮：應該是有。

周：從大陸來有六十四、五年了，學校有幾位老師？

鄒榮：原來有六位，現在有三位。一位老師帶兩個班，沒有資源，每個老師每年差不多四到五萬塊，收學生的學費每年十四萬六，這樣，老師的薪水一年十八萬，還有電費、雜費、粉筆費。

周：很困難。學費還不能收太高，本來就困難。

鄒榮：救總來了些校長，培訓，退休的校長來講課，有十幾位，有的校長說我們就像化緣的和尚，大的學校校長都有薪水，小的學校校長是沒有薪水的。

周：像志願者一樣。教師有薪水，校長沒有。這次救總說要幫助七十二所學校，有沒有咱們學校？

鄒榮：沒有看到資料。

周：聽朱成亮說的。

鄒榮：他說的那個清邁、清萊，那個叫做教師補助津貼，三十塊而已。二年、三年以後才發下來。當初是每個學校六千塊，他們就減了。那麼，我們小學校呢，是需要啊，大學校六千塊不算什麼，大學校不要可以發給小學校多一些，他們不這樣做，大學校應付一點，小學校也應付一點。

周：使用不合理。

鄒榮：我給你講，臺灣僑委會在泰北華校，大的學校電腦堆成山，小的學校電腦沒得用。為什麼呢，小學校網路沒有，二是人事比較差，再有就是沒有訊號而已，今年有用啊。你寫上的資料不符合他的要求就退回來了，我們的小學就沒有電腦。

周：大學校做的面子好看，不考慮實際效果。

鄒榮：他不到泰北的華校走一走，我們應對的是從小開始的孩子。大的學校，像萬洋給二手的還不要，說我們有錢買新的。像我們這樣的這邊也有六所，他沒有走一趟啊，沒有看過，沒有報告，多少學校，需要多少。你把小的學校全部分配需要多少，剩餘的給大學校。

周：這樣效果更好。他弄反了，頭重腳輕。

鄒榮：在泰國就是這樣。

周：他做的是面子工程，宣傳一下，效果很好。你這十幾年實際上是義工。像華亮這些村子的校長都是義工嗎？

鄒榮：都是。在泰北這樣的小學校，大概有十一所，都是義工。像華興、易興的校長都有薪水。八、九千塊。

周：你們這些人很不容易。不但不賺錢，還耽誤你去賺錢。放棄賺錢做這個事情，真不簡單。

鄒榮：教委培訓我們，我們三個校長只去一天，因為我們有好多事情要做，不像那些校長叫去就去，按他們的規定去做，我們沒有興趣。我們為這些孩子的話，吃了飯沒有事情做，如果你給了教育的話，長大沒有教育怎麼做事。你這個學校雖然是小小的，有了這個母校，就可以到大學校。我感覺我們這個地方，環境沒有做好，沒有繁華，沒有人才，沒有錢，就是這個父親把教育看得不重要，不重視，他說我老了，沒有讀書，還是吃飯。是不是這樣。現在越來越現代化，不讀書不行的。我們會落後的。

周：慢慢的會好起來。你幾個小孩？

鄒榮：我四個，三個男孩，一個女孩，最小的七歲。

我是大人背著出來的

口述人：何橋貴 六十九歲

訪問地點：泰國清邁省差巴干縣龍窩區十保熱
水塘新村何橋貴家

訪問時間：二〇一四年十二月十一日

周：你叫什麼名字？

何：何橋貴。

周：今年多大年紀？

何：六十八（歲），馬上有六十九了。

周：你老家什麼地方？

何：中國。

周：中國什麼地方？

何：中緬邊界，上去，跟李學壕一個寨子。

周：你們是不是一起出來的？

何：他們在果敢那邊，在東山。

周：你是一個人，還是和家（人）一起出來？

何：慢慢地，一點點，家人都出來。我父親要在九十多了。

周：你和你父親一起出來的，那時你還小吧？

何：那地方大，這地方小。中國出生，緬甸長大。一起呀，背著出來。

周：幾個人出來？

何：三、四、五個。

周：你爸爸當兵沒有？

何：當啊。我父親跟著宇新有當兵，他去臺灣了，我父親住下了。宇新有兒子當副團長，後來在，死了。我父親去世時七十二歲。

周：去世多久了？

何：有二十年了。

周：你多大當的兵。

何：有十七、八了。

周：在哪兒當的？

何：李軍長上去招兵，當的。

周：你兄弟幾個？

何：沒有。

周：獨子還當兵。

何：當。

周：那時候你母親還在嗎？

何：不在。在緬甸死去。

周：你當了多少年兵？

何：十八當上了，當到五十多。這邊撤臺了，給泰國人繳槍了，就不當了，做老百姓了。

周：就安置新村了。你老伴什麼地方的？

何：還不是中國出來的，廣東籍了。

周：什麼時候去的緬甸？

何：記不得了，出生在緬甸。

周：你拿的什麼？

何：隨身紙。

周：你老婆？

何：難民紙。

周：孩子呢？

何：公民紙了，五個孩子都是公民紙了。

周：你孩子呢？

何：不在。

周：做什麼去了？

何：在越南養蝦。

周：都去養蝦了？

何：大女兒嫁到馬來西亞，四十八歲了，外孫女在馬來西亞讀大學。二女兒、三女兒去世了。得病了，一出生就有病。老四在曼谷，打工。老五在越南養蝦。老六，小女兒在曼谷打工。

周：這是第一個聽說在越南的。

何：在越南結婚了。

周：媳婦找的哪兒的？

何：越南姑娘。官家繳了槍，我們在塘窩。

周：繳了槍，那會兒你五十多，幹什麼呢？

何：做工，什麼都做。

周：養大孩子，供他們吃，供他們喝，供他們讀書。

何：我有九個孫子、孫女。

周：李學墂是先出來的。

何：一前一後。李朝柱來過這裡，吃過飯。常來這裡，這次來沒見。

周：你當兵，做什麼的？

何：打仗。

周：你參加過哪次戰役，打寮共參加了嗎？

何：參加了。

周：考克考亞你去過？

何：都去過，死了八十多個。這裡（新村）以前沒有漢人，大谷地沒有人家，全是樹林，慢慢的接起軍屬，一家一家的，孟臘，彌塱都沒有。這裡挖坑，埋了多少人呢。不是戰死的，活埋的。

周：活埋的。活埋張家的人，還是你們的人？

何：不是。泰國人來埋，埋中國人。中國人在大其力，在前邊。李軍長不給打了，繳槍，發難民紙。

周：實際活埋了。

何：有一百多（人）。斷毒。

周：活埋的是不繳槍的人。

何：不是。他來斷毒。毒品多，犯法的嘛。

周：他的意思是說，在泰國販毒是犯法的，老兵其中一部分在販毒，不聽話，繼續販，聽的就算了，不聽就處罰。就活埋一百多。

何：嗯。

周：李軍長也不保護他們一下？

何：怎麼保護，部隊撤了。

周：是部隊撤了以後的事。

何：他們不聽話。（李軍長）在清邁。

周：那是四十年前的事情。

何：唉。

周：是繳槍以後的事。

何：繳槍，大家就不做了。四十年前。

周：還出過這麼個事。你感冒多喝水。

何：我吃藥。我昨天吃冰水感冒了。

周：你和李橋林是親戚，李小從、李學壕，你們都是親戚。

何：是，跟著女孩叫，雲南風俗。塘窩最大的就是李學壕，這裡最大的就是李小從。三軍年齡最大的，還有段國相，去過考克考亞。這些人八十多，九十多。

周：大谷地我們訪問了高學廉。

何：高團長，他岳父是副師長。

周：還有徐世州。

何：他大我一、二歲。

周：他是中隊長、營長，是高學廉的下屬。

何：我也是中隊長。從緬甸過來就是中隊長。

周：後來沒升營長。

何：升營長就休息了。繳槍了，不打了，不做了。

周：你升營長，部隊就散了。

何：我的部下，當旅長了。

周：在哪兒當旅長？

何：在緬甸，楊國忠，佤幫。

周：現在。

何：我們的人，當連長、營長。我們是難民紙，無法去。

周：他們請你們去看（參加某人的婚禮）。

何：我們的部下，請柬多。

周：現在是佤幫的領導了。

何：全部（是）。這是小佺結婚，在孟薩。

周：（指李仙香）你媽媽那裡也有（請柬）。

何：要接才能去。不然要去清邁辦手續，自己要過去罰錢。

周：都是你的部下，他們控制的地盤，從大谷地那邊就可以過去。

何：要從美斯樂那邊，近些。

周：（看請柬）這是十日，昨天，過了。

何：不去了。高學廉那時是教官。

周：打寮共高學廉沒有去。

何：八十多了。李學壕，李小從。

周：對。

何：——～

周：聽不懂。

李仙香：他說塘窩他很熟，樹林，路，他說有一千多人在山上，長官。

周：他說的是忠烈祠，有三千多人。

李仙香：他說那些人都是他的朋友，認識。

周：時間上沒聽懂。

李仙香：他說他當兵不是在塘窩。

何：調來。

周：你從雲南到緬甸多大。

何：背出來的。

周：他大我兩歲，一九四六年生人。

何：我父親背我出來，中國吃大鍋飯。

周：那（一九）五八年了，他都十幾歲了。李學壕也是這個時候出來，他說背著出來，不對。

何：我父親在前，李學壕在後。我父親的長官撤臺了。

周：他一、二歲，大陸還沒解放，吃什麼大鍋飯。他爸爸如果是大鍋飯出來的，他已經十二歲了。

何：背著出來。

周：有可能。

何：吃大鍋飯了。緬甸長大呀。

周：我推理的有可能，他爸爸是一九五八年出來的，十二歲的孩子也走不了山路，背他可能，他已經記得了，記得大鍋飯。六年以後當兵，是（一九）六四年。這就對了。你出來有親友嗎？

何：記不得，年齡小。

周：你母親出來沒有？

何：我母親出來了。

周：有沒有兄弟姐妹？

何：妹妹在緬甸，拉休，果敢有，這裡有一個，背出來的。

周：他們一家有六個。

何：何紹芳是弟兄。

周：何紹芳是你什麼人？

何：他年紀大，我叫他哥。

周：本家，都姓何，一家子。

何：一家，本家。

我們一起出來三十幾個

口述人：何自堯　七十三歲

訪問地點：泰國清邁省差巴干縣龍窩區六保新寨村何自堯家

訪問時間：二〇一四年十二月十二日

周：你叫什麼名字？

何：何自堯。

周：你是不是和鄒明富他們一起出來的？

何：是。老家來到緬甸，一起來泰國，老家在騰衝。

周：是不是（一九）五八年一起到的？

何：明白了，（民國）四十七年（一九五八）。

周：你們是一起出來的？

何：我們一些出來很多，三十多個。鄒明富、鄒亞新。臺灣去了好幾個。我們去了寮國，又去華亮，又來這裡。去了寮國八個多月，他們就去臺灣了，那個時候沒有電話，無法聯絡。

周：塘窩還有個何自達。

何：他來下邊。不在這兒了，是我哥哥。

周：當時你們為什麼出來？

何：苦不了。白天、晚上沒有休息時間，都是做工，吃大鍋飯，晚上要送糞田裡邊，點燈薅秧。做一秋，帶一秋，這樣大豐收。前邊割，後邊就栽秧嘛。苦不了，出來了。

周：出來三十多個人。

何：我父親也出來了，死掉了。

周：有幾對父子？

何：三對，鄒家、何家、嚴家，他老爺、父親。鄒明富，他老爹，還有兩個哥哥。我們何家，我的父親，我們四個兄弟。單我們何家就五個。

周：從村子裡怎麼出來的？

何：晚上他們去做工。我們心裡是做不了了，都在一處，某天某日，說我們受不了要出去，你們去不去，要去我們一起去。他們龍川那邊下去，我們走孟薩這邊出來。

周：走的不是一條路？

何：分開，不是一條路。分開出來，來到緬甸，那天又攏了。集中了，又找幫工。沒有紙，老緬抓，要送回中國，要想關，他關，不想關，用機槍打死了。我父親以前當過兵，打過日本人，當過中隊長。那些山頭沒有人敢待，那些山頭，（我父親）打日本的時候來過，我父親過來了，他做生意。

周：你父親當過國民黨兵，有沒有鬥過他。

何：我父親在高頭，從土司那裡買了田，種田，沒有鬥過他。最後，到民國四十六年（一九五七），準備抓地主、富農，全部抓起勞改。那時我在那邊爬山，插旗子。

周：你們家是貧農還是地主？

何：地主嘛。有一個共產黨，老老的，對我很好，他說老人沒在，我說在，他說趕忙逃，趕忙逃，要抓老人去勞動呀。

周：有人給你報信了。

何：我就悄悄的，晚上，跑回來說給父親，他們兩個人拿一個小毛毯，跑出緬甸來。

周：你父親先跑出來。

何：慢慢的，我們四兄弟又逃出來。

周：你們和鄒明富不是一個寨子的。

何：一個寨子，他長我一歲。我七十三，他七十四。

周：到緬甸你們怎麼當的兵？

何：他們上去招兵，老人熟人很多，他做生意。緬甸查得緊，抓得厲害，沒有辦法了，我們就當抬槍去了。我們騰衝縣長在三軍當兵。

周：叫什麼名字？

何：劉紹湯。他是我們騰衝的縣長。我父親他們認識。他們部隊駐在下面，我們騰衝縣長和李文煥，他們兩個是搭夥。那時李文煥是段希文的副軍長。民國四十三年（一九五四），臺灣來成立總部，在江拉成立總部，沒有人抬。三軍沒有，只有四軍、五軍。叫李文煥出來抬三軍。他們兩個抬三軍。劉紹湯是副的，李文煥是正的。

周：鄒亞新說，你們十三個被三軍圍住了，叫你們當兵，是怎麼一回事？

何：我們是自願的，沒有哪個逼迫我們。

周：在緬甸也很難生存。

何：剛才說了，沒法做工。山上可以躲，可是沒有吃的。要勞動，要吃飯。

周：老緬抓你們。

何：沒有辦法生存，我們是討生命。

周：你父親和四個兄弟，有幾個當兵的？

何：全當兵了。

周：五個都當了。

何：都當。

周：後來怎麼樣？

何：後來慢慢的，第二次撤臺以後，父親老了，軍長讓他出來，我們四個弟兄在裡面服務，還有那個鄒老人，嚴老官出來，給他們老人出來養著了。

周：那嚴老人也出來了。

何：給他逃出去了。這邊要到緬甸做生意，讓他兒子到緬甸，他兒子鼻子流血不能去，當官的不知道，他說不能去，讓他流個夠，他頂了去了，他逃出去了。

周：他叫什麼。

何：嚴家新。

周：你們兄弟怎麼樣？

何：我們當三軍的兵，後來當的一個沒有了，我下來討老婆，住下了。

周：你是老幾？

何：老三。那三個是堂哥哥，我的親哥哥在中國，沒有出來。大爺的兒子一個，四爺家的兒子兩個。我父親是老二。

周：你母親呢？

何：在中國住下了。母親、阿哥、兄弟、妹妹，都在中國住下。

周：你兄弟幾個？

何：一個哥哥，一個兄弟，一個妹妹，他們住下三個。再一個阿嫂，我有兩個侄兒子。

周：他們沒有出來。

何：老母親在那裡了嘛。照顧老母親。妹子只有四、五歲。

周：出來時你父親有多大？

何：五十多，六十，去世時八十九歲。那時我十六歲。我民國三十九年（一九四○）生的。

周：你的哥哥們，後來怎麼樣？

何：在部隊服務，打仗，我大爹家的那個，我四哥，在薩拉河那邊被打死了。

周：誰打死的？

何：泰國（人），他不了解，說我們在做毒，換防時打死的。我們沒有做毒，在換防，他們的人打死的。打死掉六個，他們換防十二個，打死掉一半。我哥哥何自達怕嘛，跑掉了。

周：塘窩那個。何自達是二哥，還有一個。

何：也跑出去了，何自達是老二，他是老三，親兄弟。老大沒出來，在中國。四爺家兒子多嘛。何自昌是老大，何自道是老三，何自謙是老五。

周：跑出幾個？

何：跑出來兩個。

周：這兩個跑了。

何：不想當兵了，跑出去安家了。

周：跑哪兒去了？

何：我們在塘窩，跑出去二十多年了。

周：跑出去怎麼生活？

何：跑到洋子那邊，好討生活。

周：他們現在怎樣？

何：兒子都好大了，都有孫子了。

周：洋子是什麼？

何：當地人叫洋子。

周：是不是少數民族？

何：中國也叫洋子，衣服是白色的，衣裳和裙子是連著的，衣裳和裙子是不分的，嫁給漢人也一樣。

周：兄弟倆都娶了洋子？

何：一個洋子，一個傈子。

周：兩個都是少數民族。他們兩個後來是什麼身分？

何：什麼身分都沒有。婆娘是洋子，就跟著洋子，婆娘是傈子，就跟著傈子。有公民紙。我們是少數民族。

周：不說自己是漢人了。孩子們也有公民紙了。這也是個辦法。你是取得什麼身分？

何：全家都有公民紙了。

周：你老婆哪裡的？

何：果敢的，是漢人。她父親是鎮康的，她出生在果敢。

周：你什麼時候結的婚？

何：我有二十四歲。

周：四十九年了。

何：她老人還在，我還要照顧老人。我要侍奉老人，軍長批准了，那時不得隨便成家。

周：那你怎麼找到她的？

何：做生意，那個時候就是做鴉片煙生意，上去買，上去換，然後賣。一兩黃金，一揣煙。

周：鄒明富說他參加運金子好多年。

何：我上去找他，那時候我當兵已經二十多年了。他們就不來，不可以上去，要有家，有老婆，官家才給你上去，沒有家，沒有老婆，他怕你上去跑了。上邊都是漢人，這邊沒有漢人。大多數上去就不回來了。

周：上去就不想下來了。

何：我們有老爹，有老婆，上去不想把老爹、老婆丟下，一定要下來。他把你拿實在了。不然他不給你上去。

周：為何很多人上去，就不想回來了？

何：當兵久了，想安家，想討老婆。這邊都是彝人，漢族沒有一個，漢人都是官家的小姐，別人沒有啊。大谷地、新村也都是慢慢的接下來。後來才招老百姓來。給泰國，大谷地要的地皮。那個時候沒有老百姓。都是少數民族，苗子、傈僳、瑤家、阿佧。

周：你一開始沒有參加運，沒有人質。你打過仗沒有？

何：當兵那麼多年，哪能沒打過。在緬甸，他們要逼我們出去，不准漢人們在，我們從中國出來。殺我，我也不回去，我要證明不是來打你，我是來逃命。跟老緬打，跟佤族打，跟白彝打，打過很多。最後一仗，就是跟張家打。在宿高。

周：贏了，輸了？

何：還沒打，官家說，我老了，武器全部泰國人拿去了，我們的生命泰國人來保護了。

周：不當兵，你做什麼？

何：在家種玉米，種馬鈴薯、豆子，種果樹。部隊繳槍，就把老父親、老婆接下來。老父親就埋在新寨了。就在對面山上。鄒家在後，嚴家埋在洋子那裡。

周：三家老人都埋在泰國了。回不去了。你和兄弟、姐妹有沒有聯繫？

何：有。沒有時間回去。

周：回來要花很多錢。

何：要四萬、五萬才能回去。

周：要那麼多。

何：我哥回去過。

周：鄒明富回去過。

何：何自達也回去過，好幾個回去過。

周：何紹芳是不是你們一起出來的？

何：是同一年出來的，不是一起。他是龍陵的。

周：你有幾個孩子？

何：四個兒子，一個女兒。

周：四個兒子成家了？

何：完全成家了，兩個媳婦中國人，兩個媳婦泰國人，女兒嫁給泰國人。二兒子娶的是苗族。他在曼谷打工，打工就認識了。兩個中國媳婦是緬甸來的，漢人。二個泰國媳婦中一個是苗族。

周：你有幾個孫子？

何：大兒子有四個，二兒子有五個，三兒子有四個，四兒子有二個。

周：人丁興旺。

我父親出來二十年，我母親帶我從大陸出來

口述人：曹芒貴 七十歲

訪問地點：泰國清邁省差巴干縣龍窩區六保塘窩村曹芒貴家

訪問時間：二〇一四年十二月十三日

周：你叫什麼名字？

曹：曹芒貴。

周：今年多大年紀？

曹：我有七十歲了。

周：講講你父親的事。

曹：父親出來時，我只有五歲，小啊。

周：你父親什麼地方的？

曹：是中國，雲南，什麼地方不知道，我只有五歲。

周：你父親在大陸做什麼？

曹：做土產生意。參加部隊做什麼就不知道，我是小娃娃。

周：你父親帶你出來，你那時候五歲。

曹：不是，我父親出來二十年，我才跟下來的。是我母親從大陸帶我出來，在緬甸安了家。

周：你有幾個兄弟姐妹？

曹：就我一個，有個妹妹，在中國就不在了。生病，去世了。

周：你五歲你母親帶你出來，六十五年前，那你父親出來很早。

曹：很早，父親活著有九十二歲了。去年去世。

周：到現在九十三歲了，你父親參加三軍了。

曹：參加了，就待在這個地方。

周：你和母親怎麼來的？

曹：我母親在緬甸就去世了，我一個人上來。

周：接你上來有多大了。

曹：我有十八歲了。

周：那你父親後來成家沒有？

曹：沒有。

周：一直父子倆一起生活，你做什麼呢？

曹：種玉米、山芋。父親年紀大了，我沒有當過（兵）。

周：你父親在部隊做什麼？

曹：當個小排長，副連長。

周：你成家沒有？

曹：在緬甸就成家了，剛剛成家，父親就上去接下來。

周：十八歲成家，你媳婦哪裡人？

曹：華僑，是鎮康人。

周：你們有幾個孩子？

曹：五個。都是在塘窩出生。女兒有兩個，都出嫁去臺灣了。三個兒子在曼谷打工。一個兒子安家了，在這裡，二個還沒有。媳婦是緬甸的。

周：你是什麼身分？

曹：我是公民紙了，老婆是隨身紙。

周：兩個人還不一樣？

曹：兩個女兒取得臺灣身分了，三個兒子是公民紙了，都是泰國身分。

周：到塘窩五十二年了，你的土地是怎麼來的？

曹：自己開的。

周：部隊撤銷了，你父親年紀大了，主要靠你。

曹：我照顧了。

周：他自己不能勞動了。

我十六歲和小娃們一起去緬甸了

口述人：馬四　八十五歲

訪問地點：泰國清邁省差巴干縣龍窩區十保熱水塘新村馬四家

訪問時間：二〇一四年十二月十五日

周：怎麼稱呼？

馬：姓馬。

周：叫馬什麼？

馬：馬四。

周：今年有多大歲數？

馬：八十五（歲）。

周：你是什麼地方人，老家在哪裡？

馬：老家在鎮康。

周：講講你是怎麼從家鄉出來的，怎麼當的兵。

馬：可以。那個時候我是跟人家來了。

周：出來前就當兵了嗎？

馬：出來三年。

周：在緬甸當的兵？

馬：嗯。

周：然後跟著部隊就到了泰國？

馬：對，對。

周：在部隊做些什麼？

馬：在部隊不做什麼。

周：不做什麼哪行，你打過仗沒有？

馬：在孟薩打過一回。

周：跟老緬打？

馬：對。

周：你負過傷沒有？

馬：沒有。

周：那還好。在部隊不打仗做什麼？

馬：不打仗，休息呀，沒有什麼做的。在賴東受訓。

周：你是哪個師？

馬：原來是八縱隊，後來改十三師。

周：你在華亮待過嗎？

馬：我們一來就在華亮。

周：你在部隊什麼也沒做，不會吧？

馬：休息呀。

周：不做生意？

馬：不做，不做，沒有做生意。

周：部隊解散你做什麼？

馬：沒有部隊，做活路。

周：做什麼活路？

馬：做農民，栽芋頭，栽穀子，栽玉米。

周：在新村？

馬：嗯。

周：你種了多少地？

馬：沒有什麼地了，都攏了，不給做了。現在一樣不做了。

周：年紀大了，也做不動了。

馬：小娃照顧。

周：你是什麼身分？

馬：有公民紙了。說公民紙就曉得了。

周：你有幾個孩子？

馬：現在在的有兩個。一個在曼谷，照顧一點公司，工廠，有一個在這裡照顧我。

周：你父親出來的時候解放了沒有？

馬：我父親出來時六十多歲。

周：你父親是不是地主？

馬：沒有什麼地主，我們困難，貧窮。

周：為什麼去緬甸呢？

馬：人家有，我們就跟人家來。小娃們，我十六歲呀。

周：人家去，你就跟著去。你父親去沒去？

馬：父親不去。父親在鎮康，沒出來。

周：你一個人，就跟夥伴跑了。

馬：那個時候什麼不懂。

周：你十六歲出來做什麼？

馬：幫人家。

周：幾歲當兵？

馬：二十一歲。

周；中間五年給人幫工？

馬：在當洋山上給人幫工。

周：後來當兵了。

馬：人家來找，又跟人家了。

周：你老婆什麼地方人？

馬：本地的。

周：泰國人，你幾歲成家？

馬：四十歲。

我小是用馬馱到泰國

口述人：王國相 五十三歲

訪問地點：泰國清邁省清佬縣猛納區十保大谷地村王國相家

訪問時間：二〇一四年十二月九日

周：你叫什麼名字？

王：我叫王國相。

周：你多大年紀了？

王：五十二（歲）。

周：你從緬甸過來？

王：是。

周：你是從人陣去的緬甸？

王：沒有。

周：你是出生在緬甸？

王：我出生在緬甸。

周：你的祖先呢？

王：我的爸爸是從中國來的。

周：從中國老家什麼地方？

王：瑤關實地。

周：什麼時候？

王：具體不清楚，最少有幾十年了。

周：共產黨解放以前？

王：快解放了。聽我父親說。

周：你母親呢？

王：我母親是緬甸的。

周：是華人，還是少數民族？

王：也是華人。

周：你在緬甸出生。

王：來這裡也小，有四十一、二年。

周：十歲不到，跟你父母一起來的。

王：對呀。我來的時候，還用馱來的。

周：還小，走不了山路。

王：所以記不清楚，緬甸有什麼山，走什麼路記不清楚。

周：你爸爸媽媽當過兵嗎？

王：爸爸當過。

周：是三軍嗎？

王：應該是五軍。下來的時候跟了三軍。我們是跟三軍下來的。

周：你父親拿到泰國身分沒有？

王：沒有。我父親死得早。

周：什麼時候去世的？

王：我有十三、四歲，去世的。

周：你媽媽把你們帶大，小時候日子怎麼樣？

王：日子平平，種地，一直種地，現在還是種地。

周：種些什麼呢？

王：玉米。

周：兄弟姐妹幾個？

王：多了，六個兄弟都去世了，還有三個姐姐，我是最小的。

周：六個兄弟怎麼去世了？

王：病，得病。三個姐姐還在，大姑第一個，另外的嫁在清邁。

周：你現在什麼身分？

王：隨身證。

周：你現在有幾個孩子？

王：四個。

周：你四個孩子是不是有身分了？

王：入籍了。兩個工作了，兩個讀書。在清邁打工。

周：在泰國種玉米收入怎麼樣？

王：今年還好。像去年不對了，價格不好。

周：土地怎麼來的？

王：自己砍了。

周：自己開荒，泰國法律不管？

土：我們開得早嘛。

周：老兵時候開的。

王：我來這裡四十多年了。後來在山上開，政府就抓了。

周：現在不允許了，砍樹不行。

王：砍一棵就抓了。

周：你有多少地？

王：沒有量過。

周：多少賴？

王：有六、七十賴。

周：據你了解，在大谷地完全靠種地的華人家庭多不多？

王：多，一千（家）都不止。

周：一半多。你們最早來的。

王：後來的一樣。

周：老兵開的地，打下基礎，都做農業。

王：老兵開的很少，都是後來眷屬開的。原來就是這夥人開的。

李橋林（插話）：當時有四百多人開地。

周：他（王）們家和你老婆家是不是一起來的？

王：一起來的。

周：一九七四年。

王：路上也是一起來的，一起來的五十多家，大谷地當時只能進來四十多家。

周：那你父親是三軍的？

王：不是。

李：原來在緬甸是華僑。

周：接下來才當的兵？

王：在緬甸當的。

周：還有其他親友一起來的嗎？

王：那時還小，記不得。

周：那你六個哥哥，三個姐姐是不是一起來的？

王：大姐是一起來的，大姐夫和六哥是先來的。是自己下來的。我們是第一批，靠三軍來的。

周：你大姐夫當兵了？

王：是醫官。

周：他們是怎麼來的？

王：他們是到孟臘那邊。

周：其他哥哥呢？

王：一個在清邁，四個哥哥一起來的。我們一起來的。

周：你這個房子是不是救總支持的？

王：沒有，自己蓋的。

周：大谷地有沒有救總支持蓋的？

王：沒有，大谷地沒有。

李：老兵給一點。

周：那他爸也是老兵。

李：去世了。

王：我只有十三歲（父親去世）。

周：你蓋房子的地就是四十多家來時開的。

王：還是，但也是公家給的。

周：公家就是三軍劃給的。

王：對。

周：你家和鄧聰美家是一起來的。

王：路上也是坐一輛車。馱車，坐了一段。還有到老廟裡躲，老緬追呀。

周：你們後面還有來的嗎？

王：多，後來一直是參加、參加，有四千多戶了。

周：不是說二千戶嗎？

王：那是有戶口的。

周：據說全泰國這麼大村子也沒有。

王：最大的，人口最多。

周：沒戶口的大部分是從緬甸過來的。

王：應該。

周：二千戶有戶口的也是陸續來的。

王：慢慢地。

周：二千沒戶口的怎麼生活？

王：種玉米啦。

周：他們沒有地。

王：也開了。

周：政府不管嗎？

王：也是早些。抓是抓，他們就跑了，警察一走，又種。

周：十保有幾個村子？

王：兩個，還有孟納村。

三哥丟了江，全家人來了緬甸

口述人：鄧聰美 五十七歲（女）

訪問地點：泰國清邁省差巴干縣龍窩區六保塘窩村李橋林家

訪問時間：二〇一四年十二月二日

周：叫什麼名字？

鄧：我叫聰美。

周：鄧聰美，你就慢慢說吧。

鄧：我是在中國出生的，然後到了緬甸。在緬甸，再到七歲，七歲又回到大陸去，八歲又從中國又出來，出來的原因，回去的原因，就是為了我三哥，在這邊不可以住下去，然後回到中國。

周：你是什麼地方的？

鄧：雲南省鎮康縣，出生在南山村。

周：出生以後就跟著你的父母到了緬甸。

鄧：是啊，出生後就到了緬甸。

周：幾幾年出生？

鄧：屬雞呀。

周：屬雞是一九，今年六十歲，五四年，五四年出生。你在鎮康聽你父母講過有沒有搞過土改呀，或者合作化呀？

鄧：沒有。不知道。

周：抱著就跟著走了。

鄧：就跟著走了，來到緬甸不可以住啊，就是剛才講的，我三哥，幫中國做事，然後被人家發現了，我們又重回到中國去，又住了一年，我爸媽在中國去世了，又回到緬甸。

周：當時到緬甸你父母帶著你是投靠你三哥去了。

鄧：不是，是三哥把我們帶回去，出緬甸的時候也是三哥把我們帶出來。

周：是你三哥要求你全家人跟著。

鄧：要做事帶出來。

周：是掩護他。

鄧：對，全家人帶出來。

周：你們全家人有多少人去了。

鄧：有幾個人去嗎。有四個姐姐，三個哥哥，四個哥哥，留下中國一個哥哥。

周：留下一個哥哥。有四個姐姐，三個哥哥，還有父母和你一起去了緬甸。

鄧：對呀。我大哥沒有出來。

周：等於七年以後，你三哥出事了。被發現了，你們就又回到了大陸，待了一年又返回去了。

鄧：對。到大陸看不到三哥，要出發（回大陸時）時候，被人家抓掉呀。

周：你三哥和你們約好了，咱們一起回去。

鄧：對，約好了一起去，三哥跟媽媽說我去找車一下，然後出去就沒回來。當時我們還是回去了，那有人來告訴我爸媽你兒子已經先回去了，已經先回到大陸了，我們就回去了，當時我還小，然後慢慢才知道。我媽媽死掉以後，我大哥才告訴我嫂嫂，我嫂嫂才告訴我，不讓媽媽知道這個事。大哥告訴大嫂，你知道嗎，我們的弟弟是怎麼去的。我去陪葬，唉，去丟江，唉，把手捆好扔大江裡。

周：你回大陸一年以後你父親去世了。你剛才講了沒有布票，買不到布，不能下葬。

鄧：大哥犯法了，然後拿這個錢，說沒用了，就把它扔在火裡。

周：把錢燒了？

鄧：對，把錢也燒了，大哥就放著，解放軍就來抓他嘛，就在不成，就跑緬甸。

周：解放軍為什麼抓你大哥呢？

鄧：他侮辱錢呀，他們說他不愛惜錢呀，把人民幣燒了，這樣大哥先跑，到緬甸一年後又回去接我們。

周：你大哥先跑了，又返回去接你們。

鄧：對。一年不到，半年就去接。

鄧：你父親不在，有你母親。

鄧：有母親帶到我們到緬甸，有姐姐們，我姐夫是九十三師，由大陸早就到泰國這邊，又回去娶老婆呀，我姐姐在緬甸嫁給我姐夫。

周：幾姐？

鄧：五姐。

周：五姐叫什麼？

鄧：叫鄧芹美。

周：嫁給了九十三師的？

鄧：營長。

周：你姐夫叫什麼？

鄧：李小從。

周：結婚是在緬甸結的嗎？

鄧：是，緬甸。

周：是從大陸第二次過來結的婚嗎？

鄧：是，姐姐嫁姐夫以後，姐姐在這邊生了小孩，又再回去接我們，也是跟部隊去接，不是姐夫一個人去接，是部隊上去接。

周：上緬甸。

鄧：對。

周：你五姐和姐夫到了泰國。

鄧：對。

周：到泰國是不是到了這個塘窩村哪？

鄧：是，一直就到這裡。

周：然後又有了孩子，等於你有了一個侄子。然後部隊又派人去緬甸接你們，這是幾幾年？

鄧：大概是一九七四年吧。

周：那個時候你二十歲了。

鄧：不到，到泰國我才十二歲。

周：不對，應該是一九六六年。

鄧：我也不清楚，有個朋友告訴我那一年是一九七四年，我就記住了。

周：那應該是二十歲了，不是十二歲。

鄧：就是十二歲。

周：那應該是（一九）六六年來的泰國，來塘窩跟你五姐、五姐夫生活。

鄧：對，到不久就嫁給。

李仙香（鄧的女兒）：阿爸。

周：那你母親呢？

鄧：在大谷地那邊，另外一個村子。

周：那你姐姐們跟你母親也來泰國這邊了？

鄧：在緬甸兩個姐姐，到這邊兩個，去世了兩個，大姐和二姐在緬甸去世了，還有一個四姐去世了，我和五姐在。

周：當時你們怎麼生活呢？

鄧：大姐夫是羅興漢[29]的人，羅興漢跟李文煥一樣，也是帶兵的人，帶部隊的。

周：羅興漢也是大陸過來的嗎？

鄧：不清楚，只知道他們一直在緬甸。

周：大姐也嫁給了軍人？

鄧：對，軍人，大姐夫早就去世了。大姐、大姐夫在緬甸去世了。四姐來到泰國去世了，現在全部去世了，哥哥全部去世了，只有一個姐姐和我。姐姐就是嫁給營長這個。

周：當時你母親全家都到大谷地了。

鄧：我們沒有來這裡，後來我結婚嫁到這裡，我們在另外一個村子，也是九十三師的眷屬。

周：安置在大谷地。

鄧：對，然後結婚上來在上邊。

周：你在大谷地待多長時間？

鄧：大谷地，我十八歲結婚。

周：在大谷地待了六年，十二歲來的。

鄧：對。

周：你另一半叫什麼名字？

鄧：李橋林。

周：他多大年紀？

鄧：他屬龍，六十四歲。

周：那是怎麼來的？

鄧：他在軍部，他是跟軍長，抬茶。

---

29 羅興漢（一九三四～二〇一三），原名畏蒙，華裔，緬甸撣邦果敢人。曾加入雲南反共救國軍，並受訓。曾任果敢自衛隊長，參與金三角地區販毒活動。一九八〇年後曾與張啟福對峙作戰。二〇一三年七月在仰光家中去世。

周：抬茶，勤務兵？

鄧：端茶，傳令兵。

周：他是李文煥的傳令兵，你嫁給他就到了塘窩村。

鄧：是。

周：他是怎麼來的塘窩村？

鄧：就是在緬甸，是李文煥上去招兵，招兵下來的。

周：李文煥當時在塘窩？

鄧：李文煥從中國一來，經過緬甸到泰國，在塘窩住穩了，一直住下去。就再回去緬甸，去招兵，我先生十二歲招兵到了塘窩。

周：他是什麼時候從大陸到的緬甸？

鄧：那我不知道，他好像是緬甸出生。

周：（一九）五〇年出生，五〇年生人，六十四歲不是五〇年出生嗎？

鄧：我們在山上，沒有好好讀書，就是這樣糊裡糊塗過了。

周：是六十二歲，比你大二歲。

鄧：是六十四歲，比我大四歲。我屬雞，他屬龍。大五歲。

周：那你剛說錯了。

鄧：我還沒到六十歲，我五十七、八的樣子，五十七歲。

周：你另一半比你大五歲，就是六十二歲。那你十二歲，不是（一九）六六年來的泰國。

鄧：我就知道，我朋友說你知道嘛，今年我們到泰國你知道是什麼年，一九七四年呀。

周：和你老公成家的時候他在軍部？

鄧：對，對，我沒到泰國的時候，他就在軍部。

周：你在後做什麼呢？

鄧：種馬鈴薯、種玉米呀。

周：那不種毒品嗎？

鄧：我們到這個地方，就沒有做過毒品。

周：在緬甸做毒品？

鄧：那時候我小，我沒有種過。

周：家裡人有沒有種過？

鄧：家裡人有種過，看有看過，我沒有種過。

周：我聽馮（馮玉中）說，他也販過毒，像他那個年齡（四十歲左右）都販過，他也是這個村的，後來不讓弄了。

鄧：現在的人賣沒賣過，他們都沒露面了。

周：你丈夫一直就跟著部隊。

鄧：對，沒有到那裡。

周：一直當傳令兵，勤務員，一直到什麼時候？

鄧：一直到人家把槍收回去呀。

周：什麼時候收的槍呢？

鄧：待會兒問我舅舅就知道了，我不記得。

周：泰國政府就把軍隊的槍都收走了。

鄧：是。收走啊，軍長就住在清邁那裡，就不住這裡了。

周：你老公沒有跟著去清邁？

鄧：沒有。就解散了。部隊解散了。

周：解散了就是還在一起種地。

鄧：人家有錢的自己出去做毒呀，有本事的，當官的，自己出去做些生意。

周：部隊解散，一些上層的軍官還是有些錢的。

鄧：也不太有呀，都是老婆在家裡種地。

周：也沒錢。

鄧：也沒有，都是孩子長大後出去打工。

周：當時軍部在的時候，那些軍官們也沒錢。

鄧：沒有。

周：跟你們的生活差不多。

鄧：差不多。

周：軍官老婆也是種地。

鄧：種地。

周：當時九十三師占的這些村子都種地，不種毒品？

鄧：不種。

周：毒品都是在緬甸那面？

鄧：毒品在緬甸，這邊沒有做。

周：李文煥這部分不做毒品，那怎麼生存呢？

鄧：所以很窮呀。

周：幫助泰國打緬甸是什麼時候？

鄧：不是幫助泰國打緬甸，是打寮國。那些我舅舅清楚，我還沒來泰國，我不清楚。

周：那時你還沒來？

鄧：沒到，就是到了也不清楚。那個舅舅很清楚，一清二楚，他五點鐘回來。

周：你現在幾個孩子？

鄧：我有六個。

周：現在都做什麼呢？

鄧：結婚呀，大女兒、二女兒都嫁到臺灣去，一個小女兒嫁到夜豐頌省那米村那邊。

周：兒子呢？

鄧：兩個都在曼谷，老大阿國在丁總那裡。

周：阿香是阿國的妹妹？

鄧：是。老大是女兒，阿國老二。三個都嫁在臺灣啦。

周：他們是怎麼去的臺灣，是上學？

鄧：不是。大女兒和二女兒都是去打工。她們是泰國公民，可以過去打工啊。然後就認識了。

周：你的六個孩子都入泰國籍了，有了身分，出去打工、上學都很方便。

鄧：有了。

周：你們老倆口沒有？

鄧：沒有，就是叫隨身證，也是華僑證。

周：隨身證，就是一個居住證明。

鄧：對。

周：這個證，你們是否可以自由的行動？

鄧：自由的，就是不可以買出、買地。

周：不可以買房子，買地，出國行不行？

鄧：可以。

周：你離開大陸，回去過沒有？

鄧：本來打算要回去，有一年去佤邦，過緬甸我們不坐飛機回去，如果辦護照就可以直飛回去，因為到緬甸要回去看姐姐呀，有兩個，當時姐姐還在呀，還沒有過世，看姐姐呀，過緬甸他們給我一個月的證，要經過佤邦的地方，是很有名的，他們給一個身分，一個月的，用一個月後就不可以用的證，我就沒有去中國。

周：你們要去中國，先去看你姐姐，要經過佤邦，佤邦能給你們一個證明，有效期是一個月。

鄧：對，結果到緬甸就玩了一個月，完了就去不了（中國）。

周：就去不了了。

鄧：如果我們有緬甸身分就可以，我們沒有緬甸身分，因為緬甸佤邦很大，所以給你個通行證那樣。結果沒有回去，又回泰國來。

周：沒回成。

鄧：當時我很想回去。回去看看三哥。

周：你大哥的兒子還在？

鄧：我大哥的兒子在大陸呀。他有七個（孩子）。一個兒子，六個女兒，都在大陸。

周：他們來看過你們嗎？

鄧：沒來過。

周：你們也沒有去過，他們也沒有來過。

鄧：我不可以進中國，他們來緬甸見我。大哥的兒子到緬甸見我，我們一起吃飯，一起住了一個晚上，他又回去，我回來這邊呀。

周：這是什麼時候的事？

鄧：大概是屬蛇年。十二、三年了。

周：是二○○一年，也開放了，大哥的兒子也有機會到緬甸會面，住了一晚上，就回去了。你是專程從泰國回去的？

鄧：對，對。

周：你五姐去了沒有？

鄧：五姐沒有到緬甸，直接去了中國一次。

周：那還不錯。

鄧：她還到了北京、南京，有照片，我姐姐比我有錢，我很窮呀。

周：這個得有點經濟實力。去了北京，回老家沒有？

鄧：沒回老家，只是逛逛而已。

周：去旅遊，沒有回老家看看親人？

鄧：對，對。我的願望是回老家，看看大哥的子女。又想拜拜父親的墳墓。爸爸的墳墓一直是大哥照顧，在掃嘛，我們都沒有到。她就不一樣，她有錢，就去旅遊，逛逛，她沒有去家鄉，想法不一樣。

周：那你母親去世了嗎？

鄧：去世了，二十多年了。

周：去世就埋在這兒了？

鄧：在大谷地。改天帶你去那邊。

周：沒有弄回大陸？

鄧：沒有。

周：沒有和你父親合葬？

鄧：父親有三個老婆，跟大老婆一起合葬。有個二媽媽在緬甸。人媽媽沒有子女，二媽媽有兩個，姨娘生的就是我們二姐妹，三男三女，就是這樣。

周：當時從大陸來，你二媽媽和你母親一起來的？

鄧：一起到緬甸。

周：大媽媽沒來？

鄧：大媽媽先死了，去世了。爸爸也在。大媽媽已經埋在大陸了，爸爸到緬甸，因為三哥我們不可以在，又一起回大陸，一年不到，我爸爸去世了，就跟大媽媽一起了。

周：二媽媽到了緬甸，去世就埋在了緬甸。

鄧：我媽媽埋在了大谷地。

周：一家人分了三個地方。

鄧：對。

周：很複雜，一家人分了三個國家，你父親在老家的時候做什麼呢？

鄧：我父親會做點生意，不知道做什麼生意，用馬馱馱來馱去。

周：馬幫。用現在的話是做運輸，買來賣去，茶葉呀，布匹呀，鹽巴呀。

鄧：對。

與鄧聰美兩次交談，補記：

鄧聰美講，一九五八年大躍進時，在家鄉，她的三哥由於表現比較好，加上她們家的成分好，是貧農，所以上級決定派她哥哥到緬甸偵察國民黨軍隊的情況[30]。為了給她三哥做掩護，這樣全家就跟著她三哥到了緬甸。五、六年後，上級通知她三哥回來開會，這樣全家就約好了，一起返回大陸。他們到了約定地點以後，等了很長時間，三哥沒有來，二哥來了。但實際情況這時三哥已被殺害了。殺害三哥的時候，二哥在場，二哥沒有說，對媽媽說三哥已經回去了，叫我們趕快走吧。這樣全家回了大陸。

回到大陸以後，因為沒有見到三哥，媽媽著急，二哥就哄媽媽，說三哥去開會。隨後不久，聰美的爸爸去世了。在安葬她爸爸的時候，二哥就去買一些布，舉辦喪事，但政府不賣給。我們是後回來的，沒有布票，沒有什麼證件。二哥一生氣，就把錢撕了，說這個錢不頂用。因為基層農村，不知道她三哥的身分，所以就整她二哥，二哥心裡很苦，就先跑了。等於回來不到一年，二哥又跑回緬甸。回了緬甸就蓋了房子，又返回來接我們，那天，我們一個一個跑，媽媽說，如果有人問你們，就說去摘野菜，挖野果子。我那時大概七歲左右，和二哥的孩子，我們倆結伴。三三、兩兩的都跑到了緬甸。這樣全家人等於第二次又到了緬甸。

後來，五姐嫁給李小從，四哥也當了兵。一九七四年接家屬的時候，我們第一批到了大谷地。媽媽是小腳，走那個山路很難。當時從大陸來的老人，基本上是小腳。我媽媽到這裡，到去世都沒有獲得合法的身分，包括我的四姐、四姐夫在大谷地去世時，也沒有合法身分。是阿國（鄧的兒子）一歲的時候，我媽媽去世。是一九八一年，阿國是一九八○年出生。我和李橋林獲得身分是最小的一個（阿香）八歲時，也就是二十八年前，才取得華僑身分。

在大陸時，我們已和大哥分開過。他是父親第一個老婆生的，叫鄧小富，是大媽抱著的，大媽不生孩子。這些孩子都是二媽生的。

30　據《鎮康縣志》記載，一九五八年外逃農民很多，縣政府派一些當地人進入緬甸境內說服動員返鄉。鄧聰美的哥哥可能就是其中之一。一個毫無官方、軍方背景的人，被派偵查國軍情報的可能性不大。她家後來的遭遇也可證明這個推斷。

跟著李文煥來的家鄉人多

口述人：李學壕 八十二歲

訪問地點：泰國清邁省差巴干縣龍窩區六保塘
窩村李橋林家

訪問時間：二〇一四年十二月二日

李：你是哪裡來的？

周：我是昨天下午從北京到清邁，今天上午從
清邁來這裡。

李：北京腔我說一些。我是雲南鎮康這邊的。

周：你是鎮康人，是小鄧的親舅舅。

李：親舅舅。

周：你多大年紀？

李：八十二（歲）了。

周：你是什麼時候離開鎮康的？

李：我講民國啊，民國四十年離開（一九五一）。我在接近緬甸邊界，我住的
地方叫巴樹坦，我出來以後，我很小，我的媽，我的爸不在了，我出來後，我弟弟
又來清水河。

周：你弟弟也從鎮康來找你。

李：挨著老家這裡，走路才是三個鐘頭的路，下面壩子水好一些，不能種毒
了[31]，上面不能住嘛，解放了，慢慢的，大樹砍掉，開地，不種毒了。

周：民國四十年（一九五一）你是怎麼到緬甸的？是跟著部隊，還是自己？

李：跟著部隊了。

周：你是跟著李文煥這個部隊？

---

31 一九五一年後，靠近緬甸的中國境內，各縣政府明令禁止罌粟種植、加工、販毒。部分
縣直到六十年代中期才完全絕跡。

李：對呀。

周：你在部隊做什麼？

李：當兵，慢慢地又升了級。

周：那麼你多大年紀？

李：那個時候十九歲。

周：你在雲南打過仗沒有？

李：沒有打過，來緬甸打過。

周：你一入伍就到緬甸了？

李：是啊，跨過邊界就是緬甸，有一條河，河那邊是中國，河這邊就是緬甸，挨著。

周：你入伍是在緬甸，還是？

李：就入伍了，就到緬甸來了。在緬甸住了幾年，四年。老緬就打我們了。

周：人家不讓住，就打你們了。

李：對呀，就和老緬打。

周：然後呢？

李：臺灣方面，蔣中正總統，我們打，就撤臺呀，國際上他（緬甸）在聯合國告呀，我們不撤，不知上面怎麼計劃的，我們就搞不清楚，留下一小部分，就躲躲藏藏了，泰國對我們很好了，吃米呀，買些彈藥，他們賣給我們。

周：泰國對你們不錯。

李：對我們友好的。在緬甸逐步完全在一個國家對付我們幾千人，是打不勝的，就站不住腳了，臺灣叫我們去了，大陸人多呀，住不住呀，現在十三億人了。

周：臺灣不讓你們回去。

李：不曉得，誰留下，不留下，上邊曉得，我們不知道。

周：後來你就跟著李文煥到了泰國？

李：對，對。

周：到泰國你做什麼？

李：做生產，過生活。種些馬鈴薯呀，種些玉米呀，餵雞呀，餵豬呀，這些事。

周：剛才（李橋林）說塘窩那會兒是陣地，你在不在？

李：在。那會有一、二千人。我在這裡服務了。我是警衛了，站在外邊呀，巡邏呀，由於泰國對我們很好哩，對三軍很好，地方上老百姓不亂。

周：這個時候沒有泰國人，什麼人也沒有。

李：這裡是森林，完全是我們開闢的。泰國人在巴比，泰國人隨時來和我們軍長聯絡。

周：那時軍隊領導人都沒有結婚。

李：當時沒有，一部分撤臺，留下來的，那時和泰國邦交，留在哪個村子，遵守地方上的法律，沒有犯法，那麼人家也不會亂整，不侮辱，都是中國人，慢慢強壯起來，也不欺負，但你不守法，有法律管著。

周：你是幾幾年生人？

李：民國二十二年（一九三三）。

周：回過大陸嗎？

李：回過。

周：什麼時候？

李：去年回去，回去過三次了。民國七、八十年也回過，追悼我媽媽，以前沒有追悼過，不開放，我爺爺在哩，九十六了。

周：李爺爺還在？

李：在色樹壩。

周：當時爺爺還在，回去過三次。

李：最老的老人就是我爺爺在著。他屬羊，活了九十六歲，和我們軍長一起。

周：你爺爺和你們軍長熟。

李：對。他那時帶兵，軍長逝世八十不到點，去世十四、五年了。

周：軍長去世多大年紀？

李：七十九（歲），不到八十。十五年了。他的墓在新村。

周：他是得病去世的？

李：得病。糖尿病呀，血壓高呀。

周：軍長什麼地方人？

李：他是鎮康人，當時是鎮康的一個副縣長。

周：你們鎮康人多，是不是父子兵？

李：家鄉人多。鎮康、耿馬人多，耿馬是土司。外省人少些。這個土司跟我們一樣的。

周：這個土司是什麼民族的？

李：是白彝。鎮康現在改了，是永德（縣）。挨著緬甸那桑。交界。

周：這些老兵，第一次跟李文煥出來的，在世的多不多？

李：沒有了，年歲大了，多數去世了，我們軍長下邊的，部下的，當師長的，都沒有了。

周：士兵呢？

李：士兵也少了，很少，很少。

李：在緬甸，和老緬作戰，打死的死了，我們來的時候還算年輕，屬虎的算最年輕的，最小的了。

周：跟李文煥最早出來的，幾乎找不到了。

李：對。

周：這個村子據說有兩個年紀大的，九十多了。

李：沒有。大谷地、新村我們認得的，都是幾個人。最老的一個，在大谷地，在家鄉戰爭時就參加的，姓羅，他年紀有八十六、七了，是國軍，去臺灣了，慢慢又來了，去臺灣受訓了，他耳朵聽不見了，沒有辦法了。他在松山和日本人打。

周：他參加過松山戰役？

李：他參加了。

周：那歲數不對呀？參加過，那時歲數小。

李：現在是八十九（歲）。

周：松山戰役是哪一年，應該是（一九）四四、四五年。

李：應該是民國三十二、三年。過去就有像你（這樣的）人問過這個情形，他說松山參加過打日本。是不是打過，你訪問他就知道了。

周：李文煥這支部隊當年跟日本人打過沒有？

李：軍長沒有打過。那個時候，他年紀小，不做事的，十多歲。

周：抗戰的時候，李文煥的年紀也不大？

李：不大，不大。當副縣長以後，慢慢地，才領兵，幾個人才起來。

周：抗戰以後才起來。

李：做事他是小的，大事是不做了。當時日本人到緬甸，打的時候，我有八歲。

周：內戰的時候，李文煥跟共產黨打過沒有？[32]

李：沒打。

周：在雲南沒有打過，就直接跑過來了？

李：跑過緬甸了。當時好幾個單位，上級有命令，把部隊帶過去，共產黨整個中國占完了，當時進不去了，山上游擊一下。

周：可能也沒怎麼打。

李：沒打。

32　一九五〇年九月、十二月，李文煥、李泰興曾率部隊至鎮康縣勐棒壩周圍各村活動。一九五一年一月、二月、三月，二李曾到鎮康甘塘、忙丙、刷布廠、大營盤活動。三月十六日，解放軍拔除國軍在鎮康的最後據點，李文煥等籌組的國民黨鎮康縣政府流產。四月、五月、七月、一九五二年六月、九月，李彌所屬雲南反共救國軍多次侵入西盟、滄源、鎮康活動，李文煥時有參加。

周：雲南國民黨起義了。他這個鎮康一帶的部隊，乾脆跑緬甸了。李文煥名氣大，可能就是在緬甸、泰國周旋這麼些年。

李：對。

周：金三角嘛，臺灣國民黨也不理他了，怎麼生存呢，就是建立根據地，搞毒品，搞鴉片，但最後做大了也不是他。是那個姓張，坤沙做人了。弄得也不是很好，要是回臺灣也就沒事了。關鍵是這些人的後代，誰來負責，是中共負責任，還是臺灣負責任，不然都是中國人嘛，關鍵是他們的命運，這個要想辦法。否則就成了移民了。你看這個泰國，最早也是移民，二千年前從大陸來。我去過克倫族的根據地，（二〇）〇八年去的，他們是二千年前的蒙古族，和秦朝打仗，然後遷徙過來到了緬甸，緬甸整個南部都是他們控制，一說起來，他們說是蒙古人。李文煥部隊的後代不要成那樣。又過來一百年、三千年，說我的父母是從大陸來的，那就不好了，還是有機會，身分認同，民族認同嘛。不管怎麼說，臺灣、大陸都是華人。你們這一代已經耽誤了，就弄個華僑證，等於沒有國籍。

李：我有泰國籍，小孩子也有。

李橋林：我們是隨身證。

周：那不是國籍，華僑不是國籍。你是怎麼獲得泰國籍的？

李：也有隨身證，然後我是考的，在清邁省政府考，他問我泰國話，也不怎會，他問我，我答覆了，就考得了。有些以前有幾期，慢慢地考。一期一期的考，到我這一期，就說住在泰國，你做什麼，商人嗎，做生意。小孩子在泰國就學泰文了嘛，教我啦。他問我，你在泰國做什麼，我就緊張了，就說種玉米呀，栽馬鈴薯呀，就獲得了，有的考得深了，就不會了。

李橋林：我沒有考過，也沒有申請。

周：你可以去試試嘛。華僑證不方便。

李：出省要開證明。不能出省。到清邁省，拿隨身證，起個臨時通行證，可以出省。

周：在泰國境內可以轉。

李：對。

周：要是出國呢？

李橋林：出國有出國證。

周：去臺灣、去大陸可以，去其他國家呢？

李：起個護照。

周：沒有國籍怎麼給你護照呢？

李：有啊。出國的護照有。

周：其他少數民族也不能出省？

李：不能。

周：泰國人（有國籍）的就不受限制了。

李：是，有公民證。

周：現在我們的孩子出生在泰國，能不能拿到公民證？

李：可以拿到。下邊的，第二代、第三代沒有問題了。在泰國出生，就拿到出生紙了，時間到了，就給你公民紙了。

周：到醫院生？

李：到醫院生就給你一個戶口紙，但你不合法就不行了。

周：現在結婚沒有問題？

李：沒有控制，泰國結婚最簡單。

周：政府不管？

李：管哩，你要結婚去簽字，離婚也是去簽個字。

周：結婚，離婚都是到政府那裡辦。

李：到政府辦，你要結婚，他給你簽，你要離婚，他也給你簽。

周：據說緬甸的部隊那部分還不行。

李：緬甸的就複雜了，黨派多，一直不開放，就好像政府拿不攏。現在中國大陸陸續來開放了，緬甸樣樣有，什麼都有了，現在黨派少些了，聽說要大選總統了，

在電視裡看到，李克強總理來訪問了，中國在緬甸修路了，習近平總書記、李克強
總理訪問了很多國家，我每天看電視。

六八年成分高，來到緬甸找早先出來的父母

口述人：岳生存　六十六歲

訪問地點：泰國清邁省差巴干縣龍窩區十保熱水塘新村岳生存家

訪問時間：二〇一四年十二月三日

周：叫什麼名字？

岳：岳生存。前年去北京旅遊。

周：當時是從雲南潞西來的，（一九）六八年是因為什麼？

岳：家裡的成分高，被鬥嘛。

周：當時你的父母還在嗎？

岳：在啊，他們早到緬甸來了，父親是（一九）五七年出來的，母親是（一九）六一年出來的。

周：孩子們都還留在大陸？

岳：因為我們太小，沒有辦法跑嘛。

周：你是幾幾年出生的？

岳：我是一九四八年出生的。

周：（一九）六八年文化革命出來的。出身不好，家裡被人整。你太太也是潞西人。

岳：我們兩個是一處人，家鄉人。

周：當時已經結婚了？

岳：剛剛結婚，就是那一年結婚。

周：能講講當時是怎樣的一個過程。

岳：我們跑，家裡被抄，沒有住的地方，那一年自己心情最不好的是這樣，我們兩個苦的一年到頭換來的糧食，就是今天吃的，不知明天有沒有。好像精神壓力太大，她的父母也都在這邊，我的父母也在國外，在家也沒意思，跑出來的嘛。

周：走的是山路？

岳：是山路。

周：走了多長時間到緬甸？

岳：一天就到了。

周：一天就到了？

岳：我們的家鄉靠近緬甸，邊界封鎖得很嚴格，警察、工作隊很多，到處在道路上都有哨卡。

周：周圍的村子、親友跑的多不多？

岳：多。我們那個村子百分之八十以上的人都有海外關係，太靠近緬甸嘛。

周：就是說土改、反右、大躍進、六十年代都有跑出來的。

岳：大躍進跑的更多。

周：塘窩村很多是（一九）五八年跑的。

岳：像我父親，是（一九）五七年跑的。我母親因為我們兄弟姐妹還小，帶我們，（一九）六一年鬥我母親厲害了，就把她送出來了。

周：你們姐妹幾個？

岳：五個。

周：是你自己跑出來，還是一起？

岳：五個全部跑出來了。我是最後一個，給他們先出來。

周：因為你最小？

岳：我是第二個，我要照顧他們。

周：其他人先跑出來，你最後一個走的。跑出來，到哪兒？

岳：對。臘戌，三天就跑到臘戌了。

周：你的父母在那兒嗎？

岳：對。我的母親在中緬邊界，最邊界的地方等著我。我跑的時候不到她那裡，跑上前掉了。

周：沒見到？

岳：見到了。以後慢慢地她下來了。

周：你們在緬甸怎麼生活呢？

岳：做小生意呀。我太太會縫紉，一匹布賣五十塊錢，買半匹布，靠兩隻手做。

岳太太：我父親也當過（兵）。

岳：三軍的副司令官。

周：當時他在緬甸？

岳：在這裡。

周：他已經到泰國了。那已經是（一九）六八年了。

岳：她的父親、母親都到泰國了。

周：他們是不是就在這一帶？

岳：就在下邊一點。

周：也是在新村？

岳：以前在塘窩，在修械所下邊一點，在李橋林他們家對面。

岳太太：他們都去世了。

周：你太太叫什麼名字？

岳：黃惠南。

周：多大年歲了。

岳：比我大兩歲。

周：那我們都要叫大姐了。岳太太家兄弟姐妹幾個？

岳：八個。七個女兒，老五是男孩，是她哥哥。

周：他們是跟著父母一起出來的嗎？

岳：不，不，也是一個個慢慢出來的，有（一九）五八年的，從家鄉出來。

周：是不是一開始三軍沒有帶家屬？

岳：沒有。以後慢慢的跑來的，這樣的多。當時大陸一解放，男人當了兵，不知什麼時候，什麼情況都不知道，聽到人們說共產黨來了，就跑了。我岳父他們是雲南軍區司令朱家璧[33]一夥的，抗戰勝利以後不知道共產黨的政策是怎麼樣，朱家璧就走向共產黨，我岳父就跑到緬甸了，原來是一夥人嘛。

周：對，像龍雲他們，都是一夥的。

岳：都是滇西的。

周：你岳父還參加過抗戰，和日本人作過戰？

岳：對呀。

周：在緬甸？

岳：不，在雲南。在我們家鄉，（日本人）住了很多年，在芒市、龍陵啊。

周：是從緬甸方向來的？

岳：像騰衝、芒市、龍陵（的日本人）都是從緬甸來的。我岳父他們抗戰就在龍陵附近，我們家鄉，都是山區，在那裡打。

周：李文煥？

岳：他們在鎮康縣。日本人沒有到過。像我們潞西、芒市、龍陵都住了（日本人）。

周：你岳父叫什麼名字？

岳：黃時銘。

---

33 朱家璧，曾任中國人民解放軍滇桂黔邊區縱隊副司令，參與解放耿馬、永德、龍陵等縣戰役。

周：他是三軍副司令。是和李文煥一起過緬甸的？

岳：抗戰後，我岳父就不從軍了，開始做生意，有點錢了，就到鎮康這邊做生意，就認識李文煥了，說共產黨來了，就和鎮康那邊的人一起跑過來。

周：原來是這樣，以前不認識，抗戰的時候是游擊隊，和日本人作戰。抗戰後，做生意，認識了李文煥。就一起出來了。

岳：那時候，我岳母他們還在中國國內。岳父一個人在緬甸，那時候不靠近武裝就無法生存，自然就進去了。

周：他是到緬甸後參加的？

岳：對呀。

周：從緬甸到了泰國。你們這些親友們，第二代都是投親來了。

岳：大部分是這樣，他到泰國不到一年左右，專程叫他兒子，我內兄把我太太從緬甸接來。那時我們還在緬甸做生意。

周：等於是你太太先來的。到了新村和她父母團聚了。

岳：和她父母一起住，我過了五、六年時間才跑來的。

周：那是（一九）七四、五年了。

岳：她過來五年多了。我一直在緬甸做生意，一直跑到大其力。給他們捎了個信，他們叫人把我接來了。我住了三、四個月，又跑回緬甸。

周：繼續做生意？

岳：對呀。

周：做什麼生意，煙土生意？

岳：有煙土，什麼也做。

周：對，為了生存。你在新村時，這裡有多少人？

岳：我來時，剛開闢兩年多。

周：（一九）七二年開闢？

岳：對。大概是（一九）七〇年，兩年後我來的。那個時候，大概二、三十戶人家。

周：現在發展到二千戶。

岳：還有原來的眷屬，在緬甸的山上。慢慢地泰國政府給居留了，下來的多。

周：緬甸那部分的華人，家屬、親友都來了，發展到一萬多人。

岳：全部都是雲南人。原來也有山東的、四川的，參加過抗戰，很少。原來跟國民黨部隊流落下來，第一代的，很多人是抗戰時期遠征軍的那部分人多，緬甸沒有生活著落，這地方又招人，反正大家是中國人就來了。

周：也就是說抗戰時期流落在緬甸的遠征軍人，六十年代三軍又過去招人，他們就過來了。等於有個出路。

岳：對呀。都是自己人了。很多。後來都死掉了，劉毅呀，都是山東人，人才又好。

周：都埋葬在這裡了。

岳：說起來很慘。兒女們都沒有。

周：很孤單的。

岳：都是華人，幫助他們埋掉。

周：他們跟你們還不一樣，都有家，有子女。第一代的很多人沒有家。

岳：當兵當了一輩子，沒有家，很可憐。

周：跟中國當地親人也沒有聯繫。

岳：很多人不知道親人在哪裡。說起來很慘。有個王老四，抗戰時候是國民黨的老兵，當到營長，在東北抗戰勝利，蔣介石裁軍，他在東北被裁掉的。家裡有個老母親，有個太太。從東北一路要飯幫工回來，回到家裡什麼都沒了，一個人都沒有了。

周：當時好像有一支雲南的部隊在東北。

岳：他叫王子樹，雲南人，當兵被派到東北，和川軍在一起。當時共產黨叫他參加共產黨的軍隊，他不同意。他家裡有個老母親嘛。在東北三年，被裁軍，回到家鄉，一個都不在了。他是國民黨軍隊的，專罵國民黨。

周：你想，他的遭遇都是國民黨造成的。他也到緬甸了。

岳：是啊，這個人學問好。在緬甸教書，教了幾年書，正好三軍在招兵，他說他也當個兵，沒有目的地了，當兵當久了，他還是願到部隊裡。來這裡還是教書，在部隊裡教書。

周：李文煥還辦了軍校。

岳：是子弟學校，他們部隊裡有很多來教書。五十年代就有了。

周：他就死在這裡了。

岳：這個老人跟我處得很好。

周：這裡大部分是雲南人，是沿著邊境這一帶的。

岳：最早是李彌帶出來的。李彌將軍是共產黨解放雲南時跑出來。李文煥是後來的，他是鎮康的。

周：有人說他是副縣長。

岳：李彌先是到緬甸的孟薩，有機場，是李彌修的，還有軍校。李文煥是從鎮康來的，投到李彌這裡。李文煥他們慢慢來的，參了軍，一直到第一次撤臺，李彌去了臺灣。李文煥是李彌安排下的人。緬甸那時候在聯合國告他們，沒有辦法李彌就走了，叫李文煥他們不要去，留下來。還有段希文他們，安排在泰緬邊界這一帶，他們扎根了。李彌撤臺後，這些人才慢慢壯大起來。我也是聽他們老人說的，李彌那個時候有一萬多人。李彌到臺灣，蔣介石派柳元麟來當顧問，又分化，三軍、五軍這樣了的。

周：蔣介石就是這樣，分而治之。

岳：段希文到美斯樂那邊，李文煥就在這邊。

周：還有個張家？也是分出去的？

岳：張啟福，是緬甸的，這個人忘恩負義，原來是個商人，從緬甸下來，跟部隊做生意，李文煥給他配了幾個人。

周：幫他，為了安全。

岳：互相利用嘛。派人、派武裝跟他上去，做大了，他反了。

周：後來他就和李文煥打起來了。

岳：發生衝突。主要是他原來是張家部隊，過路做生意，李文煥將軍不收他的稅，過路費不要啊。後來他壯大了，反而向這邊要收了。

周：倒過來收了，就引發衝突了。他不是三軍的？

岳：是緬甸生意人。他的父親是雲南人，母親是緬甸本地民族。

周：在土改、合作化時候有很多人跑。

岳：很多。我們家鄉那邊，傣族、漢族都有跑嘛。我們滇西這邊還有景頗族、傈僳族、傣族，五個民族，每一個民族都有跑的。

周：一九八六年我在雲南考察，看有瑤族跑的。

岳：我們那邊沒有瑤族。就像你剛才說，八〇％都有海外關係。這邊有佧佤族[34]，拉祜族，都是從中國來的，到處都有，都是雲南來的。

周：泰國、緬甸，還有寮國、柬埔寨，由於距雲南、廣西這種邊境關係，流動性很大，這邊形勢好些，都往這邊跑，那邊形勢好些，就往那邊跑。差的地方往好的地方跑。

岳：現在也這樣，上個月我回家鄉，潞西，在我的家鄉，緬甸人打工的很多。

周：緬甸困難嘛，還有很多緬甸女孩嫁到中國去，越南也是，現在中國形勢好。

34　一九六三年四月，中國政府批准將佧佤族改為佤族。

和苗共打受傷住了養老院

口述人：查金旺　七十八歲

訪問地點：泰國清邁省差巴干縣龍窩區十保熱水塘新村養老院

訪問時間：二〇一四年十二月三日

周：來多久了？

查：十多年了。

周：在什麼地方打仗受的傷？

查：和苗共打的時候。

周：你叫什麼名字？

查：我叫查金旺。

周：多大年紀了？

查：七十八（歲）了。

周：你老家什麼地方的？

查：雲南耿馬。

周：什麼時候到的緬甸？

查：我是緬甸參加，十四歲就參加隊伍了。參加的就是三軍。

周：跟著三軍來到泰國，你和我講講當時的情況。

查：講不全的。就跟老米（苗共）呀，打的。

周：你沒有親人了？

查：沒有了。

周：你從耿馬來，後來沒有成家？

查：沒有。

周：你和家鄉有沒有聯繫？

查：家鄉有哥哥、妹妹，沒有聯繫。

周：你負傷後，生活怎麼辦，誰負責？

查：生活，就在這裡啊，臺灣救總來照顧。

周：你來養老院多長時間了？

查：十五、六多年了。

周：二〇〇〇年前後來的？

查：是。從緬甸邊界來的。

周：養老院最多的時候有多少人？

查：一百零八人。

周：現在還剩下多少人？

查：十四個。

周：其他都去世了？

查：去世了。這裡住九個，其他五個外住。

周：住養老院的人，是不是都是沒有親人的人？

查：有的有，有的沒有。

周：就是沒有聯繫了。

查：隔的年代太久了。

周：普遍年齡都多大了？

查：最高的九十二歲了，最小的六十多歲，最年輕的六十五歲。

周：大部分是三軍的？

查：都是三軍的，五軍的在美斯樂那邊。

周：這裡大部分都是雲南人？

查：都是雲南人。

周：一百多人中有沒有其他地方的人？

查：沒有。大部分是鎮康的。

十二歲就上前線，一百五十九個打得剩下我一個

口述人：李朝相 七十一歲

訪問地點：泰國清邁省差巴干縣龍窩區十保熱水塘新村養老院

訪問時間：二〇一四年十二月三日

李：第一次打了三年。第二次打了九個月。第一次李軍長叫我們回來，後來又叫我們去，考克考亞。在考克考亞打了四十五天。

周：你負傷沒有？

李：沒有。

周：你多大年紀入伍的？

李：十二歲就參加部隊。一年後就打，我一個人打了，一百五十九個人，就剩下我一個。

周：一百五十八個全死了？

李：五十九個負傷了，四個死了。

周：你十五歲就開始打了？

李：十二歲就打了。

周：你老家什麼地方的？

李：雲南鎮康。

周：你什麼時候去緬甸的？

李：沒有。我是在緬甸出生的。

周：你是第二代，你父親是從鎮康去的緬甸？

李：我阿公是去打日本，拿著一個＊＊（聽不清）去打日本。

周：你是什麼民族？

李：我阿公是真正的漢人。我媽媽是崩龍族。

周：你父親在緬甸做什麼呢？

李：種麥。我阿公死了，我就參加了部隊。

周：你什麼時候來的養老院？

李：二十年了。來這十八年了。從帕當過來的。

周：在帕當也是養老院嗎？

李：有，三十五個人，（陸續去世）剩下八個，我們就不敢待了，人少，照顧得不好，帕當榮民之家只有八個人，轉移到這裡了。（管理員插話：這裡原來一百多人時，起得早，還在操場上站隊，出操。）我來的時候是七十八個。我們又補過來八個，有八十六個。（管理員插話：吃飯也規定時間，敲鐘了，一起吃飯。）

周：軍事化，軍人養老院。現在老軍人越來越少了。

李：少了。

共軍六一年來緬甸和我們打

口述人：高學廉 八十三歲

訪問地點：泰國清邁省清佬縣猛納區十保大谷
地村高學廉家

訪問時間：二〇一四年十二月九日

周：請你談談你的經歷，部隊的歷史。

高：想知道什麼你就問吧。

周：你的老家是什麼地方的？

高：雲南鎮康，現在分為兩個縣，我們那裡是
永德縣。原來在鎮康縣，我們那個地方劃到永德縣
了。

周：你是什麼時候離開家鄉的？

高：清算鬥爭的時候[35]。

周：土改，是一九五〇年。

高：對。

周：那你們家是地主？

高：對，地主。

周：當時怎麼離開家鄉的？

高：地主嘛，我父親抓去關起了，又來抓我，我就跑掉了。

周：你是一個人跑，還是和家人？

高：一個人跑掉。

周：那麼有多大？

高：十七歲多。

35　鎮康縣於一九五一年二月開展清算運動，十一月開展土改運動。

周：今年有多大？

高：現在八十三。

周：跑出來以後呢？

高：那個時候李將軍，鎮康原來有十二個鎮，他占了一個鎮，我們就跑到那裡。

周：反共救國軍？

高：那時是游擊隊，沒有番號，在鎮康的時候打。

周：你是和李將軍一起去的緬甸？

高：是，一起到緬甸，一起到泰國。

周：那個時候李將軍有什麼活動？

高：緬甸住了長，住了幾年，（一九）五〇年、五一年、五二年，到五三年，五四年。撤出是一九六〇年，以前都在緬甸。以後才到泰國來。

周：在緬甸是不是李彌去收容你們？

高：我們在中國國內打的時候，李彌將軍就到緬甸新地方，那個地方就叫新地方（孟薩），給一個命令，所有雲南邊界打游擊這些全部出來，接受整編，接受裝備。那個時候我們就正式參加，就有了番號，叫雲南反共救國軍第二十一支隊，以後又為第八縱隊，第八縱隊又改為十三師，十二師以後就是三軍。

周：李文煥一開始是支隊長，又是縱隊長、師長、軍長。

高：對。

周：你那個時候是什麼，士兵？

高：開始是文書、幹事、特務長、排長、連長、營長。

周：直到團長。當時為什麼能提拔呢？

高：你自己要有功績。

周：打仗立功了。

高：那個時候在緬甸打過很多仗。

周：緬甸政府和你們作對。

高：在緬甸，人家不好意思呀，外軍在嘛，所以他們就想驅逐我們。越驅逐我們，我們越自衛，就要打，要保存自己這個軍隊。我們有防備力量，就逼著打。國際上逼著蔣總統要撤臺。

周：你們從鎮康出來游擊隊有多少人？

高：六、七百人。

周：到撤臺後的三軍，發展到多少人？

高：有四千人。第一次撤臺還叫八縱隊，第二次撤臺時已經是三軍了。

周：第一次撤臺，八縱隊去臺灣的多不多？

高：八縱隊的不多。那時候蔣總統一定要把有實力的部隊，能打仗的部隊，紀律好的部隊留下來，把老弱病殘的，紀律不好的，軍屬這些全部撤臺。

周：年輕力壯的都留下來。

高：那個時候我二十多歲。我們是想去臺灣，不給去，你們要住著。

周：你在大陸讀過書沒有？

高：讀過，讀到國中。

周：撤臺以後，你們就到泰國了？

高：沒有，第一次撤臺，還在緬甸。轉到南北部，那個地方叫江拉。接近寮國、泰國、中國、緬甸。到那個地方成立總部，在那辦學校，住著幾年呢。三、四年。辦學校。

周：後來整編成五個軍。

高：就在那個地方。

周：整編成五個軍，是不是還是李彌？

高：不是，是他的副官，叫柳元麟。撤臺以後他又來，當總指揮。

周：他由臺灣來，當總指揮。整編以後呢？

高：緬甸就和我們大打了，打得厲害，打了幾個月，大砲擺了三、四十門打，飛機也來炸。大砲我們這邊也有，飛機沒有。打了幾個月以後，沒有辦法，他打不贏，他就拉中共，中共不好來，在國際上沒辦法來。他就說有兩個師來緬甸，用三個師追，有五個師進緬甸來。

周：差不多兩個軍了。在緬甸和你們打。

高：他們是進緬甸來打。怎麼能打，他們是正規軍，打不贏的。這就到第二次撤臺。

周：中共進來打了多長時間？

高：很短，很短時間。一個月，兩個月不到就撤回去了。他們快速部隊。

周：現在檔案公布了，據檔案說緬甸政府要中共幫忙打一下，說你們老在這鬧騰，中共要和緬甸軍政府搞關係，就同意了。把番號去掉了，周恩來說我只能幫你打一下，時間長了不行，不然國際上人家會說。據說時間不長，打的效果也不十分好，打了一下，就撤回去了。有人根據這個檔案寫了一篇文章，把當年的事情公布了。大概是（一九）六一、六二年的事情。

高：（一九）六一年。跑掉兩個師，三個師追。

周：這個理由編得好。

高：編得好呢，他們也傷亡了些。他們傷亡那些，就是我們這個單位住著，三軍一個團在那兒住著，叫張國杞，那個團。他們是臺灣的教導總隊，他們不打在看著，就是張國杞那個團打。張國杞就是堵著那個路，共產黨搞人海戰術，死了很多。那個時候武器多，彈藥多，地雷也多，炮、機槍，子彈也多，死了一排，又來一排，人海戰術。

周：一夫當關，萬夫莫開的地形。

高：他沒辦法來，一挺機槍就把你堵住了，幾挺機槍，怎麼能衝得上來。真正打，打了一天多，死了很多人，死了好幾百，傷了上千呢。就那兒死得多，別處沒死什麼人。能打的就是三軍。

周：張團長那個部隊有沒有傷亡？

高：沒有死的，工事做得好，打不著，沒有傷亡。共產黨那邊傷得多。就是在打的前兩個月，總部派人，那時在孟薩受訓，叫我們去調查地形地誌，叫我們繪圖，一個步校的副校長帶著我們去。我們負責繪圖，他們負責編寫地誌。他說得好，說，總部最重要之一，敵人一定要來的地方，這個地方，我們左右打住，敵人沒辦法來。那邊守不住了，就把總部炸掉了。我們這個團，就下命令趕快撤。緬甸、寮國夾著湄公河，我們的部隊就過河到寮國，共產黨就不來這邊了，不能打。

周：等於你們另一條線失守了，張團長這邊沒有。

高：張團長這邊就渡江了，到寮國了，共產黨就沒有辦法追了。他們渡完後，共產黨就在這邊了。只能互相看看而已。

周：反正都是中國人。打了一、二個月就回去了。

高：我接著講，這個團到寮國，老蔣要堅持這個反共基地，就把主力部隊，就是三軍、五軍，帕特使說，三軍、五軍堅絕不能撤。所以這兩個軍就留下了。確實這兩個單位人多，我們就留下來了。

周：留下以後，怎麼就到這邊了？

高：表面上還是撤到臺灣。我們由清邁省撤到清萊省，（再）到寮國地。撤到帕孟山避著，撤臺完了，我們才出來。

周：聽說一個師長和緬甸打時死掉了？

高：那個不是，之前和老緬打，三軍的副軍長兼十四師師長。

周：李文煥是軍長兼十三師師長。十四師師長叫劉紹湯。

高：叫劉紹湯。以後我們就到賴東、塘窩。

周：和寮共作戰是來了以後，哪年？

高：（一九）六六年了。我們住在帕孟山的時候，他們（寮共）就有了。他們也來投降我們了。我們在這裡後，他們又壯大了。他們就是去搶人，拿我們的帽子、槍，去搶。泰國人不調查，也不懂。撤不完，還住著一個師，通通撤完後，他們就壯大了。他們壯大以後，就把清萊的省長、警察局長，還有一個縣長，全部殺掉了。泰國就怕了。

周：說泰國去打，打不過。

高：去上千人打，用火攻，燒山，就跑了。沒辦法，又來三軍、五軍商量，幫助他們去打。

周：打了四、五年？

高：打了四、五年。

周：剛才徐講，他去打。

高：他去了。

周：當時你去了沒有？

高：我沒有去。當時我在軍部負責訓練部隊。

周：在塘窩，還在繼續招兵？

高：繼續招兵。我負責訓練，最初去五百人，慢慢訓練，上邊（緬甸）招來的，在塘窩訓練，訓練完送去，有上千人。

周：前後上去不止幾百人，有上千人了。

高：上千人。第一批我們五百，五軍二百。

周：五軍是不是人少？

高：他們少點。我們這個單位是主力部隊，去打他們的總部，第一次就把他們的總部拿掉了。

周：那個時候是不是番號很多，實際沒那麼多？

高：番號很多，人不多。

周：那個時候是不是有軍銜？

高：不帶，不帶軍銜。

周：剛徐先生講他授了上校。

高：那時在前邊，嘴上講講而已。

周：政府沒有正式授銜。

高：沒有。從臺灣來說，本來授三個軍團，臺灣正式的有一個軍團，預備軍團。這邊算一個軍團，是這樣的。

周：三個軍團正式列入臺灣編制。

高：是的。

周：當時還有馬俊國的部隊，他和你們什麼關係？

高：有哩。馬俊國十個師。

周：說是從保山這邊過去的。

高：他是第九師。最後整編時叫西盟軍區，軍區司令。

周：保山有很多伊斯蘭教，他是回民。

高：對。他是陸軍大學畢業的，成績好，曾當過總部的參謀長。

周：反共救國軍總部。這周圍都是三軍的軍屬。他們有沒有軍屬？

高：這個部隊呀，共產黨也有黃埔軍校的，這邊也是黃埔軍校的學生，一樣的。當師長的都是黃埔的。共產黨那邊也是。

周：共產黨的高級將領很多都是，包括打雲南的陳賡也是。

高：黃埔的學生是部隊的基本骨幹，共產黨是，我們也是，游擊隊也是。

周：內戰，自己跟自己打，同學打同學。三軍還說有少數民族部隊。

高：有小部分。

周：說是有傈僳族、傣族、白彝族，也住在塘窩下邊。

高：過去有一部分。

周：這部分是從哪裡招的呢？

高：最初，下緬甸的，不知中國國內怎麼叫，洋子部隊，也是在孟薩受訓。

周：洋子和白彝是不是一回事？

高：不是。中國國內叫查陰（音），可能英文。

周：瑤族，靠緬甸也很多。

高：帕孟（山），都是苗家、瑤家。

周：寮共可能是以苗族為主。

高：苗族為主。

周：少數民族都是從緬甸招來的，也是受訓？

高：是。有些進部隊，參加部隊。

周：他們也打過仗？

高：打過。

周：和漢人一樣？

高：編攏。混合在一起。

周：不是單獨的？

高：不是。

周：你了解不了解蔡萬廷的事情，是怎麼回事？

高：那個好像是不忠於團體了。

周：和一個姓金的商人搞在一起，殺了三個人。

高：好幾個呢。

周：蔡是副軍長。

高：不是，是副師長。

周：殺的還有其他師長。

高：殺了一個參謀長，軍參謀長。

周：叫什麼？

高：姓李，叫什麼，想不起，李將軍的侄子。

周：親侄子？

高：嗯。

周：李家是哪兒的人？

高：鎮康人。

周：殺的最大的就是參謀長了？

高：嗯。還有軍長的傳令兵一個。

周：還說塘窩餐館後邊有個殺人坑，有些逃兵也殺了。

高：有時殺，有時不殺。

周：打寮共回來，身分是怎麼安排的，你知道不知道？

高：本來是泰國安排給了。

周：好像很多人有意見。

高：當時軍長主要是想控制部隊，不想給發，發了就控制不住了。

周：他們覺得也是很奇怪，幾個子女總有一個不給辦。可能也是為了控制。

高：嗯。

周：你這個說法比較對，很多人說得不對。

高：就是想控制部隊。

周：到後來一解散，遺留很大問題，給後代帶來問題。

高：後遺症。

周：後遺症多了。但總的，第二代、第三代還可以，不受身分困擾。

高：現在還有很多沒有了。

周：多。尤其是老一代的。像你這個年齡的也沒有。

高：像徐營長就沒有。老兵的沒有。

周：李橋林也沒有，我們訪問的大部分都沒有。

高：對。過去五軍呢，全部辦好了。有一次，李將軍還在的時候，我是知道的，我說，他主要是抓部隊，這個證件要辦好，他說要錢，我說軍長要多少錢，他說要

五十塊，我說人多還是要一大批錢，羊毛出在羊身上，他說你知道什麼。因為我多半在軍部範圍，有說話的餘地。

周：最後也沒控制。

高：他控制不了。有些事情是自然形成的，你無法控制。

周：最後不管師長、團長都是自謀生路了，你不給人家辦身分，遺留很多問題。他可能沒有想到這一點。

高：那個塘窩，泰國人要好好建公路到那兒，他不給建。

周：他有意不讓泰國人進來，我們自己建一個地盤。

高：對。

周：當然那個時候也想不到現在了，公路早一天修好，早一天開放，生活早一天改善。

高：你不要以為泰國人笨，泰國人腦筋不錯了。像二次大戰吃不到虧，舌頭軟，誰也不惹，就搞平衡了，我不出頭，忍受。我們最初來到塘窩，青天白日旗，他也不說。他怎麼說，話說得很軟。他說國旗升著嘛，就不好避免了，你們在這兒躲著。話會說。

周：你要不升國旗，我就睜一隻眼，閉一隻眼。

高：我們到處是槍，他也不干涉。拖著拖著，時間到了，我就解決你。腦筋不是笨，不錯。

周：就像我們老祖宗老子說，以弱示強。不是硬弄，像緬甸就是硬弄，哪個國家現在弄成那個樣子。這個國家用特殊的辦法，我們華人來六十多年了，最後的結果還是不錯的，他不著急。

高：他們這個政治辦得好呢。像學校那些孩子，四年級以下全部提供一桶奶，遲來的不算，連幼稚班還給吃一頓午飯，泰國人不錯，在學校不錯。

周：我們中國人的心態，像李文煥還防著他。實際沒有理解泰國人和中國人的想法有不一樣的地方。

高：不過，現在中國政治轉好多了，轉好了。就說一家人，中國還給錢。

周：中國種地也給錢，種糧食，按每公斤補貼給你。防止縣、鄉貪汙挪用，直接給每個農民開個戶頭，每年糧補直接打給。還取消了農業稅。

高：現在來說，昨天、前天，習近平正式宣布打老虎，把周永康開除黨籍。所以說共產黨過去真正腐敗，這一次習近平大刀闊斧，個個都欽佩他。

周：部長以上幾十個了。

高：習近平、李克強還配合得好。兩個都是強硬的人，不怕哩。中國，我們在外國都很喜歡，我們愛我們的國家好啊，國家強啊。像我們在外國也一樣的，我們鼓動中國，我們的子孫都是中國人。

周：三軍也是一樣，過去都是偷著學中文，現在我們國家強大了，泰國人也要學中文。今年李克強來泰國，專門講了要照顧華僑的利益。

高：我聽了，我們隨時看新聞的。這個修鐵路，現在已繼續談好了。

周：修好後，雲南到這裡幾個小時就到了。部隊解散後做什麼？

高：經商去過緬甸。做過玉石，農活也做。

周：你太太也是華人？

高：是，不在了，去世十二年多了。

周：她是哪兒的人？

高：也是鎮康人。

周：你有幾個子女？

高：有兩個男的，不在一個，五個女的。

周：他們都入籍了嗎？

高：入了。

周：五個姑娘都出嫁了。

高：也是中國人。孫子又有孩子了。

周：那你是四代了。

高：四代了。

周：和徐家一樣，也是四代了，真不錯，越來越好了。兒子呢？

高：有一個孫子，一個孫女。媳婦也是華人。是緬甸的華人。

周：我看你掛的是校長，還擔任一些公職。

高：就是華興中學的校長。過去好幾次，泰國不准，禁止辦中文學校。那個時候，這個村子上，原來當校長的不敢當了。大家開會，選我當，我敢當。這個學校辦在觀音寺上，有一天，來了一輛大車，有三、四十個兵，拿著槍，問這個誰負責，我說我負責，在學校辦公室裡面。老師、學生都住著。把一個泰國話很熟的老師叫過來，叫他說給，我們辦公室上，一邊是中文，一邊是泰文，叫他拿給他們看，我說你們泰文學得，中文為什麼不學得。那些兵，說對不起，對不起。要不是有準備，沒辦法對付呢。

周：他是一邊放的泰文的佛經，一邊放的中文的佛經。

高：拿中文給他他不懂，拿泰文給他看。你們學佛經，我們學不得。我就指著他，讓他說給他。意思是我們教佛經嘛。他們一個勁說對不起。就撤了。

周：那時有多少學生？

高：七百多。

周：變相的學中文。你一直做了多少年？

高：對呀。好幾年。先當了八年，又去緬甸做生意。他們不敢當，又叫我來當。弄平了，查也不怕了，別人可以當了。

周：華興中學是咱們自治會辦的？

高：自治會辦的。最近五、六年又請我當了。現在有二千不到點學生。當了一年多。

周：你是老校長了，有威信，又請你。大家都學中文。

高：這裡傈傈也來讀，阿佧也來讀，白彝也來讀，傈傈也來讀，有好多種族呢，讀中文。有的讀得好呢。有一個阿佧很好，泰文第一，中文也是第一。學習好，要他去大陸看看。

周：參觀、訪問。你當校長，有沒有工資？

高：沒有，義工。

周：不簡單，相當是社區義工。你最早當華興中學校長時，那兩所學校有沒有？

高：沒有，那時沒有。只有華興學校，那兩所慢慢成立。現在有三所。

周：一所是自治會辦的，一所是耶穌教辦的，另一所呢？

高：是王大為辦的。

周：王大為是什麼人？

高：他也是村上的人。人數最多的是華興中學。

周：據說現在有泰國人也跑到這兒學中文。

高：泰國人很多。

周：老先生真不簡單。我發現咱們華人村對這個傳統教育都很重視，塘窩那個校長說，沿著邊境有十二所華校的校長都是義工，他們學校都很小，比較困難，工資也低，老師只能從緬甸過來的當。

高：大陸也有來。

周：李菊娣說新寨有。

高：這裡也有些。

周：臺灣的也有。

高：臺灣的少。

周：大陸的還多？

高：多。緬甸過來的沒事，就教書了。

周：你入籍了嗎？

高：我有公民紙。

一打好多年，跟佤邦部隊、緬甸部隊、張啟福部隊、寮共部隊打

口述人：李春華 六十七歲、杜美蘭 六十八歲（女）

訪問地點：泰國清邁省清佬縣猛納區十保大谷地村李春華家

訪問時間：二〇一四年十二月九日

周：你叫什麼名字？

李：李春華。

周：今年多大年紀？

李：有六十七歲了。

周：你家鄉是那裡？

李：雲南二太坡。

周：騰衝的，二太坡屬於哪個縣？

李：從雲南，我阿公就出來了，在緬甸。

杜（李妻）：他的籍貫是雲南鎮康縣。

周：你是緬甸出生。你的父母從鎮康出來。

杜：他的父母在緬甸出生了。

李：阿公帶出來，帶阿爸出來。

杜：你父親是在緬甸果敢出生。

周：你阿公是在大陸結婚，還是在緬甸？

李：不清楚。

周：你當過老兵嗎？

李：沒有。

259

李橋林（插話）：當過。

李：我十三歲時，在緬甸有個土司，常青山，當過卡鍋耶。

周：卡鍋耶什麼意思？

李：自衛隊。後來自衛隊下來泰國，又參加三軍。那個時候參加自衛隊，打官軍，和李文煥算是親戚了，就算三軍了，以後算這方面的兵。

周：土司和李文煥是親戚。

李：土司官和李文煥有關係了。

周：兩方合併了。

李：我們帶一部分人就下來，到塘窩，從緬北一直下來。

周：從緬北下來，加入李文煥的部隊。

李：對，加入了。

周：那個時候你是什麼？

李：中隊長。

周：你在緬甸就是中隊長。

李：帶著兵下來了。一個中隊有三十多人，帶著自己的卡鍋耶（自衛隊）就來了。就把土司官的部隊帶下來。

周：單獨過來？

李：參加呀。

周：你是在塘窩？

李：在緬甸就住著了。

周：你是在緬甸就加入了三軍，跟他們一起下來的？

李：對。

周：到塘窩以後呢？

李：部隊就受訓，又出去打仗。到湄賽、馬康山，跟佤幫部隊，跟緬甸，跟張啟福打仗，一打就好多年。不打了，部隊就慢慢繳泰國槍了，然後就做老百姓了。

周：你去過打寮共嗎？

李：去過。沒打仗。我們在後方，沒進去打過。

李橋林：增援部隊，在後方支援。

李：準備去，不叫你上去，沒打著。

周：你來後，一直是中隊長。中隊長是個什麼概念？

李：我到湄賽是大隊長。

周：有能力，勇敢，看有沒有戰功。

李：在湄賽有。在帕當。我們那個時候做出來，打出來，看你能力，能帶幾個人。在游擊隊時有帶兵的經驗，一個人勇敢不行。

周：游擊隊的兵不好帶。

李：難帶點。在緬北招下來的，沒有政府呀，好帶，我們在果敢招的，這個三十、二十，那個三十、二十，難帶點，他想跑，也是有機會跑了，百姓管不得了，要跑。後來，慢慢的，三軍越來越多，一百來家帶下來，都是緬甸帶來的，到泰國，家也來了，就不跑了。

周：家屬沒來的時候跑的多。

李：跑的多。家屬沒來的時候跑的多。

周：聽說第一批來大谷地的有五十家。

李：八十多，第一批有八十家以上。

周：有四十家、五十家的說法。

李：從緬甸帶來有一百多家，拉馬地一部分在下，班龍一部分在下，湄龍一部分在下，來這五十多家。第二期就更多了。第三期。一期一期的接。用馬幫接進來。在緬甸用車子接到一個地方，再用馬幫馱進來。

周：分了三期，共多少家？

李：四百多家呢。有到各個村子住下的。

周：你家什麼時候來的？

李：我父親、母親住下兩年，姐姐又接來。大部分來完了，軍長叫我去接。我們在塘窩。孟棒有部隊，是個指揮部從孟棒接出來，我自己又去接，就直接來這裡，沒有那麼吃苦了。我們第三期進到了，已經有房子了。泰國政府用拖車拖來，從華亮接來。

周：很遠了，有二十多公里。

李：三十公里以上。

周：你太太是什麼地方的？

杜：我是中國雲南省耿馬縣，我出生在耿馬縣，我是大陸生的。我五歲的時候，解放到了，共產黨來到我們村子，那我們就逃難。

周：你家是不是地主？

杜：地主呀。我跟父母親、祖父、祖母，一起逃到緬甸。在緬甸長大，然後從緬甸南下到的泰國。

周：你們從大陸逃難是什麼時候？

杜：一九五〇年。

周：你們家從大陸逃出來有多少人？

杜：我要算一下，我們是大家族的，差不多三十個人。逃難的時候就怕人追，我們不能生火，就要吃乾糧。然後在緬甸長大。一九七三年又從緬甸來到泰國。

周：你來泰國先到哪兒？

杜：芳縣。去過嗎？

周：沒有。

杜：清邁省芳縣，然後嫁過來這邊，這樣子。

周：你們怎麼過來的？

杜：我們是從緬甸拉休，坐車到孟買，坐車一段，走路一段。

周：有跟三軍接來的，你們是怎樣？

杜：我們是跟生意幫來的，當時我們都不是當兵的。

周：和三軍有沒有親屬關係？

杜：沒有。就是生意人，生意人也是跟著部隊來。

周：有人介紹和你先生認識。

杜：在芳縣有人介紹。我在芳縣那邊一個村子，叫龐壅村，嫁過這邊。

周：那會兒你多大了？

杜：三十一歲。

周：你先生呢？

杜：三十歲。

周：那你今年六十八歲？

杜：六十九歲。

周：那你就到塘窩了？

杜：塘窩我沒有去過，他當兵在那裡，家在這裡，我先生家在大谷地。

周：你們一共有幾個孩子？

杜：四個。兩個男的，兩個女的。

周：他們都出生在大谷地？

杜：去清邁（醫院）生。他們都是泰國人了，我們兩個還是華僑。還要上稅給泰國政府。我們還是中國人，孩子就是泰國人。

周：最近你們去過中國嗎？

杜：我沒去過。

周：先生也沒去過，他是緬甸出生嘛。

杜：沒有。中國是籍貫。他是出生在果敢。土司地。

周：土司就是地方割據的一個首領。

杜：是啊。他是世世代代，世襲傳下去的，沒有選舉。

周：緬甸的我不清楚，中國的土司是清代改土歸流，把青海、西藏、雲南、貴州的少數民族的首領歸流，歸主流，把首領任命為土司，世襲。一樣不一樣。

杜：一樣的，把緬甸土生土長的，也是中國來的，好幾代了，就是華人的。

周：緬甸的土司實際是華人。

杜：多代了，反正那裡的華人都是中國人。不過他來得早些，不過十幾代了。像我出生在中國的。

周：你認識長麗芳嗎？你的情況有點和她相似。

杜：我知道啊。

周：她也是（一九）五〇年出來的，她直系親屬殺了七個人，家屬殺了二十五個人。

杜：我叫杜美蘭。

周：你們家清算時死人沒有？

杜：沒有，還沒給清算，就逃難了。解放軍來我們村子，就逃了。我推薦你看一本書《金三角國軍血淚史》，你看過沒有？

周：沒看過。

杜：這本書記得很詳細，怎麼從中國出來，怎麼在緬甸打仗。

周：我關注是難民，不是軍隊歷史。

杜：我們這一批人，中國、臺灣都不承認我們是難民，泰國就管了，把他們派到帕孟山打寮共。那個陣地我去過，就是三、五軍幫泰國打下來的。驅除泰共，又招安他們。我們去過那個地方，真正看了，從打贏那一仗，我們這批人像女孩子嫁給泰國了，才得到安居樂業了。從那個時候發給我們紙了，很多部門呢。第一期、第二期，我們是第五期了，華僑紙。就從那一次，打敗寮共。寮共投降了。

周：你們是第五批，是不是在新村辦的？

杜：是啊。

周：李健園是不是參加具體事務了？

杜：有。就是從那一次。以前泰國也打我們的黑槍，還用飛機炸我們，沒有開戰。這是我們去帕孟山的照片。我們死人多了，做了一個紀念碑。

李：考克考亞。

周：這是「考克考亞三軍烈士陣地」紀念碑，這個二次打的地方。

李：其它地方不讓去，就可以看這些。

周：這是遊覽區。

杜：現在我們的紙，不是中國人，不是臺灣人，不是泰國人，無國籍。你看過隨身紙嗎？

周：我看過，李橋林拿給我看過。你的觀點不對，你雖然沒有國籍，但是中國承認你是華僑，如果不承認華僑，那你是什麼？

杜：我也去過臺灣打工。

周：像你這個年齡也在臺灣打工，是（上世紀）九十年代。

杜：我回來十六年，二十三年前，我回來就病了。我這樣的婦工賺四、五萬臺幣，很累的，兩個禮拜輪班，晚上兩個禮拜，白天兩個禮拜，十二小時，四個小時算加班，正常班八個小時。那個時候工資很高，工作很多。臺灣很累的。

周：臺灣只知道工作。

杜：白天還可以，晚上，啊呀。現在最好住的地方是這些地方，這裡最好養老，愛打麻將，也有打麻將的地方，愛聊天，有聊天的夥伴，小吃也多，也有雲南的，這裡最舒服。

周：我說總算有個好的結果，不然的話，苦難。你們這一代人，總算看到了一個盡頭。

李：現在做保長的有中國人，做鄉議員的也有中國人。

杜：慢慢地可以變好。

周：你們的下一代，不僅僅是賺錢，有的要從政，擔任公職。

杜：慢慢地熬，現在總算熬出頭了。

周：一代人和一代人的命運不同。很感謝。

我是被寮共飛機打傷了腿

口述人：鄒亞新 八十五歲

訪問地點：泰國清邁省差巴干縣龍窩區十保熱
水塘新村鄒亞新家

訪問時間：二○一四年十二月十一日

周：你今年多大年紀？

鄒：八十五（歲）了。

周：你叫鄒什麼？

鄒：鄒亞新。

周：你是什麼時候離開雲南的？

鄒：（一九）五八年，出來在緬甸二個月，在緬甸一個年，一個月二十天到賴東，
在賴東受訓。

周：把你的經歷講給我們聽。

鄒：我記性不好。

周：想到那講到那，沒關係。

鄒：到（一九）五九年了，在緬甸過了一個年。在賴東就是幾個月，就去江拉。
去，修機場，飛機來了，臺灣飛機。來了沒房子住，在樹林裡住，三個人一個騾子，
一邊馱一個，中間夾一個。老緬來打，今天到這裡，明天到那裡。

周：臺灣飛機飛到寮國。

鄒：湄公河。住了幾年。

周：是不是和寮共打？

鄒：不是，和老緬打。

周：聽你弟弟（鄒明富）說你作戰負傷了。

鄒：就是在湄公河。邊邊。寮國飛機。

周：你兒子很孝順（指年輕人送茶，誤為鄒的兒子）。

鄒：在馬康山，在我家住，在這裡幾年了，（他）在山上種洋芋。

周：聽說一起負傷兩個人？

鄒：多。騾馬死了多少。那個子彈打，飛機打下的子彈，一打一個坑，就打到這裡（腿）。

周：是飛機掃射負的傷。

鄒：嗯。子彈打下，（炸開）都是珠珠，打在皮皮上。骨頭打不壞。我負傷了。去緬北了。負傷我在清邁一年，住院。

周：負傷的時候你結婚沒有？

鄒：還沒有結，三年後結婚。

周：那時候你多大了？

鄒：六十多了。

周：你太太哪裡的人？

鄒：泰國人。那時中國人沒有。

周：有幾個孩子？

鄒：六個。

周：你六十多歲結婚，有六個孩子。

鄒：中國還有五個。是我嫂子，她有兩個。

周：你從中國出來已經有五個孩子。

鄒：不是，我親生的有三個。

周：這些孩子你帶出來沒有？

鄒：沒有。

周：留在大陸了？

鄒：留在大陸了。

周：出來後呢？

鄒：出來就沒有回去。

周：在泰國結婚有幾個孩子？

鄒：有六個，去世一個，還有五個。

周：孩子們在外邊打工？

鄒：賣水果、賣油條。在曼谷四個，清邁一個。

周：你回去過沒有？

鄒：沒有，不方便。

周：腳不方便？

鄒：也不是，錢不方便，我只有難民紙。

周：聽你弟說，你們出來有十三個人。

鄒：有三、四十家。

周：有三、四十人？

鄒：在中國，親友多嘛。

周：你從中國出來是幾個人？

鄒：就你說的這些個。

周：在新村就你們兩個？

鄒：在新村就我們弟兄兩個，塘窩有，是何家，何自達，新寨的是何自堯。

周：何自堯多大了？

鄒：比我小，路上還哭呢。

周：（一九）五八年出來時？

鄒：那個時候十五、六歲。

周：後來當兵了。十三個人都當了。

鄒：當兵，我們是戰鬥兵。在緬北，土匪來了，也叫我們，一樣不得做。天天去追，那裡有事就去。

周：那會害怕不害怕？

鄒：年輕時不怕。跑得，吃得。

周：這是你兒子？

鄒：不是，從緬甸下來，在地方上做工，沒有家，來我家住，結婚了，討了婆娘。在我家已經三年。在馬康山，種桃子，種菜。來泰國認識的，來我這兒結婚。

周：投靠你們。

鄒：單身漢，沒有家。

周：大谷地有沒有（十三人中）？

鄒：我兄弟的兒子。有幾家住清邁底下了。種草莓，那個地方完全種草莓，很大的草莓。長得好，也是何家，他們是弟兄。

周：鄒家也是兩父子？

鄒：我們弟兄兩個。

周：你是老大，還是老二？

鄒：老大。

周：老二呢？

鄒：死了，在塘窩。出去包工，出事了。

周：出了事故，聽鄒生雲講過。那兩家父子。

鄒：是尹家。

周：鄒明富父子？

鄒：他沒哥，他公爹死了。是我老爺，親老爺。阿公是一個。

周：他的父親是你的大爹，你爸爸是老二。

鄒：他們是父子兩個，我們是弟兄兩個。

周：你父親來了沒有？

鄒：我父親在中國就死了，我們出來阿媽在家，撫養孩子。

周：還有什麼兄弟姐妹在大陸？

鄒：我們沒有分過家。兄弟有五個孩子，現在還沒安（成）家。

周：都在泰國？

鄒：在塘窖，阿偉，你知道。阿偉在家，那四個在曼谷。是我侄兒子。叫他討婆娘，他不討。

周：一個人自由，娶老婆麻煩。

鄒：有兩個姐妹。

李仙香：他妹妹和我同學，一起讀過書。

周：你沒有姐妹？

鄒：沒有。

周：你們跑出來，就你母親一人在家？

鄒：還有媳婦在家。

周：你弟弟在大陸結婚沒有？

鄒：結過，沒有孩子。死了，婆娘死了，孩子沒有生。

周：大陸的三個孩子，現在有沒有聯繫？

鄒：有呢。還是有電話聯絡。就是鄒明富回去拿來的（電話號碼）。

周：他生活怎樣？

鄒：死了兩個，大兒子死了，三兒子死了，老二在家。女兒還在，兩個女兒。

周：你在大陸生了五個？

鄒：不是，我生了三個。我是賠阿嫂，她帶來兩個，可聽懂？

周：你還有個大哥？

鄒：大哥是三爺家。還是一家人，一個公嘛。大哥死了，捨不得小娃，叫她嫁她不嫁，留下了。

李仙香：我聽懂了，大哥死了，大嫂不走，和你住了，她有兩個小娃，和你又生了三個小娃。

鄒：那好了。

周：又跟你結婚？

李仙香：沒有結婚，只是在一起。

鄒：結婚了，我們是一家了。

周：二哥女娃過繼給他了。

鄒：對。

周：這三個，生活怎樣？

鄒：還是打電話問了，還是找吃。

周：沒來看看你，你也不方便去。

鄒：沒有錢去，去大陸還是要好幾萬錢，辦手續要錢，錢沒拿得多。

周：有好幾家都是想回去，就是沒有錢，沒有回去。沒有其它問題，就是錢的問題。

鄒：多哩。

周：要出路費，要給親友買禮物，要修墳。

鄒：就是沒有紙，要多花錢，辦這個紙，求人家。

周：你這個難民證，去也去不了。

鄒：隨身紙要錢不多，我們難民紙辦不起走，要拿錢去買。

周：買假身分，到中緬邊境、中泰邊境，那個花錢就多了。

鄒：多了，那個就沒有數了。

周：一般人買不起呀，你最後也沒有見到老母親。老母親也去世了吧？

鄒：去世了好幾年了。出來也沒有見面。在緬甸也沒有上去過，那個時候做生意來來往往，我們也不給上去。我們就緬甸邊界嘛。做生意下來，這裡做生意上去，在緬甸交割。

周：在緬甸做生意，還是有機會回去看看你媽的。

鄒：不得去。

周：沒機會？

鄒：當兵，沒機會。當兵以前想去，不得去，共產黨軍人多，不放你過去。

周：共產黨管得嚴，不敢回去。你們寨子與邊境有多遠？

鄒：兩幾個鐘頭。

周：二十里？

鄒：就去緬甸了。

周：來來往往有人管嗎？

鄒：管，在中國的話，共產黨在，白天去山上（幹活），老百姓一樣不做，晚上開會教育。

周：你們家定的什麼成分？

鄒：在家，沒有什麼成分，中國叫我們窮人。

周：有有錢地主，有窮地主。那你是什麼，中農、富農？

鄒：這些了嘛。

周：有地主、富農、中農、貧農。你是什麼？

鄒：中農。

周：解放前，來往怎麼樣？

鄒：一樣的，防著嘛，沒有紙，也抓呢。

周：緬甸那邊抓？

鄒：走小路。

周：都在偷跑。跑到緬甸，生活怎麼辦？

鄒：跑到緬甸，就是招兵的，給吃嘛。

周：沒有別的辦法？

鄒：招兵的，（不當）給你找麻煩。

周：你一過來，招兵的就主動找你，跟我們走，給你糧食。是不是這個意思？

鄒：不給你去，你跑，跑不得，人家殺呢。

周：你要跑，就把你殺掉了。

鄒：唉，你跑不得，跑掉，老兵在嘛。

周：山上全是老兵。等於你們十三個人一過去，就被人家扣了。

鄒：跑，就殺呢。多一個不要緊，少你一個不要緊，就把你殺了。就不跑了，害怕，人家殺你。去那都不讓去。

周：等於你們一過去，就被老兵給扣了。當也得當，不當也得當。

鄒：唉。

周：那你們十三個人夠倒楣的。命不好。那個時候很多兵是抓來的。

鄒：後邊也抓。多呢。

李仙香：騙過來的，哄過來的。

周：在緬甸。在大陸哄不過來。大陸困難，生活苦，很多人跑出來。

鄒：不是（哄），是自己跑出來的。在緬甸是大山，種洋煙，在那地方住就住了。

周：那時大陸很多人有這個想法，大陸太窮了，跑出來種洋煙，收入高一點，就這個想法，對吧？

鄒：是啊。

周：結果，你們倒楣，一出來碰上老兵了，被抓了。像朱成亮家比較好了，他跑出來，慢慢地還辦了家庭作坊。當兵，是個沒辦法的出路，碰上就完了。

鄒：跑不得了。

周：要不當兵，要不殺了，誰也怕殺頭。當了算了。當兵跑，也要殺頭嗎？

鄒：還是殺呀，在塘窩挖開洞洞下去。

周：塘窩有個殺人坑？

鄒：殺人坑沒有，有個關人坑。深哪。有個大關人坑，一個在軍部後邊。

周：有兩個。說是深不見底。

鄒：下去，聽不見。小娃們不知道。不聽話就關下去。

周：那時候管得嚴，不准亂說話，說句共產黨好，馬上扔下去了。

鄒：講不得的，講共產黨，我們住的時候，殺了好幾個，說是破壞了嘛。你講共產黨，講不得，不能講。

周：聽說那裡會有收音機，共產黨廣播這邊，誰家養幾個豬。

鄒：私人的。

周：共產黨怎麼會知道得那麼詳細？

鄒：共產黨宣傳紙上有，不認得（字），有的知道。

周：傳單？

鄒：人家能訪得，諜報，曉不得就在你身上。

周：那會兒你們偷聽收音機嗎？

鄒：沒有。那個時候電視也沒有。

周：電也沒有？

鄒：發報機。

周：手搖發電？

鄒：三、四人（搖）呢。你要到大谷地，跑啊，送信。

周：那個時候塘窩送信到大谷地多長時間？

鄒：個把鐘頭，一個鐘頭不到，大谷地。

周：他說的是翻山，到新村也是翻一個山。

鄒：這個時候修路，繞山。

周：連李文煥也是走這邊，沿途站著崗，他很胖，馬駄一會兒累了，換一匹馬。

鄒：他有兩個馬。

周：他平時不住這兒，在清邁。

鄒：熱天了上塘窩，冷天了下清邁。

周：長官享福，當兵慘了。

鄒：對。上塘窩騎馬，沒有車子，有個吉普車，上不去，在這換馬。在米倉休息，煮飯吃，騎馬上去。兩匹呢。

周：你弟弟就是給他當警衛，抱進抱出。翻身，上廁所，亂七八糟都是他做。

鄒：一直到死，死的時候在家。

周：你比你弟弟大十多歲？

鄒：他爹四十多歲討婆娘。討婆娘還要轎子，人抬。在大陸討，小腳姑娘。

周：我聽說三軍接軍屬，有很多都是小腳，走不了山路，騎馬、騾子，一步都走不了。

鄒：走不得。

周：那會兒逃兵多不多？

鄒：跑到底下去了。

周：泰國人不抓？

鄒：沒法抓，抓不住，在鄉下。

周：怎麼生活？

鄒：找老百姓，幫工，吃飯。老兵在一個地方，逃兵在一個地方。一去他跑了。逃兵有線報，老百姓告他老兵來了。在山上找不著，難抓住。抓住有殺的，有關的。

周：關多長時間？

鄒：你聽話，還是交到部隊。

周：關到你聽話，你不答應當兵，就不放你出來。你說十個當兵的，有多少心甘情願。

鄒：我們跑出來，不是怕共產黨，是想出來種洋煙。跑出來，不得種，就得討生活，當兵，大家飯給嘛，一樣做嘛。

周：當兵也是個沒辦法的事。

鄒：游擊隊也是為了吃飯。

周：能吃飽飯？

鄒：能吃飽，一個月二十塊。

周：二十塊能花掉嗎？

鄒：買肥皂，洗衣服。

周：當官多些。

鄒：有辦公費。

周：當官的貪汙不貪汙？

鄒：不貪汙。辦公費買茶，來客人，那些。也有貪的。有些愛財，捨不得吃。

周：貪汙的多不多？

鄒：始終有，心不一樣。

周：當官對兄弟們好不好？

鄒：有些還是好，有些罵人呢，看你好，弟兄就多些，看你不好，弟兄就少些。心不好，弟兄留不住嘛，你好，才在嘛。

周：你心不好，逃的就多。

鄒：當兵都一樣，你心好就多留幾年，你不好就去別的單位。我不想在你處，還有別處。

周：你來新村多久了？

鄒：三十多年了。

我是緬甸董族，也當兵打過十多次仗

口述人：艾琴 五十三歲

訪問地點：泰國清邁省差巴干縣龍窩區六保塘窩村艾琴家

訪問時間：二〇一四年十二月十三日

周：你是？

艾：董族的。

周：董族是什麼，不知道。

艾：緬甸董族。

周：你今年多大年紀。

艾：五十三歲。

周：你叫什麼名字。

艾：艾琴。

周：你什麼時候當的兵？

艾：十七歲就來這邊了。

周：你是在緬甸當的，還是在泰國當的？

艾：在緬甸當了，下來了。從緬甸到併攏，又到這裡。

周：你當兵做什麼？

艾：哪裡都去。

周：你打過仗沒有？

艾：打過很多仗。打過十多次。

周：比你（蔡鳳才）打得還多。你都是跟什麼人打？

艾：老緬，也有漢人打漢人，跟張家打。

周：跟羅興漢打過沒有？

艾：沒有。

周：跟佤族打過沒有？

艾：吃一鍋飯，不打。

周：你負過傷沒有？

艾：一點點。

周：輕傷。你後來跟著部隊來了塘窩，你成家了沒有？

艾：成了，這兒就是我的家。

周：你媳婦是那裡的？

艾：緬甸過來的。

周：也是董族？

艾：不是，是俅河。

周：現在你們安家，有幾個孩子？

艾：兩個。

周：當時你們董族參加部隊的多不多？

艾：在緬甸江那邊，有十五個。

周：都是你們一起參加的。這些人後來怎麼樣了？

艾：和張家打，在併攏不能住了，來這邊。那時候做生意，他們也是為了生意，追打，就來這邊。

周：那十四個現在怎麼樣？

艾：在併攏不是十四個，是四、五十個。

蔡：是董族參加部隊的？

艾：是一起來的。三、四個，五、六個都（有），進進出出，也有待二、三天就跑。

周：為什麼待不住，怕死？

艾：怕死。

周：就是怕死。董族參加部隊的，現在還有幾個？

艾：就我一個。

周：有沒有打死的？

艾：沒有，就是老兵了。

周：都跑了。除了董族，三軍還有沒有其他民族的。

眾人：多了嘛，白彝有、阿伕、傈僳、苗族、回依、山獨，什麼都有了。

蔡：不多，少數。

周：那你現在什麼身分？

艾：難民（證）。

周：沒有隨身證？那你老婆呢？

艾：也是難民證。

周：兩個孩子呢？

艾：也是。

周：那你這個行動受影響，孩子做什麼？

艾：大女兒嫁給泰國人，在清邁。兒子還沒有討，在家一樣不做，沒有地，給人家幫工。

周：那你有點困難。像他這種情況不多，女的都成家了，少數民族男的少。

講出心裡很痛苦想哭想打架

口述人：魯金相 六十五歲

訪問地點：泰國清邁市某酒店

訪問時間：二〇一四年十二月十七日

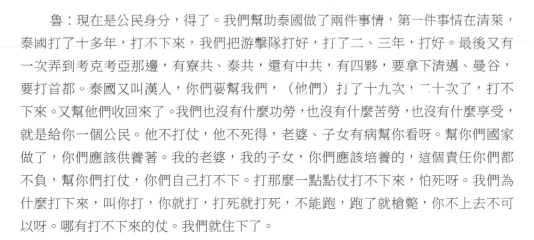

（魯金相患喉疾，女兒陪他到清邁醫治。楊國清聯繫到他女兒的電話，他即趕來，我們在路邊小餐館見面，在車裡就談開了。飯後他跟我們到酒店。在酒店大廳我們接著談。）

魯：就這樣混著，又不承認你是國民。人家承認你是國民還好一點，用得著你的時候當金當寶，用不著你的時候當糞草當垃圾。難過，心裡很痛苦。講出我們就掉淚，想哭，就想打架。

周：你現在是難民身分，還是什麼？

魯：現在是公民身分，得了。我們幫助泰國做了兩件事情，第一件事情在清萊，泰國打了十多年，打不下來，我們把游擊隊打好，打了二、三年，打好。最後又有一次弄到考克考亞那邊，有寮共、泰共，還有中共，有四夥，要拿下清邁、曼谷，要打首都。泰國又叫漢人，你們要幫我們，（他們）打了十九次，二十次了，打不下來。又幫他們收回來了。我們也沒有什麼功勞，也沒有什麼苦勞，也沒有什麼享受，就是給你一個公民。他不打仗，他不死得，老婆、子女有病幫你看呀。幫你們國家做了，你們應該供養著。我的老婆，我的子女，你們應該培養的，這個責任你們都不負，幫你們打仗，你們自己打不下。打那麼一點點仗打不下來，怕死呀。我們為什麼打下來，叫你打，你就打，打死就打死，不能跑，跑了就槍斃，你不上去不可以呀。哪有打不下來的仗。我們就住下了。

周：你老家什麼地方？

魯：鎮康。我們是江西籍。爸爸、媽媽、阿公、阿婆是江西籍。我個人是在緬甸果敢出世。

周：你的祖籍是江西的。明朝到雲南？

魯：當兵的時候，爸爸就跑了，做逃兵，跑到緬甸。定居以後，我們出生。

周：你爸爸做逃兵，是做誰的？

魯：國民黨的逃兵。在緬甸我有十四歲，就住下了，參加游擊隊，就來當兵。

周：你又當了？

魯：我父親沒有當，家裡有掛著那個服役兵，就是家裡有幾個，服役一個，當兵一個。

周：就二抽一。

魯：是，三抽一。五抽三，五個兄弟要當三個。二個要當一個。

周：那你童年的時候在緬甸，怎麼生活呢？

魯：做田、做地，種大煙。

周：種大煙的收入比做農業多一倍至二倍，是不是？

魯：加一到二倍，抬高價。

周：各種勢力都來收稅，不管哪一派。

魯：對，要來收稅。種糧食也要給他們一點，一年多少。

周：稅占多大比例？

魯：我們種大煙，那種罌果，一年給多少。

周：不是收錢，是收煙？

魯：收大煙，算是稅。我們沒有錢，大煙、糧食算稅。

周：多的時候，說是一年白幹了。

魯：那個時候我們很苦，吃的是玉米飯。把玉米拿來，磨，蒸了吃。

周：不把玉米完全磨成粉，蒸飯。

魯：兩種都有，麵也有。

周：玉米糊也有？

魯：白米飯放一點點而已。一大鍋，放一點點，也不給你吃，給阿爸、阿媽吃。

周：那時幾個孩子？

魯：我們有八姐妹、五兄弟。

周：你是老幾？

魯：我是老大。我們是有三個阿媽。一個阿爹，三個媽媽。

周：三個媽媽一起生活嗎？

魯：一起，有大媽、二媽、三媽。大媽不在了，拿了二媽，二媽在的時候，又拿三媽。

周：大媽先去世了，二媽、三媽在一起？

魯：對。

周：你在緬甸讀過書沒有？

魯：沒有。那個時候沒有學校，農村很苦，放羊、放牛、種田、種地、種大煙。我們小孩子沒有見過錢，沒有上過街。

周：那時你當兵，在緬甸，還是在泰國當？

魯：在緬甸當來了。

周：那時你多大？

魯：有十二歲，十四、五歲來泰國了。就來塘窩了。我們來是第三期，來到就受訓。受訓的時候，調我們去做號兵，吹洋號。

周：你當號兵？

魯：當了七個月。以後又調我們去打仗，在清萊那邊。我四個小孩都在那邊生。我有五個小孩，二個男生，三個女生。男的是大的，女的是小的。

周：當號兵是在軍部？

魯：一直吹，洋號，銅的。

周：在軍部吹，是不是作息時間，起床號，什麼的？

魯：起床號、點名號、上課號、下課號、吃飯號。吃完飯又是上課，下課，整天到晚吹。

周：號兵班有幾個人？

魯：十多個，有個老號長，加上我們，十五、六個。我們小的十多個，教我們的四、五個人。

周：號兵是不是都是十四、五歲？

魯：老號長有四十多歲，五十歲。

周：是不是大陸來的？

魯：緬甸來的，果敢兵。

周：後來上前線？

魯：那個號吹好，又受訓軍官隊。又去打那個寮國一次，那個就是張家，跟我們三軍打，漢人打漢人，漢兵打漢兵，中國人打中國人。他們爭那個路資，路線。打的，死了好多人。笑人呢，漢人打漢人。張家跟李家打。

周：昨天，楊國清說在甘地山打了九天九夜，動用了炮，安康村的人出來看熱鬧，說張家氣壞了，還扔了兩發砲彈到安康村。主要爭翻過甘地山那片地，那片地種洋煙特別好，爭稅，誰控制，稅就歸誰。

魯：哪一個打贏，哪一個就可以收稅。

周：那一次是張啟福打敗了，退出去了。你參加過哪些戰鬥？

魯：參加過帕孟山、帕當，我們阿兵哥在那邊，打帕孟山，考克考亞，依次茅那一帶。

周：和寮共的兩次戰役，你都參加了？

魯：兩次都參加了。我到這裡就參加了這兩次。參加這兩次就沒有了，就繳槍了，就休息了。下來的時候也是抓阿兵哥來，那時我們小啊。小，就幫人家牽馬騾，當人家的傳令兵。背個槍就是朝下背，都拖著地，那個卡賓槍。個人矮，瘦瘦的。打也不去打，背個槍也磕。照顧牲口一點，去到那裡，就割馬草。

周：老兵不幹？

魯：你小啊，你不會打，槍都放丟了。那時候很苦。我們來的時候，一個月經費二十塊，緬幣那個時候大。買點肥皂，抽菸。我們來的時候，金，泰國的黃金，一碼重，值四百塊。一碼是多少重量，不懂了。四百一、四百二，就可以買到了。

周：那個時候緬幣值錢，現在不值錢了。

魯：那個時候大官買金，發洋財，壓了好多黃金，發財了。像我們的軍長，他有金條，那時有多少。

周：當官的，像什麼金條、玉石都存了不少。

魯：從緬甸搬來，搬來，家裡面裝，裝，裝了多少。

周：存了不少，到一繳槍，就發財了。

魯：他們會沒有錢。

周：到新村、大谷地看那些房子，凡是當官的都好些，說明他們有錢。不可能靠那兩個軍餉，軍餉都是公開的，沒幾個錢。還有，那會兒各個單位相對獨立，做生意。做生意時，師長、團長不上繳點，肯定存了不少。打仗，保存到現在也不容易。

魯：我老婆五十八、九，我六十五。大了七歲。

周：你什麼時候成家？

魯：成家的時候，我們跟那個沈師長，沈指揮官，我在他家住了十二年，我結婚的時候住光武新村。成家的時候，我們兩家相鄰著。沈師長他們家，還有那個陳指揮。我們的警備。

周：你太太也是華人嗎？

魯：她爸爸、媽媽從鎮康來的，她又在泰國出生。

周：來泰國做什麼？

魯：種玉米、種點大煙，那時泰國不禁毒，可以種一點，靠著俅河，少數民族，苗子，住在一起，她就在那裡出世。又從三百洋搬到新村，我老岳父家，老岳母。

周：他們沒有當兵？

魯：他們跟我大爹家，趕馬來。我大爹當兵，他們跟著一起來，趕馬到泰國，又到新村，我岳父沒有當過兵。大爹跟軍長，是軍長的主任，姓劉，劉文正，劉主任。軍長主任當然有錢。

周：沒給你點？

魯：給呀。我安家，自然照顧我，爸爸、媽媽不在，就是伯父、伯母照顧。

周：那你大爹不錯，資助你點。

魯：我大爹、大媽對我很好。娶老婆的時候，我爸爸、媽媽不在這邊，我又做阿兵哥，我又沒有錢，都是大爹、大媽照顧我。在帕孟山一個月一百六，自己得，八十的伙食費，總共二百四。我們應得的軍費是三千塊、四千塊，陸軍待遇。差不多（民國）四十五、五十年（一九五六、一九六〇）的時候，阿兵哥的待遇。我們三軍這批人，是泰國政府給的，叫我們來打的。我們的身分是泰國政府給的，還有醫療證，簽個字，免費的。

周：這醫療證還帶身高的，一百七十公分，一九四九年生人。泰國政府發的，泰皇還賜了姓。你是皇親國戚呀。

魯：小孩子們都會寫，泰文、中文都會，唸起來很繞口。

周：你大爹是軍部什麼主任？

魯：軍需主任，管錢的。管經濟，管老的，四方八面的。我們在帕孟山、考克考亞這邊，他管後勤的。緬甸果敢那邊，老街那邊有個劉國洗，是我們三爺，是彭主席，彭家聲[36]的外交主任。

周：那你們家到緬甸是不是投靠他們？

魯：我們做了阿兵哥了，在這裡碰到。

周：原來不知道？

魯：不知道。這個三爺是我回去，在鎮康打墳，帶我岳父、岳母打他爸爸的墳，這邊是他親爸爸，那邊是他老公、老爹，兩邊都有男生，只有他一個兒子，一個女兒。結果，我岳父、岳母這邊，他們小孩子又做事，賺到錢。我是經常去緬甸，我家在

36　彭家聲（一九三一～），祖籍四川，曾任緬甸撣邦第一特區政府主席。

那裡。我內弟，內兄告訴我，姐夫就要回家鄉，帶爸爸、媽媽做兩個墳墓，你能不能幫忙。怎麼能不幫忙，可以講嘛。

周：你什麼時候回去的？

魯：快八年了。我岳父、岳母不在了，已經去世了。

周：（二〇）〇八年回去，做了兩個墓。你還挺孝順嘛。

魯：不行，不行了。我兩個弟弟小，姐姐年紀大了，不能去。兩個弟弟做工廠，做大皮箱、小皮箱的面料。有大陸、臺灣來的。我弟弟在曼谷做，現在這個生意很好。是我內弟，岳父、岳母的小孩。我的弟弟現在緬甸住著。

周：那你的四個弟弟，三個妹妹都在緬甸？

魯：八姐妹，有兩個弟弟不在世了，二、三在，三個妹妹出嫁了。有孫男，孫女了。他們在孟納，在中國邊界。現在中國開放了，他們修了路，修了毛路，沒有石頭，沒有沙。可以去。趕集的時候就可以去，下雨不可以，爛泥巴。他們發動種甘蔗、橡膠，做些東西。不敢種大煙了。下本的時候我們幫你們下，到收的時候再扣本。

周：你說的是緬甸這邊，大陸下本（投資）？

魯：公司上來做。

周：現在很開放了。叫公司加農戶。那你兩個弟弟做什麼？

魯：種地，種些玉米。我叫他們來，他們說不習慣。他們說，吃肉到街上買，吃一塊，買一塊。在我們那裡做臘肉，一年吃不完。

周：他們在家鄉也可以吃飽了。

魯：轉好了。學校也有了，教師也有了，中國來的，來了就幫你教。一年一百塊，二百塊，這樣子幫你教。供那個老師吃，從家裡拿一點點米吃。

周：農村老師不容易，你孩子做什麼？

魯：在工廠上班，一個月幾萬塊。在臺灣有，在曼谷有。在新村國三畢業，到臺灣又讀高中，二年、三年，半工半讀。陪我看病是二女兒。大兒子在臺灣讀書，認識媳婦，她是越南去臺灣讀書，也是華人。整個泰北考試，考准八十個，再送去

臺灣，最後考取二、三十個。我那個親家原來是廣東的，搬到越南去，他有六十六歲，有九個小孩，有五個女兒，四個男的。給我兒子做媳婦的是第五個女兒。老二娶的是泰國的。二女兒找的是華人，中國的。

周：也有第三代了？

魯：我有七個孫子，孫女沒有。二女兒屬雞，三女兒屬牛。晚年還算幸福，打仗，打不死。打死一樣沒有。我們當這個國家兵，也是我們應該享受的。李文煥死掉了，都被他吃掉了，死了還燒掉有十萬美金，吃掉了。塘窩的忠烈祠還沒有蓋好，真金白銀多少拿出來給呀，吃掉多少，拿掉多少。你要做，我們給呀，一樣不做，就是嘴上叫著。現在團長、師長、指揮官死光光了，老兵死了，我這小兵（還在）。原先有多少，你二千，我二千，算我們有良心。你們一毛都不拔，光叫我們拔，我們從那裡鬧，我們大家都是流血流汗的，跟你們來，跟你們到泰國，要報答這個恩，對的，要報答這個恩。你們要給我媳婦，給我兒女，有住處，有吃處，有身分證。好，泰國什麼主席、什麼統帥，什麼大官講。我給你們辦身分證。我們幫你們打那麼多仗。

周：聽說，李文煥有意不給辦，說是為了控制部隊。

魯：對。那年大家知道了，多傷心，傷心到了極點，哭都哭不出來。你要做合法的，你要做大家記得的，弄得大家都不知道，你一個人享受，還叫我們報恩。都死光光了，八十多歲的還有幾個。

周：很多人有意見。

魯：段希文，段軍長那邊。

周：是不是好些？

魯：好啊。比我們這邊強的多。文史館、忠烈祠，什麼都整出來了。我們去幫泰國，去考克考亞打那個仗，辦通行證給我們老兵。有功有勞，有功勞，有苦勞。老兵得了通行紙，後來做一個身分證，有了通行證去醫院可以免費，你去坐車，二十塊只要你十塊，坐飛機一千塊只收你五百塊。這樣的，公正的。我要去清邁，我要去曼谷，可以去很多地方。

周：看病免費？

魯：得有身分證。

周：華僑證、難民證，他們也說免費。

魯：不，沒有。

周：我聽了也奇怪。

魯：身分證免費，到六十歲可以得五百塊，七十歲可得七百塊。八十歲可得八百塊。那點福利金。給點糖果錢。（看病）沒有身分證要出點錢，要有新村醫院的證明，免費。

周：有隨身證在當地，如新村看，出點錢，出來要有新村醫院的擔保，可以免費。難民證呢？

魯：一樣，多一點，少一點而已。

周：身分證到全國看，要不要什麼？

魯：要有醫院證明擔保。我來清邁看病，要有新村醫院的擔保。

周：一樣的，去曼谷可不可以？

魯：可以。

周：出國行不行？

魯：不行。

周：有了身分，可以購置不動產。

魯：他們問你要治療，要開刀。現在治療了。

周：跟你年輕時吹號有關係？

魯：菸抽多了，還喝老酒。吹也傷掉了。三點鐘叫起了，吹吹呀，到五點，很用力，要不不響。不讓你上廁所，那個洋號要有力，上廁所力就上不去了。我們都不懂，老兵官懂。把你叫起來，說不要解小便。老兵的經驗。

周：中國人說法，把氣洩了，吹不響了。

魯：噗噗的，吹不響。

周：時間長了，對身體有害。

魯：有肺病，有腫瘤。震傷了，發炎。下雨、颱風，都吹。那些老兵哥，都是病啊。

周：我們在張自鴻家門口看到五個老兵，那四個看樣子比他年紀還大，有一個幾乎趴在他女兒身上才能走。剩下的都拄著拐杖。當年打仗留下的身體。

魯：那兒有個養老院。

周：去了。有一個打帕孟山截肢的。

魯：兩個兩個斷的有啊。黃果園有一個，腿斷掉了，他的家鄉是果敢，老街上去大水塘，我們一起上來的。阿香爸爸我們也是一起的。他們來的時候小嘛，做傳令兵。

周：橋林沒有上前線打仗，比較幸福，打仗還是比較危險。

魯：我們軍長的兒子，有六個小孩，都是在美國了，讀大學。

周：李健園看樣子能幹，開飯館，管農場。

魯：沒有用，沒有後代。她哥哥有六個小孩，誰要那個塘窩山。要做，做開發區，設計好，這個地誰來租，一年好多錢。這樣做就好了。

周：聽說村裡人還鬥過。

魯：我也鬥過。那個忠烈祠要每家捐一點錢。

周：不是湊錢的事。是讓大小姐把軍部的地，還有農場交出來，辦旅館，不成功。

魯：結果到美斯樂去了。原來準備建在塘窩，大家認同。美斯樂、塘窩各建一個。

周：美斯樂我去看了，裡面沒什麼東西，做兩個怎麼做。

魯：對呀。

周：塘窩建，我看困難了。美斯樂的文史館還有臺灣的意識形態在裡面，現在的年輕人誰還信那一套。要適應現在環境，三十多萬，二十萬是泰籍華裔，不是原來意義的中國人了。文史館沒什麼內容，關鍵美斯樂的老百姓很聰明，他們把它商業化了，辦家庭旅館，餐館，賣當地的茶葉。「金三角」成了商業化的招牌。塘窩這邊有個誤會，以為救總把政策傾斜給美斯樂了，實際上是美斯樂華人努力的結果。家家戶戶開餐館、旅館、賣茶葉，完全商業化了。

魯：羅仕達的媽媽還在，還有個朱師長不在了，魯朝廷[37]的太太還在，和羅仕達的媽媽是親姐妹。兩邊的丈夫都不在了。帕孟山還有一個段國相[38]住在那邊，中風了，不可以動了，他也去過臺灣，來帕孟山的時候是臺灣調去做指揮官，接沈加恩，結果沈加恩死掉了。指揮官換來換去，大隊長這些帶兵代替，真正的指揮官沒有。到最後是陳茂修。又做了幾任，九十幾了，也去世了。家裡面也給了我很多書。他做壽，我們去拜他，他也給我們幾本書看看，他的字文。

帕孟山那邊我也看過，也算不錯了。這邊也沒有照顧，老軍長也老去了，如果照顧，泰國政府就去了。帕當的地皮款，我們每個人的薪水三千塊，給了一百六，你們收去多少，帶上伙食費二百四，你收掉二千多。好多年，收了多少。相當我們賣給了泰國人，我們很慘啊。還指使我們做這樣，做那樣。你們在塘窩軍部粉墨歷史。你要做出這個歷史，歷史記載。寫在牆壁上，沒有地方你就寫在牆壁上，有地方你就好好的、規規整整的、端端正正的寫出來。

周：把集體的歷史寫出來了，不要盡是李文煥怎樣，個人的歷史。

魯：用電腦刻出來，我們三軍的歷史，多少年幹什麼，多少年跟臺灣總部離開，蔣總統離開多少年、多少年，我們從頭的人，帶頭的人是誰，也要處理好三軍、五軍。我在家裡也在整理這個題材。他們說你字也不識，書也沒讀。今年是什麼年，我們來到什麼地方，年、月，時間，我都把這記載下來。我不識字，我就背著筆。

周：你還真是個有心人。

魯：我就寫那個。什麼識字不識字的。

周：對。

魯：走到哪裡我都背著個筆。問到就記下來。我寫下來做個素材。就做了，我做的記載在家裡面。你來沒有碰到我，到我家裡去兩個晚上，看看我做的記載，照些照片，美國人都拿到了。我那個獎狀，是我們幫助打考克考亞，皇帝親手發給我們的。後來到清萊，我們去的時候坐車，他們給我們坐飛機，坐一百五十座的客機，我們四百多人，坐了四、五趟。我們使用的專品，我們的槍支武器，我們的彈藥，都尾隨馱上，那個飛機屁股上裝上。

37　魯朝廷，曾任雲南人民反共志願軍三軍副軍長兼十三師師長（一九六〇年五月～十一月）。

38　段國相，曾任雲南人民反共志願軍十一師三十二團團長（一九六〇年五～十一月）。

周：運輸機？

魯：我們老兵是坐客機先走了。運輸機在後面運裝備。去的時候，怕我們逃兵。我們坐那個飛機，從清萊機場一直坐到皮斯樂的機場。我們在清萊機場裡面，發的用品，就是你的蓋的，槍支武器，都發給你了。蓋的是美國來的毯子，美國的軍用品，一個人一份。發的時候，那個時候大家吹大煙，呼嚕呼嚕吹，菸癮發了，想吹煙了，就在草坪地擺起，就吹呀，就用發給我們的毯子圍起來，四、五個人在裡面吹，擋風。泰國老兵看到，跑來看，你們用毯子圍著做什麼，看見了，媽呀，在吹大煙，不是好的，桶桶的，酸酸的。很多人照相。鴉片煙，是誰拿給的，是大隊長拿的大煙口袋，用裝米的袋子，有大包、小包，六桶、三桶，大隊長是賣煙給我們抽。他們從帕孟山買的三千九，在考克考亞賣給我們一萬五，一萬五一揣。發了嘛，賺了多少錢。在飛機上就賣。那個時候也不怕，沒有警察，這些是老兵，警察也不敢來。

為什麼你們國家有這麼多的兵，為什麼還要請我們三軍。你們泰國的兵好不好，泰國的兵好，為什麼打不下來，為什麼做不好。因為大家都貪汙，貪國家這點錢，槍一響就有錢，有賞錢。泰國每天出去一個小時，四十塊，五十塊，只要你一上山就有錢了。經費是經費，那個是小費了。結果大隊長就賣煙給我們，三千九買的，四千塊不到，一萬五賣給我們。那也得吃呀，打仗，打不起呀。

周：沒精神。

魯：在清萊機場，三二七軍長來，泰國的指揮官，陳茂修親自來，幾個大官來看。說啊呀，陳先生你們這些兵吹煙，能打仗嗎？發給你們毯子是蓋呀，你們拿去吹煙，他們菸癮發了，不是要去吹。我們不怕了，不怕羞。害羞不得吃，不得打仗。吃了可以打十槍。陳茂修這樣答覆三二七的軍長，泰國的指揮官。給他們打十槍，打得下來我也不敢講，打得贏我也不敢講。結果吹煙兵給打下來了。打那個考克考亞，泰國政府打了二十九次，那個毛路開通了，又叫中共拿去了，寮共又拿去了，打不贏。去一次給五百、六百，後來一百、三百，打死了，後來勢力越來越大，槍支彈藥讓寮共抓走了。我們打一次，不死也抓得，還有武器彈藥。他們就給我們住了。那個地方種大煙，結四個果，就寮兵在的地方。我們打開，種的玉米，長得好，大包大包的，地好，土黑黑的，種洋煙很好，它的漿很好，吹著很好吹。你看，考克考亞打開，那個帕孟山打開，只可做乾崖坡，小孩子爬不下來，奇怪。

周：聽說有很多中國產的武器。還發現一些文件，說寮共是經中國培訓。

魯：對。中共，來了。那是泰國，這邊是三軍。現在考克考亞到曼谷四個小時、五個小時就到了。很近。

周：想從那個地方來解放泰國？

魯：對呀。我們去考克考亞，差不多一百天。我們三軍、五軍配合，三軍二百多個，五軍二百多個。我是小孩子，爸爸不可以去，有十五、六歲，可以做傳令兵，幫人家燒茶、倒茶。你不去，老爸去不了，還得去。結果我們去回來，又到清萊飛機場，他們不給我們坐車，坐飛機，怕我們逃掉，怕逃兵。這個身分證，我們得這個身分證，事情壓了五年多，不發給我們。我們在清萊，要回來新村，要來清邁，要重新寫字，才可以去。沒有這個警察就抓了。我們在考克考亞差不多三個月。我們把考克考亞打出來，就升了三個國旗，樹了三個旗杆，他們就照相，直升機來接，陳茂修在。他們不相信，打下來了，國旗升了。他們那個聯絡組，聯絡飛機的，他們有做技術的，逃掉了，逃兵，飛機不會叫，叫飛機的逃了。技術書拿來也不會看，是泰國字。結果就瞎打。三、四十個人跑了。聯絡飛機不在了。跑球了。怎麼搞。不給打兵了。要槍斃，怕了。

周：泰國人跑了？

魯：泰國人跑了。給我們送東西的，水呀，吃呀，要經過飛機來丟，彈藥、武器要經過飛機運，我們也不會叫。講那個東西不會講。這樣搞我們。給我們吃也吃不飽，睡也睡不好，水也不得吃，吃小便呀。有水塘的地方，他們守著。有死水塘可以吃，他放了老鼠藥。我們的附近，左邊、右邊都放了毒藥，吃不得。

周：周圍的水都不能吃？

魯：你看不清，他幹你，槍一響就死了。那個地雷，我們去的時候，二百人、三百人。那邊來的土共三個、五個，十個、十五人，他們就背著那個踩雷，拉雷。放到樹上，拉一根鐵絲，掛三個、五個，你不能碰著，碰著就炸你九個、十個人，就要負傷。踩那個雷，在那個路上埋著，他在一邊躲著，都是叢林也瞭不見，你一去，萬一踩著那個雷。休息十分鐘，你不可以亂走，原地坐著。暗雷，到處不知道安在哪裡，你看不到。踩到腳就沒有了。有的兩隻腳都掉了。雷不大，踩著那個怕，很輕，一個人能背四、五十個，拿那個大背包。專門用這個，用小石頭壓著，看不見，腳踩著，一起就炸了。結果，我們去考克考亞，等我們回去的時候，路上又來埋伏打我們，坐著軍車回來了。差不多早上五點、六點，過一個山洞，就是逢山開的路。

那個崖子很高，我們的槍都打不上去，打不到他們，他們在高頭，堵住路打我們。是泰國的兵，他們不服氣，你們幫忙地方打了，我們的飯碗砸了，我們不得找吃。

周：你們把寮國人消滅了，他們就沒錢賺了。

魯：對呀。沒有錢用了，不可以打吃呀，打我們埋伏，用火箭彈燒。用火箭彈燒陳茂修那輛車，結果沒打到陳茂修那輛車，打了參謀坐的那輛車，差一點。

周：泰國人做的？

魯：對呀。住在大嶺閣地方的人，蓋的那個小房子。

周：幹掉陳茂修，你們的部隊就可以撤了。

魯：我們的車子開到一百多公里的速度，你怎麼可以打，子彈漂，打不著，車子開得快，不快不行了，你怕呀。大家有解小便的，趕快解好，二十分鐘。過這個山洞是堵路，過不去，可非過不可。那車子是泰國專門拉兵的車子，車子拉了差不多四百多人，百十臺車，大車、小車，炮車，還歡送我們。我們去的時候是上山坡，回來的時候有些是柏油路。跟著我們的車有上千臺。左邊、右邊，遊行。

周：都是泰國人修的路？

魯：泰國人修了。養路也包給中國人，一個月多少錢。

周：泰國人很會做生意，前邊中國人打，他在後邊修路。

魯：我們就是傻瓜，幫著人家打。打完我們回來，在那點吃了點虧。在清萊飛機場，仗打好了，回來給我們坐車了，去的時候給我們坐飛機。這會兒才想到，怕我們坐車跑掉了。身分證為什麼不給我們呢，怕我們跑掉。大官們的腦筋，哎呦。我們泰國話又不會講，就是阿兵哥。

周：去打寮共有沒有跑的？

魯：有，有很多人跑。

周：誰也怕死。

魯：怕死，老爹、老媽生來的，哪有不怕死的人。回到清萊機場，皇帝、大將、小將，幾百個，坐車來迎接我們。做了幾百個人的獎狀，四百個人的獎狀，每個人都有。另外還有一個獎，有一個牌子，到下面公證給你。我們打了到現在有三、

四十年，有漢人來買獎狀，紙的那個獎狀，打了五、六年後就有人給我十萬塊錢買那個獎狀，那個時候還沒有身分證，他就拿這個做身分證。就說我打過考克考亞了，冒充。那時十萬塊錢值錢了。二、三十年前。很多人賣了吃掉了，三、五萬就賣了。我就不賣。等有了孫子、孫女給他們，噢，我的公公當過阿兵哥。我們什麼都不想，就想這個留給兒子、女兒看，現在掛著，小孩們都看到了。我在新村，五個小孩都出外面了，那我們兩個夫婦在家裡面，照顧三個孫子，五歲的兩個，八歲的一個。天天帶他讀書，照顧他洗澡，照顧他吃飯，我們兩個就出不去了。還有我們中國人哪，辦紅白喜事，每家每戶都要去人，小的二百，過去一百塊，再過去十塊、五塊，現在二百、三百塊，要是親親戚戚掛五百塊、一千塊，你掛多少，人家還你多少，每一家都相當。

周：你們到了清萊後，又回到新村？

魯：又回到新村。又到孟白，待了幾年，就和我大爹的兒子去了。回到新村我打了一個報告，要一個地盤，還沒蓋房子。大爹的兒子又叫我去，找飯吃，做過幾年，又弄到點錢，又買了點地，可以種玉米、穀子、大蔥、大蒜。小孩子在鄉下可以讀到六年級。又到新村來讀，這裡讀到國三畢業。家也搬回來了。把那邊的地賣了，賣了一百多萬，來新村蓋房子。張自鴻當會長的時候，我要的那個地還在著。我的五個孩子可以到臺灣去念，我的運氣好，他們半工半讀，我的大女兒讀到大學，自付自營，（畢業）證書在家裡掛著。我們打考克考亞死了二十幾個人，五軍死了十三個，我們三軍死了十三個，平了，不多不少。

周：巧了。

魯：多巧。每年叫我們去祭拜了。我們就跟大少爺談。說我們每一年來祭拜，你們方便可以來，我們不方便可以不來，每一年不花多也要花少，每一年來。打下的江山人家收了，不是我們的。只是我們的名字在那裡。我們把名字抄下來，拿到忠烈祠，十三個人排好，我們可以拜。每年去要花錢。大少爺說對的。每一年去，車有百十多臺，三軍、五軍，吃沒吃處，住沒住處，很麻煩。大少爺說對，方便就去，不方便可以不去，各村可以派代表去。泰國人死的更多，死一千二百人，三軍、五軍二十六個人。活著的都不想著我們，官家不想看，跑到那邊少說二、三千塊錢。每年叫我們去。我還從一個老兵那裡，我叫爺爺，找到一隻老號，他送給我。

周：現在老兵還有多少？

　　魯：我們去考克考亞祭拜，找當地那個師長，我們報告了，我們是老兵，我們
也是難民。他回來報告了，有個回文，給我們做當兵紙。這個當兵紙，現在三十多年，
死光了，在的也不知道，有個統計，有五十多人。就是前邊說的，坐車，坐飛機過半。
現在還沒有整理。打帕孟山的人還多，打考克考亞的二百多人，剩五十多人。有的
那個紙（獎狀）賣掉的，丟掉的也有。

十二歲當了兵，弟兄四個糊裡糊塗都當了

口述人：李橋林 六十二歲

訪問地點：泰國清邁省差巴干縣龍窩區六保塘窩村李橋林家

訪問時間：二〇一四年十二月二日

鄧：這是我先生。

周：今年您到底多大了？

李：我屬龍，六十二（歲）哇。

周：這卜準確了。您是在哪兒出生的？

李：出生在馬利巴。

周：在緬甸？

李：常時我爸爸在雲南鎮康，下水角，我爸爸是中國人，中國出來了。

周：是鎮康？

李：鎮康下水角。

周：他是從鎮康到了緬甸，他是因為什麼去了緬甸？

李：中國那時候很複雜呀，亂呀，他不穩定呀，日本也進，那時候打中國，又是毛主席打蔣主席，又打一回，這樣麼，就等於我們中國混亂了嘛，那下子就跑出來了嘛。

周：你父親在雲南做什麼？

李：那時候我也不清楚，我自小就來當兵，我沒有問過。

周：你父親是不是當兵的？

李：我沒有問過，他有七個弟兄，我父親是第七個，最小的一個，知道出來是跟到大的一起出來。

周：七個弟兄一起從鎮康出來？

李：不是，出來兩個。我的父親和五大爹。

周：是不是因為土改，合作化之類的？

李：也不是，沒有搞那些東西，可能是內亂。我大爹他們可能當過，我那時小，也沒問過。

周：就是你五大爹可能當過兵。

李：可能是。

周：就是你五大爹帶著你父親來緬甸，他最小。

李：可能是這樣。他們來緬甸生存。那時候很小，不記得了。

周：你是出生在緬甸？

李：嗯，緬甸了。

周：那你父親呢？

李：就死在緬甸了。當時他講給我們聽的，他的家鄉弟兄很多，親戚在勐統，而且有機會回去，我現在變成了外國的華僑，現在中國也常常提這些華僑，我們還是很高興。就是為了中國有難我們跑出來了，這樣就不得回國了。

周：幾幾年招兵你過來的？

李：他們上去招兵嘛，我們又來當，當初是我哥哥當，弟兄多的，弟兄兩個抽一個，我還小，還是當了，我十二歲就當了，我哥哥十五歲當了。

周：你弟兄幾個？

李：四個。我是老二，還有老三、老四。蒙蒙地又當了。家族都當了。有些在緬甸當的。

周：你四個弟兄都當兵了？

李：當呀。

周：你和你哥哥是先當的？

李：我們當的時候，哥哥當的時候是當三軍家兵，李文煥，跟李文煥的部隊走了。他跟著走，我又跟著走。

周：你也是跟李文煥的部隊？

李：那個時候我們在緬甸，叫下泰國。我們來到泰國是十四、五歲的樣子。

周：你在緬甸已經當了，當了一、二年了？

李：當了幾年了。

周：下來的時候，你還記得是那一年嗎？

李：記不得了。

周：是六幾年了吧？

李：可能是。

周：推一下，你是（一九）五四年生人，（一九）六六年十二歲當兵，是（一九）六八年。

李：可能是這樣，這個時間下泰國。

周：那個時候叫「下泰國」？

李：我們在緬甸，那個時候叫下泰國，亂的時候，說泰國好。三軍家的部隊，掌握了這個地方，邊境的部隊，上去招兵買馬，我們掛著這個，也是招這個，我們服兵役，這樣跟著下來。當時下來我們很困難，不是路。

周：荒郊野外。

李：什麼都沒有，吃的是自己帶一點。

周：自己帶的乾糧，水呢？

李：水就是湖，帶點，自己背。在上面（緬甸）的時候，就有中國的軍隊，叫共產黨，現在嘛，在國家人家叫八路軍。

周：叫解放軍。

李：那個時候一部分叫八路軍。

周：習慣叫八路軍，現在都叫解放軍。

李：現在叫解放軍啊，據說這個部隊很精幹。

周：然後你們就到了這個地方？

李：塘窩啦。這裡有用處嘛，打帕孟山我就沒去打了，別人去打了。

周：你們沒有去？

李：我們沒有去打。然後我就進軍部，在軍長的旁邊，李文煥嘛，就在軍部服務。三軍的傳令兵了嘛，在軍部服務。跟著李文煥。

周：當時領導是幾個人，李文煥、李彌？

李：領導就是李文煥了，一個人，下面是他腳下的了，李文煥那時候可能跟臺灣來往，臺灣的，有些是，那個時候緊，叫回臺灣，不讓待在這個國家，回去一部分人，當時有一部分臺灣逼的叫撤臺灣了，多數撤不完，李文煥住下了，他領著這些人，喜歡住下的就跟著我住下吧。別的沒撤的就不去了。李文煥就領一些部隊，那個時候我下來到了，我認得的歷史就這樣。

周：你下來的時候，一部分已經去臺灣了。

李：一部分去臺灣了。

周：李文煥沒走？

李：他沒有走，他帶一部分兵力住下各處，沒有走。

周：誰願意留下就跟著他。

李：就跟著他。當時他的部隊就從中國拖出來，老兵多哩。

周：帶出來多少人？

李：數字我不清楚，飛機場上的人當時也下來了。

周：從哪兒的機場？

李：中國的飛機場。直接來了。

周：那你在緬甸當兵跟的不是李文煥？

李：是啊，跟李文煥。當時掌握在南莊部隊，那時候我屬於南莊部隊，馬利巴過來，過來一條江，南莊過來就是馬利巴，叫清水河，中國的清水河，你應該知道吧。

周：中國的清水河？

李：那邊境有個清水河。

周：是不是湄公河？

李：不是，叫清水河。

周：是不是騰衝過來的？從哪個縣過來的？

李：那邊過來我就不清楚了，這邊是馬利巴，跟中國的邊境，這條河叫清水河。

周：那麼到這邊怎麼生存呢，每天做什麼事呢？

李：我下來就是每天招呼客人。有些時候一有個什麼事就派個出去。

周：傳令兵。

李：嗯。我們就是在軍隊做一點工作。

周：李彌？

李：李彌主席是臺灣那邊的。

周：臺灣派來的。

李：那個時候還有個米索羅[39]，還有段希文，李文煥一個，在這個邊境打，叫游擊隊，相當吃苦哩。我們軍長是我跟的，他相當吃苦，他從不叫什麼，當一個家庭那樣的道理，養不得，沒有人幫他掌握什麼，他一個人家養著，什麼事親手做。

周：事事親為。

李：是啊。

周：李文煥也是很能吃苦，游擊隊可能就是爬山、鑽林子，是不是？

李：爬這些，就是打仗啊。

周：你們跟什麼人打仗？

李：跟緬甸打。

周：跟泰國打過沒有？

李：泰國也是打過，（對）泰國是說著，因為我們在泰國，生存在泰國，打天下，就讓開了。當時緬甸就是打了，不打的話就走不通這條路。

周：不把他打跑，就到不了泰國。

李：到不了泰國，也上不去，下不來。一定要打過去。

周：一路打過去的？

李：就是打一段過一段，這樣去，那個時候的兵呀，不打的時候也有得穿呀，自己鞋穿呀，那些部隊裡老的（兵），那些鞋子。

周：自己都會做鞋。

李：自己縫鞋。

周：自己縫，自己穿，那麼很艱苦。

李：是啊，當時軍長很操心，他的部隊很尊敬。

周：尊敬李軍長。

李：他說什麼事情（都）尊敬，非常尊敬。

周：那個時候是不是叫弟兄們，愛戴軍長？

李：對呀，弟兄們。那個時候還要維持生活，還要維持部隊開銷，他自己找來的開銷。那時候做大煙生意，知道吧。

周：知道。

李：做大煙，拿金條上去，那個時候多數用金條，金條上去，換大煙下來，這樣的生意。有些老緬一段段路，一段段路打，打不贏人家的話你就失敗，就什麼也沒有，一定要他打贏去了。

周：必須打贏，你死我活，你輸了就完了。

李：輸了就完了。當時他有這個，天性是一樣的。當時李軍長的仗不會輸啊。多數是贏，輸是在以後，一會會兒。

周：也輸過？

李：輸也是輸，瞧著打不過人家就撤開一下，比如說打的地點不合適，那就不比敵了，就撤開一下。

周：地形不好。

李：地形不好。人家地形好，人就很傷亡，傷亡大就撤開一下。

周：傷亡多不多？

李：有，多哩。傷亡多數的這裡（英烈祠）有名字哩。

周：軍部有名單，在美斯樂。

李：不是，在這裡，大小姐他們那裡，都知道。

周：大小姐是李文煥的誰？

李：是李文煥的大女兒。

周：煙土販賣到泰國去，部隊就有給養了，是不是？

李：是啊。

周：發不發軍餉？

李：發哩，發得很少。

周：就是給吃頓飯。

李：飯給吃了，小菜、飯這些，帶的糧，都是他買。自己吃的什麼東西，發給一點，什麼時間領呀，毛巾、香皂自己買，洗衣服的草裱，那時候叫草裱，自己買。

周：能發多少錢？

李：十五（元）嘛、三十（元）嘛，那樣發，那個時候的錢經用哩。

周：是泰銖？

李：緬甸的錢，在緬甸時發緬甸的錢，在泰國時發泰國的錢，那時候緬甸的錢、泰國的錢都經用。現在緬甸的錢不行了。那時候在緬甸用英國的老刀。

周：英鎊？

李：對，是英鎊，英國那兒管緬甸一部分。

周：泰國把你們的部隊解散了，是怎麼回事？

李：部隊要繳槍了，我問過軍長，他說，以後按季節討生活了，部隊沒有了，自己想辦法，住在什麼地方，吃穿自己選擇了，慢慢地兵就沒有了，自己做老百姓了，討生活了，這樣講下來。他講，我們聽了。那邊（美斯樂）講什麼我們不知道，可能是一樣了。以後，軍長也不管這事了，年齡也大了。後來，張家又跟三軍打，也打過幾仗。

周：又打。

李：又打，以後也有佤家部隊，又接遞這個，叫佤家部隊，佤族，下來，下來又打張家。

周：你們和佤家還打？

李：佤家沒有打，佤家打張家，佤家和我們不打，等於一夥人了。

周：當時你們和佤家好？

李：關係好，沒有打過仗。就是跟張家打。

周：張家是誰？

李：張啟福，做大煙頭子。

周：張啟福是不是原來部隊分出去的？

李：對呀，部隊上原來是做馬生意的，大煙生意，以後他做大了，他就另外有錢弄武器，成立部隊了，擴大起來就和三軍不和了，這樣從部隊出去了，還來過我們部隊。

周：這樣雙方關係緊張了，就開始打。

李：開始打。

周：佤軍參加你們打張家。

李：以後，佤軍真正下來打張家，我們部隊已經不準備打仗了，我們知道了也去了，去了部分。

周：張家也在泰國？

李：現在張家已經沒有了，槍支沒有了，但是人在緬甸。

周：張家的部隊原來在緬甸？

李：在緬甸。泰國也到，在邊境。

周：在邊境，一上一下。

李：但現在部隊可能沒有了，也到了不能打仗的地步，不行了。

周：三軍早就解散了。

李：早就解散了，本來（槍支）已經交給泰國一部分了，自己留下了一部分。後來交給佤家一部分。佤家下來和張家交火，這部分人跟佤家打張家。

周：跟佤家跑了。

李：跟佤家過去打張家，這部分人拿去一部分武器。這部分帶出去了。

周：是不是李文煥也控制不了這個部隊了？

李：本來是控制了，後來年紀大了不想控制了。他就準備繳槍了，繳泰國，跟泰國商量的，我們打帕孟山，打下來以後，還有打考克考亞，我們準備一部分槍繳給他們去，以後就給我們公民紙（證），給我們吃處、住處，跟泰國商量的，就這樣把槍繳泰國了，不帶了。也不是泰國叫繳就繳了，是合理合法的繳了。

周：是商量好的，和平協議。

李：現在泰國對我們也不錯哩，也是對我們好，那邊也打過仗的，到現在也是有泰國身分證的。

周：當時你們幫助泰國打考克考亞，所以對三軍這部分人還可以。

李：現在還可以，對我們這部分難民也算好了，因為他們給公民紙了，地也劃給了，每一家要做多少，但是給不能給，但你做就劃給你做。

周：土地？

李：土地。

周：種多少算多少？

李：種多少就算給你多少。

周：張家那部分在泰國的人呢？

李：張家那部分人我就不清楚了。多數靠緬甸，在緬甸那邊了。

周：在泰國部分。多數是李文煥的部隊？

李：嗯。李文煥的部隊，那邊（美斯樂）是段先生的部隊。兩頭都算泰國的難民嘍。那頭也是繳了槍。

周：段先生那部分也繳了？

李：那頭也繳了。跟這頭一樣。

周：段先生的部隊也是從李文煥這部分分出去的？

李：我不清楚。是各人帶著一部分吧。

周：也是當過師長？

李：是呀，那時候是軍長，在指揮軍隊。打仗，要送什麼，發這些，軍餉，他就打電報，指揮。

周：這個人性格怎麼樣？

李：性格很好，好哩，他始終帶兵，不過也是怕了，他說人家聽，他下頭的那些師長、團長，怎麼說都怎麼聽的，都聽他的。

周：姓張的最後不是背叛他了？

李：他是慢慢的叛變了。

周：勢力大了以後。

李：勢力大了就叛變了，又過來打了一回。

周：打過李文煥？

李：打過。

周：最後他們誰贏了？

李：誰贏曉不得，最後打得差不多些，那家也不輸，那家也不贏，後來繳槍了，和佤家部隊打了，佤族啊，佤族打贏了。

周：他們打主要是為了做生意，做鴉片生意？

李：那時候做鴉片生意。

周：打主要是為了占領地盤？

李：打路線，一點點抽稅，這樣啊。

周：打交通要道，誰控制這個，通道。軍部在塘窩村。

李：剛成立在下邊華亮，慢慢地最後又來到這裡。

周：原來軍部在華亮？

李：在華亮下邊指揮。那個時候這裡沒有。有陣地了，然後慢慢建了。指揮所就在這裡。

周：塘窩當時是修的陣地、工事。

李：工事，一手是工事，外面是交通壕，都控了。

周：這些工事都是針對誰的呢？

李：防禦著人家來攻呀。

周：誰來攻呢？

李：這裡是在交界上，有時怕老緬來，有時怕泰國來，這種防下，當時防下不大。

周：但沒有打過？

李：沒有打過。

周：塘窩這裡沒有打過仗，但修了很多任務事、交通壕，處在泰緬邊境，防止各種力量來打。

李：對呀。防止泰國，還要防止老緬。當時防下沒有那麼危險。

周：當時這個地方就是一塊根據地，比方說三軍占領著這麼塊地方，在這裡生活。

李：三軍占領的時候，大谷地沒有人，新村也沒有人，都是大森林，沒有人，公路也沒有，吃的到下邊巴比去馱，下邊一點。

周：用馬去馱糧食？

李：用馬馱上來，到後來人多了，就挑上來。

周：當時有多少人在這個地方？

李：那個時候有一千多，有時候二、三千也有。

周：有沒有家屬？

李：沒有。

周：純粹是部隊？

李：沒有。一些是部隊住。陸陸續續，慢慢有，到第三期下來慢慢有跟下來了。

周：從緬甸來的？

李：那個時候不給討媳婦。

周：不准結婚。那時候領導人呢？

李：領導人也不得結，慢慢結。

周：領導人也不准結婚。

李：不准結。

飯前和李橋林、鄧聰美又談了一會兒，補記：

李橋林講，他一九六六年到塘窩以後，大約十年左右，三軍決定把家屬從緬甸接過來。當時部隊在這裡的時候，除少數人，像蔣淑琨這樣的家庭，因為他家不是三軍的人，幾乎都沒有家屬。後來慢慢允許高級軍官結婚，最後發展成士兵也可以結婚，有年齡限制，四十歲以上，然後逐步放開。當時由於沒有女人，就有十幾個軍人和當地泰國的少數民族女孩結婚，這些女孩由於考慮安全問題，可靠不可靠，所以都是透過親友互相介紹來的，其中就有上午那個那絲，嫁給軍部的炊事員，還有鄧聰美的舅舅，找的都是傈僳族的。軍官大部分找的都是緬甸那部分從大陸跑過去的華人，陸陸續續來了一些。大陸跑到緬甸的，大部分是一家一家的，所以親友很多。這樣大約十年時間，一九七四年前後決定把她們接過來。

　　當時鄧聰美的四姐嫁給了三軍的李小從，李小從當時是營長。嫁的時候，她的哥哥，跟著五姐來，一起當了兵。到大規模接的時候，鄧聰美、鄧聰美的哥哥、還有嫂子、嫂子的三個孩子，還有姐姐、姐夫，一共十來個人，大人孩子。一共五十家人，從緬甸那邊，三軍派人接過來了。老人就騎匹馬，小孩子就坐在馬馱子上，簍子裡面，其他能走路的都走路。大概走了一個月左右，到泰國。路上有些關卡，部隊就花錢，花些買路錢。第一批就安置在大谷地。

　　當時一來大谷地。之前軍人在這裡開墾，砍樹木、草，開始種穀了，起名大谷地。家屬來了以後，一家一戶劃給地，弄些茅草、帳篷就住下來了。住下來以後，軍方按人口分發口糧。大哥的三個孩子，長大以後，其中一個不願當兵。就是所謂逃兵了，和他的女兒，三個孩子跑了，跑到另外一個地方。當時逃兵很多，有的已經是逃兵了，家屬嘛，凡是長大的男孩都要當兵，所以很多人逃了。逃到各地，有的是少數民族居住的村子。大谷地最早開墾的土地，後來當兵的不種了，都荒在那兒了。大家開地，誰開歸誰。

　　比如說王會長，他的地就很多，一個他本人就是軍官，也有一些錢，他有些資源，就可以叫當兵的幫助他開墾，當然他也給工錢。當時都是平等的，即使沒錢，自己去開，也歸你。過去開墾地多的人，現在收入就多了，賣地就可以有很高的收入。像鄧聰美家，她說李橋林比較懶，就不願意開，所以他就沒地。她五姐夫也是，比較懶，雖然是個營長，也沒有什麼地。現在他有點地，都是孩子後來賺點錢，加上有泰國籍的身分，買了一些地。

　　他們是第一批五十家，安排在大谷地，不是塘窩。據李橋林說，前後軍方接上來的時間有一年多，不到兩年，陸陸續續有幾批，接到泰國，到各村安置了。塘窩是駐軍，交通好，是陣地，也有，是少數。鄧聰美大媽家的子女，大部分在緬甸。但大姐夫的姐姐也是從大陸跑出來，是個軍長、師長的老婆，姓羅，這個人對她大姐不錯，走哪兒帶哪兒，關係不錯。大姐夫的兒子很能幹，靠著這個人生意做得很大，自己也買了很多地，但自己不種，僱人種。鄧聰美是老么。她的這些兄弟姐妹，從經濟上說，她算是收入最少的。其他人都比她有錢。包括在緬甸的有兩家，但大姐不在了，二姐也不在了，他們的孩子都在城市生活，都比較富裕，尤其是大姐那個兒子。還有一個是四姐和四姐夫，是和五十家一起來的。四姐和四姐夫都在大谷地，後來都埋在大谷地了。她們有兩個孩子，這兩個孩子都在曼谷做生意。

　　李惠英她們是第二批來的。鄧聰美說她家是第一批，一九七四年，和李橋林說的不一樣。按李橋林說是一九七六年。鄧聰美說的可能比較準確。李橋林還說到一個種鴉片的情況，緬甸種，泰國這些難民村也種。大谷地和新村沒種，因為都是平地、壩子，氣候炎熱，不適合罌粟生長。但塘窩種了，山上都種了鴉片。

十多個女兵在軍校受訓三年

口述人：馮宛貞 六十五歲（女）

訪問地點：泰國清邁省差巴干縣龍窩區六保塘窩村李橋林家

訪問時間：二〇一四年十二月二日

周：當過老兵，說說你的經歷。

馮：不好意思。

周：你今年多大年紀了？

馮：六十五歲。

周：叫什麼名字？

馮：馮，二點水的馮，馮宛貞。

周：你是哪裡當的兵？

馮：我們在緬甸那濤來的，父母是從中國出來，父母在緬甸相識，又才結婚，從緬甸又來這裡（泰國）。

周：你是緬甸出生的？

馮：是啊，我們是在果敢，有個地方叫大水塘，那裡生長，那裡出生的。

周：後來當兵是怎麼回事呢？

馮：為了那裡有公路，中國在那裡造的橋，出名呀，油蕩橋，造油蕩橋，中國來造，造給緬甸，那個時候時機不好，為了是，老一輩講的，等到中國解放，我們就難過了，吃大鍋飯了，我們就十五、六歲了，形勢就是這種不穩定呀，就是好像心裡想，我們下來跟著李文煥先生下來，從那裡下來，回去接我們家屬下來，我們有點保障，就跟著過來，我們來了有五個子女，我們隊長帶著十多個女子，不在政治部裡，東一個，西一個，我住下就一個。

周：你是留在軍部？

馮：是。在政治部受訓。我老公在政治部，他是受訓。他在我前三年來的，他在軍校受訓三年。留守在這三年，在軍校受訓三年。我們軍長就調（他）來軍部服務。他就管水、管電。沒有電呀，他管發電。下邊沒有燈，軍部有了，發電。多少人吃呀，軍民吃水呀。抽上去，吃水呀。有大鋼管，現在不存著了，我丈夫就服務這些。上邊有什麼戰事，晚上不得睡覺，守著。守著發電，守著夜裡二、三點，就把這習慣弄成這個，到老了還是這種，白天晚上顛倒了，晚上不會睡了，他習慣了，他兩年前去世了。

周：他在哪裡軍訓？

馮：就在塘窩這裡。

周：李文煥當時還辦了軍校？

馮：是辦了。過來訓了三年。

周：他是先來的，你是後來的，後來認識了。

馮：我們是在這裡結婚的，我們有小孩十個，一樣五個，像我們親家母有三個女孩，大孫子二十多歲，二十四歲了。

周：那你真有福氣。

馮：還有重孫子，有四代。

周：四代同堂。

馮：我老公的命不在了。

周：你剛才說在緬甸修橋，是民國修的，不是共產黨修的。

馮：是緬甸政府修的。

周：是中國政府幫助修的？

馮：這個我們也講不清楚。只記得他們來是修的那個橋，修好後我們就下來了，以前有個楊福大隊長，他說在招兵，我們就，就跑呀，從家裡跑出來，偷跑出去，還過那一道河，膽子大，還找到這個楊福大隊長，家裡又追到，又跑了，生生跑出來了。

周：跑出來當兵，怎麼能想當兵呢？

馮：就是出來。

周：是不是因為在家裡受罪呀？

馮：沒有，沒有。在家裡上點學，緬甸改革了，中文就不得讀。

周：你在緬甸讀的是中文？

馮：嗯。取消中文了，就不得讀。

周：你讀了幾年書？

馮：讀了四年書。

周：那還可以嘛。

馮：到現在五十年，看也不看，寫也不寫了。

周：很有文化了。

馮：小孩們問，說李大媽這個字讀什麼，寫什麼，我說我們的書讀過兩天，進過學校，已經四、五十年了，不看書，每個家庭呢，做主婦哩，那個時候沒有電，每天從地裡回來，做飯，吃飯，小娃娃哩，爬，要睡覺，不得看書，油燈。

周：那個時候很辛苦。

馮：很辛苦。

周：沒有時間，帶十個。

馮：十個呀。大的四十五歲了。大女兒，二的四十四歲，一個大一個一歲。最小的有二十二了，小兒子。四的在家陪我。通通出去打工了。他媳婦在新村，陪兒子讀書。

周：你這四代，都有沒有身分？

馮：有，有。

周：四代全部都有？

馮：全部都有。

周：最早一代是怎麼獲得身分的？

馮：我們那苦哩，說來慚愧了。得吃些軍糧，有幾個小孩，大人是一桶二五，小孩是七五。我們來這裡是李軍長家的大少爺帶我們來這裡，這裡有個米倉，老百姓住著，我們夫婦二個在發米，每個月，這個軍糧啊，人家來領的時候，每個月發給人家。

周：就是各家一戶一戶來領。

馮：一戶一戶來領。我們就發。

周：你們負責發。標準是什麼？

馮：大人是一桶二五，小孩是七五了。每月發一次，就是過來呀，今天發了。那個時候可憐呀，想到慘哩，我們是軍人，還要帶小孩，不可以出去打工，在家裡面照顧小孩，苦是不敢想哪。

周：你也是軍人，發糧食多少跟職務沒關係，男、女沒關係？

馮：沒有。一個桶可能就是，泰國講幾羅，十幾羅的樣子。

周：十五公斤，一桶就是三十斤。那個時候很苦。

馮：過過的時候（哽咽）。

周：那個時候部隊都是這個待遇。

馮：是啊。當時我們結婚，我的丈夫有點軍費（餉）。好像一個月八十塊。我們當兵領軍餉是三十塊。到最後，結婚幾年後，我丈夫得八十塊，我們一個小兵三十塊。

周：泰銖？

馮：泰銖。

周：就糧食來說，可能比大陸還好點。十五公斤，一桶二五，三十二、三斤，雲南（一九）六〇年好些地方餓死人了。

馮：說是這樣，我們這裡糧食不缺。李文煥去臺灣被扣[40]，兩年沒有回來，那個時候我缺糧了，沒有發了。

周：有些緊張，李文煥被扣了。

40　一九六〇年十月李文煥曾被蔣介石招至臺灣。

馮：李文煥被扣了，這裡軍人抓慌了，糧食發不下了，伙食得支持呀，沒有伙食沒法開呀。

周：那個年代發多少糧食呢？

馮：糧食還是那樣，只是巴巴結結的，李文煥下邊還有很多官。

周：那是幾幾年的事情？

馮：我這個腦子，記不清了。

周：那個時候怎麼想起招五個女兵？

馮：本來下來多呢，招得多呢，到上山的時候。

周：實際招的不是五個。

馮：不是五個。說好著那天上山，大隊長來接，就跑了，走了。

周：跑了？

馮：小包包背著就走了。都穿著裙子，一樣不懂，怎麼走路，麻煩。

周：那時候你幾歲？

馮：十六歲。

周：也挺大的了。

馮：來到那裡，有個寨子叫大水塘，一個寨子有個彎塘，來的時候，水就存在那裡，乾（旱）天的時候就吃那裡的水，洗呀、吃呀，那裡的水，我們住了一個多月，那個時候想回家了，小娃娃們，生病呀，有點錢就用完，也不存錢，帶來的戒指當了，賣賣，四百塊錢一碼金子，賣了，又買吃的。那個時候李軍長每月給我們二百塊，在部隊我們還是享福哩，沒有受什麼罪。什麼軍費（軍餉）我們還是可以的，還是優待我們一點。要到緬甸跳舞，往年大谷地、新村、黃果園到處要來，表演節目，我們要配合，配合他們這些工作，在部隊上也算享福，也不做什麼，也沒有受過訓，也沒有當過兵。

周：沒有上過前線吧，沒有打過仗？

馮：沒有打過仗。我們人少嘛，只有幾個人，三、四年，後面就改善了，我哥哥都去美國了。

周：你丈夫也是從緬甸過來嗎？

馮：我丈夫是貴坎那邊的，是啊。是在緬甸招的。是臘西這邊。他五爹在這邊部隊，他可能是想找他五爹，他來部隊找不到他五爹，他五爹陣亡了。

周：他也是從雲南來找的，他是雲南什麼地方的？

馮：他的老人是中國的，是在緬甸這邊住著。老人都不在了。他們是我的爸爸媽媽，我照顧著，我的爸爸媽媽沒有見過，我的父母他也沒見過，我有個兄弟，八、九歲時，我就來了，到了去年我才到曼塘見了我的小兄弟，老了，他的岳父在曼塘，叫他來過好幾次，他岳父死時候我來了。

周：那你弟弟現在泰國，在緬甸？

馮：在緬甸，在奪機，我的大姐在仰光，其他也在那邊。

周：兄弟姐妹都在緬甸，就你一個人在泰國？

馮：我們一共十個兒女，也都有孫子、孫女。也一、二個重孫，這樣子。可以說是四代。

周：四代同堂，真不錯。

馮：苦的日子在前邊。

周：先苦後甜。

馮：你是在臺灣？

周：在北京。我是正好認識你們（馮和李英惠）二位的孩子，我是前年去的曼谷，在他們的廠子，是浙江省一個人在曼谷開的廠子，是我的親友，我到他們廠子拍照片，他們就講到你們的孩子，我說那好，我們就見見面吧，然後一起吃飯，跟他們倆口聊聊天，拍了照片，照片還用在畫冊上了，就是他們引起了我來這裡的想法，一直沒有時間，直到現在終於來了，後來打聽他們倆不在了，又打聽到阿國，妹妹是阿香，就這樣來了。

馮：他們現在普吉住著，還有女兒，姑爺，小兒子，小女兒，三個兒子通通在普吉。大兒子和媳婦在清邁。分開，為了生活嘛。他們有他們的負擔，有小孩，讀書。

周：他們告訴我，孩子先在這裡讀，可以讀漢語，然後再出去讀。我去過他們廠子裡的宿舍。

馮：這裡有小學，中三後就沒有了。就到下邊讀了，外面讀了。我小兒子中文、泰文在芒塘那邊讀了。那邊學費高點，一年學費就兩萬，零用不算在內，也是成功了，一、二年畢業了，再住大學，本來他答應了，他的夥伴同學一個不讀，他就沒心讀了，讀了高中。

周：據說泰國很多人學都有中义的。

馮：就是。兒子二十二歲，小孩子貪玩。他同學不讀，他也不讀。

三個兄弟就要調兵兩個

口述人：翟從柱 六十七歲

訪問地點：泰國清邁省差巴干縣龍窩區十保熱
水塘新村翟從柱家

訪問時間：二〇一四年十二月十五日

周：你是怎麼稱呼？

翟：翟從柱。

周：多大年紀？

翟：六十七（歲）。

周：老家什麼地方。

翟：在大陸是永德的，我沒有到過，我出生在緬甸。

周：你是第幾代？

翟：可能是第二代。

周：你父親是不是從大陸出來的？

翟：是。

周：那就是第二代。你父親是什麼時候出來的？

翟：國民黨和共產黨鬧內戰那個時代出來的。我們又出來到卡瓦山，又住幾年
到果敢，我在長青山那裡出生。我受訓，又到泰國當兵。沒有讀過書，那個時候三
個弟兄就要調兵兩個。

周：你是老幾？

翟：我是老五。我們老大、老三都不在。就是老二、老四和老五。當時當兵還
有老六。十五、六歲下世不在二、三個了。

周：你當兵時多大？

翟：十五歲。

周：你弟弟呢？

翟：我來了兩年，他來了，就是搞服務。調下來，我在警衛隊，就不再上去了。永不得回家。當了三十多年兵。李文煥去世才回家。

周：那你跟鄒明富在一起。在清邁？

翟：對。在大少爺家。

周：當衛士。李文煥去世有十多年了。

翟：十多年了。

周：回家才十多年。你弟弟呢？

翟：他當兵，不是當長。他在緬甸，上去招兵買馬這種，在那裡當兵服務幾年，下來就不服務了。

周：他現在在哪兒？

翟：在新寨，還有七兄弟，話還是會講。

周：很本分，老實的那種，他沒有當過。

翟：沒有，很老實。現在在三個兄弟了。

周：那兩個都在新寨，你一個在新村。你和鄒明富他們在部隊撤銷後，一直還跟著軍長。

翟：對。

周：在他家裡。那軍長給你們發工資。還算不算軍人？

翟：算嘛。繳泰國政府時，（我們）算繳晚一點。

周：還留了一部分？

翟：留了一小部分，李文煥去世後，慢慢做成老百姓。

周：留的是警衛隊？

翟：在彌窩那邊，帕當那邊，我們這邊算總部。

周：保留了多少人？

翟：那我就不大清楚了，不多。

周：你在李文煥家服務有多少人？

翟：不超過二十個。他家爆炸以後，白天、晚上都要站衛兵了。晚上要站雙衛兵了，他的睡房站一個，大門站一個。白天大門上站一個。守大門一個禮拜一換。還有巡邏，他的家寬。

周：他家爆炸弄清楚沒有，什麼人做的？

翟：一般的傳說是張啟福幹的。他原是個土司官，跟著部隊下來。我們也沒有補給，部隊就是做生意維持團體。部隊上上下下做生意，玉石、洋煙這些生意。張啟福是地方土司，有人、有錢就可以養部隊，他是這樣發展的。李軍長給他一點號召力，給他一點武器，上上下下好接觸，做這個生意嘛。做了，做了，他壯大了。臺灣的張書群、楊忠義，還有陶大綱，他們幾個協助他，這下壯大了。他們做生意，我們也做生意，就爭了，爭稅，爭地皮。最後一起垮了。張家也垮了。我們垮了是政府有了安排，繳槍後，劃給地皮，安居樂業了。他們垮了是逃跑了。像山一樣垮了。

周：張家垮是不是緬甸政府打的？

翟：不是。禁毒壓力太重嘛。生意沒法做了。來源沒人支持。好像現在佤幫那邊又鬧起來。那個時候還沒有人抬。

周：佤幫，大陸可能有一點。

翟：對。我們這邊三軍、五軍，過去是李彌主席來緬甸邊界接觸，成立七個軍，就留下三軍、五軍，那些都撤臺了。我們第三軍躲下了，躲下以後，臺灣補給就沒有了，靠點生意來維持。大家的父母、老婆都是在大陸住下，個人出來當兵，不願意撤臺灣，就在這邊想著，還有機會回去。慢慢地跟上出來的多了，像弟兄姐妹，老婆、兒女，都是慢慢跟著出來。撤臺的話，就斷絕了。我們這個團體，盡是鎮康那邊的人，不喜歡去臺灣。臺灣也就不出來照顧了。弟兄就做毒品來維持，也是好多年了。

周：有人說那個時候塘窩還開過賭場。

翟：沒有，過年過節，團體辦活動，有賭的遊戲，還有偷偷摸摸的。

周：這個不算。還有說三軍印過緬幣。

翟：有了。這個時候可以講了。

周：還做過緬甸的老董（銀元）。

翟：那是李彌的時候，我們沒趕上。我是民國五十二年（一九六三）下來，李彌主席是民國四十七、八年就撤臺了。剛才我講了，撤臺後，我們三軍就成了老百姓的兵。

做緬幣曉是曉得，時間不長。那些機器見過，錢沒見過。我們是當小弟兄了，那些地方派去就去，不派就不到那些地方。後來慢慢地停的，機器見過。時間不長，不是幾年，可能不成功。

周：你們幾個在李文煥身邊當兵，算當的時間長的。

翟：我從十五歲，當到五十多歲，當了四十年。

周：你現在是公民證了？

翟：公民證。我們那邊帕當，那個時候苗共占了帕當這個地方，泰國軍人打了幾次，打不開。又來找三軍、五軍去幫忙，去了，打開了。我們的公民紙是那時候給的。得公民紙以後，政府就說繳槍了，大家做老百姓，那個時候就給了。不給的也有。以後得的，第二代的、第三代的，泰國生長的。

周：你的孩子都有了？

翟：都得了。孫子都有了。

周：你不跟李文煥了，生活怎麼做？

翟：受苦了，在的時候給吃點糧。

周：當衛士不給工資嗎？

翟：給是給一點，不多。

周：清邁時也不多？

翟：幾百塊錢。有家的給吃點糧。

周：李文煥死了以後呢？

翟：回家了，什麼也沒有。

周：做什麼呢？

翟：孩子也大些了。出去打工，討生活。我們回來照顧家。兒子、媳婦都出去打工。我們有些地，在壩子裡，在新寨也有一些地，沒有水，種點果樹，一年得一點點，芋頭嘛，一樣栽一點，夠生活。全部靠打工了，慢慢地，多一點，少一點。

周：你這個地是自己買的？

翟：我當兵回來後，要點地皮，他不給。我的孩子倆夫婦在臺灣打工三年，賺點錢，買的這個地皮，蓋的這個房子，外邊又變了。

周：臺灣形勢不好了。

翟：這個房子還是空空洞洞的。

周：三軍在新村沒有給你地。

翟：給過一點。我講給你聽。我安家時候早，在熱水塘這邊，軍隊困難了，李軍長說凡是外邊的軍屬停糧。糧食停了。軍屬還要，我就請假，找師長、營長、連長請假，讓他們幫我向上級請示一下，我不可以再當下去了。那個時候我有四、五個孩子了，糧食停一天，我幾個月不得回家，我的老婆拿什麼生活。他們講，不敢講，講不得。叫我把這個房子賣掉，上高處買。瞞上不瞞下，就夠吃了嘛。沒有法，逼得賣，然後就把地盤賣了，上邊蓋了些草房，賣了三千塊錢。

周：那個時候便宜。

翟：那個時候便宜嘛，那邊更便宜，賣了三千塊，又買了一塊地，在新寨八百塊。同時當著兵，家搬到新寨。人家在新村人家不給吃糧，慢慢地又調到清邁去了。我又多講些，我一點地皮，孩子大了，要給他們讀點書。有一天派我們公差出去了，他就說，從柱說要一塊地盤。我們的同事就說，他賣地盤吃了。出公差我回來，就算我賣地皮吃，也問一問事實。他說塘窩有房子，新村有地盤，大谷地有地盤，通通得了，你不是通通賣了嗎？那個時候家弄在新村，沒有糧食吃，主官叫我這麼做，我不得不做。我不是賣了，賭博輸掉。你說這個大少爺，身分是大少爺，軍事他不懂，他是英文、泰文，中文他不懂。

周：大少爺中文不懂？

翟：他沒有讀過中文。

周：那個時候李文煥是不是已經半身不遂了？

翟：我們去時還強些。半身不遂是慢慢地。三、四年這個樣子。

周：當時他腦子糊塗不糊塗？

翟：腦子是清醒的。走路、上廁所不方便。

周：所以你的地，他們也沒給？

翟：沒有給，不給，也不希望了。

周：那時候大少爺能做主嗎？

翟：李軍長不健康了，大少爺代理了，代理了一個階段，上邊壓力也重，慢慢
就撤了。

給軍隊馱糧馱彈藥是攤派不給錢

口述人：楊國清 五十八歲

訪問地點：泰國清邁省差巴干縣龍窩區十保熱水塘新村翟從柱家

訪問時間：二〇一四年十二月十五日

周：你是楊金鳳的女婿，叫楊國清。你今年多大？

楊：五十九（歲）。

周：你是怎麼下來的？

楊：跑馬幫。來到泰國，就住泰國了。買幾個馬在這邊討生活。討了一段時間，就安家。安家嘛，就是服務隊。兵沒有當過，就是服務，幫忙部隊馱糧、馱彈藥。我給你們講過。

周：六匹馬，累死兩匹。

楊：我的經過沒有什麼，就這些。

周：你說給部隊馱糧、馱軍需，部隊不給錢。

楊：不給，那個時候都是攤派。

周：那個時候三軍能攤派的戶數多不多。

楊：也有，不是我一個。大家養牲口的，都是攤派了，這次派到我，下次派到你，這樣，輪流。

周：攤派的家多不多？

楊：也不多，養馬的有二十多家。

周：那每個月就要攤派一次。

楊：差不多，每個月都有。送糧到軍部，老兵的住處都要去。

周：新村有一個糧庫，不僅到塘窩，其他村子都要去。

楊：那時有好幾個基地，我們都送。最遠的是彌攏那邊。

周：離新村有多遠？

楊：要走七天七夜，運彈藥。

周：七天七夜不換馬，那就累死了。

翟：我們有騾馬隊，如你是派出去遠處，後勤騾馬不夠用時，他們老百姓私人幫忙。不夠用的時候攤派。

周：你估算這種情況有幾年？

楊：從那個時候到落腳，差不多八、九年這樣。

翟：有十多年。

周：那個時候一個月一次，夠多的。

楊：有時候一個月兩次。那段時間緬甸的馬幫也來，緬甸的馬幫來，我們就可以休息，就派緬甸的馬幫去。還有柴禾也馱。

周：要說山上都有柴禾。

楊：他要喜歡，放在一邊，多了，也要搬到軍部來。

周：這也要你們做。

楊：要從山上馱到軍部。

翟：公路不通。

周：命令一下，不管忙、不忙都要去。

楊：對呀。

周：都要做？

楊：白做。馬上叫，你要馬上到，不到你就要。

周：打一頓？

楊：要處罰。

周：怎麼處罰？

楊：罰你兩次呀。

周：原來一次變二次了。

楊：對。為什麼呢，叫你，你不來，再罰你一次。

翟：這是輕罰了，重罰。

周：怎麼罰？

楊：關你禁閉呀。

周：那你自己也是靠馬為生嘛。

楊：我就靠馬為生。靠馬一點，我又種地，這樣為生了。

周：老百姓為軍隊服務，除了拉夫、拉差，還有什麼？

楊：沒有什麼。我們在這邊種地，不用上稅，個人種，個人賣。

周：地是隨便開？

楊：隨便開。

周：只要你夠勤快。

楊：就可以了。

周：三軍發口糧，給不給你們？

楊：沒有了。老百姓沒有。

周：軍人、軍屬有。其他人沒有。那時新村有多少老百姓？

楊：我到的那時候大概有一百多家。

周：你是幾幾年來的，多大歲數來的？

楊：我是十六歲到泰國，到新村。

周：四十三年前。一九七一年，新村就有一百多家了。當時大谷地有沒有老百姓？

楊：有啊。很少。

翟：有好幾家。

楊：寨子外面有幾家，四、五家。

翟：大谷地開闢有四十二年。

周：塘窩有沒有老百姓？

楊：塘窩有啊。

翟：那時候新村也有二、三家軍屬。

周：除了老百姓，都是軍屬。

楊：他說是他們來的時候。我們來的時候，差不多百十家有了。

周：那你來得更早。

翟：五十一、二年了。

周：你來的時候有二、三家。

楊：老百姓還沒有。

周：大谷地還沒有。

翟：這裡也是我們開闢的。大谷地是我們。塘窩是部隊住著。新村有二、三家住著。熱水塘也是大森林。

周：那你既參加了新村開闢，又參加了大谷地開闢。

楊：他早我來好幾年。

周：大谷地比新村晚。

翟：是嘛。新村早一點，是五十年。

周：這一百多戶大體上跟你一樣，還是做生意。

楊：做土產，開舖子啊，那時候人多起來了。

翟：我下泰國五十一年。大谷地開闢有四十一、二年了。

周：一九七一年六月泰皇給了你們合法身分，有泰國軍方贈的地皮，才去大谷地開闢的。

翟：接家屬來，好像是大谷地開闢了這樣子，才接下來。（一九）七一、七二年的樣子。

周：對。新村比大谷地早。

翟：我來時，米倉在現在那邊了。

周：還有一種說法，新村以前有土著，李文煥用錢買了一部分地。

翟：是。大雲門前邊的那些地。大雲門隔開，後邊是泰國人了。出過點錢，出多少我們就不知道了。

李文煥他的學問不高，他就是有人。撤臺有一個人，姓張，他們叫他張指揮官，人們說他倒蔣，他放棄去（臺灣）了，說他腳踩偏掉了，說共產黨、國民黨都不放心他，就在李文煥這裡待了。他軍事懂，好像是參謀長，是聽講，我沒有趕著。他在軍長家死了，大少爺家死了。他就是得這個姓張的老長官，他當他的顧問。李文煥軍事也不懂，學問也不懂，官當到軍長了，錢是沒有。張指揮官不敢去臺灣，在他家死了。

周：李文煥既不懂軍事，也沒有錢，他有人。

翟：錢不有，他怎麼弄來的，我們敢說。我們來以後呢，上緬甸拉張啟福，做生意好做，他在清邁那些回子老闆，每一個借二十根條子，那些大老闆有錢，有的就借你一百萬。弟兄們就一背一背的背上去做生意。那個時候洋煙三百塊、四百塊一揣，來到這邊賣七、八千，一萬一揣。賺到大錢以後呢，金條全部還人家了。

周：人家說李文煥會做生意。

翟：這些幹部，團長、營長，全是家鄉人。是這樣得的。李彌提拔他，在孟薩，建基地。我們在塘窩，馬俊國還在著。臺灣一不支持我們，大陸工作團這邊不方便，就把他轟出去了。出去那邊，他們就不服氣，我們這邊商量。我們辦公室的去馬康山，他們就把辦公室的人銬起來。這個時候我們的部隊充足，有一萬多人，有機槍、大砲，準備把他打死。辦公室的人又回來了。家鄉來的人，跟軍長關係好，勸他不要打。那時大陸的親友山來多了，等不上他們回去，就出來了。

周：大少爺成立過一個青年隊，你知道嗎？

翟：對呀，我在那裡待過。最後一批，我擔任過教練官。

周：李文煥家二十多個警衛，他老婆、孩子警衛不警衛？

翟：那些不重要了。他家裡人還是保護著，都在內。家人、小姐出去，我們還是派人去保護。

周：那會兒叫警衛營。

翟：在上邊。

周：在清邁不叫警衛營？

翟：算是家人。我們的番號還在這裡，清邁是他的家，守大門，照顧病人。我們一來當兵，就在這裡。第一次新兵訓練，就叫警衛隊。最後十年到他家。他家爆炸以後，調到他家。

周：爆炸以前他家沒有警衛？

翟：沒有。有幾個他帶著回去，上來又帶著上來，隨身警衛。

周：當了一輩子警衛。

（第二天上馬康山，路過一個山口，對面是甘地山。）

楊：這裡種洋煙，長得很好。三軍有砲兵陣地。這裡除了三軍，還有羅興漢、楊根才的部隊，還有景頗族的部隊。勢力與三軍旗鼓相當，主要透過這裡向泰國販賣玉石。最後扎根這裡的是三軍。那兩支部隊陸續撤回緬甸。我被拉差到過這裡，為三軍馱彈藥，馱柴禾。最遠的地方去緬甸，馱路走了七天七夜。三軍最興旺的時候，馬康山駐滿了。甘地山就是緬甸了。

我父親是土司官，丈夫是十三師副師長

口述人：楊意英 七十八歲（女）

訪問地點：泰國清邁省羌巴干縣龍窩區十保熱水塘新村楊意英家

訪問時間：二〇一四年十二月十五日

周：你叫什麼名字？

楊：楊意英。

周：今年多大年紀？

楊：七十八歲了。

周：你的老家什麼地方？

楊：我的老家在果敢。

周：那你出生在？

楊：果敢。

周：你是第幾代移民？

楊：我是第四代的樣子。

周：你是怎麼認識你先生的？

楊：他是從中國來的，他是那邊解放出來的，來到這邊我們認識了。

周：你先生叫什麼？

楊：他去世了，叫張述堯。

周：你們是在果敢認識的，當時你們家什麼情況呢？

楊：我不好意思。我公公是土司。

周：你父親是土司官。你們什麼時候結婚？

楊：我十八歲。

周：結婚就跟著他，他在緬甸待了多長時間？

楊：二十幾年吧。

周：那你們七幾年來的？

楊：對呀。緬甸太亂，我們就下來了。

周：下來時你多大了？

楊：二十一、二歲的樣子。

周：那個時候你們有小孩子沒有？

楊：有了。有四個。

周：那時候很亂，帶小孩子很不方便。丈夫經常出去打仗，出差。

楊：是啊，不容易。一個人，這樣子，帶孩子。

周：你家是土司，環境是不是安全點？

楊：差不多。

周：在緬甸出生四個，在泰國呢？

楊：二個。

周：你丈夫到泰國好些？

楊：還不是一樣，經常跑緬北。

周：主要是跟緬甸政府打仗。

楊：對呀。

周：跑來跑去，你們家安在哪裡？

楊：在這裡。一來就在這裡。

周：你們第一次來是什麼時候？

楊：記不清了。

周：你們是不是和黃士明一起來的？

楊：黃士明在後，羅仕達家也在後，我家在前。

周：那麼你們家來得最早。

楊：對，最早。

周：你們來的時候這裡有幾家？

楊：沒有人家。我們來的時候是部隊，住的有三、四家。

周：說是有少數民族？

楊：沒有。有幾戶是泰國人。大概有二、三戶。

周：有個說法，李文煥出錢把那幾戶的地買了。

楊：是這樣的。李文煥把這個買下，給軍屬住。緬北（部隊）的軍屬下來住。是李軍長買的。

周：你們這二、三戶，就是買下的這個地方住。

楊：是啊。

周：你的孩子現在怎麼樣？

楊：一個做農業，第二個、第四個在臺灣，一個女兒在清邁。去世兩個。做農業在家裡，要照顧我。

周：你先生去世多久了？

楊：五年了。去世時七十八歲。

周：那你現在取得的是什麼身分？

楊：入籍了。我先生也入籍了。我孩子們的丈夫去作戰，給入籍了。羅仕達的父親也入籍了。

周：那你先生？

楊：是十三師的副師長。也是鎮康人。

周：是不是和李文煥一起出來的？

楊：沒有。李文煥先出來，他後出來。他在昆明讀書，聽說他們出來，才出來。

周：他在昆明讀書，讀的哪個學校？

楊：黃埔軍校。

周：黃埔分校。那你先生受過正規訓練，懂軍事了。

楊：沒有。他學習了一年，就解放了。一年到二年。

跟著長官上上下下緬甸做鴉片生意

口述人：字光明　七十一歲

訪問地點：泰國清邁省差巴干縣龍窩區六保華亮村張有興家

訪問時間：二〇一四年十二月七日

周：你叫什麼名字？

字：我叫字光明。

周：多大年紀了。

字：七十多一點。

周：老家是什麼地方的？

字：馬利巴，從那到拉休。札子樹。

周：你是幾幾年到的拉休？

字：二十五歲。

周：做些什麼？

字：種地。

周：什麼時候當的兵？

字：十八歲，有二十歲了。二十歲到塘窩了，又上緬甸，上上下下的。自己的長官，一會兒跟著上去了，一會兒跟著下來了。那會兒做鴉片生意。

周：你在三軍那個部門？

字：先在果敢了，又下來塘窩，就是三軍了。

周：你送過金條？

字：幫助老闆背過。縫在身上，像這種衣裳一樣，轉著縫在腰上。有槍，還有短槍，有米、子彈。

周：路上走多長時間？

字：三個月嘛，慢慢走。遇到情況不好，老緬又斷（追）了，要隨時警惕。

周：每次去多少人？

字：七百左右。帶黃金的（人）很少，是我和一個官，背著，其他人是護送。

周：路遇到老緬，就和老緬打了？

字：就和老緬打了。

周：往返跑了幾次？

字：七、八次。有時候年把一次，有時兩次。

周：一年一次，或兩次。是不是都挑雨季？

字：我們要過塘窩這，老緬在那裡躲著，不能過，在這裡休息了，有時候休息三、二天，情況好些了，老緬走了，我們再走。

周：這裡離緬甸邊境有多遠？

字：走路要三、四個鐘頭。

周：師部、軍部在這裡，就因為這是泰緬邊界，離邊界二十公里左右。

字：我來的時候軍部就在塘窩了。

周：你沒有經過賴東受訓？

字：我從緬甸直接來塘窩，沒有經過那些。我慢慢來，撤臺的也撤掉了，三軍，五軍也分開了，三軍就在這裡了。

周：打苗共你也沒去過？

字：我沒去過。我在緬甸住著。

周：部隊撤銷時，你的身分辦了沒有？

字：沒有，撤銷時我還在緬甸住著。我就一直在上頭住著。

周：自謀生路了。

字：我們的官不下來了，我們就不下來了。當官的不來，我們就在緬甸住下了。那裡還有個部門，馬利巴、果敢那裡。

周：最後怎麼來的？

字：不當兵了，老百姓的身分下來的，種地。

周：你什麼時候結的婚？

字：四十一。在緬甸結了，我們兩個一起下來。

周：你老婆是華人，還是少數民族？

字：華人。

周：她是怎麼去的緬甸？

字：也是從中國出來的。

周：那你的身分最後怎麼弄的？

字：難民身分，老婆一樣。

周：孩子們呢？

字：有公民紙了。因為有出生紙。

周：三個孩子都入泰國籍了？

字：在曼谷打工，一個在航空公司賣機票，一個當導遊，一個嫁到馬來西亞。兩個男孩，一個女孩。多數嫁到馬來西亞，和泰南部相鄰著，又都是華人。

周：大谷地、新村、塘窩都有。你享受救總蓋房子沒有？

字：有。還有掛牌子，救總的牌子。

一個人背三十二根金條去馱洋煙

口述人：鄒明富 七十四歲

訪問地點：泰國清邁省差巴干縣龍窩區十保熱水塘新村鄒明富家

訪問時間：二〇一四年十二月十一日

周：先談談你的歷史吧。

鄒：民國三十七年（一九四八）出生。〔應為民國二十九年（一九四〇）〕

周：你今年多大了？

鄒：我有七十四了。你算吧。

周：你什麼時候離開家鄉騰衝？

鄒：又講民國了，四十六年（一九五七）離開，四十七年（一九五八）到泰國。

周：離開，當時是個什麼情形？

鄒：當時我一家人，也不是講國民黨好，也不是共產黨壞。共產黨在時不叫種大煙，種煙吃飯，不得種洋煙了。出緬甸來，一天多的路，來這裡討生活，找個家室留著，有個住處。來著來著，國民黨游擊隊又招兵，一個月發三百，就跟著來，就到基本了。就到湄賽、賴東，受訓過，畢業二、三月後，地方就亂了。第三軍李文煥就知道我們父子出來當兵，心不會壞，就叫我做警衛員。我們那時在華亮，來馬康山、安康，在這地方住。他叫你寬心，把家屬接來。

周：你出來，是你父母帶你出來？

鄒：媽在家了。我爹我兩個出來。我小小的，（寨裡）二十多家，出來十三個。

周：你們家出來兩個？

鄒：還有兩個堂哥，他爹和我爹是親兄弟。他家是二爹，我爹是老么。我父親在塘窩老了，埋在這裡。

周：當時當兵你父親也當了？

鄒：當了。老了，在運輸大隊，當隊長。幫助照顧牲口，餵料。

周：兩個堂哥當了沒有？

鄒：一個去世了，一個在，也當了。十三個一起來到賴東，十三個一起受訓了。

周：一次十三個都當兵了，你們都是父子兵。

鄒：何家來了倆弟兄，倆父子，還有一個，也是一家，有五個。尹家有三個，倆父子，帶一個老爺。嚴家獨一個。

周：你在部隊一直做警衛工作？

鄒：那時起我們是臺灣補濟了四年、五年。柳總指揮在江拉，有補濟，吃過五年。五年過了以後，是李軍長，單獨照顧了，做生意，抽稅，賣洋煙，做過幾年。緬甸、泰國不同意，不讓做毒品生意了，就不做了，種山地。民國四十七、八、九、五十年，吃了四年，五十一年（一九六二）就不管了。李軍長在清邁，段軍長在美斯樂，（臺灣）政府不管了。

周：你一直跟著李軍長，直到他死？

鄒：不跟他，十年了。

周：從你當兵就跟著？

鄒：一當兵就跟著，跟到他老了。

周：不跟了，到現在十年。

鄒：嗯。

周：李文煥是十年前去世。

鄒：屬龍年去世，葬到這兒了。我們回家了。

周：你跟李軍長做些什麼？

鄒：照顧他了，他不能活動，半身不遂，腳也難動，進出有問題了，看醫生，送上車，抱上車。

周：半身不遂是什麼時候？

鄒：不長年，兩年多時間，動是動得，不活動嘛。

周：去世前兩年。

鄒：以前還是慢慢地散步，還可以騎腳踏車，鍛鍊。他有糖尿病，年紀高，慢慢地嚴重。

周：他去世時多大年紀？

鄒：八十多，他屬羊，八十三歲了。

周：你跟他的時候，打過仗沒有？

鄒：打過。我當兵是警衛，保護他，出公差，打仗。身體不好後，照顧了十年。打過多次。打緬兵，打白彝兵，張啟福這些個。

周：他上過前線沒有？

鄒：我聽說，他當師長上過。

周：那會兒你還沒來？

鄒：那個時候還沒來。

周：當軍長就沒有再上過了。

鄒：在後邊指揮了。

周：你結婚時，太太是哪裡人？

鄒：緬北的。

周：出生在緬甸的？

鄒：她出生在緬甸了。

周：也是華人嗎？

鄒：華人了。

周：也是雲南去的？

鄒：他們是昌寧這個方向來的，是第三代、第四代了。

周：你們是怎麼認識的？

鄒：那個時候跟著李軍長，補濟沒有了，下去做生意，拿點金子，馱下洋煙賣，發下吃、穿。也是個緣分，多有多給，少有少給，禮金了嘛。

周：就同意把他女兒嫁給你，然後接過來。

鄒：我屬馬，她屬羊，接下來到塘窩，就是他（鄒生榮）出生的那個地方。

周：他四十九歲了。等於在塘窩有五十年了。他也當過兵？

鄒：當過。那時大少爺組織了一個青年隊，在塘窩受訓，當了幾年。

周：他是最年輕的一代了，有沒有比他年齡還小的當兵？

鄒：有，這個也當，那個也當。各個單位。那時有張啟福，佤族，就要好多人當兵，組織前後。他弟兄多，他就當兵了。年齡小的，不是讓他們上戰場這個意思，幫官家，大小不說。老父親當了，爺爺當了，小的當。

周：有一段是不是張家、佤族比我們力量大？

鄒：張家真正當兵，原來是百孟山一個土司官，三軍派了幹部，帶兵，給了武器，待著、待著，壯大起來。李軍長給他武器，他和佤族打。

周：他後來力量比三軍大。

鄒：我們就這樣了嘛。軍長管不了了，下面好幾個師長滅不動他，也管不下了。軍長交代你這個單位出去討生活，你想辦法在那個地方做。

周：管不了他了。

鄒：也不是，軍長說我把事情交給你們，你們要動腦筋，不要讓他找麻煩。李軍長帶兵親自打張家，我們在高山上，叫湄窩，張家打我們。在馬康山，佤族打我們。張家、佤族、羅興漢都來過塘窩。

周：又聯繫，又打。

鄒：張啟福來過塘窩，天天打排球。在我兩個兒子賣東西的那個操場上。

周：張啟福喜歡打球。

鄒：那個時候臺灣政府不管了，軍長沒有辦法，拉著羅興漢來公路上用牲口馱洋煙來塘窩，用金條換，背金條去，他們來過幾回，我見過。

周：你運過金子沒有？

鄒：我幫軍長運金子，是十來年的事。

周：你背了十來年，那是很辛苦的。

鄒：背是遭罪，年紀還輕嘛。

周：很危險。

鄒：一個人背三十二根金條，多的時候，李軍長那三十二根，還有這單位的一根二根，那個單位的一根二根。十來個人一組，分給你背些，分給我背些。一根五兩，總重每人六公斤。

周：三十二根是軍部的，各單位的金條也要背，各交易各的，歸各單位。

鄒：軍部的有商人（專門）負責。各單位的是一根金條換五揣煙土。

周：商人很多？

鄒：多。不一定換五揣、十揣，今年洋煙高些。

周：價格不確定？

鄒：像買賣東西，不一樣。多就多拿幾根金條，少就少拿幾根金條。

周：洋煙拿回來，咱們再賣。

鄒：洋煙拿回塘窩，就是香港人，還有外國人來，賣給他們。用牲口送到公路上，和他們交易。

周：說好地點，在公路邊交易，咱們這沒有公路嘛。在公路邊，我們交煙，他們給錢。你送過十幾年，一年送幾次？

鄒：不一定。多數朝大江（在），大路江、回通橋、回雲橋，從大谷地進去（緬甸）。過水有危險，有時候過去，高頭有洋煙，馱著洋煙過水，（水）過到半截，這方過去，一年二到三回。一年一回不大行。

周：一般背一回多長時間？

鄒：不一定了。（把金條）都縫在衣服裡，裡面有虱子。多半背卡賓槍。

周：背乾糧，鑽林子。

鄒：還要背行李，換的衣服。你背鋪的，我背蓋的。

周：結伴合夥。

鄒：苦。腳朝上，朝下，下水，高山。你想，當年三十六。有時候不背金條，背錢。

周：更重。

鄒：都是大包，二、三十萬，四、五十萬，打包。金條，還有手鏈、戒指、項鏈，七叉八叉的，重量差不多一樣。難背呀，一包一包的。

周：那個時候有沒有危險，路上打不打仗？

鄒：有危險。有危險，就是這樣了，前頭有部隊，幾十、幾百，後頭有部隊，幾十、幾百，幾十、幾百不一，我們在中間。金子多就多派幾個，少就少派幾個，十幾個人一隊。

周：最多的時候，背金子幾個人？

鄒：二十三、四個。

周：最少的時候？

鄒：用牲口馱了，人可能三個、四個。一個牲口馱十背，一有情況分給個人背。

周：沒情況，人可能還輕爽一點。

鄒：每人要背十斤米。

周：卡賓槍多重？

鄒：沒有稱過。我當過游擊隊，跟老緬打，在大山裡，鑽林子。

周：那會兒泰國政府打不打你們？

鄒：也打。在邊界上十個、八個。做洋煙，不喜歡。

周：兩邊的政府都反對。金三角為什麼有名？

鄒：寮國、泰國、緬甸三國交界，張啟福、羅興漢、段先生，我們都到那兒交易，是個市場。我們有廠子，就是煮洋煙。從緬甸那邊，有時不馱生的，可以多馱四十揣，煮好，加工，就多了。

周：在緬甸加工好了。

鄒：一個牲口可以馱一百多揣。

周：沒加工的？

鄒：最多馱四十揣。

周：你加工過海洛因嗎？

鄒：前邊做過，後邊的沒有，兌藥的師傅不給你講。用大大的銅鍋，燒水燒燙著，三、四個人在，用水煮，煮，攪、攪，用個泵，機油泵，拿石灰，師傅叫多放一點，少放一點，在攪，拿布袋子。

周：就跟壓豆腐一樣，把水擠出去。

鄒：對了。用力壓。然後切那樣。一條條的，像鹽巴一樣。然後再煮、再攪。用漏斗滴下來，晒乾。第一次是鴉片，第三次是海洛因了，叫三號。

周：當兵的吹大煙的多不多？

鄒：多。正是那個時候不多。不做生意時候多了。

周：奇怪。

鄒：從緬北運洋煙，很少聽人說抽。現在叫冰毒，很普遍，老、少都抽。那時候老年人，有吸，很吸，小小的。泰國政府不讓做了，我們不做了，羅興漢、張啟福都進來了，他們做。

周：我碰到的張自鴻，馬文通都抽過。

鄒：吹煙簡單，有洋蠟，有小鐵絲燒，擋住風就可以了。那些兵，就這樣抽。

周：鴉片便宜，老百姓家裡都有。

鄒：那個時候，塘窩種過，我也種過。

周：大谷地沒有，天氣熱，種不了，山上都種過？

鄒：嗯，種過。

周：去緬甸前，你們在騰衝也種過？

鄒：種過。我們離緬甸很近，歸騰衝還是歸騰衝，畹町就不遠了，大谷川是土司的名。共產黨來了，人多了，劃到芒市，叫德宏州，我回家去過。（一九）九五年，我老母親老了，多會老的不知道，我回去要見老母親。

周：你什麼時候回的大陸？

鄒：（二〇）〇五年。

周：你老母親還在不在？

鄒：不在了。

周：去掃墓。

鄒：打打墳。

周：你回騰衝走的哪條線？

鄒：是走這裡，曼谷直飛昆明。從昆明到芒市。騰衝機場還沒有修好，不然就可以直飛了。從芒市到本家，用了不到四個小時。直飛騰衝就更安逸了。

周：家裡還有什麼親人？

鄒：我出來時，老母親在，有兩個妹妹，一個不在了。有個兄弟。我回去，有四個侄兒，兩個女的，兩個男的。都安家了。

周：生活怎麼樣？

鄒：平平常常的，吃飯可以的。種茶，種穀子。有車子通著，一年打幾百公斤。

周：房子怎麼樣？

鄒：有。

周：你入籍了沒有？

鄒：小娃們都有入籍，我們夫婦兩個是華僑紙。

周：我聽你兒子講，在軍部殺蔡的事情，是怎麼回事？

鄒：是這樣的，做玉石的人，我們幾個搭夥，拿錢，姓金的買，幾百萬，幾千萬。玉石從緬甸拿過來。老金是商人嘛，就賴了。就告到清邁李軍長。老金就來到清邁，我們軍隊的人也跟去了，又把人送到塘窩。人到對他好好的招呼他，和他打麻將，

玩什麼。時間做長了，告他的沒辦法拿到本錢。他在這裡有活動，部隊上的人，蔡萬廷是軍長不在掌握兵權的，還有李保昌，李保昌是參謀長，官大了，但沒有兵權，氣勢不大了。

周：李保昌沒有實權，蔡萬廷有實權？

鄒：蔡萬廷有炮營、警衛營，都管了。軍長不在就交給管了。他們兩個商商量量，李保昌是李彌主席的侄子。打麻將時講，我們放你，你給幾千萬，不放你，老命保不住了。李保昌就拿老金的錢，多少萬不曉得了。李保昌又拉蔡萬廷，兩人商商量量的政變的意思，李軍長上來時，哄他上來，殺了他，打的主意是。後頭拉的是張家。跟三軍打，整個塘窩就占了。後頭發覺了，拿得關起，事情不承認，瞞得團體，瞞得官長。殺是殺了三個，別的跟著死了一、二個。殺的三個有一個是李軍長的人，他是送老金上塘窩的人，他亂搞了，是軍長的傳令兵。他是挨身邊的人，楊在奇，跟著來，他們怎樣商商量量的就不曉得了。他是招呼老金的，最後不知怎麼搞的。

周：說是還有一個跑到大谷地了。

鄒：我們是一樣了，他也是官家身邊的人，官家相信的人。我們這些不是上過軌道，學過兵禮的人，這裡要，放他過了。他也在，放他過了，不曉得。

周．你兒子是生字輩，你是什麼輩？

鄒：明字輩，鄒明富。

周：你父親呢？

鄒：是開字輩，叫鄒開舉。

周：你父親去世就埋在塘窩了？

鄒：就在泰文學校那裡。

周：你家也是三代當兵。那十三個人，現在健在的還有幾個？

鄒：我們出來的還有，新寨、塘窩，這裡還有八個，去世五個。

周：那兩個堂哥？

鄒：二大爹的兩個，死了一個，還在一個，在新村裡面，叫鄒亞興。他是哥，八十多了。

周：腦子還清楚吧？

鄒：腦子是清楚，負過傷。就是和張啟福家打，在寮國打。他馱著洋煙下來，不想給我們三軍稅嘛，我們就追，追不上，就進寮國，圍起打。在那裡受傷。

周：張啟福不給三軍稅，三軍追，追到寮國。

鄒：張啟福馱洋煙下來，有一千多揣。

周：我們去搶？

鄒：你不給稅收嘛。

周：張啟福過我們的地盤，不給稅，就追。

鄒：是過湄公河，在這裡把他包圍了，慢談，慢談，打得跳水的人多。

周：張啟福的人。死了不少人？

鄒：死了多少不知道。他是用船，木船，拉得多，一般一百多揣。

周：你哥哥參與這個戰鬥了？

鄒：他是跟著做飯，兩個人做飯，炮打過來，在火灶邊炸了，兩個人都負傷了。

周：都打著腿？

鄒：腿不能彎了。

周：能活著就不錯了。

我父親過老年和老兄弟在一起不回家

口述人：李健園　六十四歲（女）

訪問地點：泰國清邁省差巴干縣龍窩區六保塘窩村 3 軍軍部舊址餐廳

訪問時間：二〇一四年十二月四日

李：我父親不回到家，過年都不回去，過老年，和這些老兄弟在一起。所以我們放暑假就上來了，上來要騎馬，那個新村、大谷地還沒有人。他就拿騾馬到大路上去，家裡用車把我們送到那邊，騎馬要七、八個小時，我們騎得慢一點。以後慢慢地，熱水塘新村第一個，是我父親出錢買的，他自己出錢買。

周：買的？

李：當地很多泰國人在那裡種地，當會長的很清楚，一部分一部分的買，買了一大片，那時候金條滿多。買了以後，跟省長上個報告，我們這邊弄個村莊，他的目的是塘窩這邊儘量能下去的，就下去。我們的孩子都是泰國，泰文的什麼都不懂，這裡沒有學校，沒有泰文學校。所以能搬下去的儘量，跟小孩子有機會跟當地人容納。

周：規劃得很好，張會長講了。一百六十幾家，有計劃辦的建設。請你談一談你父親這一代人，為今天這個難民村做了什麼，付出了什麼？

李：那個時候我們比較小，我們是在市區長大，不是在山上長大，放學下就跑上來，所以很多朋友說，你怎麼能住在這裡，像我家一樣，放暑假我就來，大家我都認識。他做的事情，張會長你可以問，他是部下，看問題另外一個角度啦。像我知道他很少回家，到曼谷也經過清邁呀，每次來看他，放暑假是四月，我們就跑上來看他。我比較懂一點，大學畢業以後回來，剛好是我們辦的入籍。我們幫助泰國政府在帕當，靠近寮國地，考克考亞，好幾個縣，泰政府就要我們去，和苗共作戰時，我們打勝仗以後，慢慢地，泰國皇帝。

周：去看傷兵？

李：對，和李軍長，李將軍、段將軍一起去。那以後就慢慢地入籍。第一批一定作戰的人，第二批又下來了，我們打仗前線有人，後邊也有人哪。我們這邊又比美斯樂人多，我們三軍的防區比較廣，我們那個時候管的三十幾個村莊，那邊只有四、五個村莊。現在他們旅遊觀光做得很好。

周：聽說了。

李：你現在來塘窩沒見什麼，就像一個小小的村莊。我父親就是為這些孩子儘量的去（新村），這邊有部隊在，那個時候全是部隊，幾百個人，幾千人都在這裡，像這邊挖了一個多月，一百多個人。塘窩沒有平地。像塘窩的那個泰文學校，還有美國人帶來的那個醫務所，那是六百多人，挖了差不多兩個月。學校那個地方原來是軍校。

周：王金南就在那兒教過書。

李：對，對。雖然有了泰文學校。我們還要讀一點中文，不要忘記本，從哪裡來的，反而現在變成好。每個村莊都有學校。你在大谷地、明龍、查房，全是我們三軍的。

周：現在有八十幾個村子。

李：那個時候三軍有三十幾個村子時，五軍只有四、五個村子。我們人比較多，剛才講了，他們觀光做得比較好，全部放在一起，他們那邊就是比較現代化的村莊。我們還保留，上面這個軍部（遺址）還在，給兵哥的營房還在，關人的地方我們還保留，這些地方我儘管保留。

周：應該是這樣。第一次接家屬大體是什麼時間，當時全是軍人。

李：當時軍人和難民合作得很好，為什麼這麼說。軍民是一家，每個人都要當兵呀，不是你哥哥，就是你弟弟，兒子呀，這樣的。比如有什麼事。比如去帕當，那個時候我還小，送部隊去打苗共，我們就打那個米給他們，家家把米煮了，又晒乾，晒乾又磨，磨成粉就好拿，糖、鹽好幾樣放在一起，就變成一袋一袋的糧食。我們家裡頭。

周：像炒麵那種。

李：是。那樣。我們家裡頭是用豆子，豆豉，辣子，薑，放進去，一塊一塊的，塞得滿滿的裝好弄起來。

周：送到前線給他們吃。

李：送到那邊，不用煮飯就可以吃。都是炒熟的東西。用水放進去一點，那個豆豉啊，很有營養嘛。不用煮，不用弄什麼。我們就是這樣，每個村莊都幫忙。

周：就像支援前線。

李：是的。如果不合作的，就沒有辦法生存。三幾年前，有個記者，《讀者文摘》，香港來的。

周：是美國的。

李：他訪問我父親，剛好不在，我講了，他說我覺得那邊沒有什麼奇特，他說你們常見就習慣了，說你父親，還有段軍長，帶著一批人，拿著槍槍刀刀，不是幫助難民，還有武器，到第三個國家，人家還給你們村鎮，還給你們人籍，沒有幾個人可以做到這樣。他說起來，我想也對。那個時候沒有（細）想，拿著槍，拿著刀出來，人家還是給你們入籍。入籍呀，我們是拿血、拿汗換來的。不是那樣容容易易入籍。人家需要我們，我們也需要人家。

周：《讀者文摘》的觀點是不對的。第一我們來泰國不是侵略你們，是被迫的，我們不得不出來，這是一個。第二泰國承認我們，其實他從來沒有承認我們，只是不願意和你衝突，不願和你打，打了對他不利，我們也不想和他打。

李：泰國人這個外交很會。

周：他們比較圓滑。

李：你看他這個歷史，日本人來了，他也是讓給。

周：他誰也不得罪。

李：我們來了他迎啊，美國人來了他也迎啊。他對兩方人都這樣。他們也知道我們這批人，一毛錢不用花。當時最高統帥對我們很好，很了解我們。你看不起我們就沒有了。他也是軍人，給我父親寫什麼，都（稱）李兄啊，講也是第三軍的兄弟們。

周：政府上層跟三軍關係還不錯。

李：對。他們對我們也蠻好的。第一批我來（辦）入籍的時候，第二批、第三批入了，我父親發現，翻譯講話，有些人的名字，國語拼音一樣，我們雲南人不一樣，一個人要變成幾個人都不知道，有好多問題在裡邊。第二批、第三批沒有了。我父親親自帶著我們到曼谷那邊，到國會去講，前方有，後方的人才是需要，還有些難民。就分成三批，第二批是後方的，第三批是難民，難民也放在我們一起。我就親自辦了。那些證件，哇，螞蟻都蛀了，爛了一些，就分開，幾個村莊，一個村莊一個村莊分開。那個時候不像現在，一個電話就可以了，人跑來跑去，又是報話機，問呀，小孩子，這一家，那一家增加幾個。整個弄了好幾本書。那時候我就出來，親自做，整理檔案。整理以後，就是第四期，我們就來難民村，辦難民的（入籍），那時剛好國會已經過了，最高統帥就換了一個，他就把我們的難民看成平常的難民，寮國，越南（一樣），就是這樣，所以就比較慢了，這樣。在熱水塘辦，整個單位，什麼省政府什麼單位，不管什麼，一鍋煮了。有個泰國將軍在後邊，你有什麼事情給他批個名單就行了。

周：各個村子的難民都到這兒？

李：分批，哪一天，哪個村子來。

周：辦了多長時間？

李：好長，好幾天。

周：這是第四期。

李：原來那個很快。這個很不容易，要事先整理過。

周：要有個花名冊。

李：是，比如這個張四、李四，小孩子有嗎，別又有了，要寫進去，幾歲呀什麼的。全部要翻成泰語。

周：全部還要翻譯。

李：（做）那個事情，我覺得很高興。別的什麼不用講，打到時期，到時候才可以。（這時有人叫她），泰國人吃馬肉，我媽媽就捨不得，還不是每年。

周：還要餵養。

李：每年都（生）小的。這裡不賣不行，今年又有兩個，我叫他們去賣。

周：你媽媽身體怎樣？

李：她九十多歲，原來身體很好，不是摔了一跤，不能摔，摔一下別的都出來了。

周：老年人要特別小心。當初你幫助辦這些入籍身分的時候，學校畢業了沒有？

李：畢業了，我大學畢業了，回來做事了。

周：而且你也懂泰文。

李：泰文比中文還懂，從小學泰文。

周：你幫助你父親，對難民做了很多工作。

李：這是我覺得最重要的，別的還可以，你沒有身分，以前你一到清邁那邊，還有一個通行證，給你一個期限，幾天，就要回來了。有身分證以後呢，小孩子一生出來就（有身分），父母是泰籍，小孩子生出來就有了。

周：將來上學，找工作就都沒有問題。有合法身分了。

李：到處去都沒有問題。

周：第四期全部是。

李：到第五、第六期，全部是難民了，軍人就是第四期了，一、二（期）都是前方的，第三期是前方和後方的，第四期全部是後方的。剛才講有個將軍批的，給內政部辦的，就不一樣，就和別的（國家）難民一樣。

周：很重要的一件事，徹底改變了我們難民的身分。

李：到現在還有些辦漏的。

周：訪問中遇到，只有一個華僑身分。叫隨身證。

李：辦隨身證也不錯了。全國（旅行）也可以，出國也可以。

周：可以領護照了。

李：對。

周：有的連隨身證也沒有，還有沒有。

李：有。但是少部分。跟以後來的有關係。像大谷地，我們三軍，最大的村莊是大谷地，人最多的。很多人是這樣，就是華裔啦，從緬甸到這邊工作，工作了以

後有了一點錢啦，帶父母下來，就定居在華人村。叫我們村莊是華人村。就在大谷地買塊地，給他爸爸媽媽接過來，不然他到曼谷怎麼辦，也不懂泰語。

周：語言不通，也無法生活。

李：別說不通，通了也不行。我常常跟他們講，臺灣這邊，如果你們有這個心，愛心的話，最好給爸爸媽媽住在這裡，不用住臺灣。臺灣買一棟房子，不是那麼容易，買來的也只是一點點，爸爸媽媽等於是關他了，天天就是看電視，小孩子星期一（至）星期五不在，星期六、星期日帶他出去，沒有時間帶去，天天在那裡，都病了。我說到這裡，帶錢到這裡來，找人照顧他，他想去那裡就去那裡。吃什麼，都能買。人的幸福就是這樣嘛。不用帶他到臺灣去。

周：所以這是非常關鍵的一個，換身分。爭取到這一天，你認為最後的是怎麼一個過程。經過這麼多年，等於從四十年代末，一直到，換身分是哪一年？

李：三、四十年有了。

周：你大學畢業什麼時候？

李：一九七二年。七三、七四就開始辦了。

周：那經過二十四、五年，這個過程，最後爭取到這麼個結果，付出的很多。

李：不是二十多年。從一九七四到八四，現在不止了。

周：那當然。我是說從（一九）四九年到承認身分的這個時候。

李；就是打，天天打。

周：你的心目中，你父親是個什麼樣的人呢？作為一個女兒。

李：怎麼講呢。

周：我們去過你父親的墓地，看到他們對你父親很崇敬的。不光是中國人，還有一個泰國人，在那拜，我們也採訪了很多人，也是稱李將軍，稱大小姐，當然也有習慣用語的問題。

李：你叫名字他們不知道。我說我是某某人，李健園，他們不知道。

周：我們問他們是哪三個字，他們說不知道。

李：習慣了。我父親他是很了不起的，我覺得，那一方面，就是家庭方面。就是泰國方面三軍的一個軍長，說我們都是政府給我們的錢，我們來管這些人都頭痛，你爸爸是怎麼做啊，他還要賺錢給他們，他說真的很了不起，他這樣說。對家庭，我爸爸在家裡什麼都買回來，像我們以前喜歡洋娃娃，喜歡玩洋娃娃，他也到曼谷給我們買洋娃娃回來，我們女孩子那是喜歡盤子、小鍋，切菜呀，他都從曼谷買來給我們玩，一套的那個東西。

周：不是那種人男子主義？

李：不，不。回來也是，我妹妹最小，有個小妹妹，還給她洗澡。

周：慈父。

李：哪一方面他都來。

周：都親手做。

李：他對一些人也這樣。

周：對上兵也很好。李橋林說把他當孩子一樣。

李：能來這裡住的人，都比較好一些。

周：李橋林當時很小，十二歲跟的你父親，傳令兵。

李：對，傳令兵。

周：所以他對你父親的印象，就是像父親一樣。你是姐妹兩個，還有一個弟弟？

李：是哥哥，我是老二。

周：當時你和你媽媽、哥哥、妹妹住在清邁？

李：住在清邁，在市區長大的。

周：出生在泰國嗎？

李：我是在邊界啦。

周：是緬甸，你哥哥也是？

李：我們都是從那兒過來。

周：妹妹出生在哪兒？

李：在這邊了。

周：泰國。你媽媽現在能接受訪問嗎？

李：不行了，摔跤了以後，頭腦不行了。兩年前我們給她辦了九十大壽，今年九十二，九十三了，她好動，一摔跤就麻煩了。

周：你父親和你感情很融洽，雖然環境惡劣，戰爭，還是很關心你們。

李：很細心，女孩子喜歡什麼，妹妹喜歡什麼。

周：李橋林的女兒（阿香）還講了一個故事，那個時候她們上學在清邁，你父親過生日的時候，這些學生還選一些代表，去給你父親唱歌呀，跳舞呀。

李：每年都去。

周：她是在清邁。泰皇二公主辦的慈善學校，給這裡一些名額，大家抽籤，塘窩抽了兩個，其中就有這個小孩，從小學一年級，六歲就去了，一直讀到畢業。因為是慈善性的，全部是二公主出錢，吃、住等等。是這些孩子們去你家，給你父親做壽。

李：我記得是他六十大壽時，應該。自那以後，我們就不用去打人家了。到二十幾年，他（活到）八十三，每一年都有人來。沒有發請柬，每年都有人來。他過世的時候在清邁，就拿他的屍體火化，老兵們不肯，在那邊辦了，又拿到新村這邊辦了十幾天，天天有人來，一百個桌，很熱鬧。我們出錢買那個飯菜，他們婦女會輪流來，這個村莊，那個村莊，輪流來辦。

周：中國國內叫流水席，雲南少數民族叫流水席。

李：在清邁的那些朋友來說，天哪，這要出多少錢，我說沒有出，一毛錢都沒有出，只是出錢買些菜。

周：那個墓也修得很大。

李：那是我哥哥的孩子們，支持他們，設計弄得那個樣子。

周：中國當地國民黨將領多了，同一級別的哪有享受這個的。

李：剛好在我們自己的範圍，是二層，用的材料，鋼筋，地震都不怕的。

周：寫墓誌銘的那個是柳元麟。是國民黨的一個中將。

李：柳元麟，是我父親直接（上級）管的。

周：是臺灣派來的顧問？

李：是李彌將軍的副手。這也是個悲哀，李伯也是蠻好的人，裡面鬥呀，矛盾，把他叫回去了。他是一個很能幹的一個人。拍的（電影）亂七八糟，臺灣說他在曼谷做什麼事，不是這樣的。

周：我想李彌也是個能幹的人，他被盧漢扣了幾天後，然後去南京，他的部隊居然還跑到了緬甸。說明他治軍有方，否則他被抓了，樹倒猢猻散了嘛。後來又從臺灣來收容這些舊部。

李：他來了，大家就過來了。

周：有凝聚力。臺灣那邊把他弄過去，蔣介石這個人用人也複雜。

李：他回臺灣，好像也軟禁了。真假怎麼樣，那時間太小，他是滿能幹的了。他跟美方的關係也很好，跟麥克阿瑟關係很好。

周：他是不是參加過遠征軍，是史迪威負責。張（自鴻）說有參加過抗戰的老兵，年齡很大了，人數很少，有山東的，東北的，幾個人，這些人沒有什麼親屬了，遠征軍流落在緬甸，李將軍收容了他們，又跟你父親過來了。所以安置的時候都在新村。

李：我們是十三師、十四師連在一起，十四師全部是騰衝這邊，我們是鎮康這邊，耿馬這邊（說話）腔調不一樣。

周：方言不一樣？

李：方言。

周：十三師、十四師。

李：兩個師併起來。十四師師長劉伯伯，劉什麼，想不起。

周：就是騰衝、龍陵、鎮康、耿馬這一帶的人。子弟。

李：這些子弟兵，是我父親親自帶出來的。像段將軍是從香港過來，到這邊弄部隊，由他來當。這邊是我父親帶出來的，關係就不一樣，吃苦呀，怎麼樣出來。

周：共患難。

李：我們自己用錢買米。臺灣那邊的另一部分（國情局部隊），一個月三百銖，那個時候很多啦，我們這邊只有幾十塊。

周：段是從香港過來，跟士兵的關係肯定不一樣。

李：有一點不一樣了。

周：這邊都是雲南子弟，長官都是跟著一起吃苦，鑽林子，爬山過來的。所以心目中，人們（稱）李將軍、李將軍，是血肉之情。

李：是血肉之情。

周：那你們倆都在泰國。

李：都在泰國。

周：哥哥聽說在美國？

李：是來來去去這樣。

周：我發現移民第二代，眼界很寬了，都走出去了。

李：我常常跟我們的孩子講，雲南這批人，說起經濟上，跟人家差得很遠，人家來了幾代，不用打仗。我們花費了二、三十年搞成這樣，入了泰籍以後。當時我們教育很好，尤其是中文方面，我們站在前面，每個村莊都有學校，不管你好不好怎樣，最少我們有個學校，白天讀泰文，下晚回去後讀中文，五、六點讀到八點鐘，星期六整天。所以給小孩子不給忘記本根，從哪裡來。反而是好。中國經濟那樣發達，那樣大。

周：不光是祖宗傳，有利於環境，機遇下來了。

李：兩個月前，我到普吉那邊，我們華人村的這些小孩，二千多，快三千人了。

周：很厲害的。

李：真想不到。

周：我到（查小雲）那家，三個孩子在普吉島做導遊，蓋了一個很人的房子。

李：哪家？

周：泰文學校後邊那家。查小雲家。她丈夫原是警衛團的營長。她丈夫去世很早，六十多歲就去世了，沒有再嫁，帶著七個孩子。這些孩子對她母親很孝順，賺錢給她，蓋了一個很大的房子。

李：我們雲南這邊的孩子，對父母都滿不錯的。像張會長，單獨有個孩子專門照顧父母，有什麼問題又跟哥哥、姐姐講，他們就帶錢來，他就負責照顧。

周：這比大陸要好些。大陸那個文化，子女與父母的關係呀，恰恰像這種封閉，中國傳統的東西保持下來了。

李：中國傳統的東西沒有了，你再看臺灣，來我們這邊看，我覺得文化大革命都把它弄壞了，我們幾千年那個傳統，來到這裡可以看到，對父母，對上輩，比較尊重，一直這樣。我覺得中國還要一段時間，有了個過程，幾十年以後，從學校裡面教啊，才會這樣。還好呀，開放，要感謝鄧小平。要不，整個文化都沒有了，老的已經死，榜樣都沒有了。我覺得鄧小平這個人真的是。

周：很厲害。全憑他了，前三十年，後四十年一下子拐了一個彎。不拐這個彎，中國就完蛋了。

李：現在連美國都怕了。

周：現在是這樣。鄧小平以後又好些了。

李：要是從小孩子那邊，但小孩子那邊有很多看不明白，他父母對他祖父母怎麼樣，他就對父母怎麼樣，就這樣學的。你自己對父母不好，你怎麼想小孩對你好，不可能。他的樣子在那邊嘛。

周：我的總的感覺，這些難民前途還不錯，已經顯示出了他走向好的，但歷史不能忘掉。中國的苦難，前三十年的苦難，同樣，難民現在好了，前十年也受了苦難。應該說都是中國人，都受了苦難，現在大陸的第二代、第三代也慢慢好起來了，跟這裡差不多。大陸叫空巢老人，村裡人都是老年人了，年青人都出去打工。

李：像我們這裡，塘窩村有九十個家，有四十個家的小孩在普吉島那邊。

周：跟大陸特別像。全家老人，他們的生活狀況也跟大陸差不多，大陸這些年的變化，一些發達地區農村的生活也慢慢好轉了，跟他們當初逃跑時不一樣了。

李：好多了。我前天去給我母親去買穿的鞋子，剛好（看到）有倆夫婦來，從河北什麼地方，他們來了以後，真的有那個膽量，要我還不敢，倆夫婦，泰語不行，英語也不行，從那邊（河北）開車來到昆明，又到寮國，又到這來，還要到新加坡去。我說他們真是。

周：這種人現在特別多。包括老年人，還有退休的，全世界轉的都有。

李：就是假設我去轉的話，最起碼有幾個朋友。大家一起商商量量的。他們兩個什麼也不會講，好不容易碰到一個會講普通話的。

周：我女兒和女婿今年去美國，碰到一個婦女，也不會說英語，五十多歲了，在美國轉到什麼程度，說已經來了好幾次了，因為沒去過黃石公園，說我一定要再去一次，連票都不會買，然後碰到我女兒，問她火車票怎麼買。當時我女兒碰到，也嚇一跳，五十多歲一個婦女。

李：一個人，那更楞。我想他們怎麼那麼有膽量。

周：我覺得是這麼一種，中國人覺得有錢了，精神上就不一樣了，過去是肚子的問題，現在有錢了，就出去轉。就跟當年的美國人、英國人一樣，他們發達的時候，也不就是全世界亂竄嘛，他們也不懂中文，也不懂泰語，哪兒都敢去。現在中國人也是，哪兒都敢去，世界的角落裡，包括那些戰亂的國家，像什麼阿富汗，也都是中國人。伊拉克戰爭一停，馬上有人，像（浙江）臺州的人去做生意。就像你說的，什麼都不懂，我們在飛機上也碰到幾個。我們去非洲的時候，在埃及，下飛機的時候碰到一個小夥子，埃及有個政策，路過的人可以在那兒玩一天，我們想結個伴去看金字塔，他說他沒有錢，我說你沒有錢，大老遠上埃及來幹什麼，說老闆就給了我一張機票，說飛機上管飯，在開羅轉機飛到奈及利亞，一下飛機就會有人接你。就是個農民。他去打工，身上一分錢都沒有，這老闆也夠壞的。但這小夥子膽子也夠大的。連普通話都不會說，都是土語（方言），溫州那邊的土語。我問他去奈及利亞幹什麼，他說我去打工。老闆招我，我就到那邊去打工。我說起碼給你點零用錢，他說沒有。我說你自己不帶點，他說我沒有。中國人現在不得了。

李：他年青還好些。

周：我們在奈及利亞碰到的溫州這些小老闆們，什麼路子呢，孩子國中、高中畢業，雖然家裡有錢，我怎麼培養你呢，去吧，去奈及利亞，死活你自己想辦法，孩子沒辦法，去了就是闖蕩，一、二年後，他再慢慢地把生意交給孩子做。而且，

奈及利亞非常危險，我們兩個人去的時候，當地人嚇壞了，一個公司請我去，也是給他們拍照片，他也不了解情況，我們一去，不讓我們出門，就在我們住的那個旅館，就在裡面住著，門也不讓出，那半個月幹什麼呢，門口都拿著步槍站崗。還是我們自己膽子大，就讓旅館老闆給我們找一個黑人，當地人，計程車司機，包了他的車，每天早上來接我們出去轉，每天晚上回來。這算奈及利亞沒白去。現在中國人，只要你出門，坐飛機，路上，沒有一個地方不碰到，和八十年代不一樣，出門是官員，現在全是農民，什麼文化，無所謂的。現在中國人去哪個國家，就像在中國國內到雲南、河北一樣，就這麼一個心態。現在年輕人到哪個國家打工不算什麼，不需要認識人，不要什麼資本，買張機票就開路了。

我們難民村也是，第二代、第三代也很了不起。前幾年我們在曼谷，那個時候就有人告訴我們，有塘窩一個姓馮的，我就認識他。他的母親和另一半的母親都是塘窩村的。他在我的一個朋友開的工廠打工，他是浙江人，我也是浙江人。我去看我這個朋友，他說這個工廠裡有中國人，他說大家既然都是中國人，我就儘量招些中國人。我說你給我介紹認識一下，就聊，就一直想來看，因為沒有時間，拖了年多才來。這倆口子現在也不得了了，到了普吉，專門做導遊，收入很高了。不到一年半，到這一問，（做導遊的）子弟已經翻了翻。形勢發展得非常快。

李：我們現在都有點跟不上。

周：太複雜了。

李：人家打來，我可以打過去。

周：是叫微信，我在中國國內不用。

李：在家裡看著很乖，就打這個。

周：低頭族，在飛機上、火車上到處是。他們這一代有他們的優勢，有他們的毛病。早晚要出事。這世界不可能總是和平，這些人怎麼對付，完全沒有生活經驗。就像我們在開羅碰到的那個小子，就一張機票，來到奈及利亞，一分錢不帶。他不怕死，就沒這個概念。沒有危險的概念。

李：在中國太保險了，外面不是這樣。

周：包括非洲，法國的僱傭軍，中國人到那兒去入伍，賺錢多。有好幾百人，不是一個、二個，恨不得裡面成了中國軍團了。現在中國人在外面什麼都幹。

我家是公公、丈夫、兒子三代老兵

口述人：楊金花 八十三歲（女）

訪問地點：泰國清邁省差巴丁縣龍窩區六保新寨村楊金花家

訪問時間：二〇一四年十二月七日

周：今年多大年紀？

楊：八十三（歲）。

周：你叫什麼名字？

楊：我叫楊金花。

周：老家什麼地方的？

楊：我在路江村。

周：你什麼時候去的緬甸？

楊：我就在邊界那頭，緬甸邊界。

周：你多大年紀去的緬甸？

楊：我二十歲就離開家鄉了。二十二歲就到泰國了。到孟薩，要撤臺，人太多，去不完。老緬要打，飛機，路就斷了，就沒有去臺灣，就上山來了，泰國、緬甸邊界，上來這個邊界討生活。在邊界有時間了，人家又來打，又進來這個泰國，在塘窩山上生長。

李橋林（插話）：塘窩山第一批來的。

楊：第一。我們上嘛，軍長他們屬羊年來塘窩，我們在孟洋。大多在那裡當兵，受招安，屬雞年我們又來塘窩。我們在孟洋山上，來來回回討生活。

周：那會兒你丈夫在哪兒？

楊：我丈夫去世了嘛。

周：當時在哪兒？

楊：他是老兵。

李：是九十三師的。

楊：就是跟著李軍長。

李：軍長就是九十三師。

周：兩年後到了塘窩？

楊：到了塘窩以後，又撤了一次臺。我拉著孩子已經在山上種地了。

周：那時候幾個孩子？

楊：四個孩子，走不動了。走不了了，就在這山上。以後，軍長也老了，我們也老了。

周：你結婚時多大？

楊：二十歲。

周：二十二到泰國？

楊：跟著老兵走嘛。因為父子兵，他的父親也是跟部隊，老兵。

周：你的公公也是兵？

楊：對呀。公公軍齡也大，兒子也當兵了，公公沒有人照顧，我丈夫到邊界，又折上來把我接去。先生朝上去了，公公沒人管，接我上個，又到孟薩，受訓後接我，我們到孟薩，又要撤臺，人太多，幾千人，幾萬人，撤不完，我們又上山了。老緬又來打，高處是飛機，陸地來兵打，我們就上山。

周：那個時候你老公多大年紀？

楊：他有三十多歲。

周：你丈夫的父親多大？

楊：六十多了。我來後，公公在邊界就不住了。槍炮槍炮響，到處打，飛機。我公公生病了，沒有水，沒有藥，在山上就病老了。

周：在哪兒去世的？

楊：撒拉亞山。就埋在那山上了。

周：那你伺候公公，還帶孩子？

楊：那時還沒有孩子。

周：那時你多大？

楊：二十一歲。

周：幾歲開始有孩子？

楊：二十三歲。到泰國住穩了才有的孩子。

周：四個孩子，幾個男孩，幾個女孩？

楊：我現在六個孩子，三個女孩，三個男孩。大男孩子已經去世了，媳婦也去世了，大男孩跟前有兩個孫子，三個孫女。

周：他們是因為什麼去世的？

楊：生病。

周：其他孩子怎麼樣？

楊：大孫子現在去臺灣讀書，還沒有回來，第二個孫子在泰國普吉做工，大孫女生病多久，腦筋不正常，在曼谷，她的孩子結婚了，有兩個孩子，接她下去。三個女兒，最小的在臺灣，大女兒在這裡教書。

周：在新寨教書？

楊：對呀。二女兒在大谷地。

周：嫁的是華人嗎？

楊：華人。

李：也是部隊上的。

楊：大女兒是嫁老兵了，二女兒是嫁老兵了。都是老百姓嘛，老兵下來了（就嫁了）。

周：你這是三代當兵了。那兒子呢？

楊：大兒子去世了。二兒子現在是第二個媳婦，去清邁了，二兒子在曼谷，媳婦是泰國人。

周：那你全家都入籍了。

楊：小孩子有，我沒有。難民證嘛。

周：跟你（李）一樣。

李：隨身證也沒有，是難民證。

楊：要申請呢，正好我不在，又下一次，人家發公民紙，我不在家，回來時候人家不發了。

周：不給辦了。

楊：又申請一回，說要等三個月，等了三年也不來，到最後問了去，說錯過了。實際就沒有。女婿當兵，在帕孟山打仗，煮飯的都有公民紙，他一樣沒有。做事馬虎，連煮飯的都有，他是長官呢，是個營長，也沒有。

周：兩個女婿都是營長，都沒有公民紙？

楊：對呀。我老公那時候叫隊長，中隊長。二女婿在大谷地，大女婿去世了，都沒有。大女婿姓王。

周：也是大陸來的？

楊：對呀。雲南。二女婿在大谷地，姓許，身分證沒有，只有難民紙。

周：兩個女兒有沒有？

楊：有。大女兒沒有，二女兒有身分證，臺灣也可以去。辦身分證時也不在。

周：她家是三代老兵。這樣的多不多？

楊：我也記不清楚了。

周：你公公是老兵，你丈夫是，你女婿也是，等於三代嘛。你公公是不是出來得最早。

楊：跟著李軍長出來。公公、兒子一路來的。兒子朝前來了。公公和我在緬甸住下一年，後來，住在大豐年，中國兵又打，住不下去，我們上來了。在孟薩找到我的先生，在那兒訓練。

周：你們失散了，找不到了。

楊：先生找到，又上山來，公公生病了。（第一次撤臺）李主席（李彌）還對我先生說好好做，等他轉來，回去就沒有來了。

周：那會兒在山上怎麼生活？

楊：怎麼生活我也不知道，部隊打散了，部隊也不跟了。先生帶著眷屬就跑上山來，從山上下來，還不是種穀子、玉米，就這樣生活了。大谷地就是老兵撤臺剩下的，補濟沒有，就是老兵下去砍山，種穀子，要生活嘛。

周：一直跟著部隊，跟了多少年？

楊：十年。

周：不止十年。

楊：跟到這十年，部隊住下來，我們自己討生活，種地，把孩子拉著。

周：到新寨有多少年了？

楊：四十七、八年了。

周：自己開地，開了多少？

楊：三、四攤地，種了，荒了，別人又來種。現在沒有了，只有一塊地了，種的是梨子，小小的。

周：叫糯梨。就靠地養活了六個孩子。

楊：種芋頭、玉米、穀子、馬鈴薯，就這麼生活，還種紅豆。我們不得休息星期天了，一直做工做到七十歲。七十歲做不贏了。孫子、孫女，讀書了，我就在家。

周：還供養了孫子。

楊：因為我兒子他爸爸還在，年紀大了嘛，兒子又去當兵，當兵三年，當一當回來，生病，去世了。

周：這是大兒子，二兒子當兵沒有？

楊：二兒子沒有當。

周：大兒子當兵三年，也是在三軍嗎？

楊：三軍。

周：是六幾年。

楊：我兒子去世十年了，我先生也是（去世）十年了。九月我大兒子去世，六月我先生去世，臘月我大女婿去世。三年嘛，頭年一個，第二年一個，三年一個。

周：連續三年。先生、兒子、女婿。

楊：對呀。

周：很困難。你兒子去世時有多大？

楊：他有四十歲吧。

周：他當兵有多大？

楊：他有二十五歲，當兵了吧。二十六、二十七、二十八，當了三年兵。二十歲結婚，到他去世有五個孩子。

周：二女婿還在，也當過兵，現在多大了？

楊：有七十歲了。

周：身體怎麼樣？

楊：還是走路走不穩，腳痛。

周：腦子清楚吧？

楊：清楚，還是當兵苦上的。

周：當兵吃苦，身體不行了，你現在有沒有重孫子？

楊：有啊。

周：你是四代同堂，有四代人了。在泰國有四代人了，重孫子有多大了？

楊：重孫女有九歲了，重孫有四歲了。二女婿孫子有三個。

周：第四代有五個了。你回過大陸老家沒有？

楊：沒有回去過。我先生在世時，有回去過一次，到鎮康，先生回去帶著我回去過。

周：鎮康還有沒有親友？

楊：有啊。他的叔叔，他的哥哥，他的孫子，兒子，他大老婆的孩子。

周：都是在鎮康。

楊：嗯。

周：你先生是鎮康人，跟李文煥一起來的。你們回大陸是什麼時候回去的？

楊：有十五年了。

周：你先生去世十年了，是一九九九年或二〇〇〇年回去的。

楊：因為我沒有讀過書，不識字，就是上山挖山種地吃，在雲南就是種地。

周：你和先生回大陸那年，你們的親友和你們的生活比較，怎麼樣？

楊：一樣了，好轉了，養的豬自己殺來吃。

周：比你們走的時候好多了。

楊：對呀。自己種的穀子不得吃，吃山毛野菜，芭蕉樹來吃，什麼都吃了。

周：在鎮康你先生家裡是算什麼。窮人、富人？

楊：當然是富人了，窮人不要跑了嘛。

周：也是被定成地主了。

楊：地主了嘛。拿個坐牢了，坐了幾個月，放出來說，給你自由兩天。要抓了嘛，他妹妹去開會，說哥哥你不能在家了，人家開會又提到你名字了。就連夜跑，公公、爹爹連結伴，自己父親連結伴，跑出來又來參軍，就跟著三軍跑了。

周：他還坐過牢？

楊：坐三個月呢。

周：是土改？

李：不是，是鬥爭地主。

楊：鬥爭地主呀。

周：鬥地主是什麼時候，你公公那時多大？

楊：有五十多歲了。十多歲就有孩子了，結婚早。

周：你公公關了，你先生也關了？

楊：我先生關了三個月，他妹妹年齡小，當政工隊受訓，人家就講了，放出來，還抓回去關。

周：他妹妹參加共產黨了？

楊：他妹妹回來告訴哥哥，哥哥連夜跑了。他妹妹是小孩，帶不出來。

周：他妹妹太小，沒有出來，他一個人跑的。

楊：帶著老父親跑的。他爺爺也抓去關了。他叔叔是地方上老百姓的官，是鄉長，也抓去關了。在家鄉就是像鄉長、鎮長、保長那樣。家又有錢，人家就說是地主了。我跟他回去，（看到）過去的老屋都撬爛完了。

周：把老房子都挖了？

楊：都挖爛完了，撬爛完了。把牆上、地上的石板都撬爛完了。

周：讓農會全撬了，是不是挖銀元？

楊：對呀。挖什麼我也不知道。那些牆根一起挖爛完了。

周：他們這些後代生活還可以？

楊：回去的時候還可以。地也是多多的，分開以後，種一些地。

周：地都分了。包產到戶了。

楊：對，都分了。分開自己種，自己得吃，吃飽了。養的雞，養的豬，也得吃了。

周：家族的墓地還在不在？

楊：在呀。回去一次，回來錢沒有辦法，沒有再去。

周：路費。

楊：費錢哪。錢沒有，沒有辦法回去了嘛。回來五、六年，我先生去世了。

周：回去走的哪條路線？

楊：我們去宛城、拉休，從緬甸回去。

周：沒有身分、護照？

楊：到邊界過去，給起通行證。

周：當時允許回去，聽說那邊還到緬甸找當初跑過去的人。

楊：我沒有知道。我們來泰國久了。

周：緬甸有沒有你們的親人？

楊：有啊，有妹妹，有弟弟，有兄弟住緬甸拉休。

周：也是從大陸到緬甸，沒有到泰國？

楊：原來也在邊界，待不住了，搬到拉休，沒有辦法下來。到這些地方，走啊走，十幾天都走不到。

周：沒有交通工具，全靠走。

楊：全靠走，我走到孟薩，走了一個月，二個月。走不動了，又休息了兩天，又去，走不動了，又休息三天，又去，這麼樣子，一天走一小段，慢慢走。

周：那會兒還年輕。你們老家是窮人還是富人？

楊：我們家也是有呢，在邊界。人家還沒有都鬥到。當我出來（後）鬥到了。

周：你走了以後，鬥了。你們家受了什麼難？

楊：我沒有受什麼罪。當共產黨到了果敢時候我沒有在了。我們已經來了。

周：你先生家鬥地主，有沒有鬥死的？

楊：死不死的，把火柱子燒紅了，穿洞洞，傷疤還在著。

周：扎你公公？

楊：不是。

周：扎你先生？

楊：扎的他叔叔。把火燒的紅紅的，烤油，拿出去冷了，又燒火烤了，這個是我先生說的。我沒有見，我們隔著一茬，隔著一天的路。女人們頭髮長，拿棍子穿上，吊個（起）。拿起瓦片，打爛了，放在面前，叫跪起。

周：把瓦片打碎，叫跪在瓦片上。頭髮吊起來。

楊：對呀。這次我回去，我的舅母講過，我的舅母鬥著了，她給我講。我回去，她有八十歲了。水杯拿著吃了，一樣不能拿，這個手抖了，鬥爭時烤傷。她說吃什麼，不能用筷子，吃飯拿個調羹，不會夾了。她說，頭髮穿起，瓦片跪起，跪在桌上瓦上。這個過來一巴掌，那個過來一捶，打。她講嘛。我舅舅跑出來了，拿不住舅舅，就拿舅母鬥爭。現在不活著了。我舅舅也去世了。

周：你舅舅是到了緬甸？

楊：到了泰國明隆，邊界。

周：你舅舅沒有跟著三軍？

楊：跟啦，也跟著三軍，他兒子就是三軍的兵，住明隆。在我們也住了四、五年。他兒子，我堂兄，安了家，又把他接了去，在明隆安了家。

周：他的後代怎麼樣？

楊：我舅舅二孫子又回去種穀子。

周：回中國了？

楊：又回中國安家了。他有五個孫子，第二個回去了，明隆有兩個，大谷地有一個。小的在曼谷。舅舅的兒子還在，也是八十五、六了。

周：他回去看過他母親嗎？

楊：看過。就是我回去，舅媽叫我講了，我替他受了罪，抓不著他，我頂了，叫他回去看看。他有兩個兒子，一個在舅母腳下，還有三個女兒，都在中國，就是大兒子跟著舅舅跑了。大兒子回去兩次，頭回看了，在著呢，第二次又看，不在了，去世一個月了。

周：你舅舅回去看過他老伴嗎？

楊：沒有回去。年紀大了。他去世時九十四了。

周：去世多少年？

楊：七年。他還在他外甥後邊去世的。

周：你先生一大家子，你這一大家子，好幾十口人，跑來泰國，在中國還有很多。

楊：對呀。

周：現在兩邊的生活都還可以。中國在一九七九年都把地主這個帽子摘掉了。

楊：對呀，摘掉，後頭慢慢轉好，又分給地，自己得種，自己得吃。公家沒有收了。

周：二十一歲就來了，現在八十三了，比你們（李橋林）早，輩份大，整整六十二年。

楊：橋林你屬什麼？

李：我屬狗，我們是慢慢才來的。

楊：你是果敢家那次。

李：果敢前後了。

周：你比她晚十六年來。你們家屬於年輕一代。

李：她們來的時候這裡沒有人。

楊：沒有人家，我們開闢來住了。

周：開荒，種地。

楊：以前有俫河，搬完了。

李：老兵來了，他們不敢待了，走了。

周：你們一來嚇跑了。

楊：還沒有來到就跑了。這個苗子、俫河、傈僳，這個來，那個走。

周：都在這兒住過。你們來他們都不在了。

楊：我們來就住在他們原來住的（地方）。我們來的時候就在塘窩那個學校旁邊，老兵去的時候沒有人，家屬又從華亮來。傈僳又來，又打嘛，軍部搬過來。

周：和傈僳打過？

楊：和俫河打。老兵打，像打狗，竄竄。

李：就是偷襲了嘛。

周：是緬甸軍。打仗的時候你就跟著。

楊：打的時候，不在這邊，在那邊山上，躲山，躲著呀，老兵打贏了，又折回來住。

周：打的時候，你們藏起來，打贏了又回來。

楊：軍屬不會打，年輕人打，軍屬就藏起來。

周：老李你經歷過沒有？

李：經歷過。

楊：打的時候，他還小嘛，年輕。

周：他比你小二十歲。

李：我們那時是小孩子，差不多。

周：你們到華亮、塘窩、新寨，開始也不安定，打啊，跑啊。

李：不安定。部隊到哪兒跟到哪兒。

楊：不穩定。我們搬在塘窩學校那邊，槍炮響了，你再不跑，人家拿住就沒辦法了。

周：就把命丟了。

楊：又折回來，部隊多了，到塘窩，又到這邊。蓋房子。

周：你女婿那時在哪兒？

楊：在塘窩，那是駐軍。又調到帕孟山打仗。安定以後，我女婿在大谷地安家。你（李橋林）就住在這邊。

李：前邊小河邊。

周：你們兩家是鄰居。

楊：部隊少了，他又搬上去了。

周：你們兩個女婿和苗共作戰負傷沒有？

楊：沒有。

周：營長都沒有給身分，李文煥這個事處理得非常不好。

楊：他們打仗折回來，我女兒才嫁給他們。不打了，平息了，我女兒長大了。我第二個女兒是在上邊營房邊上出生的，第一個女兒是在孟洋出生的，第三個兒子在這裡，第四個、第五個、第六個都是在這裡，這裡又四個。大女婿大我女兒十七歲，二女婿也大我女兒十七歲。

周：很巧。

楊：現在七十歲。大女婿小我一重。

周：一重是多少？

楊：七歲。

李：同中國人說一重嘛。

周：二女婿小你多少？

楊：十歲。

周：我們訪問的還沒遇到三代的吧。

李：她來得最早。

周：她是跟長麗芳差不多大，長麗芳是當了兵。長麗芳八十四歲，是政工隊，她是軍屬。都跟著部隊。那會兒跟著部隊的家屬多不多？

楊：運輸是家屬走一路嘛，慢慢地。

李：那個時候不多吧。

楊：我們先來的時候多呢，先撤臺一部分。

周：家屬有多少？

楊：到孟薩家屬有一千多。

周：撤臺有一半？

楊：有一半多。

周：後來是這一半發展起來的。

楊：慢慢又接上來，在大谷地、新村發展。那個大佬撇（長麗芳），是政工隊呀，南下打仗又折回來的。

周：她丈夫是馬文通。她這個情況和你差不多，公公是老兵，她丈夫也是兵，她兒子也當過兵。那會兒你們認識不認識？

楊：認識。我三個月前到大谷地去，就遇到她，她說歲數不饒人哪，我說馬太太好好的，她說好好的。她精神好。我是腳痛。

爸爸、丈夫都是老兵，我出生在泰國

口述人：李菊娣 五十九歲（女）

訪問地點：泰國清邁省差巴干縣龍窩區六保新寨村泰文學校

訪問時間：二〇一四年十二月八日

周：想請你談談你的經歷，你是第二代的？

李：爸爸媽媽從緬甸過來，自從大陸出來，經過緬甸，那時候我還沒有出生，我是來泰國出生的。爸爸媽媽來泰國一年多我出生的，我出生在萬洋村。然後媽媽跟隨第三軍，慢慢地搬上山來住。差不多我們住山上五十年。塘窩有住，那邊也有一個村就是新寨村，那邊坡坎比較大，然後又搬來這邊，一直住在這邊五十年。我們開始讀書時也在這裡，那時我們只有十三個學生，第一次進學校就是在這裡，現在有二百多學生，老師有三十多人，有國中。那時我們讀的是小學，從一年級到二年級，因為有叔叔在光武新村那邊，我又到光武新村讀。讀回來，慢慢就結婚了，嫁也是和一個軍人，他是盈江中隊，我先生的單位，支隊長是李慕春。慢慢就在這裡，沒去那裡了。

爸爸也是軍人，一開始就出來。爸爸媽媽告訴我們，他是十八支隊，在緬甸孟薩受訓。第一次撤臺，爸爸媽媽沒有回去。第二次撤臺，爸爸媽媽準備回臺灣了，泰國政府就不叫他們回去，說你們住下來沒有關係。爸爸媽媽就在安康那邊，就搬到萬洋村，我就在萬洋村出生。我有十九歲、二十歲了，就結婚了。然後生孩子，就這樣。先生也是軍人，我先生也是南傘的，跟李文煥先生下來，又來泰國，又讓他回緬甸，一直住邊界，跟著李志忠師長，慢慢回來，就是安居樂業了。慢慢地把槍支武器繳給泰國政府，不做軍人了，就做百姓了，就做泰國的平民百姓了。我先生又回緬甸做玉石生意，李軍長也做，跟他一起做，做幾年，李軍長那邊不做了，他自己回去做。做一段時間後，叫一個傭人把我接緬甸，我又做了十多年。我已經有四個孩子，也一起帶去，我去看看，那邊生活習慣與這邊不一樣，雖然那邊的生

活也變好的，但各方面生活習慣不一樣，那麼我就把孩子帶回泰國，我先生就一直在玉石廠五年，又慢慢下來。

下來我和我爸爸媽媽一起住了。我妹妹也在這裡，就說姐姐回來沒關係，她去臺灣工作，回來就蓋房子，就是你們昨天去的那裡。那時房子已經蓋好，就和爸爸媽媽住在一起。爸爸八十歲那年去世了，得了食道癌。我先生從緬甸下來，到泰國三年，也是食道癌，沒辦法，帶他去清邁，私人醫院也去看，政府醫院也去看，沒辦法醫治，一個月二十多天就去世了。我先生大我十九、二十歲，去世時六十六歲。我就帶著幾個孩子跟媽媽一起住。然後，我想不對，因為小孩沒有爸爸照顧的話，我一定要把他們帶出來。我回到泰國來，就一定要服務於村子，我就在復興小學做老師，他們知道我做事很認真。有一家人那年違法了，就跑到別處了，空下房子，我也不是要這個房子，我只想一定要把孩子帶出來，沒有爸爸只靠媽媽的話，自己要長大，我就把孩子帶出去，住在隔壁這個房子裡。住下來以後，（自治）會上說好，你是小學的老師，這間房子不可以賣，住幾世幾代都可以。就是臺灣救總蓋的房子。我說好，那就謝謝你們，就住在那裡。

孩子長大，在外面工作，還是住在那裡。（我）沒有合法身分，我要不去緬甸那裡，全家也就有合法的身分了。我弟弟不聽話嘛，把我的身分賣掉了，我就沒有身分，小孩子到現在也沒有申請到（身分）。他們就是在清邁做工。孩子也長大了，結婚兩個了，兩個還沒有，也是在曼谷那邊工作，沒有身分，工作也沒有多好的工資，一個月幾千塊，他們要吃用、住房，各方面。

我今年教書三十年了，教華文。大谷地也有。我先生在的時候，先生在緬甸，我也搬大谷地住，在中學教中文。現在我回來有二十年，一直在這邊教。累計三十年。臺灣說教師獎勵金，二十年獎勵什麼，三十年獎勵什麼，五十年獎勵什麼，二十年的我領了，現在可以申請三十年的。泰文學校今年也是第九年了，中文學校我是老師，泰文學校、中文學校都是一樣的學生，所以這邊我也是一點點照顧，因為都是一樣的老師，所以要聽話。泰文學校說沒關係，你一樣的做，你退休的話也是無聊嘛，就在這個學校。每天早上七點出發就來學校了，走路了，到下午三點半再回去，休息一個多小時，又去中文學校。白天上泰文學校，中文學校又是晚上，六點上課，八點半下課，上兩個半小時，三節課。這樣，每天兩個學校。

周：很辛苦了。

李：不覺得了。休息也是閒著，媽媽閒著，生活費孩子要帶來，這樣，帶來也好，不帶來也好，生活費也不用他們擔心了。他們有時有，有時說媽媽對不起了，他們要努力的工作。最小的在普吉島那邊，去年，不知道，也不是很好帶，中國來的旅遊團有是有，是很少，不像以前。生活就是這樣，一日復一日，這樣混過去了。

周：你今年多大了？

李：五十九歲。

周：你的名字叫什麼？

李：李菊娣，菊花的菊，娣是一個女字旁，一個弟弟的弟。

周：你小時候上學，在塘窩教書的是不是一些軍人？

李：對，都是大陸來的，三軍的人。第一個老師就是跟隨三軍來的，叫王金南。慢慢地，有一個叫段開泰，這個人已經去世三年、四年了，去世到時候也是八十多歲。我們去光武中學。那邊全部也是大陸來的，那些老師也是跟隨三軍來的，韋生忠是校長，也是三軍的。那個韋校長是黃埔軍校的，他不在世很多年了，要在世也八十多歲了，他家全部回臺灣了，太太和孩子都去臺灣了，新村也有家，很少回來。韋校長有四個孩子，二個女孩，二個男孩，全部去臺灣了，校長夫人也在臺灣。

周：學中文，一段時間泰國不允許。

李：那個時候我已經畢業，是教書的時候。泰國政府就把學校讓泰文進來，就不讓我們中文讀。那我們中文，說起來是為中國的文化，換一個方面，在大谷地，在一個佛寺，廟裡去讀，不是念佛經，泰國是信佛教的，大谷地有個觀音廟，我們就到那個觀音廟裡，那時有六、七、八百學生，在觀音廟裡隨便蓋點，只要不漏雨，就在那邊讀。讀大概好幾年。慢慢地就跟泰國政府說，我們在觀音廟也不方便，跟泰國政府申請，自己在外面蓋，蓋中文學校，讓我們教泰文，現在泰文有高中部。新村也是一樣了。我們讀的學校讓泰文進去。新村為什麼改名為易興中學，原來叫光武中學，泰國政府來的時候讓叫光武，重新蓋了。現在沒有問題了，中文學校都在一起了。昨天我們還去，有學生活動，比賽項目有影展啦、書法啦、硬筆啦、大楷啦，參加比賽有三個省，清邁、清萊、夜豐頌，清邁地區有一千多學生參加，有臺灣駐曼谷的，陳文正，大概有十幾位臺灣來賓，一方面參加一個學校大樓開幕，一方面看比賽。

周：現在學中文的就非常多了。

李：現在泰國的學生都到中國去讀了，大學畢業過來的很多，增強我們中文教學。二公主親中國了，她的中國話講得很好，她寫毛筆字也很好。所以在泰國人心中。在我們這邊沒有泰國學生，有少數民族學生，有白彝族的，也不錯了，很聰明。在大谷地、新村都有泰國人來讀，很多。都有國中畢業的。也有少數民族來讀的，佤佤族。他自大谷地中學畢業，就去讀高中，後來在大谷地教書。那個少數民族很認真學習我們中文，很不錯了。

周：泰國人的子弟特意到大谷地、新村學中文？

李：對。

周：咱們新寨的孩子都是華人後代？

李：大部分，新來的也有。少數的也有，少數民族子弟。

周：現在條件好了，大谷地這些，華文最高到高中了。

李：沒有大學。大谷地有兩種，三所大的學校，一所是華興中學，一所是教會（中學），（一所）是大陸來辦的，有個完善齊是校長，他們那裡有七、八百學生，華興有一千多學生，還有　所叫思慧，是基督教辦的，也有六、七百學生，也有中文。整個大谷地有三十多學生。

周：大家都辦中文學校，臺灣也來，大陸也來，基督教也辦。

李：新村就是一所學校，大概有一千七、八，一千五、六（學生）這樣吧。我讀的時候只有七、八百學生。新村的學校是華人自己辦的，慢慢地臺灣也有支持，蓋了些教室。

周：朱成亮說，今年救總又來資助華人辦的各個小學。大概是七十二所？

李：是，包括清萊省的，和清邁省總共有一百多所中文學校，資助的還有高中。泰文學校的學生全部是新寨的，中文學校華亮的、塘窩的都有。

周：他們是住在這兒？

李：沒有。臺灣申請的有交通費，召開家長會，有困難的補助一些交通費，每個同學每個月一、二百塊，校長開交通車去接送，下午四點半去接，到晚上下課再送，上邊下來的大概三十多個學生。

周：我想問一下，你爸爸和你丈夫都是軍人，你媽媽和你都是軍屬，這種軍旅生活和普通老百姓的生活有什麼區別？

李：我們的生活很吃力的，吃糧啦都是軍長發的。我先生很少在家，我們結婚幾個月，我先生就去另外一省，往北走很遠，在那裡住下，他們的長官是吳師長。等小孩子出生了，幾個月了，他也知道沒辦法帶孩子，他每個月有幾百塊錢的軍餉，他留下幾塊，（餘下）寄回來。就是我帶孩子，沒辦法去幫工，很困難，不知道是怎麼走出來的，還有幾個孩子，慢慢地，整個泰國有變了，繳槍以後呢，生活也沒有多麼改善了，就是做玉的那一、二年，賺的有一點點，也不是靠運氣，一切都是明明確確。

周：你先生是華人。是怎麼到的緬甸？

李：他是騰衝人，他們家就搬到緬甸密支那住。

周：他什麼時候去的？

李：那時他還小，他哥哥、姐姐大些。跟父母一起去的，不到十歲，就讀書，到仰光，仰光有辦高中。也是中國大陸來的，校長是女的，大概是北京的，也是帶兩個孩子，先生不在了，那個校長叫夏瑩，來到仰光，就辦學，學校就辦起來了。有國中、高中。我先生是國中畢業，就到仰光讀高中，那時他的成績很好。媽媽不讓他去臺灣，他的學分可以去臺灣留學三年。一九六九年從仰光到拉休這邊，參軍，又到泰國。慢慢的，我們結婚是一九七一年。

周：那時部隊有高中學歷鳳毛麟角。

李：是啊，三軍就不讓他和李慕春回緬甸了，就留在泰國，辦一些業務。三軍有一位參謀長，也是騰衝人，和我先生有一點親戚關係，就知道他學習很好了，就把他留下來，就一直在這邊。後來李慕春也從緬甸來，就沒有帶隊了，帶兵了，就去做玉石生意，大概在七十多歲去世了。家屬，太太和孩子也去臺灣了。

周：你先生在部隊任什麼職務？

李：任營長。仕三營長，去那裡，就一定要去那裡，沒有自由，那時候為了，說起來也不是為了什麼。那時候有個張家，張啟福，為了和張家作戰，很少在家。

周：後來你先生取得身分證沒有？

李：我先生沒有。他去緬甸，從緬甸回來的時候，沒有得到，他去緬甸總共二十年，其中把我們接去十多年，差不多他下來時已經有二十年。他已經六十多歲，也沒有做過什麼，要去清邁，可以坐私家車，去看病，去做什麼。

周：坐私家車不檢查？

李：有時候看。坐公車，就要辦通行證。有好幾道關卡。

周：你四個孩子有沒有身分證？

李：還沒有申請到。

周：有沒有華僑證？

李：有了。有泰國的居留證。可以領通行證，到哪裡打工都可以做。九月去辦，內政部和這裡戶口不一致，要內政部的去掉才可以辦。我們全家都有，弟弟、妹妹都有身分，就我沒有。就是因為我去緬甸不在，我弟弟把我的身分弄掉了，沒有沒關係，要回國就不行。在泰國也要辦通行證。隨身證可以出國，我們申請二、三年還沒有下來。現在新的總理上來，還沒有辦到難民村這個身分。今天好高興，有人來關懷我們，真的想不到。昨天晚上，打電話來，說有中國大陸來的訪問，就覺得好高興。真的，有關懷，大陸的老師有來，有關懷，很榮幸，很高興。

周：大家都是同胞，應該的，這段歷史不應該忘掉。我們來的目的就是想整理這段歷史，從（一九）四九年到現在，泰北的華人是怎麼走過來的，遭遇了什麼，現在狀況是什麼，告訴世人，大家是什麼樣的經歷，大家是什麼樣的生活。

李：如果早來兩年，那些老人怎麼到的緬甸，經過什麼戰爭，都記得很清楚，現在都過世了。于興發老人，真的記得很清楚。什麼時候在哪裡，跟什麼人作戰，在邊界跟緬甸軍打，什麼時候從大陸出來，又到泰國，記得很清楚。周博明去世兩、三個月了，他也記得這段歷史，很清楚。

周：問題不大，早也好，晚也好，歷史這個問題，只要你認真去做，都會留下來。碰巧他去世了，自然可惜，也是損失，但也沒辦法挽回。

李：這會兒還有好幾位。我先生的長官，還有我妹妹家。可以找那個高學廉，他是團長，我先生是他腳下的營長，他八十幾歲了，還健在。他的腦子很清楚，涉及到更好的資料，他經過打帕孟山。你到我妹妹家，可以介紹很多人。

周：我是準備去，聽說在大谷地，明天去。

李：我給我妹妹打電話，說北京的周先生去。

周：告訴她，我們主要了解普通人的命運，不是國史，軍史，普通人、老兵、家屬、後代、華人，少數民族的個人經歷命運。每個人都不一樣，有的種玉米，有的種馬鈴薯，有的吃得飽，有的吃不飽，有的去臺灣，有的留泰國。

李：朱成亮你們也聊過了。

周：談過了。我們的重點是個人，有名有姓的，不是整體，他是怎樣生活，怎樣走過來的。

李：高學廉他是第一代，很了解，我先生是他那個團第一營的營長，軍事上他了解。

周：好，謝謝。

我參加了二次與寮共作戰

口述人：徐世洲 七十二歲

訪問地點：泰國清邁省清佬縣猛納區十保大谷地村徐世洲家

訪問時間：二〇一四年十二月九日

周：請你談談你的經歷。我們訪問了你的岳母、姐姐。

徐：要問那些經過。在家鄉，緬甸。

周：你是出生在緬甸。老一輩從大陸什麼地方來？

徐：貴州。什麼地方曉不得了。是老人講的。

周：你的名字叫什麼？

徐：徐世洲。

周：今年多大了？

徐：七十二（歲）了。

周：你慢慢講。

徐：緬甸來，就參加三軍了。在緬甸就當兵了，小小的，來泰國下來，又到寮國那裡，去打，替泰國打，打了五年。

周：聽你姐姐說，你參加與寮共作戰了，前後五年？

徐：五年，折回塘窩，三軍軍長又派回來。

周：你回來時，與寮共的作戰結束了？

徐：結束了。又到考克考亞，我就回來。

周：第二次沒有參加？

徐：我就到後勤。第二次沒有參加。又派人到前線。

周：那個時候你任職什麼？

徐：營長。

周：跟寮共打，具體做些什麼事？

徐：就幫助泰國人打。那時泰國人不能打，就找了三軍，五軍。就派我們去打，打了以後，打下來以後，就派回來。

周：派去打寮共，最高指揮官是誰？

徐：姓沈，沈加恩，後來死掉了。

周：怎麼死的？

徐：他坐飛機來清萊，機場下來，有大飛機來，下不來，有兩個直升機巡邏，撞上了。

周：坐的直升機？

徐：那時上下都坐直升機。

周：直升機是哪裡的？

徐：泰國的。

周：他是什麼軍銜？

徐：他是中國的老軍人了，沈司令。

周：他指揮你們和寮共打？

徐：還是埋在塘窩的。泰國人飛機又把他運到塘窩來。帶他，那一次死掉九個人，有兩個駕駛員，機槍手。

周：打仗很艱苦。

徐：艱苦了，水喝不到。

周：山裡沒水？

徐：沒有。找不到，敵人守著。

周：你們和寮共打，是打敗了，還是打跑了？

徐：打敗了。是這樣的，在泰國這一邊打，打不贏就又跑過去了，在邊界打，寮國我們不能進去。

周：只能在泰國打？

徐：最多跑寮國一公里路，再深入就犯法了。

周：泰共、寮共是一回事？

徐：他兩邊住，泰國不行了，就跑到寮國生活。那時候太殘酷，地雷太多。

周：地雷是他們埋的？

徐：不知道，是中國支持，那個東西是中國造的。我們拿到他們的證件，打到他們，他們喊的口號就是最高領袖。

周：最高領袖誰呢？

徐：不知道。我們看到的背包裡的文件，他們是在北京受訓，他們好像很勇敢，不灰心，挖那個雷，一響，他不灰心，眼睛炸瞎了，還要打，心不死。

周：他們的軍官都在北京受過訓？

徐：受過訓，我們打到他們的證件看到過。

周：證件上有？

徐：有記錄。

周：咱們的傷亡大不大？

徐：死了好幾百（人）。

周：三軍去了多少人？

徐：當時不知道，後來一共八百人。

周：有幾個營？

徐：六個。

周：你也上過前線打過？

徐：打過很多次。

The moon

周：你負過傷沒有？

徐：有一點。砲彈皮，打到腳。

周：腳面上。我們在新村看到一位，腿炸掉了。

徐：踩到地雷了。踩到膝蓋以下就不在了。我們的人一出去，就喊不要踩到地雷。槍打死就死了，踩到地雷就殘廢了，然後就是一個人傳一個人叫，不要踩地雷，槍響不怕了。槍打著不死也不會殘廢。我們的指揮官就說三不走，第一路不能走，第二連線不能走，第三窪道不能走，你連著一線走，或走在窪道裡就著了。那你走在哪兒，山坡的側面，他下不到了，沒有埋到地雷。

周：給大家上課。

徐：是經驗來的。我們部隊幾百人，一天出來走，那時候太慘，沒有探雷器，用那個三尺耙，上個扒扒，走一步扒一下。後邊踩上一步，一步一步走，後邊就壓垮了，背包那些。用一根繩子，把一個桶，一公斤的，鑽個洞，放過去試一下，看有沒有雷，有雷就炸了。這樣子走，那個時候相當吃苦了。

周：寮共都是鑽樹林子。

徐：對呀。他們就是游擊戰，人和、地利他們都占了，他們熟悉地形，我們就是撞上打。他們沒有寨子，在大森林裡，在裡面躲著，他們怕泰國飛機炸。泰國政府對我們還是幫忙，我們行軍，報給他路線，他就用炮火搜尋，用炮火搜尋後我們才去。那個時候行軍，泰國還小看我們了，我們就像打正規軍一樣的，公路上有戰車，還有轟炸機、直升機，都有，跟著部隊走。戰車、轟炸機、直升機都是泰國政府的，跟著上前線，根據報告，一路炸，一路走。直升機運吃的、彈藥、醫生，在山上沒有公路，運傷員，運下去。他們還是幫忙的，他們請我們。我們一到泰國邊界住，就有共產黨起義了，不肯待了，就過來了。那時候我還沒參加，聽他們講。那些是撤臺後不肯走留下的，躲到山上了，天不亮，就把部隊帶起，就投案來了。

周：跟寮共打，是撤臺前，還是撤臺後？

徐：撤臺後。撤臺時我在緬甸。當兵就當成這樣，什麼也不得。在前還有臺灣的補助。我們是後浪了，推著前浪了，所以一樣沒有。

周：你當兵時，就像三軍、五軍，全靠自己養活自己。國民黨就不給軍需給養了。

徐：連個吃、穿都沒有了。

周：打寮共是泰國邀請，與臺灣政府沒關係？

徐：沒關係。當時我們三軍、五軍不和泰國打，因為我們在泰國生存，不能跟他打。我們吃的，什麼（用）的，都要經過泰國運輸。

周：那會兒還跟緬甸打不打？

徐：一起打。我們到泰國、緬甸邊界，還是跟緬甸打。和緬甸政府打，又和張家打。張啟福起初還是三軍李文煥支持的部隊，那時他是趕馬，趕馬幫下來，支持他，他賺了又來剿三軍。

周：你是什麼時候和李菊香結婚的？幾歲結婚？

徐：三十四歲。

周：結婚三十八年了。結婚，家安在哪裡？

徐：在塘窩。又搬到新寨，我岳父那裡，孩子會讀書了，離這裡遠，又到這裡來。大谷地學校比較近，比較安靜。

周：什麼時候繳的武器？

徐：緬甸追得我們太激烈了，我們抬著武器又到泰緬邊界，住了幾年，張家又來打。

周：撤銷部隊多大年紀？

徐：五十多了。撤銷部隊，大谷地已經在了。

周：那個時候有幾個孩子了？

徐：四個。來大谷地又生兩個，一共六個孩子。大女兒嫁給臺灣了。再一個男孩在曼谷帶團。三女兒在大谷地教書，是泰國老師，教中文，她是考上泰文大學，又去考老師證，考上了，兼政府人員，滿六十歲退役，公務員。還有一個女兒在曼谷打工。小女兒在家開車，在中國廈門讀過書，沒讀幾年，生病，我把她叫回來，差一年畢業，在廈門氣候過敏，喘氣，不好睡覺，哮喘。

周：你現在取得身分沒有？

徐：沒有。

周：那算華僑？

徐：隨身證也沒有。難民證。

周：你太太呢？

徐：她有身分。

周：你姐姐沒有，那時在緬甸？

徐：我也是在緬甸，去看老人，老人在緬甸。

周：錯過了。

徐：孩子都有。

周：那你的行動受影響？

徐：受呀。在清邁省不受影響，出省有影響，要到政府起通行證。出國不可以。

周：當營長時，每個月有多少軍餉？

徐：那個時候是泰國薪水，我一千多。

周：泰銖？

徐：跟打工一樣，泰國政府給三軍，三軍發給我們。

周：打寮共是泰國政府給的錢，那這前後呢？

徐：打後我還吃三年，三年後沒有了。

周：就是部隊撤銷的時候。

徐：是啊。

周：你是怎麼當上營長的？

徐：不斷晉級。那時候年輕，士氣高，一年打仗，又有功勞，又升一級。三軍有的老兵，七、八十歲當不了排長，資格是老了，沒有彩槓。我們年紀輕，功勞帶上（彩槓）二、三十個，能打。就是憑自己的能力。

周：那些老兵就是跟著從大陸來，沒什麼能力。當時老的兵多不多？

徐：多。從中國來的還多，這裡還有一個，我們的團長，姓韓，韓忠奎。

周：是不是也是你弟弟的團長？

徐：不是，那是高學廉，這個比較能講。韓忠奎年歲大了，耳朵又帶病。

周：這兩個人是後來提拔的，還是先前來的時候是？

徐：也是後來提拔的。我們三軍就是這樣了，就是靠自己的能力了，不是像正規軍（校）讀書考出來的，不是這一類。靠打，靠自己的能力，會帶兵，不會帶兵官不能當了。不能貪污弟兄的薪水，這是第一點，第二點，靠自己的能力，能打，對團體忠。他們就提拔你了，升了。

周：對弟兄們要好。

徐：要關心。不要拿弟兄的錢用。

周：那會兒一個士兵多少錢？

徐：一個士兵一百六（零用錢），六十的伙食費，一共二百二十。

周：連長呢？

徐：四百多。

周：你們和寮共打的時候，李文煥去過前線沒有？

徐：沒有，他是在後邊指揮了。看地圖指揮了。

周：當時三軍有幾個師？

徐：師很多了，人沒有那麼多。

周：番號多。三軍有多少人？

徐：我也不清楚。我是後邊慢慢來的，從緬甸下來，就派到寮國那裡，在塘窩受訓一個月，就上前線去了。

周：去的時候是士兵？

徐：那個時候我是中隊長。

周：中隊長，相當於連長。什麼時候升為營長？

徐：記不得，是有命令的。

周：打了多長時間當營長？

徐：兩年。

周：直到部隊解散？

徐：就沒有事情了。

周：有沒有退休金？

徐：什麼都沒有。

周：什麼都不管了？

徐：什麼都完了，完全靠自立了。

周：到緬甸做生意？

徐：沒有，我到緬甸是去看我的老母親。帶我們到玉石場，什麼挖不到。在大谷地是種玉米，種穀子吃。討生活。小孩子大些，就去打工。現在完全靠孩子了。我兒子有兩個小孩。大女兒在臺灣也有兩個小孩，一男一女。二女兒還沒有結婚，三十多歲。四女兒二十多歲，跑車，今天去清邁了，在家討生活，沒有什麼事情，人家來叫幫助送個人，計程車。高團長還能領到臺灣的補濟，是一次性。長期領，要到臺灣每年報到一次，他們不去。辦手續時，像是一次性領，就在泰國發了。

周：高團長、韓團長是不是入伍時間早？

徐：就是李彌主席來，臺灣支持，他的人來點驗，點驗著了，就有了。我們沒有點驗著，那時還沒參加，沒有了。

周：李彌在的時候列入花名冊的才有。跟軍齡沒關係，只要花名冊上有？

徐：也得。

周：你們是返臺後，沒有列入花名冊？

徐：我們當得後嘛。我們是後浪推著前浪。現在沒做什麼吃了，沒有什麼產業，全靠孩子吃了。

周：你們在大谷地開沒開些土地？

徐：有點，不多，種些玉米。

周：從塘窩下來開的，有多少？

徐：幾十賴。

周：種玉米？

徐：現在玉米有價。去年不好，今年好些，八碼一籠，一籠是二十四兩。

周：一公斤多少錢？

徐：一公斤是十二兩、十四兩？中國？

周：不知道，舊的是十六兩一斤，後來改為市斤，一斤十兩，二斤為一公斤。

徐：泰國一籠二十四兩。

周：比一公斤多些。今年一籠賣多少錢？

徐：八碼。

周：八碼是什麼意思？

徐：就是八塊錢。八銖，在中國是八元。

周：八塊合人民幣不到兩元。和中國差不太多。你一年打多少籠？

徐：靠天吃飯，沒有水，好一年多，遇到意外就少收了。在這裡種什麼，都是靠天吃飯。

周：大谷地這些老兵是不是都是靠農業？

徐：是。

周：現在都是子女出去打工？

徐：當初我們來大谷地，一手是森林，大森林。我們來開闢。這個地皮算泰國第三軍的地皮，然後給我們三軍了，我們去打寮國了，地給我們了。住著，住著，就發展成這樣子了。新村在大谷地之前開發。現在嘛，泰國不給住，房子不給蓋，我說，蓋起就蓋了，沒蓋的就不准蓋了，蓋起也不得住。現在蓋得越來越好，人民就住，說我們得犯法。

周：原來這裡是泰國三軍的地皮，經過協商，給了我們三軍，三軍就來開發。

徐：三軍幫忙他們打了。

周：等於幫了泰國三軍打了仗，三軍給的。

徐：等於這個地是幫來的。

周：打來的。

徐：也不是什麼給來的，是幫來的。是既成的，退不掉了。

周：現在泰國政府承認不承認我們這個土地？

徐：承認。這裡出產什麼，泰國好就好在這裡，都有公司來收，玉米有公司來收，穀子有公司來收，只要你出產了，都承認了。種芋頭，也有收。

周：那土地拿到沒拿到地契？

徐：沒有。

周：土地證沒有給？

徐：沒給。

周：你可以使用，如果賣可不可以？

徐：可以。

周：沒土地證怎麼賣？

徐：有些人還是要買。

李橋林（插話）：偷買偷賣。

周：私下交易？

徐：私下交易了。

周：整個大谷地，所有人都沒有土地證？

徐：沒有。那個時候還不合法。

周：後來也沒有給？

徐：沒有給。我去辦過土地證。有保長，說當初登記是用我兒子的名字，他說現在照了照片，辦地照。後來又說泰國人登記要資料。我兒子在曼谷的導遊紙、開車紙、公民紙，打濕了。

周：你的房子沒有房產證。你的兒子身分證可以辦？

徐：沒有辦。

周：為什麼？

徐：移下曼谷了。

周：等於你兒子的戶口遷到曼谷了，這裡就不給辦了？

徐：兒子的錢包淋濕了，資料都濕了。

周：政府應該有底子。

徐：有啊，底子不在了，移丟了。

周：其他人有沒有辦，一戶都沒有辦到房產證，土地證？

徐：沒有。房產證拿到地照（土地證）一下就好了。

周：沒有合法的財產權，不能抵押貸款，只能私下買賣。將來不知能不能解決？

徐：可能會有，慢慢地。

周：你的孩子在其它地方就可以買地買房子，有了身分，就有財產權了。

徐：對呀。老一代的就沒有。

李：他媽媽說的是他。

周：這個女婿苦了一輩子什麼也沒有。那個時候去緬甸了。

徐：我回來找，我去辦不給辦給我。

周：為什麼？

徐：不知道。我說給政府，你們當官的說一句，說給政府這個人是什麼人，就好掉了，不幫講。

周：而且你是打過寮共的，不是都有嗎？

徐：沒有。打過以後才有。

周：你參加過，什麼也沒有？

徐：打了以後，來辦身分。三軍那時有個人事處，這個處長，當時泰文我不會，不會看，花名冊上我的名字不在，他說怎麼搞。當時不知名字那麼重要，我要能聽懂，就告訴他我打過仗的，就給得了。以為名字不重要，我就去清邁了。到現在後悔來不及了。

周：參戰的有很多人沒有身分？

徐：多數有。我們這一節有四、五個沒有，我知道的有五個沒有。那邊有個八十多歲了，從中國出來的，他沒有領到。還有一個，他有錢，花錢買的身分，也八十多歲，回大陸了，死掉了。打過以後，泰國人大批的給過了。孩子，我自己去申請可以辦來，申請上去，幾年就批下來了，出生證明，樣樣有，畢業證，慢慢批下來。我去辦隨身證，泰國一亂，不曉得了，泰國內政一亂，就把辦事處封掉了。我辦了四次，四次都亂。都沒有回答，沒有辦成功。辦事處就說送中央了，一屆一屆都亂，文件就亂了。

周：上邊亂，下邊也亂？

徐：下邊亂，就是亂那個總理了，一亂就不好了。現在又亂了，是軍人執政。現在就是三軍一個師長帶領著。他信上去推翻了，英拉上去又推翻了。現在又亂了。這樣做的不好，那樣做的不好。泰國皇帝不知道，我在泰國四、五十年了，人民一亂，皇帝一說就平息了。現在皇帝不知道，什麼事情不知道，你想殺我，我想殺你。

周：你太太的身分？

徐：是我們自己辦的。

周：你在這家庭是三代軍人，你岳父是軍人，岳父的父親也是軍人。

徐：岳父也是領不到這個（身分）紙。他是這樣，他們有兩個人，同名同性同寨，那個人領走了，結果他去辦，怎麼同名同姓，同姓也不同名啊。我岳父叫李春華，在塘窩、新寨，同名同姓。那個李春華領走了，也是老兵，小小的就跟三軍了。同名同姓，可是祖父母不一樣了，就發掉了。

周：你當兵多大年紀？

徐：二十歲，當了差不多四十年。

周：你讀書在緬甸。讀的什麼？

徐：讀的小學。

周：讀的是中文還是緬文？

徐：中文。

周：也是中國人在村裡自己辦的學校？

徐：對呀。南洋版（教材）。

周：那個時候中文學校多不多？

徐：各個村子都有，規模有大有小。

周：辛辛苦苦一輩子，打打殺殺。還不錯，有這一大家子人。

我是第二代的老兵

口述人：李學義 六十九歲

訪問地點：泰國清邁省清佬縣猛納區十保大谷地村李學義家

訪問時間：二〇一四年十二月九日

周：叫什麼？

李：李學義。

周：今年多大了？

李：六十九（歲）。

周：你是什麼地方人？

李：我是耿馬的。

周：你是什麼時候離開耿馬的？

李：我是這種情況，小娃的時候就在了。我阿爸、阿媽帶出來。在緬甸，又到泰國來。

周：你出生在緬甸，是第二代了？

李：我是第二代。阿爸先出來。到我兒子第三代。

周：你是跟老爸在緬甸，你參加老兵了嗎？

李：參加了。他（李橋林）在那前邊，我十九歲參軍，在緬甸參軍。

周：跟著部隊來泰國？

李：在這裡安家。

周：你老婆哪裡人？

李：也是緬甸出生的。

周：你十九歲當兵，你和你老婆認識是在緬甸，還是在泰國？

李：在泰國認識。

周：你當兵都做些什麼？

李：到泰國就做生產，小娃下曼谷打工，讀書不會做生活。大的三十二了，他媽去了十年。

周：離婚了？

李：婚也沒有離過，就走了。

周：回緬甸了？

李：去曼谷了。又找了。

周：和別人結婚了？

李：孩子也大了。

周：孩子都留給你了？

李：小小的那個她帶去了。從小到這裡，把武器繳泰國了，就討生活了。就到大谷地了。

周：你是隨身紙？

李：孩子們都有身分了。

十三歲當兵又去讀書，讀了書又當兵

口述人：林金良　五十九歲

訪問地點：泰國清邁省清佬縣猛納區十保大谷地村林金良家

訪問時間：二〇一四年十二月九日

周：你是擔任組長，自治會二組組長？

林：我們大谷地有六個組。

周：這裡是第幾保？

林：第十保。

周：你今年多大年紀？

林：五十九（歲）。

周：老家什麼地方？

林：在雲南，但是我在緬甸果敢出生。

周：你父親？

林：我父親在緬甸去世了。母親來到塘窩。三軍軍部那裡。

周：你們怎麼來到這裡？

林：我們是三軍接下來的，那個時候說，當兵的眷屬下來。

周：當時你們家誰當兵？

林：就是我。我當了六、七年的樣子，三軍就解散了。

周：你當兵時多大了？

林：需要我當兵的時候，好像我來了四、五年時，那個時候我來有十三歲，我們的官又叫我去新村那裡讀書，讀了四年又來當兵。

周：十七歲？

林：我讀書時算是當兵了，太小。

周：部隊供你讀書。那你在緬甸就當了兵，你母親就跟你下來了？

林：還有哥哥，兩個姐姐，都下來了。

周：那你哥哥當兵了沒有？

林：哥哥沒當，我們兩個弟兄當一個。我小負（擔）不了家庭，哥哥留下。我小，又讀書了四年。讀的時候十三歲。我在緬甸沒有讀過書下來。我十三歲讀一年級，讀了二、三、四年級，五年級讀了一個學期就來了。學了四年多，解散就到大谷地了。

周：你來大谷地，媽媽、哥哥、姐姐都來了嗎？

林：哥哥家在新村。我們一來在塘窩，又搬家到新村，又搬來大谷地住。

周：你來做什麼，生活來源呢？

林：種芒果，玉米這些。討生活。現在沒有了，什麼都不種了。靠小孩子去打工。

周：你有幾個小孩？

林：四個。現在在家兩個，打工兩個。

周：後來取的身分是？

林：我還是華僑。

周：你太太呢？

林：我太太還是華僑，小孩子是公民。

周：你太太也是緬甸來的？

林：還是緬甸來的，她是後來。我來泰國十多年結的婚。十三歲來，二十七歲結的婚。

周：那你媽媽一直跟著你？

林：媽媽在塘窩去世了，到塘窩五、六年去世了。

周：那你哥哥在新村生活怎麼樣？

林：也是靠小孩子。好像比我好些。在臺灣有兩個（孩子）。

周：你哥比你大幾歲？

林：我哥比我大好多，二十幾歲。我們有八個姐妹，我是最小的。

周：那你哥哥有八十歲了？

林：我哥哥大我二十二、三歲。八十二、三了。

周：你姐妹八個，在泰國幾個？

林：去世了三個，還有五個，在泰國，三個姐姐在泰國。

周：那你們有五個。去世了三個，在緬甸沒有來？

林：去世了三個，二姐、三姐、六姐去世了。

周：她們沒有來，在緬甸去世？

林：來的是大姐、四姐、五姐，三個。

周：還有你們兄弟倆，你母親。那你大哥有孫子了？

林：有啊，我也有啊。

周：三代了。你兩個孩子打工，兩個在家裡？

林：有小孩，在帶小孩。

周：你的媳婦，女婿是華人呢，還是泰國人？

林：都是雲南人。那兩個沒結婚的不知道了，將來。

周：謝謝你。

在軍隊戒毒三次，最終教會把我的毒癮戒掉了

口述人：羅新文 五十八歲

訪問地點：泰國清邁省差巴干縣龍窩區六保塘窩村小教堂

訪問時間：二〇一四年十二月十四日

周：叫什麼名字？

羅：羅新文。

周：多大年紀？

羅：五十八（歲）了，公民紙寫的五十四，我是猴年生的。

周：你是有公民紙了？

羅：有了，我是泰國籍了。

周：你家鄉什麼地方？

羅：我父親是中國雲南順寧，你聽說過嗎？我父親出來很早，應該是民國時代，然後來緬甸，在緬甸果敢，跟我媽媽結婚，又到長青山，我們那裡（出）生了。我十二歲來泰國，我哥哥是我們三軍的，一九六〇年在泰國當兵，一九六七年我又來頂我哥哥，又在當兵，十二歲當的。

周：和你哥哥一樣，你哥哥也是十二歲當兵？

羅：他十歲就來了，慢慢長大，給一些訓練。

周：你哥哥退了，你又當。

羅：不是退，是換他。我來，他出來，我又在了。在上面軍人住的地方，十九歲的時候我吸毒，是打海洛因的，打過很多次，那個地方，要強制戒毒，要關起來的，小小的一個房間。

周：咱們軍隊戒毒的地方？

羅：這麼大一個房間，有十幾個人。

周：不到十平方公尺。

羅：就是讓你痛苦，不是好過的地方，上去戒毒。戒過三次。一九八三年我去教會，基督教會去信耶穌戒毒，那裡戒毒跟我們軍人不一樣，為什麼不一樣，他是用愛。他也沒有把你扣起來，也沒有用鐵鐐把你鐐起來，只是用聖經給你講，講你的信心，然後你毒癮發了，讓你禱告，講給上帝我們怎麼痛苦，讓我心受安慰。上帝憐憫我們，減輕我們的痛苦。這樣的禱告，你的心就平靜了，你的心就穩了。三個晚上，慢慢地我的毒就戒掉了。（一九）八三年我戒毒，現在二〇一四年，三十一年了。

當我的教會，我就去美斯樂。有一個地方叫戒毒所，是我的老師創辦的，蓋一些房子，有問題的人，吸毒的人，收到那地方，幫他們戒毒，戒毒後就正常了，像我一樣。吸毒的時候，像乞丐一樣，很慘的流氓樣，衣服是髒髒的，臭臭的，沒有人喜歡的。可是，這教會呢，上帝的愛，不嫌棄我們，不丟棄我們，我們的生命改變了，就不吸毒了。你看，我現在菸也不抽了，什麼不好的也不做了，是另外一個人。就是一個新人。原來是一個不好的人，吸毒的，騙人的人，做不好的東西，騙人家的錢，拿了人家兩次錢，這樣不好。用我們聖經的話，那是罪，好就是善，不好就是惡，罪人是不好的，騙人是罪。我們有時做了一點點不好，就是罪。這個罪的問題怎麼解決，就是上帝了，耶穌了，耶穌為了人類死在十字架上。到處有十字架。二千多年前，十字架是沒有的，二〇一四年前，在羅馬，羅馬的軍人把犯人釘在十字架上，那是最殘酷的，最痛苦的地方，把人釘在上面，讓他慢慢地死，淌血，血淌乾了，這個人就死掉了。那是羅馬時代對付那些戰俘，違背國家叛亂的份子，還有強盜，殺人犯釘的十字架。那個時候耶穌沒有做壞事情，為什麼他上那個十字架，是為我們人類，上那個十字架，耶穌說，我不流血，人類的罪是不能贖的。古代人祭神，拿牛、羊來殺，拿羊的血滴在那個人手上，知道那個羊是替我死的。現在耶穌替我們人類去死，我們就不用那個牛，那個羊。就不用動物去祭了。醫院救護車有十字架，代表救人的。人有必要看醫生，醫院有十字架，紅十字會也有十字架，救災嘛。大陸，四川有災，紅十字會不是進去了嘛。表明了救苦救難。

周：後來你成家了沒有？

羅：我（一九）九一年成家。我吸毒的時候談不上成家，我被家人趕走，我哥哥不要我。一個吸毒人，誰要你，你是一個騙人的人，誰喜歡你，你又髒又臭，這樣的不好。哥哥、嫂嫂不喜歡我，我自己也不喜歡自己。可是，毒癮發起來，你受不了，一下淌鼻涕了，一下發燒了，好像重感冒一樣。你要搞那個毒品，現在全世界、全人類，大陸也在戒毒，美國也在戒毒，泰國也在戒毒，但你戒不了。每天抓了很多毒販，每天收了很多毒藥。但那些戒了毒的人，回來再去吸，很多，很難戒，泰國戒了　百人，一百人回來照樣吸。教會跟他們戒的不一樣，一百個人，沒有五十個人重吸，你聽說過嗎？上次記者訪問了，戒毒所，說你包不吸的多少個，一百個人，最後有五十個人是成功的。還有五十個人會再回去吸毒。我帶去的人沒有，帶去戒毒的人，後來又吸了。像大谷地的布樂，也是軍人，我帶去的，戒了毒，現在有了家了，也有了孩子。

周：也是三軍的？

羅：我的同事。還有嚴山　家，兩夫婦吸毒，有三個孩子，怎麼養孩子，讀書的問題談不上啊。我就帶他們去戒毒。戒了毒，他們的三個孩子，給他們讀書。後來中師、高師畢業，就可以出來做老師。你想，如果不戒毒，怎麼可以出來做老師。他們父母毒戒掉了，不用再吸了，菸也不抽了。在茶坊那邊。

周：你還是幫了很多人。

羅：我做了很多。有的人戒毒一滿，連餐費都沒有，我去教會那些姐妹拿錢給他，救人。這個塘窩是我的根。我十二歲就來這裡入伍。到了二十六歲。

周：你當了十四年的兵？

羅：我大哥七年，我當了十四年。

周：你十七歲吸上毒，部隊還要你？

羅：也要要，部隊需要人，要站崗，一個晚上，站一個小時，我站九點到十點，你來接我，十點到十一點，他來接，這樣輪，輪到天亮。在山上，我們的陣地，你可以去看，走二十分鐘的路就可以到了。

周：部隊幫你戒怎麼戒？

羅：十幾個人關在一起，拿鏈子鏈上。

周：銬上你？

羅：你見了，都會害怕的，很痛苦的。

周：關多長時間？

羅：第一次一個月，第二次二個月，第三次三個月。最痛苦一次在營房那邊，用竹子破兩個洞，然後把腳放進去，就這樣子。

周：不能動？

羅：怎麼動。竹子很長的嘛。我帶的那個刑具，古代的你看過嗎？這是古代的刑具，用竹子夾在腳上，讓你腳動不得。

周：吃飯怎麼辦？

羅：讓你動起來。上廁所時，把它解開，帶你上廁所。兵有看你呀，怕你跑了嘛。拿著槍。你上廁所，再回來，再把腳放進去，鎖起來。沒有別的錯，就是吸毒而已。長官也是為我好，需要我改變一下，可是人的心改變不了，沒法改變。信了耶穌我改變了。我的長官很奇怪，他們很奇怪，這個人怎麼改變了，人也胖起來，衣服也乾淨了，肯定高興。你如果是長官也會高興。

周：你信教時還在部隊？

羅：是啊。

周：部隊允許信基督教？

羅：可以。我去戒毒，就信教了。基督教是不勉強人的，要不要信是個人決定。

周：長官支持不支持你？

羅：還是要你明白，你要自由做了選擇。戒毒所沒有藥的，不吃藥，也不打針，老師和你講清楚，你要還是不要，要就住下來，不要你可以回家。那我當然要了，有問題我可以找人家，我說要。老師說，那你要聽話，你要堅持的，不可私自亂走，在一定範圍。不可以私自去玩，不可以隨便出那個戒毒所。然後你要守規矩，九點睡覺，早上五點半起床，然後洗臉，我們進教堂，唱詩歌，去學字。好啊，有人教你。讀經書，讀聖經。然後，有問題就講了。我說人很累。他們很有耐心的，幫你整。

周：很有愛心。

羅：那些老人家，都是老人家，有耐心，有愛心。我在戒毒所待了七年。我帶很多人去。

周：帶老兵去？

羅：有老兵，不是老兵的我也帶去，只要他願意，高興，我就帶他去。

周：美斯樂戒毒所是你老師辦的？

羅：老師辦，教會辦。

周：你帶了多少老兵去？

羅：包括那些回來又吸毒的，很多，很多。我沒有詳細記下來，基本成功的至少有好幾個人。有布樂，有兩夫婦。另有一個姓王的，王副師長，前幾天辦喪事的那家，他的一個親戚，我幫他戒毒，他現在做老師了，在那其樂那邊開教會，跟我一樣。他吸毒了，他有文化，有學問的，在那邊做教會的老師了，他有二百多個學生。

周：你現在給塘窩這邊講教義。

羅：剛剛就有講。現在塘窩，還有下邊華亮，都有教堂。那個老人家是老兵，八十一歲了，有禮拜堂，還有他的兒女，也在開教會。新寨也有教堂。我是教堂的負責人。叫傳道人，禮拜天就做禮拜。

周：你是這一片的傳道師。

羅：我還是統辦，全部的時間，有一部分時間幫助華亮，華亮的傳道員姓許，他還種果樹。

周：那你家庭怎麼樣？

羅：我有四個孩子，兩男兩女。大兒子已經結婚了，他媳婦死了，有兩個孫女。兩個女兒還沒有結婚，在曼谷那邊上班。小兒子還在念書。你問我這個地方，這是我的使命。我童年在這裡，我要幫助我的同胞，他吸毒，我問他，老兄你願意去嗎，我就帶他去了，還是有好幾個了，吸毒的，戒毒的，剛才那個是佤族的，也戒毒了。

周：你哥哥嫂嫂怎麼樣？

羅：我哥哥去世了，嫂嫂在曼谷那邊，她的孩子大了，她生活好了。起初來的時候，這有兩個家庭入基督教，（其中）那個姓趙的家庭，打仗受傷了，不行了。

周：你父親呢？

羅：埋在塘窩了。

周：你哥哥呢？

羅：在茶坊那邊，很遠。

周：據你了解華人村信基督教的多不多？

羅：多，很多。

周：除基督教的，天主教的。

羅：比如這裡，三軍的軍屬，我的太太、孩子，從緬甸接下來，我們的軍長出一批錢，帶他們下來，在大谷地有幾千人家。第一批是我們砍的那個樹。

周：第一批有你？

羅：我們砍那個樹，砍伐就是讓人住。砍伐那個樹，然後燒光了，他們就遷移下來，有當兵的把他們的爸爸、媽媽接下來，在大谷地住了。人很少，幾十家而已。

周：第一批砍樹種穀子？

羅：就是我們了。我二哥也去種穀子了。他生在塘窩，在大谷地種穀子就不回來了。

周：你們第一批去砍樹的有四百多個兵？

羅：差不多五百個。第一批有那個白彝，白族的部隊，他有五百個人，給我們三軍軍長培訓，我們也參加他們了。

周：白彝也參加砍樹了？

羅：對呀，我們那個訓練場在那裡，一部分一部分砍那個樹，很多人去砍。

周：白彝部隊算不算三軍的？

羅：那個時候靠我們三軍，是我們撫養的，我們軍長還賣給他槍，槍是軍長配數的，使用馬馱過去的。好的槍送給他們，裝備他們。

周：聯盟。

羅：晚上也有人跑，一晚上跑十個，一晚上跑三十個。我們往那邊守，守的地方他不過來，不到一個禮拜跑的很多。所以又把他們撤回來。我們就不砍那個樹了，撤回來。

周：讓白彝砍。

羅：他們也要回來，我們是看他們的。白彝都是新兵，調回來訓練他們。

周：你說的逃兵是白彝的，還是三軍的？

羅：白彝的，他們跑的很多，撤回來在這裡訓練，早上跑步，回來做些實習的事情，打仗怎麼打，教這些了嘛。不教他們，他們怎麼打。

周：多長時間交給家屬？

羅：種了一季，頭次的穀子長得很好，大谷地的稻米很好，超過你的頭高，進去看不見人的。一桶種子下去，收一百桶穀子。那個土質非常好，肥沃。那個時候長大森林，泰國政府沒有控制，你可以隨便砍那個樹，沒有人家。

周：記不記得那是哪一年？

李橋林（插話）：差不多四十年。

周：你太太一九七四年去。前一年部隊砍，差不多。

羅：那時候你愛去那裡砍，就去砍。

周：好像不是，那是泰國三軍的地了，跟咱們三軍達成協議，給你們。軍長叫軍人去開，然後交給家屬，哪能隨便開。

羅：對。沒人干涉的嘛。那個時候森林沒有控制的，法律沒有的。那時一抱粗的，一砍三十幾棵。

周：直徑一、二公尺。

羅：砍得很多。大谷地有我們家很多坰地，至少有四坰地。我哥哥他們去砍，種穀子。

周：誰開歸誰，那你哥哥地很多。

羅：種不完，種不完就讓別人拿去了。值幾百萬呢。

周：你不種，別人就可以種。

羅：你不種二、三年，別人就拿去了。

周：沒有明確歸屬。

羅：沒有本事的，沒有人給你做。你不種，過四、五年又長出樹了。

周：慢慢地就形成各自的了。

羅：現在就很貴了，一小塊地皮，幾十萬泰銖。一般沒住的地方，沒錢買的。

周：現在也是偷著賣。

羅：偷著賣了，政府的東西。

周：因為沒有土地證。

羅：還有大谷地的水，那個鐵桶很粗，是我們從華亮挑下去的，大谷地沒水，就是軍人和軍屬挑。軍長要來水管。

周：是挑下去的？

羅：大谷地那個水塘，現在還有野鴨，真正的水是我們從華亮拿下去。要是飲水思源，我們就是最早的功人了。

周：最早的水，是當兵的引下去的。

羅：當然了。挑水管的老百姓不多，軍人幫忙挑。從大谷地把水管挑到華亮這邊山上。

周：從大谷地一直接到華亮。大谷地軍屬有多少家？

羅：我們軍長接下來的有一、二百家，後來的移民，每一年都有來的。

周：投親靠友也多。

羅：好像我來了，我哥哥還在緬甸，那我有點錢就把他們接過來。有的在大陸，原來也有很多到大陸，把親友帶過來。

周：等於也和三軍有關係。

羅：用的水、地皮，泰國在六十年代、七十年代，特別是六十年代，少數民族幫派來泰國侵占地土，泰國政府沒有辦法，就像侵占我們中國一樣，專門到別的地方就住下來。他們有槍，讓你的軍人不能上去，上去就打你。帕孟山你聽說過？

周：那是寮共？

羅：是邊界。帕孟山本身是泰國地，寮共一部分人就住下來，泰國省長就被打死了。就請我們三軍的、五軍的幫忙去，死了很多人的，當場死的也有，斷了腳的也有，你看養老院的老人家，有斷腿的，有瞎眼的，被炸彈炸瞎眼的。你看，用我們的生命換來的。然後戰勝了，寮共投降了。軍長是皇帝給他那個證書的，跪在皇帝面前，拿那個戰利品的。

周：一九七一年。

羅：那個授權的，我們三軍、五軍的歸屬的一個地方。塘窩、熱水塘新村、馬康山、萬洋、大谷地、盤龍村、茶坊也是三軍的地方。

周：當時有十三個村子。

羅：還有孟那村、金來村、明攏村。

周：據說整個有九十多個華人村。

羅：在兩個省裡邊。清邁省、清萊省。

周：雲南華人，有人說有三十多萬。

羅：差不多有。很多。基督教在泰國有四十萬。百分之一還不到。

周：泰國基本信佛教。

羅：泰國皇帝有個信法，宗教自由，泰國有五個宗教，佛教是國教，回教、天主教、基督教、道教，認同你在泰國。

周：印度教呢？

羅：也是。這五個教門去開會，我們也去開那個宗教會。這五個教可以在泰國自由行教，但不可以強迫人，不可以強迫人入教，你信佛教了，不可以勉強你。如果勉強你，你可以告我，我犯法了。還有，錢，不可以派他，二十塊就犯法了。我說他施善，做好事，好心人士，我們要蓋廟房，要蓋教會，那是自願的，給，可以

不給，不給也不錯人。如果我說你給不給呀，就強迫人，告我就可以上法庭了。說我非法向你要錢，敲詐你。然後我要坐牢。這個月二十八號，我們在新寨過聖誕節，我們有二十五桌的人數，請寨子的辦事員，駐會的老師、醫生、領導，還有曼谷的客人。需要三到五萬的錢，就跟會友講，他們就奉獻了，一個二千塊，這個二千塊，我二千塊。我們是這樣奉獻的。我給他們一個罐，平時放零錢，到時一數多少錢。我們買肉需要錢，買雞需要錢，買油需要錢，積攢下來，不是我的，是上帝的，我也奉獻，我的家人也奉獻，侄兒侄女一個二千，好幾萬了。

周：那你平時生活收入靠什麼呢？

羅：是這樣，塘窩會友的錢我不要，我是財會幫助我。基督教有大的財會，一個月有六千六百塊，我的生活費。我也要生活呀。

周：你是專職的傳道員？

羅：是，財會付錢給我。我用的摩托車，燒的油，有單據嘛，像公司一樣，到月底交給教會，用了六百塊就給我六百塊，用了七百塊就給我七百塊。有兩個人，一個管帳，一個管錢，我不管，讓他一個人管。一個月報一次帳，用多少，存多少，幫助一個家庭，用多少。我們送一個人去戒毒，車費花三百塊，就記三百塊。七年前是三百塊，現在很高了。

周：戒毒所本身不收費？

羅：不收，免費的。

周：就是一個交通費，誰出？

羅：要看能力了，自己能出自己出，實在不行的教會給他想辦法。美斯樂也有聖西會開的戒毒所，是臺灣的，大陸也有開，中國雲南也開了，中國政府看重的，也很高興，教會也很光鮮。美斯樂軍人戒毒所給我們也是免費。

周：五軍的？

羅：軍人吸毒的很多。他們沒有交通費，找教會幫忙，說能不能幫忙，教會說你們有什麼需要我們給你們。他們就去看了那個地方，是軍人住的地方。

周：營房？

羅：對。戒毒的人要看著他，不然他要跑。他們是免費給我們的，花千萬是買不到的。

周：你們美斯樂戒毒所的前身是五軍的營房？

羅：我們蓋成一個戒毒的房子。

周：你們也吸收五軍的吸毒人員。等於幫助五軍了。

羅：幫你的兄弟戒毒了，當官的肯定會喜歡。包括我們這邊也一樣，我們戒掉一個毒，大少爺也很高興。這是件好事。

周：那你不是參軍在青年隊？

羅：炮營。

周：李正義、李學義也是炮營的。

羅：我們吃一鍋飯。現在老兵回大陸的很多，現在沒有統戰那個政治的東西了。

周：也有定居的。

羅：鄧小平講了，改革，自由了，也講民主了。可以來，可以去，沒有問題。

祖上明朝就到了緬甸，我也被招來當兵

口述人：周學貴 七十二歲

訪問地點：泰國清邁省差巴干縣龍窩區十保熱水塘新村馬培成家

訪問時間：二〇一四年十二月十五日

周：叫什麼名字？

周學貴：我叫周學貴。

周：年紀多大了？

周學貴：七十二（歲）了。

周：什麼地方人？

周學貴：原籍江西人，後又到果敢這邊。

周：你是出生在緬甸？

周學貴：出生在緬甸。

周：老人是怎麼去的緬甸？

周學貴：找不著了，有六、七代了。

周：清朝去的？

周學貴：還再前，明朝就去了。

周：是不是去打仗？

周學貴：那個時候紅、白兩旗就出來了。打仗出來。

周：你小時候在家裡做什麼？

周學貴：做勞動力，種地，種洋煙，種穀子。果樹也種。

周：你什麼時候當的兵？

周學貴：二十多歲來了。

周：在緬甸當的兵？

周學貴：沒有。

周：來泰國當的兵？

周學貴：來三軍這裡。

周：你是自己來，還是招來的？

周學貴：招來的。

馬（培成）：我是自願的，他是招來的。

周：招來的，有什麼規定？兄弟幾個？

周學貴：我一個，哥哥十六歲就死了。我當的時候二十三歲。

周：你當兵做點什麼？

周學貴：挑槍，抬槍。

周：扛槍打仗，什麼時候成家？

周學貴：又跑到緬甸，討老婆，九年就分了，分了三十多年。

周：沒有再結婚？

周學貴：沒有再結了。

周：為什麼分手？

周學貴：意見不合，就分手了。

周：也是華人嗎？

周學貴：也是雲南人。

周：是不是緬甸雲南人特別多？

周學貴：她不本分做，她是狡猾了。

周：你老婆比較狡猾，心眼多。你們有沒有孩子？

周學貴：她領去了。

周：那你一個人？

周學貴：一個人耍著。

周：那你家也在新村？

周學貴：我沒有家，就在這兒蹲著。

周：住在老馬家。那你怎麼生活呢？

周學貴：賣點草藥。

周：你是不是懂點醫術？

周學貴：沒有辦法了，賣點草藥，別的做不起來了。

周：沒去養老院？

馬：他年紀大了，不要。

從小想當兵為國家犧牲

口述人：羅有壽　六十六歲

訪問地點：泰國清邁省差巴干縣龍窩區十保熱水塘新村張鎮華家

訪問時間：二〇一四年十二月十五日

周：你叫什麼名字？

羅：羅有壽。

周：今年有多大？

羅：六十六（歲）了，屬牛。

周：家鄉什麼地方？

羅：騰衝。現在是德宏州。

周：你什麼時候出來的？

羅：大概六、十歲的樣子。

周：你和你父母親出來？

羅：我和母親，是我阿公叫人接我們，這樣。我母親用牲口馱我們出來。

周：你童年在緬甸長大？

羅：在緬甸十六歲，跑來參加部隊。

周：在緬甸，還是在泰國？

羅：緬甸。

周：從緬甸下來到哪裡？

羅：在軍部。

周：塘窩。在軍部做什麼？

羅：當兵了。

周：做什麼？

羅：叫做什麼，就做什麼。

周：勤務兵？

羅：勤務兵。

周：部隊解散時有多大？

羅：四十三（歲）。

周：現在是什麼身分？

羅：拿了隨身證。

周：成家了沒有？

羅：成家了。

周：媳婦哪裡的？

羅：緬甸下來的，漢人。

周：有幾個孩子？

羅：兩個，一男，一女。

周：他們現在做什麼？

羅：女兒是上班族，兒子也是。在曼谷。

周：你們從騰衝出來是為什麼？

羅：我祖父在緬甸做中國的生意，他趕騾子。

周：馬幫。你父親呢？

羅：我父親死得早，我還沒有滿歲就死掉了。

周：你母親帶著你，等於投奔你爺爺了。

羅：對。

周：那個時候做馬幫？

羅：他們有錢。他們馬有七、八十匹。他做生意，生意頭腦好。

周：那你小時候生活還可以，你爺爺有錢。你在緬甸讀過書？

羅：讀過，讀了六年級。來泰國讀中學。

周：你不是當兵了嗎？

羅：年齡太小，軍長又給讀書了，培植我們做幹部。

周：後來做幹部了嗎？

羅：沒有，在守備師了。派位，給了一個准尉。准尉文書。還當過教練班長。

周：受訓的時候，受訓隊、教導隊。

羅：對。

周：像你家有七、八十匹馬的產業，為什麼當兵呢？

羅：小，不知道，自己跑來。

周：你爺爺不知道？

羅：對呀，不知道。

周：那你媽媽呢？

羅：不知道，一樣不知道。

周：瞞著你媽媽，喜歡當兵？

羅：就想當兵，命注定。

周：有沒有兄弟姐妹？

羅：有二個哥哥，一個姐。

周：他們在幹什麼？

羅：在讀書。（後來）一個在緬甸，一個在泰國。

周：是不是覺得當兵有前途？

羅：不知道，就是想當兵。

周：當兵很威武？

羅：為國家犧牲。

周：想光復中國？

羅：對呀。

周：有點志向。

羅：有志向。

周：華文學校是不是也教這些？

羅：教你怎麼讀書，怎麼做人而已。不講怎麼對要。

周：只講文化，不講什麼光復大陸？

羅：不講。不講政治。

周：你受什麼影響當兵？

羅：很奇怪，從小就有一個信念，就想當兵，為國家。

周：男孩子，有一種尚武精神。

羅：尚武。

周：像你這樣投奔三軍的人很少。

羅：很少。

周：鳳毛麟角，就是喜歡，家庭生活也不困難。你爺爺在時，你們生活怎麼樣？

羅：生活好啊。

周：困難沒辦法，還有被抓，各種各樣的。

我丈夫在軍部做飯

口述人：那絲[41] 六十七歲（女）

訪問地點：泰國清邁省差巴干縣龍窩區六保塘窩村那絲家

訪問時間：二〇一四年十二月六日

周：你今年多大年紀了？

那：六十多了，記不得了，是六十幾。

周：你是什麼民族？

那：俫河。

周：你是什麼時候從緬甸來的？

那：緬甸我沒有去過，我就是泰國地的。

周：你就是泰國的少數民族？

那：噢，泰國少數民族我們。

周：那你丈夫呢？

那：死了。

周：死了多長時間？

那：四年了。

周：你丈夫原來在軍部做飯？

那：做飯了嘛。

周：做了多長時間？

李根太（那絲大兒子）：做了三十年。

那：三十年有了。

41　那絲，準確年齡不詳。

周：他是緬甸過來的？

那：是，跟軍長一起來的，是雲南來的，一起來，國家一起來。

周：你丈夫是雲南什麼地方的？

李：耿馬的。

周：一開始跟軍長來的？

那：開始就來了。

周：然後就到塘窩了？

那：到塘窩。當兵的到處跑啊，就跑到這兒個嘛。

周：你跟你丈夫什麼時候結的婚，有多少年了？

李：有五十多年了。

那：有了。

周：你是老大，你今年多大了？

李：五十了。

周：結婚幾年生的老大？

那：有三年、四年。

李：有十五、六歲了。

周：（結婚時）你媽媽有十五、六歲？

李：對。

周：你爸爸叫什麼名字？

李：李玉保。

周：你爸爸去世時有多大歲數？

李：八十六。

周：要活著九十歲了。

那：九十多了。

周：你和李玉保在哪裡結婚？

那：塘窩結的。

周：你們有幾個孩子？

那：七個。四個兒子，三個女兒。

周：你們現在怎麼樣？

那：這是個二女兒，沒有錢。

周：都打工了？

那：打工。

周：在哪兒打工？

那：曼谷有。臺灣有，又回來了。

周：這是個哥哥，在塘窩照顧你。老大叫什麼名字？

李：李振人。

周：是不是原來也打工，做過什麼？

那：在清邁。

李：什麼都做，不一定。

那：很苦的，跟人家，什麼也做。

周：你媽媽叫什麼名字？

李：叫那絲，是少數民族。

周：什麼民族，俅河是什麼民族？

李：不知道了。

那：俅河。

周：當時老兵和少數民族結婚的多不多？

那：多呢。有十幾家呢。

李：那時部隊人多，年齡小的不可以結，四十歲以上的才能結婚。

周：有規定。

那：他阿爸大我二十多歲。（結婚時）四十歲。

周：你十五、六歲？

那：十七、八歲了。

周：那會兒是不是女的少些？

那：年輕的沒有，少。

周：有的是從緬甸帶過來？

李：我外婆也是一個，泰國的少數民族，和老兵結婚，還有幾家。

周：你的婆婆是不是你媽媽的媽媽？

李：不是，是阿姨。

那：是我的妹妹，叫阿姨。

李：也叫阿娘。

周：他的阿娘也是和老兵結婚了？

那：多呢。

周：你結婚前在哪兒住？

那：莫拜。

周：那你怎麼來呢？

那：我的阿娘嫁給老兵，我就來了。

周：是你的親戚帶你過來，你的親戚嫁給老兵了。

那：不是親戚不能帶過來，國家不允許的。

周：不是親戚不行。

那：沒有紙（證件），國家不給來。自己親戚帶過來。

周：你嫁給老兵生活怎麼樣？

那：沒有給飯吃。

周：當時很困難？

那：老兵也多嘛，大家都沒得吃。

周：那你帶這麼多孩子。

李：五十歲以上的自己要想辦法。

周：軍部不是發一些糧食？

那：不夠呀。

周：那你們自己種地？

那：種穀子嘛。

李：那個時候沒有路。

周：地是自己開的嗎？

那：開荒呀。自己開，自己種。

李：都要翻過去大山。現在又全部恢復了。

周：恢復成森林了？

李：對，現在荒了，不種了。

那：現在不叫砍了。

李：小的長大了，完全不種地了。

周：那個時候你丈夫發不發軍餉？

那：三、四百塊，不夠吃。

周：你們是兄妹幾個，入泰籍了沒有？

李：入了。

周：你父親？

李：也有，身分證。

周：你沒有孩子？

李：沒有，其他（兄弟）有。

那：有三個兄弟。

周：孫子、孫女有幾個？

那：六個。有兩個沒有討婆娘。三個女兒嫁了，一個兒子有一個，三個女兒一個有兩個。

周：你的孩子跟的都是哪裡的？

李：有大陸的、香港的。

周：大陸什麼地方的？

李：北京的。我妹夫是香港的。北京來的也是妹夫。妹妹嫁到香港，有時回來。

周：北京的妹夫是在這兒，還是？

李：在北京。

周：妹妹嫁到北京了？

李：北京的妹夫在泰國打工。

周：媳婦哪裡的？

那：也是大陸的。

周：哪裡的？

那：記不得了。一個，一個是泰國的。

周：房子是新蓋的？

那：女兒蓋的。

周：一開始救總也出過錢？

李：是那邊。

周：現在女兒出的錢？

那：女兒出一點，兒子出一點。

周：生活也是越來越好。

那：女兒、兒子都做嘛。

周：那十幾家生活怎麼樣？

那：去臺灣了。

周：都不在了？

那：還有一、二戶。

我是緬人，嫁給了老兵

口述人：茶石花[42] 七十歲（女）

訪問地點：泰國清邁省差巴干縣龍窩區六保塘窩村李橋林家

訪問時間：二〇一四年十二月四日

周：今年你多大了？

茶：我有六十五（歲）。

周：你叫什麼名字？

茶：我叫茶石花。

周：你比小四大五歲？

小（插話）：她比我大得多，大我十歲。

周：那有七十歲了？

茶：六十多。

小：她記不得了。

周：你的老家什麼地方的？

茶：在緬甸，在緬甸下來。

周：你是哪裡出生的？

茶：在緬甸。

周：你是怎麼到的緬甸？

茶：就在那邊呀。

小：她的丈夫是中國人。

周：你的丈夫是中國人，從大陸去，認識你了，和你結婚了？

42　茶石花，準確年齡不詳。

小：大哥在老家當兵，去了緬甸，又逃到這裡。

周：你是緬甸人？

茶：緬甸人。

周：你不是華人？

茶：不是，不是。

周：你是緬甸人，有沒有什麼民族啊，少數民族？

茶：沒有，就是緬甸人。

周：你是跟著你老公到了泰國？

茶：是啊。

周：你老公還在世不在世？

茶：不在了。

周：什麼時候去世的？

茶：有兩年多了。

小：兩年多，將近三年了。

周：你記不記得什麼時候來的塘窩村？

茶：不記得了。

周：你丈夫當時是老兵，你就跟著來了？

茶：是啊。

周：你有幾個孩子？

茶：六個，一個不在了。

周：那一個怎麼去世的？

茶：在曼谷打工，病了，醫生救不了。

小：得病了。

茶：就送醫院，醫生就給他吊點滴，就不行了，我們也不清楚，就弄死了。

周：其他五個孩子怎麼樣？

茶：都做工嘛。

周：都在曼谷嗎？

茶：不是，三個女兒嫁在塘窩了。老大，大兒子在曼谷，老三在臺灣，去了好幾年了。

周：兒子成家了沒有？

茶：有啊，小娃都大了。

周：有孫子了，有多大了？

茶：很大了，孫子都可以結婚了。

周：你兒媳婦哪裡人？

茶：就是這裡的，塘窩人。親家就是塘窩的。（死的那個兒子的）媳婦是臺灣人，（三個媳婦）泰國的一個，這裡的一個，臺灣的一個。老三的媳婦是泰國人。叫倮河。

周：三個女兒家在塘窩，（女婿）都是華人嗎？

茶：不是，是緬甸的。

周：噢，三個女兒的丈夫都是緬甸人，家安在塘窩了。你這個家庭複雜，那你女兒三個丈夫是怎麼來塘窩呢？

茶：跟軍長來的。

周：跟三軍來。是緬甸人呢，還是華人？

小：都是華人，從中國出來，跟軍長來了。

周：你三個女婿都當了兵？

茶：我丈夫當了。

周：我是說你三個女婿當過沒有？

小：不當。是後邊慢慢來。跟來的。

周：是華人呢，還是緬甸人？

小：緬甸人。

周：你這個家庭，大兒子媳婦是臺灣人，二兒子媳婦是泰國人，三個女婿是緬甸人，很有意思。你的三個女兒和她們的丈夫是怎麼認識的，是在緬甸認識的，還是在泰國認識的？

茶：來到這裡才認識的。

周：他們也住在塘窩，是不是他們的父母也在塘窩？

茶：他們的父母不在了。

周：他們的父母在緬甸，他們自己來投靠塘窩村了，他們有沒有泰國身分？

茶：有了。

小：有公民紙。

茶：我也有公民紙了。

周：你的孩子全有了？

茶：都有。

周：你老公去世前有沒有？

茶：也有。

周：你老公也獲得泰國身分了。那你帶這麼多孩子是怎麼過來的，怎麼生活呢？

茶：一樣都做，不做不行。種田，現在血壓高，不做了。

周：你年輕時是怎樣帶這五個孩子的，很困難。

茶：那個時候還不是做活路，做下的，種洋芋，種玉米，種穀子，不停的做，現在小娃長大了，不做了。

周：現在靠孩子了？

茶：吃吃，靠孩子了。

周；年輕的時候苦不苦？

茶：怎麼不苦，不苦做不得，我跟這個家，活路做不完，不夠做，當家的有事，就是我一個人做，上山挖地是我挖，再加上做活路，做不來，不會挖地，多年我做。

周：你在緬甸沒有做過這些？

茶：沒有做過。

周：到這兒學的，學著刨地？

茶：是啊。都我做。

周：那還是很辛苦。你在緬甸家裡做什麼呢？

茶：種穀子，種玉米，這些。

周：也是種地。

茶：是啊，要不怎麼吃呢。種煙，種鴉片煙。

周：種鴉片煙在緬甸，在泰國種過沒有？

茶：沒有，不曾種過。在泰國種洋芋，種玉米這些。

周：你丈夫種不種？

茶：他有空也種，一、二天，也種。

李橋林（插話）：他是當營長。有一個小兵可以動用。

周：你丈夫是營長，他自己的小兵可以幫助你種地。

茶：可以呀，當兵當到副團長。

周：他手下幫你種地？

茶：像播種那些。

周：那會兒當營長也得種地，不然沒法生活。

李：米是公家發的，（自己）種些小菜，種些玉米，然後餵豬，餵雞吃，種小菜這樣。那個時候也可以種洋菜，可以出賣，價錢不好時，可以賣些玉米。

周：糧食團體管了。

李：個人老兵，老婆公家給點稻米。

周：自己補充一點。

李：補充一點小菜錢。

周：你老公受過傷沒有？

茶：負過，這裡（臉上）被槍打過。

周：你丈夫都在哪裡打？

茶：在緬甸打過。

李：她丈夫打多了。

周：打過很多仗？

李：他是砲兵營，到什麼時候緊急情況，砲兵要上去。

周：是砲兵營長。

茶：打得多了，炮一打就打著了。

周：炮打得很準。

茶：技術很好。

李：他會測量那個，測量那個距（離），他一測量，就很準。

周：他那個技術不知從哪兒學的？

李：那個時候有書，照著書，從書上學。

茶：有一本書呢。

周：你丈夫要活著多大歲數了？

茶：八十多了。

周：九十歲左右了，是不是第一代老兵？

李：可能就是跟軍長出來的那些。

周：年齡差不多。他可能是從雲南跟著軍長到緬甸，她是緬甸當地人，認識結婚成家。

李：在那安家，然後又接下來（泰國）。那個時候，軍長接過大批難民，接到下來。

周：等於你丈夫先到泰國，再把你接下來。

茶：接過來的。

周：你的孩子是在哪兒出生的？

茶：塘窩出生的。

周：結婚是在緬甸？

茶：緬甸結婚，（當時）沒有孩子。

周：你有沒有親人來泰國？

茶：阿哥來過兩年，老了來不起了。

周：是來看你，不是定居。

茶：也來了好幾年。

周：年紀大了。

茶：屬蛇，老嘛。

周：你回過老家沒有？

茶：沒有，沒有回去過。

周：為什麼不回去看看？

茶：沒有錢嘛。

周：想回去，沒有錢。

茶：兒子死了，沒有錢不能回去。

周：老家親人還多不多？

茶：有阿哥、阿嫂。在城市。拉休，搬到城市。

周：好幾十年了，他們來看過你，你沒有回去，也不容易。你也是緬甸華僑，是幾代了？

茶：第三代了。

周：你是三代華人，還不是緬甸人，是華人。三代以前是怎麼去的，知道不知道？

李：你的老家是哪裡，可記得老人從中國出來？

茶：有記得。

周：三代以前是哪裡來的？

茶：不記得了。

周：三代人在緬甸都是種地？

茶：種地。

周：種煙土是什麼時候，是你這一代，還是前幾代種？

茶：前一代種了。

周：第　代沒種了？

茶：慢慢才開始種。

周：當地人都種，緬甸人種，華人種？

茶：老百姓都種。

周：大家都種，種了賣給什麼人呢？

茶：我也不曉得。

李：三軍也收，收的（人）很多，小商人也收。很多人做，這個生意不怕放，放下也不壞，十年、八年也不壞。

周：咱們三軍做，是不是五軍也做？

李：都做，什麼人都做。又吹，又做。在緬甸還有大煙堂，一家一家的，大家來吹。多。

周：緬甸有很多大煙堂，大煙館？

李：對呀。

周：當地很多人抽？

李：很多人吹。

周：當地人叫吹，就是抽。然後就賣給那些地方。有一個很大的市場。

李：也不是中國人，主要是賣給外國人。外國人也很多，賣自己國家。

父親和哥哥撤臺了我到處流浪

口述人：高學文　七十歲

訪問地點：泰國清邁省差巴干縣龍窩區十保熱水塘新村高學文家

訪問時間：二〇一四年十二月十一日

周：叫什麼名字？

高：我叫高學文。

周：多大年紀了？

高：我是鎮康人，七十零點。

周：什麼時候離開鎮康？

高：五十多年上了。

周：你是怎麼離開鎮康的？

高：我父親出來了，母親出來了，父親出了嘛，母親是小嘛，人多跟著出來了，離開鎮康小嘛，十一、二歲我就離開鎮康了。出來就來緬甸。耍大了。

周：後來你父親當兵了？

高：父親先當兵，後撤臺了，去臺灣吃飯了。

周：你父親還在世嗎？

高：不在了，在臺灣去世了。我哥哥也去過。

周：你哥哥也當兵，跟你父親一起去臺灣了。把你留下了？

高：我跟不上去。他們在前出來了。我們在後邊出來了，他們去臺灣了。

周：你出來時，他們已經走了。找不到他們了？

高：找不到他們，我就在緬甸耍著。後來我父親來了。他們部隊上去，到那個地方，又跟著來了。又到賴東，在了一年多，又折回去了。我父親，兩個哥哥，都

當兵了。兩個阿哥留下一個，二哥跟著父親撤臺去了。我們就找不到父親了。在緬甸流浪著。

周：那流浪怎麼生活？

高：來這裡，三十二年了。

周：你沒當兵？

高：沒有當過，當時摸不清楚，就不要當了。

周：那你怎麼生活？

高：學蓋房子，做生活。在緬甸就蓋，緬甸亂了，就跑到這裡。

周：你到這裡投靠誰，有沒有親友？

高：沒有，一個人來的。

周：他們就收留你了？

高：自己來的。父親當過兵嘛，官家說我是兵家的兒子。還是收留了。我在這個地皮也是官家給的，不收錢。地皮劃給你了，住下了，討生活。

周：有沒有種的田？

高：沒有，都沒有，沒有錢也沒法買了。

周：你討老婆沒有？

高：討老婆，在緬甸討了，領著小娃來。

周：你老婆是緬甸人？

高：不是，還是中國人。她父親過去是國民黨的老兵。她父親回四川了，她母親領著她在緬甸了。

周：你和她結婚，領著來新村了？

高：去年去世了。

周：你有幾個孩子？

高：我們有七個孩子，緬甸出世的多，緬甸出世五個，泰國出世兩個。

周：那你的身分呢？

高：我和老婆是隨身紙，七個孩子是泰國身分。小的得了，大的我們不得。

周：你的孩子都做些什麼？

高：女兒嫁到臺灣了，去了三個。兒子去一個。泰國有三個，去世一個，留下二個。

周：這兩個做什麼？

高：一個犯法，在牢房關著。

周：販毒？

高：不知道，不認得，不知犯什麼法。

周：沒告訴你。你沒有去看你兒子？

高：泰國話我們也不會。我身分不合法，也不可以去。

周：他兄弟姐妹可以去？

高：他妹妹去看過了。

周：你華僑身分不能看？

高：去了，人家問你呢，我說不曉得了，不清楚，不給看。

周：關了多長時間？

高：關了五年了。

周：判了多少年？

高：不知道。

周：關監獄的兒子多大了？

李仙香（插話）：（關）監獄是女兒。大兒子在臺灣。

周：關的這個女兒多大了？

高：三十多歲了。沒有結婚。

周：還有一個呢？

高：也是嫁臺灣，這幾天回來了，不在。在曼谷打工去了。她的孩子放到親戚家，我沒辦法照顧。一個人了。

周：那你的生活就靠孩子了？

高：孩子不給吃，我就餓死了。

周：孩子不錯，餓不死。

高：這幾天，一個孩子嫁到馬來西亞了，回來，又回去了。

周：嫁給馬來西亞的是華僑，還是什麼？

高：我也不清楚。

周：你這個當爸爸的也不問？

高：（孩子）的爸爸是什麼人，也不問了。

周：你是甩手掌櫃，什麼都不管。你的孩子去臺灣，是自己去的？

高：讀書去的，畢業就留下了。他們母親去過。

周：那你沒去過？

高：我沒有身分，去不了。

周：你老婆不是跟你一樣嗎？

高：她是先得的（隨身證），我那時還沒有得，我是去年才得的。

周：所以你老婆可以去臺灣看看孩子們。你的孩子享受了軍屬的孩子去臺灣讀書，打工。

高：嗯。

周：你老婆什麼時候去世的？

高：去年臘月。快過年了，臘月二十四。我沒有身分哪兒也不能去，曼谷也去不了，去了犯法。

周：不能出清邁府？

高：去清邁，要到縣政府報到，給你一張紙，才去得。不是，去不得。

周：現在你可以去看他們了。

高：去年得了，可以去了。年歲大了，又不想去了。

周：他們沒回來看你？

高：他們有孩子照顧不成，沒有回來。有孩子讀書，不放假不能來。

周：那你和孩子們多長時間沒有見了？

高：就是他們母親去世回來，就沒見了。

周：母親去世都回來了，沒見孩子就一年。

高：孩子一個月寄回來錢（一次），不寄就餓死了。

周：每個月都給你寄錢？

高：有時候一萬，有時候七千。

周：這裡有沒有老人福利政策？

高：泰國出生的有，中國出生的沒有。

周：你一個人呢做飯，身體還好？

高：耳朵不好，聽不見。

周：我發現了，就得大聲說。

高：說小聲了，聽不見。

繳武器給泰國政府就不當兵了

口述人：李正義 六十五歲

訪問地點：泰國清邁省清佬縣猛納區十保大谷地村李學義家

訪問時間：二〇一四年十二月九日

周：你叫什麼？

李：李正義。

周：今年多大了？

李：應該是六十五（歲）了。

周：你老家什麼地方？

李：果敢。我是緬甸出生。阿公死在緬甸了。阿公是中國江西人。

周：他怎麼去的緬甸？

李：他病了，死在緬甸。由父親帶著我。我十八歲跑到泰國，當兵，當了二十五、六年，一直到退休。

李橋林（插話）：一直到公家繳武器給泰國。

李：爺爺怎麼出來的不清楚。

周：你父母也出生在緬甸，你是第三代了？

李：嗯。

周：你當兵，你父母是留在緬甸，還是來泰國了？

李：緬甸。在緬甸去世了。

周：你夫人呢？

李：也是緬甸，又來泰國。

周：你在緬甸就結婚了。有孩子嗎？

李：孩子在這裡出生。

周：十九歲當兵，十八歲就結婚了，你有幾個孩子？

李：六個。二個女的，四個男的。都是泰國出生。

周：都有泰國籍了嗎？

李：有。

周：現在生活怎麼樣？

李：打工，曼谷有，臺灣，女孩臺灣有兩個，小的十八歲，在曼谷讀書。

周：女兒嫁給臺灣人了？

李：沒有，嫁給泰國人了，孩子一滿月，就去臺灣打工。小孩子已經中一、中二了。孫子，十四、五歲了。媽媽去臺灣打工，供小孩子讀書。

周：那他媽媽在臺灣打工的時間很長了。

李：三、四年。

周：你在家帶孩子？

李：嗯。

周：你當兵到退休，繳武器是哪一年？

李：二十六年了。我兒子二十五歲前一年。

周：你打過仗沒有？

李：兩邊山上，離得很遠，打過。打炮仗。

周：近戰沒打過？

李：我們兩個（與李學義）是砲兵。

李橋林：用不著到前線，在後邊。

周：三軍用的什麼炮？

李橋林：平射，有好幾種呢。平射炮有，七五炮也有，中國有。

李：一個騾子馱四顆砲彈，馬不行。

周：馬的耐力不行。那你們都是砲兵，受傷的可能性就小。

李：嗯。

周：對方也有炮？

李：炮找炮了嘛，槍找槍。

周：你們的炮、砲彈是誰供應的，臺灣，還是泰國？

李：是買的。用錢買的，多數能買到。

周：在泰國軍火可以買到？

李：買到。

周：那時候砲兵有多少？

李：有砲兵隊。叫隊。

周：有多少門炮？

李：看不到。每個師都有砲兵隊。

李橋林：每個連都有，跟著步兵。要打仗，沒有炮跟著，不行。有炮壓制火力。

周：當砲兵是不是得有點文化？

李橋林：只要學就得了。

周：專門有教官教？

李：怎麼打，教官教，高度怎麼測量，目測，也有望遠鏡，有標尺。

周：三軍都有哪種兵？

李：步兵、砲兵兩種。

李橋林：還有通訊兵，要跟著，要指揮嘛。

周：你在大谷地是不是第一批來的？

李：第一批來的。我當兵九年，從上邊來。我們在還有大兵封鎖著，那邊有泰國兵。

李橋林：有一條毛公路。泰國軍人在那邊。

周：是當年日本人打緬甸，路過泰國，修的這條路。這條路是泰國政府控制？

李：控制不了。

周：你是第幾批來的？

李正義：第三批了，繳武器後來的。

周：你們一起來嗎？

李：我是從緬甸接家屬來的。我結婚有三十五了。

李橋林：他來時不限制了。

李：我們朝後來的不限制了，就看你能生活了嘛。

周：當砲兵，軍餉有多少？

李：二、三十（元），又到五十，到一百就一年，下來就繳槍了。

周：軍餉還是少，養老婆、孩子還是不夠。

李：沒辦法養。沒錢沒辦法養。

周：徐營長講，打寮共每人二百二軍餉。

李：那是泰國政府發的。

周：咱們大谷地，老兵的家屬有沒有占一半？

李：沒有，三、四百戶，現在有二千戶了。

周：有一半的說法。

李：一個人不敢來。都是一個套一個親戚。一個來了，親友都來。

周：有人怕當兵不來。

李：跑回去的也多。繳槍不當兵了，又跑回來了。那個時候怕當兵，跑回去，又跑回來。

周：當兵有危險。

李：當兵的生活不如老百姓，給太少了。我們當兵給了三年（口糧），後邊自己吃了。

周：口糧只給三年？

李：後邊不給了，只三年。

周：當初給家屬發口糧是有年限的？

李：是，三年後自己想辦法。

周：不當兵來不了這兒。

李橋林：當初不當兵來不了，你一說當兵，就接你出來。

周：剛才那家說，你同意當兵就接你來了，老婆、孩子帶來，自己去當兵。繳了槍就無所謂了。

李橋林：逃兵的也回來了。

李：繳槍，折回來的（逃兵）多了。

周：抓住逃兵殺不殺？

李：你要（帶）武器回來，不殺，你要沒有武器了，就殺。

李橋林：拿回公家武器的關起來，關幾年、幾個月又放了。

周：抓回來的多不多？

李：也不多。碰上了就抓。

周：不好抓，漫山遍野怎麼抓？

李橋林：怎麼抓得著。

周：你們三個，年代差不多。李橋林早一點。

李橋林：我是在新村。

周：是打完寮共，給的這塊地？

李：現在人多了，沒地種，靠打工了。現在砍森林，就抓了。

當了二十五年兵，現在種梨子

口述人：蔡鳳才 六十八歲

訪問地點：泰國清邁省差巴干縣龍窩區六保塘窩村蔡鳳才家

訪問時間：二〇一四年十二月十三日

周：叫什麼名字？

蔡：蔡鳳才。

周：今年多大年紀了？

蔡：今年有六十八（歲）。

周：你老家什麼地方？

蔡：在緬甸墨泰。

周：祖籍呢？

蔡：祖籍不清楚了，我們就是墨泰了，出生在那裡。

周：你爺爺、父親都在墨泰，你爺爺哪裡出生？

蔡：我不曉得了。

周：你是怎麼到的泰國？

蔡：我們是跟三軍下來。

周：你也當兵了？

蔡：嗯。

周：你多大歲數當的兵？

蔡：二十五。

周：你是在緬甸當兵，還是來泰國當的？

蔡：從緬甸給他們部隊趕馬，趕馬下來到泰國，就當兵了。

周：二十五歲以前，在家做什麼？

蔡：趕田，趕地，做生活。在小的時候放牛。

周：趕馬，是不是三軍拉夫？

蔡：官家的馬。

周：趕馬有沒有工錢？

蔡：有，一個月一百六十塊。

周：是緬幣，還是泰幣？

蔡：緬幣，比泰幣高。

周：那個時候緬幣比泰幣高？

蔡：現在泰幣比緬幣高幾倍了。

周：你趕馬走什麼地方？

蔡：從緬甸墨泰到泰國了，到塘窩了。

周：當兵以後做什麼？

蔡：還不是老了，做生活。

周：當兵時做什麼？

蔡：發槍了，受訓，作戰，就這些。

周：你在哪兒受訓？

蔡：在這裡，塘窩受訓。

周：受訓多長時間？

蔡：兩個月。

周：受訓完，就去打仗？

蔡：就在塘窩，調出去打仗，留在這裡了。

周：你打過仗沒有？

蔡：打過一次。

周：跟誰打？

蔡：在邊攏，跟老緬打。

周：打了多長時間？

蔡：三、四個小時，在緬甸那邊。

周：因為什麼打？

蔡：也不知道，我們住在這邊，他們打下來，我們還不是打，不打，死了，火併呀。

周：你們有沒有傷亡？

蔡：傷亡有幾個，沒有他們那邊多，老緬多，負傷的多。以後老緬的團長撤職了，三軍打的。他們不可以打。

周：他們打不過了？

蔡：打不過了，他們的大官就把團長撤掉了，不給他當官了。

周：打過這麼一次，你有沒有負傷？

蔡：沒有。

周：那還挺好。除了打仗還做過什麼？

蔡：就是前後待著，不做過什麼。

周：你當兵多久部隊撤了？

蔡：五十多歲時，二十五歲當，五十多歲部隊撤了。

周：中間當了二十五、六年兵。當兵做什麼？

蔡：種玉米、芋頭、紅豆，什麼。

周：當兵也種地？

蔡：不種吃什麼。

周：塘窩種過洋煙？

蔡：過去我們沒有來時種過。我們下來就沒有種了。

周：你一直在塘窩種地，沒有去過其它地方？

蔡：沒去過。現在種梨子。

周：你什麼時候成家？

蔡：我有三十歲。參加五年，就結婚了。

周：你討的媳婦哪裡的？

蔡：塘窩出生的。

周：是漢人嗎？

蔡：還是老兵的女兒。漢人。

周：你有幾個孩子？

蔡：三個。

周：都出生在塘窩？

蔡：對。

周：你現在什麼身分？

蔡：我沒有什麼身分。有隨身證。

周：那你媳婦呢？

蔡：她有公民（證）了。

周：那你三個孩子呢？

蔡：有，都有。

周：那你三個孩子做什麼？

蔡：在曼谷，做導遊。

周：三個都是？

蔡：沒有，一個女兒嫁在曼谷了。兩個兒子在普吉導遊了。

周：那你女兒嫁給什麼人？

蔡：是華人，也是泰國生的，是黃果園出生的。

周：那你女婿？

蔡：也是老兵的後代。

周：他在曼谷做什麼？

蔡：開著公司，做泰國勞工生意。

周：去臺灣，勞務輸出。兩個兒子？

蔡：成家了，媳婦是大谷地的，也是老兵的後代。

周：有孫子了沒有？

蔡：外孫有兩個，一個孫子，一個孫女。

周：救總沒有給你蓋屋？

蔡：沒有。

周：為什麼？

蔡：不知道。我們沒有。

周：過去你們住的都是茅草竹片？

蔡：現在竹片茅草沒有了。

周：你們當兵時候都是自己蓋？

蔡：自己蓋。

周：當兵一個月有多少津貼？

蔡：二十塊錢的經費。

周：吃飯不用掏錢了。

蔡：當兵不需要掏錢了，在家的要掏了，媳婦不掏錢人家不給吃了。

周：你成家，你媳婦做什麼？

蔡：做生活了，我當兵，她做地。

周：你也種地？

蔡：有空種地，沒空就不做了。

周：你的孩子讀過書沒有？

蔡：讀到五年級。老師找不著。讀到五年級不想讀了，打工去了。

周：你小孩在哪裡讀的書？

蔡：塘窩這裡，小學校。

周：學校的老師，是軍人，還是後來的老師？

蔡：軍隊的教官，當初的教官。小的讀到中三，在新村讀。

周：女兒讀了沒有？

蔡：讀到中學了。老大只讀到五年級。

周：老大趕的時候不好？

蔡：因為自己困難嘛，要找吃。

周：她是老大，家裡困難，她要去討吃。那個時候交學費嗎？

蔡：交。

周：當時種玉米、洋芋、紅豆，能賣出去嗎？

蔡：能。

周：賣給誰？

蔡：有人來收，泰國人來收。

周：你們這裡不是封鎖嗎？

蔡：下去，能下去。

周：是你們送下去？

蔡：那個時候公路不通，我們用馬馱，馬馱下去。

周：家家戶戶都養馬？

蔡：一家養兩匹，三匹了，多了養不起。

周：種玉米、洋芋、紅豆，一年賺多少錢？

蔡：那幾年沒有價，這幾年有價了。以前沒有價，價錢不好，挑子還要送下去，一個才賣一碼半。

周：還要送下去，才賣到一碼半。

蔡：沒有路，那個時候便宜。

周：那你們養三個孩子也不容易。

蔡：不容易，在這個山上討生活，養這些孩子真是不容易。

周：你只有三個，多了更麻煩。

蔡：就是因為養不過，不敢多要了。（按說）小孩子越多越好了嘛。多了要養成人嘛。養不成不行，還要讀書，不供讀書不行。我們這幫人不識字，不識字看不見，我們眼睛了，什麼地方寫著字，我們看不見，就是瞎子，不懂了。你識字，人家掛著呢。

周：你沒讀過書，希望孩子讀書。你媳婦讀過沒有？

蔡：讀過一、二年。

周：那時候真困難。

蔡：我在緬甸還不是一樣困難，也無法供小娃讀書。

周：在緬甸你父母就窮，所以你沒有讀過書？

蔡：是啊，沒讀過。

周：你父母親和你在緬甸怎麼生活？

蔡：他們種煙。

周：種煙收入是不是比種農產品高些？

蔡：也不行。那個時候種洋煙，一起一塊錢，一揣四百塊錢。

周：一揣是多少，是不是一公斤？

蔡：拿泰國來說，一揣是一籮六。一籮是六唐，一唐是四兩。

周：四兩是中國的重量。一籮二十四兩，十六兩一斤，一籮不到一公斤。三十二兩才是一公斤。在緬甸時，種洋煙，也是有人收購？

蔡：對。

周：做成一揣一揣的賣。一年收入多少？

蔡：七、八揣。

周：七、八揣，很少了。種多少地？

蔡：種得多。

周：種得多才七、八揣。是不是產量低？

蔡：洋煙還是有毛病。

周：什麼毛病？

蔡：它一起白伏，就沒有漿了。

周：沒有漿，就等於沒收穫了。

蔡：對呀，沒有漿，就沒有錢了。

周：好年景是不是漿就多些？

蔡：好年景，一年劃四、五次都有了。

周：賴年景呢？

蔡：一回就乾了。在泰國邊境種的一回就乾了。

周：泰國這邊不行是不是因為氣候？

蔡：這個我就不知道了。

周：泰國這邊不如緬甸那邊長得好。

蔡：緬甸那邊壓得好，有糞，雞糞、羊糞、馬糞。

周：上肥料。

蔡：泰國這邊，化學肥料上一點。

周：化肥。

蔡：它沒有多肥，就不發了嘛，上的不好。

周：割了以後，是自己熬？

蔡：劃了以後，太陽晒乾，包起一包一包的。

周：晒乾的叫什麼，是不是叫皮子？

蔡：不是熬了賣，賣生的。

周：比種莊稼收入高多少？

蔡：一倍以上。

周：吃糧食再去買。收購洋煙的商人很多？

蔡：很多。

周：塘窩那時種的洋煙割幾次？

蔡：一次。

周：塘窩的也不行。

我是砲兵，耳朵不好了

口述人：長安富 六十八歲

訪問地點：泰國清邁省差巴干縣龍窩區六保塘窩村長安富家

訪問時間：二〇一四年十二月十四日

周：叫什麼名字？

長：長安富。

周：長麗芳是你表姐，多大了？

長：嗯，六十八（歲）。屬豬的。

周：你也是騰衝的？

長：我是併攏生長。出生在緬甸。

周：你父親跟長麗芳一起出來的？

長：嗯。我父親叫長其紹。

周：你什麼時候當兵的？

長：我屬馬年下來，十八歲。

周：幾歲當兵？

長：十四、五歲就當了。五十三、四年前當了。

周：在緬甸當的，還是在泰國當的？

長：緬甸就當了，又下泰國了。

周：那會兒當兵做什麼事？

李橋林：聲音大點，他耳朵不好。

周：那會兒你是砲兵。在砲兵營？

長：是。

周：是跟著營長？

長：是。

周：你說說砲兵營的事情。

長：用炮啊。

周：你打過仗沒有？

長：打過哩。

周：打過幾回？

長：五、六回。

周：你老婆哪裡人？

長：泰國人。姓馬。

周：是少數民族？

長：是漢人。

周：你多大歲數結婚？

長：三十多。

周：你有幾個孩子？

長：五個。

周：小孩子做什麼？

長：去外面打工。

周：你是隨身紙，還是公民紙？

長：公民紙了。

周：那你孩子呢？

長：孩子也入了。

周：五個孩子做什麼？

長：去幫工。有什麼做什麼。

周：幾個兒子，幾個女兒？

長：三個兒子，二個女兒。

長妻：他有病，看不出什麼病，看了好幾處。

周：看不出什麼病，他這個比較特殊了。

帶著自己老婆開了小差

口述人：張鎮華 七十七歲

訪問地點：泰國清邁省差巴干縣龍窩區十保熱水塘新村張鎮華家

訪問時間：二〇一四年十二月十五日

周：你老家什麼地方？

張：緬甸果敢。

周：是那裡出生的？

張：昆。

周：你是緬甸第幾代華人？

張：第五代了。

周：你怎麼稱呼啊？

張：我叫張鎮華。

周：多大年紀了？

張：七十七（歲）。民國二十八年（一九三九）出生。

周：你給我講講你的經歷。

張：我的經歷有的，有碑文記錄。我自己寫下的。

周：你童年在果敢做什麼？

張：讀書。

周：讀了幾年？

張：讀了六年。華文。

周：那會兒果敢有華文學校？

張：有。

周：什麼人辦的？

張：地方官，楊根才。

周：是他辦的？

張：是，在以前是私塾。

周：你讀書的時候？

張：已經是新式國文了，南洋版的。

周：畢業以後呢？

張：就去拉曲了，學汽車修理，拉曲有個永恆修理廠。那個時候老人不喜歡給年輕人往外傳，學習中止，小孩子不給去，男孩子、女孩子給種地了。女孩子沒有機會讀書，有錢也不給讀。都是男孩子讀書，一家人（有）一、二個讀就不錯了。

周：那個時候比較保守，學汽車修理以後做什麼？

張：沒有成功。太苛刻了。又轉學照相，鴻飛照相館，學習攝影。那個時候是黑白照相，彩色有了，英國出的一個薄子，你去借，照著上。

周：叫著色。

張：是緬甸的第幾個區，叫果敢。

周：你的家鄉就在那裡。學攝影以後呢？

張：就回家了。我的六弟沒有讀書，在家放牛。我又把他帶出來，到南社，去讀書。讀書以後呢，我就一直在外了。

周：那個時候你多大了？

張：我有二十二歲，十八歲去拉曲，二十歲去南社。

周：從此就離開家了？

張：回去看望祖母一次。

周：你父母做什麼？

張：就是農業了。

周：你幾歲參加三軍的？

張：以後就轉到長青山了，怒江邊，怒江從中國出來，在緬甸叫薩爾文江。當兵有二十五歲。我跟著張國柱[43]，張副司令。我們的司令是李仕[44]，綽號叫馬驥老四。

周：參軍以後做什麼？

張：就是聽候命令。參加塘窩第一期受訓，受訓三個月，一百天。

周：以後呢？

張：上緬北了，我們是縱隊，縱隊就是外面打游擊的，哪裡有戰事就派去哪裡。

周：作戰部隊？

張：駐防部隊就是師，十二師、十三師、十四師。

周：有幾個縱隊？

張：縱隊就是上下緬兒，有元麟縱隊、高黎貢山縱隊、八縱隊，番號原來就是八縱隊。

周：縱隊就是經常打仗。

張：就是找生活費了。

周：就是背黃金、運鴉片、收稅。

張：收稅沒有了，還要給張家上稅。

周：你要過別人的境，就要給別人上稅。你參加過運黃金嗎？

張：背過了。三十二條，還要背自己的彈藥，行李。睡覺都不得脫。

周：你背了多長時間？

張：背了一、二次。

周：除了黃金，還有戒指、手鏈什麼的？

張：那是上去時背的，不是隨便那個人背。

---

43 張國柱，曾任雲南人民反共志願軍三軍十二師三十五團團長。
44 李仕，曾任雲南人民反共志願軍三軍十二師三十六團團長（一九六〇年五月～十一月）。

周：是軍長信任的人背？

張：自己長官信任的人。

周：怕你拿著跑了。

張：跑不掉，哪裡跑，哪個敢跑。我們叫黃牛隊。

周：背黃金的人，每次有幾個？

張：不知道，保密著呢，祕密得很。

周：背黃金的人？

張：相當可靠，有家庭的人。

周：單身漢不行？

張：不去。那邊跑不掉，那時候控制得緊，督著呢。

周：那時候你成家了沒有？

張：我二十六歲下來，一年多，上邊問好了，就下來了。

周：你是成家比較早的，說是當兵要四十歲才能成家。

張：還要自己負責任。我開小差跑呀。

周：跑過幾次？

張：一次，帶自己的老婆跑，跑到長空，湄公河邊。

周；你二十六歲把你老婆從緬甸接來？

張：是張副司令安排，老太爺安排了。

周：後來和你老婆跑了，跑了多長時間？

張：跑了一年多。

周：在外怎麼生活？

張：做點小生意。

周：怎麼又回來了？

張：他們去接我。

周：不是抓回來的？

張：也算抓回來的，他們讓我騎騾，我不騎。第一大隊隊長李德興去接我。

周：那個時候缺人？

張：我是他的中堅幹部。

周：和你老婆一塊回來？

張：她住在湄賽滿堂。我一個人回來。

周：回來？

張：回來又歸隊了。

周：那時你任什麼？

張：元麟縱隊第一大隊是李德興，第二大隊就是我了。

周：大隊長。對你很重視，開小差回來，還當大隊長。你手下有多少人？

張：三百多人。

周：大隊下邊是？

張：中隊，再下邊是分隊，邦。

周：人員的吃、穿？

張：是軍部發了。

周：大隊長軍餉多少？

張：那時候沒軍餉，只有零用錢二十塊，二十塊。

周：大隊長也是二十？

張：有一百塊辦公費。

周：士兵就是二十？

張：一天不到一塊。苦得很，買洗衣服的肥皂粉，二十塊。

周：你帶著三百人，打過仗沒有？

張：整個縱隊就這麼多人了。

周：大隊呢？

張：幾十個人。有番號，人沒有實際。只是一個番號而已。等於一個綽號。把你控制，讓你自己發展。

周：你們自己去招過兵嗎？

張：招過。

周：去哪裡招？

張：就是副司令寫給我一封信，就去莫代，把信交給了。

周：能不能招到？

張：我們招的叫學生隊，讀了書就來了。

周：還有正在讀書的，也招來了。人家願意嗎？

張：當時正朝著發展，就來了。

周：五抽三，三抽一。

張：沒有，那是強迫式的。

周：三軍整體上有多少人？

張：二、三千這樣。

周：那五軍呢？

張：兩邊差不多。

周：後來和寮共打的時候，你參加過沒有？

張：有啊。密彎關戰役，金三角。野蠻的關口。爭奪毒品。

周：聽說第一次打了四年？

張：沒有，只打了四、五天。你說的是帕孟山，和游擊隊打。那個打了很多年，我沒有參加。我在這邊，茶坊。我又向隊請假，安排家小。聘請我在那裡教書。我就進學校了。我向軍長報告，教育我們的子弟，光復學校，光復高級中學。任教三年。

周：那會兒有中學？

張：沒有，後來有，是恢復。那時是小學。

周：受教育的子弟多不多？

張：有一百多。

周：你們有幾個教員？

張：四、五個人。

周：都是軍人嗎？

張：不是，也有當地物色的，外地的也有。我上去，就復辦了。

周：那個村了叫什麼名字？

張：萬偉村。

周：也是部隊駐地？

張：沒有部隊，就是難民村。

周：那時三軍對教育子弟很重視的？

張：重視啦。

周：各村都有華校？

張：都有的。

周：據你了解，那個時候有多少華校？

張：已經有三、四十個。總之，難民村都辦小學。

周：教的都是華文？

張：泰文、華文兩樣了。以後，泰國政府又不給辦了一段時間，不讓學華文，他們收了後，就在家裡辦，哪裡有空餘的就安排。

周：學校都讓泰國政府關了？

張：關了二、三年，記不清了，以後又活動了，又辦起來了。教了三年又回隊了，又聽候命令了。

周：又做什麼呢？

張：有空就做點小生意。

周：那會兒部隊是不是也沒事情做？

張：緬北沒有戰事，就閒著。你想做點小生意，就可以去做。

周：也不管？

張：那時也不怎麼控制了，自己找的生意，自己動腦筋。不能做壞事就是了，當時很嚴格。

周：不能隨便瞎搞，昨天我們訪問了羅新文，你知道。

張：知道。

周：他吸毒，還關起來，上刑具。

張：他信耶穌了。

周：他說在軍部那個地方，十幾平方公尺的地方關了十幾個人，吸毒。吸毒人多。悶得慌。

張：悶得慌。

周：你什麼時候學刻碑？

張：我姐，我稱她姐，我老婆去臺灣了，桃園。我五十一、二學的。

周：是部隊解散後學的？

張：是，是我娶第二個老婆學的，不能稱老婆了。我沒有數過鈔票，半路的，搭夥的。半路夫妻。

周：原來的老婆去臺灣了？

張：還有三個女兒，都去了。

周：你是跟人學，還是全靠自己？

張：全靠自己，看看他們雕字，我也雕，就這樣弄起來了。

周：到現在也做了二十五、六年了。就一直在刻這個東西。刻（碑）的人多不多？

張：還是有些。

周：生意還可以？

張：混啦。

周：不簡單。

張：我也想不到。沒有想到會做這個。我是收水費的，後來又交給別人做了。

周：你這個半路夫妻是華人嗎？

張：華人。

周：她是什麼地方的？

張：也是我們果敢了。

周：也是第二代、第三代華人？

張：她生長在保山。出生在保山，在果敢長大。

周：她什麼時候到的緬甸？

張：早了，三、五歲的時候。

周：是她父母帶她出來的？

張：是嘛。

周：現在這個老婆多大歲數？

張：大我一歲。

我是李文煥的侄媳婦

口述人：楊金鳳 七十八歲（女）

訪問地點：泰國清邁省差巴干縣龍窩區十保熱
水塘新村張鎮華家

訪問時間：二〇一四年十二月十五日

楊：我七十八歲。

周：你比他（張鎮華）大。

楊：屬虎。

周：你是保山什麼地方人？

楊：大關廟。我們家在大關廟。

周：是你父親帶你到緬甸？

楊：我到果敢有六、七歲。回保山一年，讀書。又一年，又來。我在果敢六個月，父親接我回保山，一年後，又叫我回來果敢。他們在姥姥那邊，又跑進來。他們編辮子時候的人，我父親呀。

周：你父親還留著清朝的辮子？

楊：那個時候有了，後來進來，當兵了。

周：你父親也當兵了？

楊：當兵。

周：你父親在哪個部隊當兵？

楊：不曉得了。

周：你記得你父親有辮子？

楊：就是有辮子時候來了。

周：就是清朝的時候。

楊：我們還沒有生哪，沒有出生。

周：後來你父親？

楊：去世了。

周：在哪裡？

楊：緬甸。

周：你小時候，家裡怎麼維生呢？

楊：我們小的時候，當兵就來泰國，他沒有來，他在緬甸。我是李文煥大哥兒子的媳婦，我是他的姪兒媳婦，他們是南京應店府柳樹灣的大石板李家，姥姥那一代朝代不曉得了。他們二十萬大軍來雲南開關。李文煥的叔叔有四個，在鎮康一個，去世了，還有一個在這裡去世了，第三個在臺灣。我們這一家有三兄弟，有老大，老二是我這個，老三到了臺灣。當兵就跑進來。

周：你和李文煥家是親戚？

楊：親戚。孩子他爸。我二十七歲他就去世了。我有五個孩子。我一個人撫養人。

周：你的前夫做什麼？

楊：當兵。做生意，帶馬幫，跑來跑去。帶部隊上去，做好生意，又下來。他沒有打過仗。去寮國守過邊界，打過一、二次。和苗共打。

周：你先生和苗共打過？

楊：給部隊找吃啊，找彈藥。

張：服務。

楊：馬幫。跑上跑下的，打時去呢。

周：你先生叫什麼名字？

楊：他很小母親就去世了。舅舅帶著，舅舅給叫了，叫李春榮。我有兩個姓，先姓付，現在姓楊。我父親是保山人，說叫個金鳳吧。我的爸爸叫付春山。

周：你父親姓付，你姓楊，兩個姓？

楊：不是。他奶奶去世了，爺爺又娶了一個富家姑娘，做人家兒子，又姓楊。

周：等於入贅人家了。

楊：對。

楊：我們兩個（張）像姐妹一樣。

周：他說了，稱你為姐姐。你前夫什麼時候去世？

楊：我二十七歲，他有五十多。病死了。

周：你們什麼時候在一起的？

楊：我四十八歲，他四十七歲。

張：我五十，她五十一，第二春。

周：二十七年了。

楊：我們還有一個孩子。

周：還有一個孩子？

楊：他死去了。

張：拉拉雜雜。

周：她記憶有點問題。

張：（和李文煥）是一個老祖。

周：一家人，家族，論輩分是侄子。很難說，從明代算，算侄子怎麼算？

張：本家。

周：三百年了？

張：三百六十年了。明朝洪武年間派來的，籍貫是這樣的。

周：你第一個妻子留下兩男三女，都帶走了。

張：都帶去了。她跟我好好商量，她也想去臺灣。寫離婚書。我的老師告訴我，第一不要給人家寫狀子，第二不要寫離婚書。我的老師是山東人，在果敢任教，我在建果中學讀了一年，姓張的老師有三位，一個是四川的。山東的老師叫張潮。整

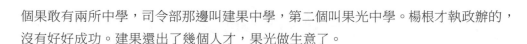

個果敢有兩所中學，司令部那邊叫建果中學，第二個叫果光中學。楊根才執政辦的，沒有好好成功。建果還出了幾個人才，果光做生意了。

周：你老婆和你和平分手了？

張：和平分手了，要離婚書。

周：你們結婚也沒什麼手續吧？

張：沒什麼手續，也請了三、四桌客，就下來了，跟部隊來了。

周：他們都去臺灣？

張：大的男孩沒去，有點肝炎，在清邁。依靠他媽，病好了也不做事，腦子空了，拿他媽錢。

周：這些孩子和你有聯繫嗎？

張：也有。

周：這個楊姐姐有幾個孩子？

張：也是兩男三女，加起來十個。她第二個兒子去世了，在部隊吸毒，走了。大兒子有三個兒子，不在世這個有一個兒子。

周：當時老二多大了？

張：將近四十了。三十多歲去世的。

周：楊國清是大媒了。

467

當了五十多年兵得這些地皮

口述人：馬培成　六十八歲

訪問地點：泰國清邁省差巴干縣龍窩區十保熱水塘新村馬培成家

訪問時間：二〇一四年十二月十五日

周：你叫什麼名字？

馬：馬培成。

周：你多大年紀了？

馬：我爸爸是在四川成都，我們是來緬甸成長。

周：你是出生在緬甸？

馬：出生在緬甸。在剛木，我爸爸在那裡結婚。我十二歲就來當兵，就在李軍長這裡當兵。當兵以後，就去泰國打仗，打共產黨，打寮共。泰國不允許存在，我們就去打仗，打仗就回來。去緬甸和老緬打，就這樣。後來我們打仗回來，就去李軍長（那裡）待七年。七年後我又出去。這個地皮是李軍長給的，到我們當兵有五十多年了，就得這些地皮。

周：你今年有多大年紀？

馬：我今年有六十八歲。

周：你父親什麼時候從成都到緬甸的？

馬：我父親是修滇緬公路。

周：抗戰時期？

馬：我們不知道滇緬公路在哪裡。

周：（修）滇緬公路，就說明你爸爸參加了打日本人。修滇緬公路的目的，就是把美國給中國的物資，運到內地，送到前線，跟日本人打。當時只有這條公路是通的。還有是通過喜馬拉雅山空運。你父親是修滇緬公路時留在緬甸了。

馬：他們兄弟留下了。

周：你父親是兄弟倆？

馬：我爸爸是老六，我七爺是老七，他們是弟兄，在緬甸。

周：一起修滇緬公路？

馬：在後，我爸爸當地方官的隊長，我七爺當師爺。找十二歲就出來當了。

周：你七爺和你爸爸加入地方官的隊伍？

馬：嗯。

周：那是不簡單，參加修滇緬公路，對中國抗戰起了很大作用。

馬：我十二歲當兵，是元麟縱隊第二團第一營第二連少尉排長。我們是後來的，做生意，跟生意幫，去去來來，在緬甸打仗，打老緬，一〇九團就是我們打垮的，老緬。我們到果敢，中國的邊界，就從那裡招兵買馬。李軍長做生意為我們，給我們吃，給我們穿。不做生意，那樣沒有。臺灣的補濟，只是嘴講。

周：返臺後就沒有了？

馬：我們一個月只有二十塊，零用錢。我是三十塊。李軍長做生意為我們，我們也當他大爺。

周：你什麼時候成家？

馬：我三十五歲才成家。

周：找的也是華人嗎？

馬：是，緬甸來的。

周：可能是第二代、第三代華人了。

馬：嗯。

周：就安家在這裡了？

馬：安家，我有九個小娃，在曼谷四個，做導遊，四個都安家了。他們在曼谷，房子也買了。有一個在清萊帕當，家在那裡。在中國兩個，老大、老二在中國，老大做修理，老二做工程。

周：你和四川老家有沒有聯繫？

馬：四川我沒有去，我去上海、南京、北京、西安，老二在西安。我剛在三個月前去的。知道不知道中國四川怎麼樣，要去看看，很難去，不容易去，海關卡，說沒見過我們這種證件。我們是隨身證。

周：華僑，這種護照和泰國護照不一樣，他沒見過。你沒回成都看看？

馬：沒有親戚，不方便。我去是我兒子領著，我自己不方便，走不動。

周：謝謝。

五個孩子有了身分，老倆口只有隨身紙

口述人：小四 六十歲（女）

訪問地點：泰國清邁省差巴干縣龍窩區六保塘
窩村李橋林家

訪問時間：二〇一四年十二月四日

周：你叫什麼名字？

小：小四。

周：有多大年紀了？

小：六十歲了。

周：你老家什麼地方？

小：記不得了，大陸的，我在緬甸生的，又來泰國。

周：你的父母老家在什麼地方？

小：在中國。

周：什麼地方？

小：在鎮康。阿媽帶我來泰國，她去世了。父親在緬甸去世了。

周：你父親去世了，你阿媽帶你來泰國，直接就在塘窩村了嗎？

小：塘窩村。

周：為什麼到塘窩村呢？

小：我丈夫當兵。

周：你丈夫叫什麼名字？

小：張文斌。

周：你丈夫多大年紀了？

小：六十一（歲）了，比我大一點。

471

周：他在緬甸當的兵嗎？

小：在泰國當的兵。

周：是五抽一那一批？

小：是在緬甸當的，然後下來。

周：跟著三軍到塘窩。你有幾個孩子？

小：五個，四個女的，一個男的。

周：你們在塘窩生活怎麼過呢？

小：種田，種芋頭，種玉米。

周：你來塘窩有多大？

小：三、四十年有了。二十來歲來的。

周：你們剛來時，是三軍發的米？

小：發的吃。

周：來的時候有沒有孩子？

小：那個時候還沒有。

周：五個孩子都是塘窩出生的？

小：嗯。

周：你五個孩子入沒入泰國籍？

小：有。

周：都入了。

小：嗯。

周：你們老倆口有沒有身分證？

小：沒有，是隨身紙。年齡過了，人家不給。

周：你們回過大陸沒有？

小：沒有。大陸的老人聯絡不著，大多也死了，問著了，死了。小的認不得了。我們也查問了，聯絡不上。沒有電話。

周：你丈夫家的人也聯絡不上了？

小：我不知道，也不知道家裡有沒有人了。

周：你丈夫身體不好，有病？

小：腎不好，這兩年做不得了，我也不能做了。

周：現在你的生活靠孩子們？孩子們都在哪裡打工？

小：在曼谷待著，（還有）嫁到馬來西亞。

周：華人？

小：馬來西亞的華人。是中國人。兩個在曼谷打工。兒子在帕克亞。在海亞還有一個，最小的二十歲了。嫁到馬來西亞的是老二。有一個嫁給泰國人了。老大有個朋友耍著，不好，分手了。兒子有朋友不好，不敢要，是華人。

周：也是難民村的？

小：嗯。是馬來西亞人，華人，來泰國打工，在海亞那個。

周：孫子有沒有？

小：有兩個。就是嫁給泰國那個。雙胞胎，一男一女。

周：龍鳳胎。好。他們的家安在哪兒？

小：恰巴剛。

周：在恰巴剛買的房子？

小：泰國人家裡有房子。她丈夫教書的，教泰國人的。

周：恰巴剛是不是難民村？

小：是的。

周：他們倆口子生活好不好？

小：差不多。

周：生活習慣還行？

小：行。

周：你的外孫一出生就有泰國籍了。你在馬來西亞的女兒回來不回來看你？

小：過年回來過一次。

周：你二女婿是做什麼的？

小：他爸爸媽媽開公司，跟他爸爸媽媽賣東西，賣車子零件。嫁給泰國老師的是三女兒。馬來西亞是二女兒。

周：大女兒、四女兒沒有結婚？

小：兒子結婚了，娘家在緬甸。

周：媳婦是華人，還是什麼？

小：緬甸人。小娃有一個了。男孩，有一歲了。（媳婦）不在，一個泰國籍，一個緬甸籍。

周：媳婦不願意到泰國來，兒子在泰國，媳婦在緬甸，倆口子分居呀，為什麼不願意來呢？

小：不知道。

周：媳婦的家就在緬甸？

小：在大其力。

周：她家是做什麼的？

小：賣小東西的。

周：做小生意。那你兒子就辛苦了，要經常去看媳婦。

小：幾個月去一次。送錢過去，生活費。

周：孩子也是媳婦帶的。那你兒子在泰國沒有安排個家？

小：沒有。

周：那你老公現在身體怎樣？

小：他胃不好。年輕時喝酒喝多了。人家叫去就喝，再喝就不對了，就喝。

周：現在酒戒掉了？

小：戒掉了。喝多了胃就不好了。

周：他打過仗沒有？

小：打過。槍疤多多的，炮片炸著了，以前在緬甸孟買打仗。

周：跟苗共打沒有去？

小：沒有去，我哥哥去了。我哥去世了，兩年了。

周：你哥也是在緬甸參加的？

小：在緬甸參加的。

周：你哥比你大多少？

小：大我九歲。

周：六十七歲去世的，他參加過與苗共打？

小：他參加過，也負過傷。負過一點點。

周：你哥和你丈夫是不是一起從緬甸過來？

小：我哥先來的，我們後來的。

周：你哥先來到哪裡？

小：也是塘窩村。他家在下邊一點。

周：那你嫂子還在不在？

小：也走了，去年去世了。

周：前年你哥去世了，去年嫂子去世了，一年一個。他們有沒有孩子？

小：有三個。二個兒子，一個女兒。

周：他們生活怎樣？

小：也差不多。（我哥）他有癌症去世了。

周：那你嫂子？

小：也是癌症。

周：兩個人都是？

小：哥哥不是。

周：他們得病在哪兒治呢？

小：恰巴剛，清邁。

周：醫療費怎麼出呢？是自己出呢，還是有人管？

小：有泰國紙，醫院管了，自己吃嘛。

周：隨身證？

小：他們是公民了。

周：你哥哥嫂嫂是泰國公民了，醫療費是政府出了？

小：嗯。吃用自己出。

周：泰國的制度是有公民身分的，醫療費國家出？

小：是了。

周：你哥哥的三個孩子成家了沒有？

小：都成了。有一個很大的孫子了。

周：他們家都在塘窩嗎？

小：都來，出去打工，過節回來。

周：在曼谷打工，有活就去，沒活就回來了。你哥哥的孩子年齡比你的孩子年齡是不是大些？

小：大一點。

周：這三個孩子是在哪裡出生的？

小：也在這邊。

周：塘窩出生的。等於三代人了。你們家除了你哥哥，你，還有什麼親友來到泰國？

小：還有一個姐姐，一個弟弟。弟弟在大谷地（村）。

周：你弟弟也是當兵嗎？

小：不當。是姐姐帶出的。是媽媽出來二十年（才來）。才有｜多年。他們泰國紙沒有。

周：他從哪兒來？

小：緬甸。因為媽媽來了嘛。

周：找你媽媽來了，他有多大年紀了？

小：五十多。

周：他成家了沒有？

小：有，小孩子很大了。大的有十七、八歲，最小的有十二歲。

周：有幾個孩子？

小：五、六個呢。

周：你弟媳婦是哪兒的人？

小：也是緬甸的。

周：是華人，還是緬甸人？

小：緬甸人。

周：他來的時候，媳婦也是跟著來的嗎？

小：跟著來的。

周：他的孩子都是緬甸出生的？

小：緬甸出生的。

周：來的時候帶著五個孩子，全家一起來的，他到大谷地，房子是買的？

小：買的。

周：那他現在有沒有身分呢？

小：沒有，娃們有，多數有。

周：孩子都有？

小：三個有，讀書的有。

周：那兩個沒有讀書，就沒有？

小：嗯。

周：他的孩子年齡小，還沒出來打工？

小：有兩個去（打工）了。小的讀書，另兩個在大谷地做工。

周：幫助人家做家務？

小：有一個出去打工。

周：你母親去世多久？

小：四年。

周：在塘窩去世的？

小：塘窩去世的。

周：去世時多大年紀？

小：八十四（歲）了。

周：那就埋在塘窩了？

小：埋在塘窩了。

周：沒有去和父親合葬？

小：沒有。父親埋在緬甸了。

周：一家人分開了？

小：分開了。

周：這個地方是土葬嗎？

小：埋在土葬。

周：塘窩有沒有咱們專門的墓地？

小：沒有。

周：就是自己找個地方埋？

小：嗯。

師長當了十年難民村的自治會長

口述人：趙金菊 六十八歲（女）

訪問地點：泰國清邁省清佬縣猛納區十保大谷地村趙金菊家

訪問時間：二〇一四年十二月五日

周：你丈夫當了十年零八個月的大谷地的自治會長？

趙：他生病了，不能當了，年齡也大了。退了一年，退不掉。怎麼搞，又要生氣，又要罵，剛好退了四個多月，他中風。他說，病已經有了，他不想當了。村子太大，人也多。那些難民有些是很聽話的，有些不聽話。

周：大谷地是難民村最大的。剛才何先生說，整個泰國這麼大的村子也不多。有二萬多人。

趙：是啊。家屬多，有二千多戶，這樣。有些自己沒有房子，租住的人多。

周：你先生在部隊是師長？

趙：對。

周：是三軍的師，第幾師呢？

趙：軍長的部下，九十三師。

周：什麼時候當的會長？

趙：部隊退役。還沒有退役我們就移下來，他在塘窩。

周：當時你們也住在塘窩？

趙：住在塘窩。

周：部隊解散，你們下來？

趙：還沒有解散來這裡的。丈夫在部隊。部隊解散以後他也來這裡，泰國駐防兵的一個營長，說這麼大的一個村子，要部隊下了的王志明，我的丈夫當值好。他就當著。人口這麼多，不要說部隊的人的管理。

周：泰國國防軍的一個軍官，要王志明[45]來管，擔任這個會長？

趙：後來他不接受，人家就要他當。

周：開闢時都是軍人，種穀子了，沒有家屬？

趙：沒有家屬，三軍的眷屬都在緬甸，緬甸那邊移下來的，一來有幾十家，一來的時候有八十來家，一年以後有三百多家，有緬甸來的，有完全中國大陸來的，像我們這樣。

周：你是怎樣過來的？

趙：我是雲南，鎮康勐統，過去算勐統，現在劃給永德縣。

周：你是幾幾年到的緬甸？

趙：那時我有十一歲，十一歲到緬甸。

周：您是幾幾年出生？

趙：現在我有六十八（歲）。

周：應該是五十七年前。

趙：是（一九）五八年。我的爸爸上前來了，十幾年了，我（那時只有）六個月，我爸爸到緬甸，我母親帶我來，找到我爸爸，我有十一歲。

周：你爸爸是先來緬甸，（一九）五八年你媽媽又把你接來緬甸。

趙：我媽媽帶我來的。

周：當時你們出來的多不多？

趙：一起來的有三家，我二爺家，叔叔家，大娘家，我們家。

周：一起從那邊過到緬甸？

趙：到緬甸過江。

45　王志明，曾任雲南反共志願軍三軍十四師四十二團主官（一九六〇年五～十一月）。

周；有十幾個人，二十幾個人？

趙：記不清楚。

周；開始在緬甸生活？

趙：在緬甸生活，種田。

周：種不種鴉片？

趙：不種。我們是在壩子裡面。

周：壩子裡就可以種水稻了。

趙：當兵的種鴉片，在山上，我們沒有種過。

周：後來怎麼結識王師長的？

趙：軍人派人，就結識了，在裡面結婚的。

周：結婚那年有多大？

趙：二十一歲。

周：到了緬甸十年之後。（一九）六八年結婚。

趙：結婚一年多，就到塘窩了。

周：有幾個孩子？

趙：兩個孩子。

周：你帶孩子在塘窩生活怎麼樣？

趙：那個時候最苦了，老兵薪水不好，只有四、五百（元），在家做活。種地，種點玉米，餵雞、餵豬，這樣，那個時候生活太苦了。

周：實際上主要靠家屬，種點地，養點什麼，背著孩子。

趙：我丈夫他們出去。

周：打仗啊，運黃金，做生意，等等。

趙：生意不做，怎麼生活。一起派這裡，一起派到那裡。

周：你先生打寮國去了沒有？

趙：他沒有去。我丈夫在江拉、孟山。

周：跟緬甸打，也是打？

趙：打過。

周：負過傷沒有？

趙：沒有。

周：那不錯，命好。你先生入籍了沒有？

趙：入泰國籍了。我們部隊打帕當以後，泰國政府給入籍。

周：那你呢？

趙：我們全家都入了。

周：你先生什麼時候去世的？

趙：到滿十二年。

周：二○○二年，去世時多大年紀？

趙：七十四歲，大我十八歲。現在八十多了。

周：你叫什麼名字？

趙：我叫趙金菊。

周：你先生從雲南來到緬甸，是跟著部隊一起來，還是？

趙：跟著部隊一起來的。跟著李將軍一起的。

周：反共救國軍。從鎮康過去的？

趙：是。

周：那您先生是不是鎮康人呢？

趙：鎮康人，他離我們還遠，四個小時這樣。

周：你先生的村子和你的村子隔著四個小時的路，兩個縣挨著？

趙：一個縣。

周：都是老鄉，家鄉人。現在孩子做什麼呢？

趙：嫁到臺灣那邊。多數在清邁那邊。

周：入了臺灣籍了嗎？

趙：有了。

周：兒子在清邁？

趙：是女婿。兒子也要娶臺灣姑娘。

周：臺灣的姑娘也來了泰國，和你們一起生活？

趙：一起生活。

周：挺好。孫子有沒有？

趙：有，兩個。

周：三代同堂。謝謝你。

趙：不客氣。

我父親、母親都葬在這裡了

口述人：李雙林 七十四歲 蔣順有 七十二歲（女）

訪問地點：泰國清邁省清佬縣猛納區十保大谷地村李雙林家

訪問時間：二○一四年十二月九日

周：你叫什麼名字？

李：李雙林。

周：今年多大年紀？

李：今年七十四（歲）了。

周：那你身體很好，還在磨刀。你的身分是什麼？

李：隨身證。

周：你老家哪裡？

李：阿公、阿祖從中國出來。

周：你出生在緬甸？

李：噢。父親、母親葬在這裡了。

周：阿公當過兵嗎？

李：沒有當過，在果敢沒有當過。

周：那你當過？

李：當過，兒子也當過。

周：當兵時多大？

李：三十多歲。

周：你是在緬甸當，還是在泰國？

李：在泰國當。

周：你是和李橋林一期的？

李：第一期。我們來這裡開闢。

周：和你（李橋林）老婆一期來的。

李：一期的。我們來的時候這裡沒有人的。

李橋林（插話）：他也是在部隊服務過，他不是老的，是第二代、第三代這樣。

周：你是在大谷地當的兵？

李：來大谷地這邊當的。

李橋林：變成第三期了。

周：你當兵在什麼地方？

李：不曉得了。在緬甸，殺上殺下的。

李橋林：地名記不得了。

周：你打過仗嗎？

李：打過。

周：跟緬甸打，還是跟寮共打？

李：跟緬甸打，緬甸人。

周：與寮共打你參加了沒有？

李：帕孟山，參加了。

周：你兒子多大當兵？

李：他十六歲換我。當一當，又換。

周：你是先當，兒子又去替你。你有幾個孩子？

李：我有兩個兒子。

周：當兵這個是老幾？

李：老大。

周：老二當了沒有？

李：老二沒有當。

周：老大當了幾年？

李：五、六年，差不多。

周：是不是當了五、六年，部隊就撤銷了？

李：嗯。

周：老大當兵時，你們就已經在大谷地了？

李：在啦。我們在的時候，一家不在這裡。

周：你們做什麼呢？

李：種穀子、玉米吃哩。

周：當兵時，家屬給不給口糧？

李：給吃一點。老爹、老媽在。

周：你老爹和老媽是一起來的，也能幹活嗎？

李：老爹、老媽到大谷地去世了。

周：來的時候你們家幾個人？

李：我們家、兄弟家結伴來，倆弟兄。

周：你弟弟當過兵嗎？

李：當過，在帕孟山待。

周：你們兄弟倆都當兵了，你父母誰照顧？

李：那個時候有她（蔣順有，李妻）了，算軍屬，這家也是，那家也是。

周：這三家都是軍屬。那會兒你結婚了沒有？

李：十五、六歲結婚了。

周：你的婆娘跟你一起來的？

李：當時就有兩個小娃了。

周：那你弟弟結婚了沒有？

李：沒有，他娶過，婆娘去世了。

周：在緬甸就去世了。來了後，你們兄弟倆就當兵了。當兵回來，你弟弟又娶一個。你婆娘是漢人還是少數民族？

李：漢人。

周：她是什麼時候去的緬甸？

李：她在了，我們已經在了。

周：你婆娘老家哪裡？

李：也是從中國出來的，她出生在尖碑，到中國一天的路，一天可以過去。

周：他們是第二代或第三代的移民，不是解放後從中國出來的。那你們怎麼想到泰國來的？

李：這裡上去招兵，就下來了。我們剛剛跑到，就依他們的心願招進去了。

周：三軍上去，接家屬連帶招兵。他們符合條件，來了後就參軍了，家屬留在大谷地。你的孩子哪裡出生？

李：緬甸出生兩個。兩個女兒。

周：他們出嫁了？

李：出去打工了。在曼谷。兩個姑娘出嫁完了。

周：嫁到哪兒了？

李：嫁到馬來西亞。是漢人，不會漢話。

周：他們這又是一種情況，他們願意當兵，三軍就把他們接下來。條件是你們同意當兵才行。

李：是。

周：你們當了多少年兵？你們還參加帕孟山打仗。那不對，更早。

李橋林：我們朝前，他們後邊，後來都在一起。部隊是一個，師是一個。

周：你打寮共，你弟弟去了沒有？

李：打過了。

李橋林：他在緬甸打過，他弟弟去考克考亞打過。

周：你們兄弟當兵在不在一起？

李：不在。一個在一個單位。投的是三軍了。

周：你們兄弟當兵時間一樣嗎？

李橋林：他兄弟在考克考亞打砲彈，耳朵震聾了。

周：你弟弟多大，比你小幾歲？

李：十多歲。

周：你弟弟現在做什麼？

李：帶小娃那些。

周：帶孫子。他有孫子了？

蔣：重孫有了。四個、五個有。

李：姑娘的娃多了。

周：你也有外孫了？

蔣：有五個重孫。

李橋林：他們結婚早。

周：你婆娘叫什麼名字？

蔣：順有，蔣順有。

周：你今年多大了？

蔣：七十二（歲）了。

周：你老家記得不記得？

蔣：記得。

周：我說的是雲南老家。

蔣：不記得了。

周：緬甸的老家記得。

蔣：邦果山，我們是一個寨子的。

李：在果敢的上邊。

周：就是靠近中國了。

李：中國那邊我們也去。中國的小街我們去趕呢。

周：中國那邊還有親友嗎？

李：我們下來了，聯絡不上。

周：你是阿公到的緬甸，你是第三代了。

李：嗯。

周：你呢？

蔣：一樣。

周：都是第三代。

我們在泰國不知受了多少罪，什麼人都看不起

口述人：李老旺 六十歲

訪問地點：泰國清邁省清佬縣猛納區十保大谷地村李老旺家

訪問時間：二〇一四年十二月九日

周：你今年有多大年歲？

李：今年我有六十歲了。

周：你還年輕嘛。老家是什麼地方的？

李：爸爸、媽媽是雲南生，我是緬甸生。

周：爸爸、媽媽是雲南什麼地方的？

李：我十一歲，爸爸去世了，我不知道在什麼地方，媽媽有四十二歲去世了，這個媽媽不知道爸爸的事情。我是緬甸滾弄出生的，在果敢這裡。十一歲就從緬甸過到泰國。

周：你是怎麼來的？

李：跟著李文煥的部隊來，爸爸在半路上去世了，媽媽在大谷地去世了。

周：半路怎麼去世的？

李：去世就火化了，（骨灰）拿到塘窩，還是葬到這山上。半路生病死的。

周：你爸爸是老兵？

李：不知道，爸爸帶病，半路就去世了。媽媽帶我到泰國長大。一來的時候住在塘窩，哥哥在這裡當兵，哥哥去世了。我媽媽又和軍長講，要我不來了，為了她，不然我要做兵。

周：你哥哥多大年紀當兵？

李：他死時三十多一點，做生意被人家槍（打）死了，人家搶他錢。做生意，在農村，被人打死了。他討老婆二年，起不了床，去清邁看。哥哥死了麼，就向軍長討錢。既然哥哥去做生意，軍長就叫我當兵。哥哥去世了，媽媽年紀大了，就把我要回來。軍長說她可憐，只有一個子女。

周：你當過兵沒有？

李：當過三年。

周：你當兵的時候多大？

李：二十多歲。做了四年。軍長要我回來，為了母親。我哥哥做李文煥的兵十多年，他又會做生意，叫我去當兵，他在家為媽媽。

周：你哥哥當兵，把你們接上來。哥哥後來去世，你媽媽沒人照顧，把你叫回來。

李：叫回時還在塘窩，塘窩不可以種大糧，我們就搬到大谷地種大糧。

周：你母親什麼時候去世？

李：七十多歲去世，高血壓。頭痛，又沒有錢去醫院，不知怎麼治。來這個地方時，條件很差。我去清邁，那裡也落後，不知怎麼醫。坐也坐三輪車。拉到醫院，他們也沒有辦法，這樣子。然後在這個華僑村，我是華僑，在泰國每年要上稅，要上兩萬塊，我的女兒是公民，不用上了。我在這個地方，人家也不說我是公民，就是做一個華人。

周：華僑，沒有國籍，也不是中國的，也不是臺灣的，也不是泰國的。

李：中國、臺灣可以幫到嘛，我們在泰國不知受了多少罪，什麼人都看不起，現在中國強大了，可以寬鬆了。我們受了罪，人家一直拖著，不給公民紙。在清邁、曼谷打工，沒有身分證，受罪來了。中國那樣了，看臺灣抬不起頭，華人華僑在泰國受了太多的難。在泰國必須有公民證，房子不可買，地不可買，什麼也不可以。一說華人，去中國去。

周：你是叫什麼？

李：我是叫李老旺。從小沒有去過學校，十一歲就在山裡跑來跑去，教育程度一點都沒有。在緬甸就小小的放馬。來到塘窩沒有條件養牲口。後來條件改善就來這裡了。學校沒有辦法去讀書了，在塘窩家庭沒有條件，沒有讀書了。現在社會都

去讀書了，我們那個時候，讀書起碼要有錢，沒錢不可以了。做一個人就這樣，一生就完掉了，不會寫，能看，寫得不好。

周：你哥哥讀過書沒有？

李：在緬甸讀過兩年。好像緬甸這個國家不好，亂，養了一個雞，養了一個豬，老緬來了，亂整啊，雞就拿去殺的吃了，說不得，他還要你出力，放馬，馱東西，挑東西，到了那裡，叫你回來。在緬甸，老緬做得苦哩。

周：隨便抓人，到老百姓家搶東西吃？

李：有什麼好東西，他們都搶掉了，政策不好。爸爸、媽媽就說來泰國，來嘛，爸爸又在半路就去世了。

周：你們來的時候，是不是答應當兵？

李：是。我哥哥當兵，我吃了李家的飯十一年。在塘窩不種大糧，都是李家餵了。

周：十一年後你當的兵？

李：我哥哥一來就當了，我沒有當。我哥哥去做生意，我當了。然後，我哥哥做生意賺了一點錢，被人殺掉了。

周：是不是緬甸政府的做法，三軍一去招兵，人家就願意來？

李：哥哥在緬甸就當兵了。李家招兵，就到我們寨子。老緬政治不好，誰也不想在那個地方，在老緬手裡做不了事情，就跑了。如果槍響，他們朝前了，老兵去了，就和日本人在的時候一樣，日本人來了，都跑了，中國人不知死掉了多少，有地雷嘛，叫中國（人）朝前走，他跟著。老緬的政策很不好，所以不敢待。

周：所以大谷地村的人很大程度都在緬甸待過，華人就都跑這兒來了。

李：現在他們政策稍微好一點點。他們看中國強大了，他們這樣做不行，如果不是中國強大了，我們華人在那兒也不行。過去在泰國，大陸不好的時候，泰國不給我們讀中文，我女兒就控制在三年，不讓讀了。臺灣看不起，說不得。這個泰國公主去中國了，回來說趕快建這個中文學校，如果沒有中國的話，在這兒讀中文做不到。

周：泰國原來禁止讀中文？

李：我的女兒就讀了三年，被禁止了，就不給讀了，停了。

周：你有幾個女兒？

李：四個。

周：哪個女兒被停了？

李：兩個女兒都被停了。大女兒二十七、八了。大女兒在澳門，二女兒在臺灣，小的在泰國。大女兒快結婚了，再有二十幾天結婚了。

周：回來結婚，這是好事情。二女兒在臺灣做什麼？

李：嫁到臺灣了。

周：在塘窩家家都養著馬？

李：是啊，馱東西，到壩子裡去賣。

周：你還有親人？

李：有一個姐姐，嫁在緬甸，嫁給老兵，有個妹妹，來這裡了，就在隔壁住著。

周：大家都是一家一家的來這裡，都是親朋好友。從中國到緬甸，從緬甸到泰國。

李：爸爸、媽媽出生在中國，哪個省，哪個縣不知道，就知道是雲南省的人。

周：你姐姐知道不知道？

李：不知道，我問她了。我姐姐也是果敢出生的。

周：你們兄妹四個都是緬甸出生的。你現在有孫子了？

李：我的兒子又有四個了，三個女兒，一個兒子。像我一樣。

周：巧了。

李：兒子的大女兒九歲了，小的二歲多一點。

周：負擔重了，養他們。供他們讀書。讀書不免費。

李：不免費。泰國讀泰文不知道，讀中文每個月都要付。泰文是半年報一次。女兒讀中文還是艱苦的，學費也高，最小的女兒一個月二百多，女兒讀書我們供的。十七、八歲有了身分，就出國打工。沒有身分證在泰國沒法做了，泰國的警察也是

強勢，沒有紙不可以打工，罰你錢。我們來三十多年，有紙，沒有紙的還有很多，有紙但還沒有公民紙有多少啊。在泰國好像你不做壞事，也不管你，下面就這樣。在緬甸，你有一點，他就來搶。

周：你太太哪裡人？

李：也是緬甸出生。

周：華人嗎？

李：也是華人。

周：你媳婦呢？

李：她是緬甸出生，是華人，姓楊，在清邁打工。來時間很長，泰國話說得溜，跟泰國人一樣。

周：她沒有身分證，但泰語說得非常好。可以申請？

李：拿不到了，要十幾年，慢慢地。

周：她不能得了，那孫子呢？

李：這些全部是泰國公民了。

周：泰國真複雜，一家三代人，好幾種情況。

李：媳婦十多年後，得華人紙。

周：經濟決定。以後好些。

李：我去臺灣，街上見不到一個人。這裡有人做，也有人坐著，什麼樣都有。

周：阿香（李橋林女兒）說，臺灣人一天到晚不知在忙什麼，緊張得很。

李：臺灣人有錢，個個都要上班，這裡的人沒有錢，也不上班。在臺灣也見不到老人。我大女兒在，早上不吃飯，路上買吃的，就要上班，我不待了。在我們村，不上班，找老人聊聊天。臺灣這樣不可以。

周：臺灣人都拚命，受罪了。估計生活費也高，越高越賺。泰國人生活方式還可以，散漫一點。泰國工作好不好找？

李：有錢人蓋房子，小工一天三、四百有，五、六百有。這樣人很多。我原來也是打工，就這樣下來了，做什麼事沒有能力做，沒有什麼本錢。把孩子撫養大了，就可以去遠一點。

周：你現在靠孩子了？

李：靠孩子了，我有糖尿病，現在就是吃藥這樣子。我看中國新聞，吃藥，還要戒嘴了，要多運動。

周：中國國內糖尿病有這麼一個說法，管住嘴，邁開腿。

李：這裡有個池塘，早上五點鐘，滿滿都是人，下午五點也多了。

周：大陸沒有這麼好，空氣非常糟糕，北京看不見太陽，看不見藍天，是灰色的。厲害的時候戴口罩，都是發展經濟搞的。過些年可能好些。據說臺北過去也這樣。這地方空氣好啊，藍天、太陽。北京有三分之二時間看不到。

李：跟曼谷一樣了。

周：我在曼谷看到警察執勤也都戴著口罩。汽車排放廢氣。鄉下有個鄉下的好處。

李：清邁好些。

現在百分之九十的人不喜歡李家

口述人：鄒生雲

（第二次訪問）

鄒：昨天我跟你講，這個百姓有百分之八十多，九十多，有一次就鬥爭他們（李）家。那時候李文煥還沒有死。就是為了臺灣政府給了一大筆錢，要做這個忠烈祠，在這個地方開發觀光區。要開發觀光區，觀光區的場地就是李將軍這個總部的地方。

周：我也覺得這個地方挺好。不利用，奇怪。

鄒：要蓋一個很大的餐廳，要讓遊客來這裡吃飯。這個餐廳是屬於村裡的，賺了錢呢算公共的。要蓋忠烈祠又是很多錢，聽說三千萬，搞不清楚。這個李將軍答應了一夜，第二天早上翻盤了。那時李文煥還沒死，我老爸在他身邊。那麼為什麼沒有給他們這個地點做，開發觀光區，讓遊客吃飯，看看忠烈祠，是有原因的。

是什麼原因。第一，就是我們地方的村長，他的老爸也是李文煥最貼身的傭人。他跟臺灣方面的救總，龔承業，他家鄉在大陸，跟我老爸一個地方，離得很近，他家原來是那邊的土司官，龔承業是白彝，漢白彝，他是這邊撤臺過去的。龔承業在後邊支持，他從臺灣申請，已經得到這筆資金了，來做這個東西。但是為什麼沒有做好，我們沒有在家，在臺灣，去念書，打工。聽說是這樣子，這個村長就是一個很粗暴的人，要這個地方，沒有好好去要，就寫信去，那時電話很少，寫信到李文煥家裡，要他們來開這個門，那個時候軍部的門鎖著，說是人民需要的。結果呢，他們不理，又寫了第二次，第二次寫的就有點恐嚇的那種，說你們不來開門，我們就砸進去。寫這個信的人不是村長，他也沒好好讀過書，也沒這個頭腦。後邊支持寫信的第一個是龔承業，第二個是泰文校長，後臺還有就是泰國的軍人。當時這裡有個部門，叫三二七部隊，泰國駐軍，馬康山、馬場都有，凡是有漢人的地方，都是三二七控制，就是這個軍隊支持。他們合起來支持村長，支持村裡人，支持年輕人，就跟李家要這個地方。聽說，就是他們去要這個地方，沒有把動作做好，李文煥只

同意了一個晚上，第二天就翻盤了。不會說，不會寫，就是讓人覺得小看了人家。人家就不軟，就不給了。

這是一個問題。再一個是有人跟李文煥說，如果你把這個地方讓給人家了，人家要消滅你的歷史。有兩個說法，事實上大多數村裡人向他要的時候，沒有把這個處理好。如果好好的大家研究起來，老的、年輕的去他那裡好好談，他會給的。

這就跟官家鬥，我們管李文煥叫官家，這裡鬥，馬康山那裡也鬥，有一個保長參加。馬康山有很多村子，我說是漢人村，那個村子有個漢人保長支持人民鬥。官家在那裡有個農場，那時不准有武器，不准種鴉片，不能做毒品生意，就種果樹，樹秧。鬥爭的時候，那個保長就把農場沒收了。後臺就是龔承業。是保長親自說出來，是來這裡說的，是龔承業叫我拿的，收入要交到會上。這裡也有一個農場，在上坡地方，你看到了吧。

周：養馬場。牧場。

鄒：那裡也種了很多東西。新寨上來，左手邊。

周：他有三個農場？

鄒：華亮還有一個農場。他自己不要了，歸三個村子利用。馬康山和這裡的兩個算他私人的。塘窩這個村長就得到後邊這個人的支持了，他認為有把握了，這個地方辦個大餐廳，讓觀光客去看忠烈祠，就有很多收入了，對他們有利，就是沒有關係處理好。沒有處理好，就開始鬥爭了。泰國高級官員都來到這裡，來挑撥他們，三二七部隊的最高官員也來到這裡，就跟他們兩姐妹談。下邊這家（李鎮偉家）的兒子也是保長。這家的二兒子在他家是白吃白住的，關係特別好，李健園很愛護的孩子到他家才能白吃白住。到外面學祕書。這個人從他家出來後，來塘窩當保長，是泰國政府直接給薪水的。他的父親也是老兵，現在過世了，砍竹子出事故了。字光麟的兒子是自治會會長。都是她最喜歡的人，他們鬥她。他的後臺就是龔承業、三二七部隊、泰文校長、保長，也拉一些年輕人。

周：沒成功？

鄒：這筆錢最後就到美斯樂了。有人說有好幾個原因，第一個說，就我們的判斷能力看，就是沒有把關係搞好。第二個原因，有說他們要五千萬泰幣，這是聽說，給錢才給這個地方，就是蔡國安說的，是不是事實不知道。那時候的鬥爭你想像不

到，這個操場上，軍隊來，百姓也來，每天很多人。李健園就拿餅乾給他們，好好的談，他們都不要她談，要簽名也不行，反正人家不理你。李健園他們開會，拿到這個信，沒收這個地方的信。李健園說，只要你們改一下這個信，不用沒收這個詞，用討要的，這個地方就可以給你們了。保長說，大娘，你讀書讀得高，信也會寫，你自己改吧。所以，到現在人家一直不理你。不成功。

周：是什麼時間？

鄒：李文煥去世十四、五年了，大概是十七、八年前的事。如果改了信，給了也說不定。

周：我猜想不是改不改的問題，很難說。今天我去訪問了高學廉，這個人說得比較客觀，他說為什麼沒有給大家辦身分，是因為李文煥想控制軍隊，如果辦了，就沒人聽他的了。他沒有想到後來繳槍，解散部隊的結果。

鄒：造成大家對他有意見。我也聽過這樣說法。

周：按照這個思路，要地這個事，那時部隊已經解散了，這地是弟兄們打下來的，你也不是地主，買的。他還是想控制這個地。奇怪的是十七、八年沒有變化。

鄒：李文煥的二女兒找了泰國總理，說你們三二七部隊支持人要我們家的地，要我們家的農場、要我們的家。她好像把這個軍部搞成私人的了。幫她的人，好像是美國人，美國議員。因為她到美國念書，在美國有很多朋友。美國朋友會教她怎麼做，就是把這些地變成私產，基本部隊就是私人部隊。

周：可能還有她把問題政治化，美國就會支持她。救總來順理成章，美國人來這裡蓋醫院，為什麼。顯然是針對中共的，只要一扯中共，美國一定會支持她。實際上把公產變成私產了，但她不這麼說。把美國人也騙了。

鄒：她不說私產，就沒辦法抵賴了。當時怎麼弄的，大家都不清楚，只有她們清楚。你說私產，當時國民黨的招牌還在呀，國民黨也不行。有可能是，我養的軍隊幫你泰國打過仗，你們泰國政府也沒給阿兵哥一毛錢，不是我私人的，是誰的。他的軍隊有國民黨支持，給武器，給錢。

周：那是撤臺前。

鄒：後邊沒有了，就變成他私人軍隊了，有這個說法。這個地是大家的嘛，不是他私人的。

周：泰國法律還允許有私人軍隊，這不大可能。

鄒：他打下泰共，立了功，怎麼也好說話。

周：就算他有功，五軍也立了，段希文有沒有私產？

鄒：全部算段希文的。我聽說，段希文兒子很窮，沒什麼財產。段希文有兩個太太。他兒子把地賣給警察，警察去那裡開發，建酒店等等，欠了人家很多錢，把什麼軍部的地也賣了。到最後，泰國政府要警察把地還給主人，就是還給段希文的兒子。還不還不知道。按泰國法律那些地不准買賣的。像我們這裡也是不准買賣的，沒有地盤證。段希文的兒子，財產被人家撈空了，錢他也花光了。所以，最後到法庭上，那些人又還了地。

周：還了沒有？

鄒：這我不清楚，可以問。

周：泰國人本身也很腐敗。我在曼谷遇到一些軍方高層，也有目睹。

鄒：現在百分之九十的人不喜歡李家，因為狠狠的鬥過一次了。她不知怎麼搞的，她妹妹去找總理那次，總理叫乃川。乃川總理馬上就派他的手下來調查，剛好遇到她老媽，老媽正在農場裡，還問候老媽。調查的人回去，對她妹妹說，要你們的地不是我們軍隊，是你們村裡的人。到最後，她又用了一個辦法，這個辦法是我老爸親自看見的，這裡有個人，老爸跟我講過，我記不得是誰了，阿兵哥，就找臺灣以前救助過這裡的一個人，做農業專家的，已經退休了，李文煥和他談事情經過，他把錄音帶帶回臺灣政府，告龔承業。龔承業被撤職了，救總也撤了。告龔承業來我們這個地方，挑撥關係，讓我們互相殘殺。泰國政府三二七部隊也從馬康山、塘窩一路全部撤走。搞不贏，她們厲害。她們跟高層關係比較好，泰國高層很腐敗，就是有皇家。他們打敗寮共，皇帝親自來，李文煥給皇上跪下，受接見。這些有照片，還有蔣介石接見李文煥的。因為有這個功勞，皇帝一句話，泰國部隊聽皇帝的。只要跟皇上說，他一句話算了，法律沒有用的。

周：她背後勢力是皇家，皇帝還在嘛。

鄒：皇上太太在電視上，有時說過打泰共的歷史，就是三、五兩軍給他們立過功的歷史。會這樣報新聞出來。還有件事，李文煥死了，在這裡辦喪事，喪事辦得很大，龔承業在祭拜，被李的兒子踢了兩腳。

周：這個過分了。

鄒：這個人脾氣暴躁。龔承業來祭拜有通知，通知的人沒有轉告他們，把事情弄好，他兒子不知道。

周：可能因為地的事結仇了，要不為什麼踢他兩腳。

鄒：踢了兩腳以後，很多人說，什麼事情沒有弄好，就是因為把錢弄到美斯樂去了。錢過美斯樂時，李文煥沒過世。造謠的也有。李文煥的兒子指著龔承業，說你是拿著臺灣的護照，不然我就把你殺了。龔承業為什麼和他結這麼大的仇，他從臺灣來這個地方，拿了很多錢，百姓都很喜歡他。李家很小氣，又丟了面子。大家把龔承業當皇帝一樣，大家都熱烈歡迎。龔承業也賺了很多錢。

周：龔承業敢貪汙救總的錢？

鄒：貪汙很多錢，他在清邁買了很多地。

周：國民黨也夠腐敗的。

鄒：我跟你講，龔承業身邊的人都有錢賺，都有好生活過，救總撤了，他的車都送給他的司機了。那個車是臺灣政府的。

周：像龔承業這麼辦事情，他都貪汙了。

鄒：他在這兒隨意照點相，拿到臺灣，臺灣就給錢蓋房子，這家蓋，那家蓋，雖然可以住，可是很簡單的。他報了多少錢，誰都不知道。很多人說他貪汙。

周：很可能。五萬五泰銖就蓋一棟房子，太破了，很薄的那種空心磚，很簡陋，我們住的李橋林家就是那種房子。

鄒：他兒子到美國去念書的。

周：各國政府都是腐敗，大陸也是。大陸的官員很貪。習近平來好一點，以前很凶，現在老實一點，誰知道以後會不會好。

鄒：我們也看新聞，薄熙來、周永康，抓了不少。

周：報的是少數。

鄒：我在臺灣時也一樣，不敢公開送，用一輛箱型車拉，你的車門開著，他放進去一關門，陳水扁都貪。

周：過去國民黨就貪，現在是不是好點兒？

鄒：陳水扁就貪。

周：總統都貪。

鄒：他們估計，十年後，新村可能出一個立法委員。

周：很有可能。

鄒：人太多了，一投票，就可能贏。

周：難民村的華人，至少十萬以上，大谷地、新村兩個村子就有四、五萬。

三軍給家眷發一點點米

口述人：羅淑英　七十歲（女）

訪問地點：泰國清邁省差巴干縣龍窩區十保熱水塘新村羅淑英家

訪問時間：二〇一四年十二月十一日

周：我們想了解華人的生活。

羅：就是一天找一天吃。

周：你今年有多大年紀？

羅：我今年七十歲了。

周：你叫什麼名字？

羅：我叫羅淑英。

周：你老家是雲南什麼地方？

羅：叫白沙水，我從大陸出來的時候，大概三、四歲的樣子。出來以後長大的。

周：你是跟著爸爸媽媽出來的？

羅：對。

周：你們家出來幾個人？

羅：記不起來了。

周：後來你爸爸媽媽怎樣了？

羅：過世了。

周：你爸爸當兵了沒有？

羅：沒有。

周：一直在緬甸？

羅：對呀。

周：你什麼時候結婚的？

羅：二十幾歲。

周：你是嫁給老兵了？

羅：對呀。

周：你是在哪裡結婚？

羅：我先生在臺灣，在緬甸結婚。

周：什麼時候來的泰國？

羅：結婚一年就來了。

周：先到哪裡？

羅：就到這裡了，塘窩也有。

周：先到塘窩，再來新村？

羅：老兵當然是先到塘窩。

周：你們怎麼生活呢？

羅：那個時候就是種地，一天討一天吃了，很苦。

周：過一天是一天。三軍給的口糧？

羅：多多少少有一點。給一點米，就是這個樣子。

周：你先生的軍餉有多少？

羅：幾十塊而已。三十塊。

周：你有幾個孩子？

羅：三個兒子，一個女兒。

周：他們是在塘窩出生，還是在這兒？

羅：都是塘窩出生。

周：現在你這些孩子都有身分了嗎？

羅：都有。

周：那你呢？

羅：我是用那個叫什麼，隨身證。

周：你先生叫什麼名字？

羅：字光麟。

周：字姓，華亮也有，這裡有，字是不是雲南一個姓？

羅：對。

周：你家是哪個縣？

羅：是鎮康縣吧。

周：鎮康縣的白沙水。

羅．對。

周：你丈夫什麼時候去的臺灣？

羅：大概有五年了。

周：是不是因為你孩子在那邊？

羅：是要去幫看孫子。

周：是兒子，還是女兒，在臺灣成家？

羅：都有了。

周：去了幾個？

羅：三個兒子都在那邊。二兒子老婆沒有身分紙，不能買房子。

周：你先生比你大多少？

羅：十一歲，八十多了。

周：他是什麼時候從大陸到緬甸的？

羅：我不知道。他是怎麼來的我不知道，他娶我的時候是從泰國上去。

周：去做生意？打仗？

羅：是打仗。

周：你們怎麼認識的？

羅：他的朋友介紹嘛。他的老朋友。

周：當時就嫁給老兵的女孩多不多？

羅：沒有多少。

周：都是透過熟人介紹？

羅：我丈夫的老朋友，是從臺灣當兵上去的，他們在我們那個村子吃桐油。他們都是大陸的老兵，我丈夫上去，他們就介紹了。

周：你和家鄉有沒有聯繫？

羅：沒有，我小時候就過來了，我媽媽死在大陸了，我爸爸和奶奶一起過來，後來又娶過後娘。我媽媽去世的時候，我大概只有六個月。

周：你爸爸和你奶奶怎麼出來的，你知道嗎？

羅：我不清楚，逃難來呀。

周：因為什麼？

羅：不清楚。我爸爸那一代，有三個、四個弟兄，我三叔到緬甸，泰國來招兵，當時不當不可以，我三叔就過來，就當兵了，來了一個星期，又回去，睡了一個晚上，又出來，就去臺灣了。奶奶一直沒有消息，老人家了，擔心三叔，一直沒有消息，一直沒有辦法。我來泰國，有個朋友在臺灣，問他你朋友叫什麼，我告訴他叫羅英光，然後又拿照片，寄給他。他拿照片給奶奶，寫來信，又寄給我奶奶，那時候才曉得，以為在那裡打仗，不在了。

周：找到三叔了？

羅：現在三叔過世了。他騎單車去散步，有一輛車開過來，撞了我三叔。那個人說他沒撞到三叔。那裡有個修理廠，馬上把他的車牌記下了。問他，他說不記得了，跑了。還好修理廠拿給警察局了。我三叔走的時候也七十多歲了。

周：他在臺灣成家了沒有？

羅：有啊，有孩子。三嬸也是這邊的，泰國這邊找過去的。是我大嬸過去那邊一介紹，看看，就在臺灣結婚。我老爸一代有四個兄弟，只剩下四叔了。二叔也是緬甸去世的。四叔在黃濟，緬甸一個地方。

周：你父親是老大？

羅：對。

周：這四兄弟當時和奶奶一起從大陸出來？

羅：是，當時我爺爺就在大陸過世了，我奶奶當時只有三十多歲。當時不像現在，老公一過世就嫁人。帶著四個兒子，一個女兒，守寡。

周：奶奶帶著五個子女到緬甸，很不簡單。當時都還小，還要爬山。

羅：我多少記得一點，我爸爸拿緬甸那種褥了，折起來放在這邊。

周：背著？

羅：坐在他肩膀上，來，來，看到一群小牛，我就叫，爸爸，有一群小牛。小娃，喜歡。

周：你爸爸四兄弟，兩個當兵過這邊了，兩個留在緬甸。三叔跟著返臺了。

羅：對。

周：你爸爸一代當兵，你先生又當兵。你孩子沒有當過？

羅：不用當了吧。

周：在臺灣要服兵役。

羅：有，有，當過一個禮拜。大兒子在那邊當過一年，二兒子當過一個禮拜。第四個兒子一直就是逃兵，一會兒來到香港，逃呀，逃呀，年齡過了，就不用當了。

周：躲過時間。

羅：就是上午出來，比如曼谷、香港，下午回去。只要機場出來就對了。

周：有個出境記錄。

羅：對。

周：你兒子有臺灣籍？

羅：有啊。是我先過去，我的孩子一個個辦過去。

周：你還挺能幹，是當媽的帶過去，不是孩子去闖，是你先去闖。你在臺灣做什麼，打工？

羅：打工。我臺灣有家，可以住下。可是在臺灣，你去散步，遇到老人，你跟他講國語，他用臺語給你講。我問他為什麼不講國語，他說小時候沒有錢，沒有讀過書，不識字，不會講。那時臺灣也窮。他們對我講，一次和他們坐車，從中正到中高，要表演跳舞，他要去看，車子沒有，跟他媽媽要三十塊，買一雙雨水鞋，有泥巴路，髒了，用自來水沖沖，再穿。

周：捨不得買。

羅：捨不得。他們兩碗地瓜，一碗飯，兌在一起，沒有菜，鹽巴，辣椒。那個時候很困難。我們在上班，他們就欺負我們，意思你是外國來的。有一天，一個老人，她不是我們部門的，是染色那邊，染色染好經過我這邊，要我看過，要檢查，她不服氣，就把布拖水出來，專門拿過來我這邊，她還罵我。我這裡有鞋拔子，我拿鞋拔子打她兩下，她拿剪刀刺我，把我推到牆邊，我把她剪刀搶過來，是夜班。她的組長就來我這邊道歉，她又來罵我，我就搧她兩個耳光。那時候辛苦，我也不比你差，你為什麼這樣對我。你在你的範圍，我在我的範圍。他們就是欺負我們。我說我們在泰國一日三餐有吃哩，房子大小有得住呢，像你們幾代人住，房子買不起。我是不怕的嘛，不怕他臺灣人。有的是講理，有的不講理，亂罵人這種。有一次生氣，有個大學畢業的，在我這個部門，布壞就會罵我，是我的責任。晚上夜班，她負責烘那個布，她就把機器關了，布是白的，她在前邊睡覺，我又把機器開了，叫她。第一，你為什麼睡覺，布是白色的，為什麼成黃色的了，溫度高了，布就變色了。她就跟我吵，說我把機器關了。我說我關機器為什麼還叫你，布壞了，明天我是被罵的，是我的責任。第二天就被開除了。對我不好的人，就被開除了。

周：那個臺灣人就是不負責任。你打工時有多大年紀？

羅：有四十多。我在臺灣那邊十多年。

周：打工到五十多歲？

羅：我要辭職換公司，老大不給我辭職，她知道我做的工作比較認真。我把我的部門做好，也去幫忙別的部門。我累得有時靠在那裡睡著了，老闆經過也不說什麼。老闆把電話拿到我的部門，那裡有個桌子，很多人找他走好遠的路。

周：對你很信任。那個廠是什麼？

羅：染布廠，染色。那個染色，用那個藥，洗布的時候，水溫很燙，有時噴到臉上，那些都是男孩子。

周：用化學品染布，有汙染。

羅：是，我負責看色，看花。

周：打工十幾年，為孩子們打了基礎。

羅：我去那邊，主要想著我過去，小孩子們一個一個辦過去。

周：一個個都去了。後來是不是年紀大了，這邊生活安穩些？

羅：我在泰國，空氣又好，一出去就可以和這些夥伴講話，我又喜歡散步。

周：新村，同齡人都在這裡。

羅：對呀。

周：你用臺灣籍回泰國？

羅：沒有了，我是雙重國籍。

周：回來用華僑證，不然要辦簽證才能回來。

羅：臺灣有時候我出來，他問我，我不起證怎麼回泰國，我說我有證。

周：那你的孩子呢？

羅：都是雙重的。

周：既有泰國身分，又有臺灣身分，這很方便。昨天在塘窩有個女孩，她只有臺灣身分，沒有泰國身分，她媽媽去世了，趕回來辦喪事，還要辦簽證，沒有及時趕回來，耽誤了一天。

羅：我們全家都是。有人說不敢用，不敢拿給看（證）。他們說現在要放棄一邊呢。

周：那不知道，要看臺灣和泰國的政策了。中國那邊不允許雙重國籍。

羅：他們怕沒收。我拿給他看看，又還給我了。

周：說明兩邊的法律允許。

羅：對，對。我們去緬甸，都是過臺灣去的。

周：你是和杜美蘭是一樣的，也是到臺灣打工。

羅：對。她也是雙重國籍。

周：沒有，她沒有加入臺灣籍。

羅：那她怎麼去的？

周：辦簽證，一次可以三年。連續不行，中間回來一次，又三年。

羅：杜美蘭在緬甸一起長大的。

周：比你年紀小，六十八了。

羅：小我兩歲。

周：你們在緬甸是一個寨子？

羅：對呀，在鄉下。

周：從小一起長大。也嫁了老兵，比她小一歲。

羅：李春華比杜美蘭小一歲，我還不知道。有事找她，像辦婚事，見一下，沒有空。

周：結婚聚會一下，平時來往不多？

羅：很少，沒有時間，最近，我老二媳婦在上邊華亮賣東西，我孫子也在讀書，我要照顧孫子，麻煩。

周：媳婦賣東西就在去安康的路上，是旅遊旺季。

羅：對，我也上去看了。她叫我吃，我說不，她又叫我吃，我說不餓嘛。

周：你這個當媽的不簡單。

羅：不簡單哩。

周：給孩子們打天下。

羅：自己的孩子比較好帶，他不聽話可以罵，可以打，帶孫子不行，罵他，他要回嘴，打，更不能打了。

周：打了，兒子不高興。

羅：不會了，有時打電話，（兒子）說不要管他們，衣服自己洗。現在不用手洗，丟在機器裡洗了。

我現在還是難民證

口述人：于七　六十五歲

訪問地點：泰國清邁省差巴干縣龍窩區六保新寨村路邊小店

訪問時間：二〇一四年十二月十二日

周：你年紀大，你先說，你叫什麼名字？

于：于七。

周：雲南什麼地方的？

于：鎮康覺齊鎮根齊鄉。

周：今年多大了？

于：六十五（歲）。

周：你入籍了沒有？

于：孩子入了，我們還是難民證。

周：你是什麼時候離開中國的？

于：我是（一九）五〇年。出來的時候很小，是父母帶出來的，背過來的。

周：你父母為什麼出來呢？

于：我們的條件不好，劃成地主了。跑到緬甸了。從鎮康跑出的（緬甸）那個鎮子叫孟銀，挨著邊界，住了十年，離開了。又到了孟洋，又住了十年。就進了泰國，就到這個地方了。

周：你也當過老兵，是你父親當，還是你當？

于：就是我當。

周：那會兒有多大？

于：十三歲。在緬甸當，來到泰國，當就在三軍了。

周：當兵做些什麼呢？

于：穿衣、倒茶，這些。

周：年齡小，勤務兵。服伺長官。做了幾年？

于：十二年。

周：全是做這個？

于：嗯。

周：後來呢？

于：就退下來了，我們就不當兵了。安家樂業了。

周：安家在什麼地方？

于：這裡了。

周：父母呢？

于：父親在果敢就不在了。母親在這裡，九十歲了。

周：那很辛苦，九十歲怎麼過來的？

于：我們軍長接過來的。

周：你母親是軍屬。

于：騎馬過來。

周：你什麼時候結婚的？

于：有二十六。

周：你媳婦哪裡人？

于：當地的少數民族，傈河的。

周：你有幾個孩子？

于：有六個。

周：幾男幾女？

于：各三個。

周：現在怎麼樣？

于：安家的有了，一個兒子沒成家。

周：他們做些什麼？

于：他們住在外面，做些什麼我不知道。

周：都在泰國？

于：有在馬來西亞那邊的。

周：是打工，還是嫁過去的？

于：嫁過去的。

周：咱們這兒，嫁過馬來西亞的很多。你和李橋林一樣，十二歲當兵，傳令兵。

于：他是跟軍長的。我是跟師長的。

周：哪個師長？

于：羅司令，羅仕達的父親。在新村當會長的那個，他的父親。

周：叫什麼？

于：羅杰[46]。

周：哪個師？

于：那會兒叫八縱隊。

周：駐地也是塘窩？

于：不是，駐緬甸了。

周：那你當兵，多在緬甸？

---

46 羅正華，又名羅杰。一九二五年生，鎮康縣勐棒區岔溝村人，彝族。一九四九年參加「共革盟」第六支隊任分隊長。十一月起義，任中國人民解放軍滇桂黔邊區縱隊七支隊分隊長。十二月回家。一九五〇年參加雲南反共救國軍，任第八縱隊大隊長，後任三軍營長、副團長、團長、支隊長、縱隊副司令、司令。一九八六年五月與克欽人作戰負傷，四年後去世。

于：有時下來，又轉過去，像來回跑，這樣。沒有固定駐。今天叫你在哪兒，就去哪兒。沒有固定的房子住。

周：你們這個部隊是個戰鬥隊。你們這個部隊運過鴉片、黃金嗎？

于：做過。

我的爺爺父親是雲南保山人，我的太太是泰國人

口述人：熊文強 四十八歲

訪問地點：泰國清邁省差巴干縣龍窩區六保新寨村路邊小店

訪問時間：二〇一四年十二月十二日

周：叫什麼名字？

熊：熊文強，熊貓的熊。

周：你今年多大了？

熊：四十八（歲）了。

周：你年輕，你的家庭，你的命運是怎麼一回事？

熊：我是在緬甸生，在十年，到泰國三十幾年。

周：你的父親，爺爺？

熊：雲南省保山縣。

周：什麼時候到的緬甸？

熊：那我就不清楚了。

周：是你爺爺那輩，還是你父親那輩去的緬甸？

熊：我父親。

周：是你父親從保山到的緬甸？

熊：是，又從緬甸到的泰國。

周：你父親在緬甸怎麼維生？

熊：他好像沒有當兵，是跟著軍人做生意。

周：軍隊來了，他就跟著來了。他是怎麼到新寨的？

熊：還是父親先到了，我們還在緬甸。一九八二年我們到的泰國。

周：你在哪裡讀的書？

熊：應該是這裡，緬甸也讀過一段時間而已。

周：你讀的是泰文，還是中文？

熊：都有。

周：一九八二年允許不允許公開讀中文？

熊：允許，有一段時間不允許。

周：什麼時候限制的？

熊：那個時候我已經不在了，在曼谷工作。

周：你讀到什麼程度？

熊：小學六年級而已。

周：在曼谷做什麼呢？

熊：我是去養蝦，養草蝦。

周：海水養殖。是在室內，還是海邊？

熊：海邊。我是在孵化廠，不是在大蝦池。

周：一直在那裡做？

熊：做了十年。為老闆十年。

周：後來回到新寨了？

熊：在下面，結婚，娶了一個泰國人，生了一個孩子，才回來。

周：你是幾歲去打工？

熊：快二十歲了。

周：回來後呢？

熊：去過臺灣。去臺灣打工，去了兩年半。

周：一次只允許三年？

熊：我們那個時候是兩年半。工程沒有完結掉就回來了。

周：要想去，要再辦手續？

熊：我們那個時候做高速公路，碰到九二一大地震。

周：九二一大地震影響很大。

熊：影響很大。當天地震，第二天我們工地全部停工，機械全部去救災，機械、帶工都去救災。我們在臺中的，嚴重的地方在東市，就在我們對面，我們全部過去救災。

周：對泰國和我們去打工也有很大影響，很多不能繼續了。

熊：有。我們還好，工程剛開始。沒有什麼傷害，下構剛剛做好，上構沒有做，我們是做高橋，做柱子，地震影響不到什麼東西。有的上面做好橋板的，震壞的也很多，那些損失很大。

周：回來以後呢？

熊：自己的孩子，想讓多學點中文。回來在鄉下住，原因一點點，父母在家裡，對不對。跑去也沒有辦法。

周：中國講上有老，下有小，這一代負擔最重。

熊：對，對。

周：你們兄弟姐妹幾個？

熊：我們兄弟姐妹四個。剛才那是我大哥，還有兩個姐姐，姐姐嫁到臺灣一個，嫁到這邊一個，我是老么，最小。

周：後來做校長是怎麼回事？

熊：我做校長十四、五年了，我做校長是志工的。

周：是華校，和鄒生榮是一樣的？

熊：沒有薪水。

周：你們華校有多少學生？

熊：二百三十個學生。

周：你這裡比塘窩大多了。教員來源是什麼？

熊：老師是就地取才，本地的。大陸過來的有兩位。教小班的，能教的，就地請過來教。我們這個就是補習班嘛。

周：塘窩那邊因為薪水太低，只能請緬甸過來的。

熊：一樣啊。這裡最多付幾千塊而已，最低的三千塊，想多付沒辦法。

周：主要靠學生繳的學費，救總也不補助。

熊：救總有，不多了。學校不大了。

周：李菊娣兩邊跑，白天在泰文學校，晚上到他們這裡。

熊：李菊娣也是這裡的老師。

周：那你們教材怎麼弄？

熊：教材是臺灣那邊的。

周：是買回來？

熊：免費的，一年申請一次。透過僑務委員會。

周：臺灣教材免費提供？

熊：現在還有泰北版。

周：專門出的泰北版。是臺灣什麼機構出的？

熊：是南立書局。

周：南立書局專門出的供你們華校使用？

熊：現在差不多百分之九十用這個。用臺灣版。也有幾所學校用大陸版。大陸、臺灣都溝通了，給我們上（用），我們就上（用）嘛。

周：還有大陸版？

熊：現在不分了，大陸、臺灣都是一家人了。

周：教材是中文，還有什麼，數學？

熊：就兩項而已。我們是補習班，社會、歷史、地理這些都沒有。要社會、歷史、地理這些，數學就不能要，只能（選）要兩種。他可能考慮，我們上學時間很短，每天二個小時，六點到八點，白天時間泰文全部占去了。

周：多了，學生負擔也太重了。

熊：就是讓能看，能算這樣子，讓學生讀深奧的東西不行了。我女兒在讀大學，讀中文系。華僑大學，在曼谷。大陸辦的，在那裡，我在追蹤大陸那個單位辦的。華僑大學是大陸在曼谷辦的國際學校。

周：你是說誰來管這個事。我們不太清楚，但接觸過一個人，他說是教育部一個專門機構，專門負責國際中文學校，經費很多，規模也大，為了方便，他們在香港也有一個機構，在各國辦孔子學院，爭取合作方式。

熊：我們這裡有兩位，在這裡讀書，在清邁讀高中，他們現在在大陸廈門大學。我女兒是在曼谷華僑大學讀中文系，我想問的是大陸有沒有華僑大學怎麼樣，我想給我女兒辦免費怎麼樣，她在曼谷讀一年、二年，第三年要到大陸讀一年，第四年又要回來讀。這邊我已經申請，中華救總已經幫助我女兒的學費了。我要追蹤大陸的華僑大學在哪裡。

周：華僑大學不清楚。我給你提供一個辦法，現在中國大學是開放的，各國的學生都可以申請，你可以上網查，教育部的網站，孔子學院的網站，包括廈門大學這種各省的大學的網站，可以去查，管道不同，都可能提供獎學金。你女兒是泰籍，是泰國人，對外國留學生也有專門的政策。可以查到。也可以到中國使館負責教育的官員那裡諮詢。

我是第三代華人，也是隨身證

口述人：楊小昌　七十一歲

訪問地點：泰國清邁省差巴干縣龍窩區六保新寨村路邊小店

訪問時間：二〇一四年十二月十二日

周：你叫什麼名字？

楊：楊小昌。

周：你今年多大年紀？

楊：七十一（歲）。

周：你是那裡人？

楊：阿公是順寧人，我是緬甸出生的，父親就出生在緬甸了。

周：那你是第三代了？

楊：是。

周：那你入泰國籍了？

楊：沒有，隨身證。

周：你們家裡人有沒有當過兵的？

楊：沒有當過。

周：那你們是怎麼來新寨的？

楊：自己來。

周：什麼時候來的？

楊：我來泰國有二十八歲。

周：就來這個村子，跟三軍有關係？

楊：沒有關係，就這個村子。

周：也沒有做生意？

楊：沒有做生意，就說泰國好討生活，就來了。

周：那你們來了做什麼呢？

楊：種莊稼。

周：地怎麼來的？

楊：那時候得種，隨便種。

周：那父親還在不在？

楊：我十歲，父親就不在了。

周：你是一個人？

楊：家鄉老婆帶來了。

周：你幾歲結婚？

楊：二十四歲。

周：你老婆什麼地方人？

楊：緬甸人，華人。

周：那時候你有孩子沒有？

楊：有兩個。

周：帶著兩個孩子來？

楊：是。

周：種些什麼？

楊：馬鈴薯、玉米、紅豆。

周：一直這樣？

楊：現在不種了，種些果樹。

周：你總共有幾個孩子？

楊：七個。八個，男女各四個，大女兒不在了，現在七個。

周：大女兒因為什麼去世？

楊：癌症。

周：很年輕。其他孩子做什麼呢？

楊：扛工，三個兒子在家種地，其餘的都去打工，在曼谷打工。

周：都成家了沒有？

楊：二個女兒沒有，其他成家了。

周：他們都取得泰國身分了？

楊：都有。

周：老伴呢？

楊：在。

周：老伴多大了？

楊：六十六（歲）了。

周：你算來得早的？

楊：是，我們來的時候，大谷地沒有人家。

周：你來新寨時有沒有老兵？

楊：有，很多了，熱鬧了。

周：你來時，聽說有少數民族，他們走了沒有？

楊：有傈僳，還沒走。

周：當時有駐軍。你二十多歲沒讓你當兵？

楊：他們來約了，我不當。

周：你還有膽。

楊：我的孫女在昆明讀書。

熊：我們來新寨時沒有瓦房，都是茅屋，竹片。現在草房沒有了。

周：救總還資助些，你家有沒有？

楊：我家沒有。

周：因為不是老兵。臺灣也是，都是華人，還挑。有的村子報上了，不是老兵也蓋。

楊：有些不當兵的也得。

周：也有老兵不給蓋的。什麼樣都有。熊校長，你這個年齡代，四十歲、三十歲、二十歲，怎麼看這個歷史？從一九五〇年到八十年代。

熊：像我們這個年齡還在看，下一代可能就沒有這個觀念了。

周：沒有華人這個概念了。

熊：很少了，慢慢會改。

周：可能注入泰國社會了。現在入泰籍的太多了。這裡有個誤區，說我是中國人，流的是中國人的血。你是泰國人，就要遵守泰國人的法律，不能說我是中國人，就特殊，這就錯了。老一代呢，說軍長，給他辦了身分，就沒有給我辦。你是華僑，不論中國強大了，還是臺灣強大了，都要保護華僑的。老一代的慢慢淘汰了，第二代都是泰國人，就跟中國沒關係了。兩回事。

我們讀中文是軍人教官，孩子不懂中文了

口述人：李鎮偉　四十二歲

訪問地點：泰國清邁省差巴干縣龍窩區六保塘窩村李鎮偉家

訪問時間：二〇一四年十二月十二日

周：叫什麼？

李：李鎮偉。

周：今年多大了？

李：四十一（歲）了。

周：你是第二代了，你父親呢？

李：我十個月，我父親就過世了。

周：那你出生在這兒？

李：塘窩。

周：那你知道不知道你父親的歷史？

李：不是很明確。

周：你媽媽沒有給你講過？

李：很少。因為爸爸就是為了軍隊上的一些事情過世了。

周：為軍隊的事情，被打死了嗎？

李：聽說，我們三軍和緬甸有生意上的來往，做玉石的，我爸爸是上去的，每次都跟著去。

周：你爸爸是領導？

李：每次都跟著去。聽說，聽別人說，回來的時候，在半路，過夜的時候，突然過世了。

周：過世原因不清楚？

李：不清楚。

周：是個謎了。你父親過世時多大了？

李：我今年四十一。過世時候四十七歲。

周：如果活著八十八了，你母親呢？

李：我母親還在，七十多了，我回來就是和她在一起，家裡沒人和她生活。

周：有沒有兄弟姐妹？

李：我有三個哥哥，一個妹妹。

周：那你妹妹比你更小。

李：不是，我妹妹是我媽媽改嫁一次，跟我們是同母異父的，我爸爸過世，我媽媽改嫁一次。

周：你父親去世，你們哥幾個怎麼生活呢？

李：靠母親。

周：很不容易，你母親帶你們四個。你大哥有多大？

李：我大哥大我四歲。

周：平均一年一個？

李：差不多。

周：你大哥四歲，你不到一歲，你媽媽怎麼做？

李：靠打毛線，手工繡花，撫養我們長大。

周：你父親去世時，三軍還沒有解散？

李：沒解散。

周：那毛線活，繡花品，賣給誰呀？

李：就是村子上的。

周：村上有人買？

李：當兵的當時有一點點補助，口糧繼續在給。

周：你父親從雲南過來，你爺爺沒有來？

李：只有父親過來。

周：後來你們生長以後怎麼樣，四兄弟？

李：媽媽養我們，每個人只讀到六年級。

周：讀的是中文？

李：我大哥、三哥和我讀的是中文，二哥只讀了泰文。

周：你們讀中文在哪裡？

李：在塘窩。

周：你們的老師，是不是還是軍人教官？

李：是的。

周：小的時候是不是要幫助媽媽做些活？

李：這是一定的。放學，禮拜六，禮拜日，幫助媽媽挑水，砍柴，還有自己地裡的活，都要做。

周：還種了些地。畢業以後呢？

李：每個人都出去工作。

周：都到什麼地方打工？

李：大哥在清邁，二哥照顧家，娶的大谷地的老婆。

周：大哥的媳婦娶的哪裡的？

李：泰國的。

周：老三呢？

李：也是泰國人，只有我和二哥娶的是中國人。

周：你在哪裡打工？

李：（一九）九九年我進入旅遊行業。

周：據說這個行業還可以。

李：不錯。今年母親老了，陪母親。

周：現在你們四個孩子撫養你們的母親了。她付出很多辛苦了。

李：是。現在她老了，得了老年痴呆症，我回來陪她。

周：你停下工作來陪，老年痴呆症容易走失。

李：還沒有那麼嚴重。

周：嚴重時很費人，離不開人。你們第二代，都有孩子了吧？

李：我只有一個，三個哥哥都是兩個。

周：你們家那個哥哥是不是當過保長？

李：是的，是二哥。

周：當保長必須是泰國籍的，算政府公務員。

李：現在父母也必須是泰國籍的。我哥哥當的時候還沒那麼嚴格。就是有泰國身分證就可以當了。

周：你母親是什麼證？

李：隨身證，華僑證。

周：你哥哥當保長，是任命的，還是村上選的？

李：是全村選的。

周：做了多長時間？

李：好像七、八年。

周：保長一般做什麼事？

李：村上和政府協調的事，比如上去申請身分證，保長擔保之類的。

周：你哥哥是塘窩第幾任保長？

李：這個我也不清楚。前邊有好幾個，都是華人。塘窩、新寨、華亮是一個保。三個村長都是華人，選保長一定要選華人。

周：有個艾諾是副村長，是泰國人。

李：是。

周：有沒有副保長？

李：有。

周：也是選的嗎？

李：是，一起選的。一組一組的。

周：有幾個副保長？

李：兩個。

周：那你母親有多大年紀？

李：七十四（歲）了。

周：你們的孩子受教育在哪裡？

李：我兒子在大谷地。我老婆家在大谷地，那邊要教得好些，在華興。

周：那邊的條件也好多了。

李：還是希望他受到比較好的教育，不忘本。我大哥、三哥（的孩子）就被同化了，中文不會講，都成泰國人了。

周：你大哥、三哥的孩子不會講中文了？

李：在普吉帶團的很多，爹媽都是中國人，孩子都跟泰國人接觸，不會講中文了。要講中文，還是要在村子上。

周：我碰到過阿旺，他怕孩子忘掉中文，就送回來讀中文。

李：（拿照片），這是他女兒，姓馮。

周：都這麼大了。

李：他們現在在普吉。他和我同班同學。

周：那你們年齡差不多，他說他小時候還做過毒品，為了生存。是不是四十歲左右的很多做過？

李：基本上（都做過）。環境就是。

周：塘窩還種過洋煙。種洋煙是不是收入好些？

李：那時候種洋煙收入高些。

周：有市場。種農產品收入就低一些。你們讀華校時，小學同學？

李：是我們叫他去的，叫他好久他不去。

周：他在那個工廠做得也不錯，是個領班。做導遊收入高些？

李：高一些。

周：現在好做嗎？

李：比打工好一些。

周；也是有風險。

李：看個人帶。有的買東西帶強迫性的，我們是以服務為主，一定要得到你的好感，每個人心都一樣。

周：一樣，對你有好感，就願聽你的。

李：像我帶團，從來沒有虧過。十多年。我一九九九年就去做了。

周：那阿旺晚，我（二〇）〇九年在廠子裡見他。

李：他今年才去的。

周：我跟他們廠說，讓阿旺陪我來，他們說他去做導遊了。

李：他們廠有好幾個去普吉了。

周：還有阿國，阿香的哥哥。他們廠有老兵的後代，還有緬甸去的，最多時三十多人。

李：還有阿光。

周：這個我不認識。他老婆也去了，我去時他老婆做檢驗，也不累，工作還可以。好像阿旺不太會說。

李：會說嘛。帶團，你要說真實的，不能瞎說。我不懂的，要收集一些資料，做一個導遊，客人問，你必須回答，你不能隨便講一個。

周：泰國要有導遊證。阿旺考上了嗎？

李：有了，已經考上了，還有幾個塘窩的。

周：沒有的話，泰國警察要抓的。

李：最近管得嚴一些。

周：華人考，難不難？

李：你有畢業證，學歷證，用心考，也不難，沒問題。

周：要什麼學歷？不都是導遊嗎？

李：小學的、中學的、大學的（不等）。大學的等級比較高，分等級的，北部的，南部的，分區。大學的考出來是銀色的，全國都可以，還可以做領隊，帶客人出國也可以。像我們的不行，只能在國內。

周：能不能升級，先考一種，再考？

李：不行，按學歷考。

周：太死板了，還要看能力的，學歷無所謂了。

李：泰國人看重一些。大老闆都沒有學歷的。有學歷的都是被老闆用的。

周：世界上都是這樣。Google、微軟的都是沒畢業的，沒畢業的思想開闊，讀死書的死板，只能給別人打工。

李：泰國人什麼事都不著急，不像中國人。

周：尤其是年輕人，為了過得好一些，拚命工作。

李：中國國內的很多，很厲害，二、三十歲的很有錢。不是靠家裡的那種，靠自己。

周：靠家裡有錢的孩子反而不行。像你大哥、三哥的孩子跟泰國人一樣了，第三代、第四代的多不多？

李：還是很多的。

周：在城市裡，生活越好的，越有這種可能性。

李：父母講的，他能聽懂，回答的都是泰語。我孩子在大谷地，我也要求不高，全班四十名，你二十名就可以了，能讀會寫就可以了。一定不能忘。我的很多朋友，起碼不能忘了雲南，雲南話都不給他講，起碼不忘本。

周：方言的文化含量比普通話高，懂方言是非常好的。那你二哥的孩子？

李：大了，十五、六歲，懂華文，在大谷地念。

周：你二哥和你比較明智。

李：以後中文還是很重要的。我們以前念的是臺灣版的，現在大谷地念的是拼音，跟中國一樣。我小時候學的是注音。我進入旅遊行業，接觸的都是中國國內的，用拼音，注音都忘記了。拼音方便。

周：國民黨時就搞了，拼音、注音學派不一樣，後來分家了，就各搞各的了。你說的這個問題是第一次碰到，同化的問題，很多人還在考慮什麼身分的問題。

李：普吉島很多朋友都把孩子送回村裡，學中文，接觸外公、外婆，都講給你聽。

周：還有收入問題，收入高了，自己有能力帶孩子，就不一定送給爺爺奶奶帶了。

李：還有娶泰國人，她們不願意孩子回山裡。帶孩子都是媽媽。

周：你二哥當過保長，有沒有競選議員的想法？

李：我們家是慢慢申請的身分，受限制。

周：必須二代。

李：像我兒子就可以了。

周：謝謝你。

我出生在塘窩，入了泰國籍

口述人：蔡國安 四十二歲

訪問地點：泰國清邁省差巴干縣龍窩區六保塘窩村李橋林家

訪問時間：二〇一四年十二月八日

周：你叫什麼名字？

蔡：蔡國安。

周：你今年多大年紀？

蔡：四十二（歲）。

周：入泰國籍了嗎？

蔡：有了。

鄧聰美（插話）：他是查小雲的兒子。

周：查小雲是你母親，你父親當年也是老兵，你是幾幾年出生？

蔡：一九七二年。就出生在塘窩。

周：讀過書沒有，在哪兒讀？

蔡：塘窩讀，中文讀過三年級。泰文是高中。

周：你是老幾？

蔡：我是老三。

周：這樣吧，你跟我們說說，你是怎樣跟著父母過來的，你的經歷。

蔡：小的時候，家裡比較貧苦，父親在這上邊服兵役。那個時候環境很差，我記得的時候大概是十一、二歲了，才看到第一臺機車（摩托車），之前都沒有見過。

周：對戰爭有沒有印象？

蔡：有一點點。我母親在我出生那一年，我父親隨著部隊到緬北了，去了兩年。家裡貧苦，讀書靠家裡養豬、養雞，賣了交學費。教書是九十三師這邊的兵，有教

育程度的，就請到學校這邊，給我們教書。我原本應該讀到六年級，在我讀到三年級的時候，泰國政府下令全國不准辦中文教育。那個時候我們讀書讀得很辛苦，原來在學校，泰國下令就沒有辦法讀了，就用大帆布拉起來，在下面讀，黑夜讀。

周：等於偷著讀，地下讀。

蔡：地下了。童年就是隨著軍隊了。我出生在塘窩。我父親十三歲就跟著部隊了，從中國雲南那邊隨著我祖父一起參加這個軍隊，從十三歲一直到六十多歲。老家是小火邊，是騰衝。我弟弟去年都有回去，今年有計劃回去掃墓。弟弟拍照片回來，原來都是老式的墓，準備翻修。老長輩的墳都在那裡，叫蔡家莊。爺爺、奶奶的墓都在那邊。我弟弟和泰國這邊做的宗親，姓蔡的親戚很多，準備回去把那個墳修一下。那邊的生活看上去也不是那麼寬鬆，我沒有去過，看照片好像是在大山裡面。那個時候家裡很貧窮，還要趕馬，自己有馬，做農業沒有車子，全部靠馬。把我們種的農產品運到大谷地。那個時候比較喜歡種馬鈴薯，桃子，玉米，到新村那邊賣了以後，換上我們家上用的日用品。

周：你父親和你家分開兩年多，那時你多大？

蔡：我剛出生。

周：你媽媽很辛苦。

蔡：我們蔡家有七弟兄，老五不在了。

周：那會兒你們也幹活？

蔡：是的，一定幹。讀書到下午四點，回來還要砍芭蕉，餵豬的東西，草，也要幹活就對了。

周：全家一起做，那馬是自己養的？

蔡：村子上，平均每家都有，不是每戶有。我家有七、八匹馬。因為我們有一匹母馬，可以生馬出來。

周：讀高中在哪裡？

蔡：讀高中是讀泰文的。在差巴干縣政府這邊，邊打工，邊讀。打工就碰到很多問題，教育程度就不夠了，我補充自己，一面讀書，一面打工。我十五歲出去打工。

周：都做些什麼呢？

蔡：第一次去的時候，本來是做木材，跟我們老闆要去緬甸那邊，要木伐的那個地方要經過洋子，少數民族控制的地區。老闆給那些緬甸的高官談判，談好了，他要兩億銖泰幣，給他了，我們準備去了。結果這個少數民族不准，不讓通過，我在那兒待了將近三個月，也沒有工作。

周：被卡在裡面了。

蔡：緬甸政府就把那個錢拿了，他說少數民族那個地方不讓過，沒辦法。只能種種菜，隔壁那個老闆有個農場。我說這樣不行，工資也沒有。我又跑下曼谷，我二哥也在那邊，又做了將近一年，在臺灣人開的工廠。出來又去做縫紉衣服的那個機器，在維修工廠將近八個月。我父親生病，我又回來，照顧，送清邁那邊醫院，醫好了，又回來，沒事了，身體健康了。我又下去工作三個月，又生病，又回來，那一次就去世了。

周：你什麼時候獲得泰國身分的？

蔡：現在是泰國（曆）二五五七年（二〇一四），泰國政府給我們身分時是二五二五年（一九八二）。那時候七歲、八歲。

周：你出去打工就沒有身分這個障礙了。

蔡：因為我父親去考亞那邊，考克考亞作過戰，作戰勝利回來以後，就到新村給我們身分，泰皇后親自來了。我們的名字是比較短的，他另外給了一個名字比較長，與皇家有一點點關係這樣。

周：皇家賜姓，就是另外起個名字。

蔡：我們的泰文名字是另外叫的。

周：你在泰國工作、旅行不用蔡國安這個名字？

蔡：就好像我和我的老闆可以用了，身分證是另外一個名字。

周：是不是當時所有華人取得身分都有另外一個名字？

蔡：對。過了那次以後，八年以後，像我的名字姓蔡，叫國安，給你一個中文名字。不喜歡泰國名字可以換。

周：什麼時候？

蔡：二五三五年（一九九二）以後，過了差不多十年。

周：包括你的孩子出生？

蔡：不換，直接用泰國名字了。中文名字也有。

周：雙名。你十五歲出去打工，身分障礙沒有了，泰國人和你們關係融洽嗎？

蔡：可以。

周：對你們平等？

蔡：不會。因為我們的身分不一樣，老一點的會說。

周：能看出來？

蔡：我的姓是八個字，皇帝是九個字。就是換了，也必須八個字不能少。這是泰國法律規定的。年紀大一點的華僑就知道，靠打苗共的那個省（的人）都知道了。一看就知道，這是華僑紙的。

周：打過苗共的？

蔡：我去臺灣做工，做過十年。很多泰國人看了，說你為什麼到這裡做工，為什麼困難不去找皇家，你的姓氏是皇家的姓。到底找他們幹嘛，我有腳有手嘛，我能做呀。

周：你什麼時候去的臺灣？

蔡：我第一次去，好像是一九八一年。民國八十一年（一九九二），那次去了一年半。

周：在臺灣好不好找工作？

蔡：那個時候還好，經濟比較好，薪水都在三萬以上。

周：臺幣？

蔡：那個時候臺幣比泰幣稍微高一點，第二年就不做了。我去了三次，前後共十年。

周：後兩次情況怎麼樣？

蔡：後來跟臺灣政府簽約，第一次工作可以在兩年，第二次放寬，在一年還是兩年，我沒記住，第三次可以在三年。

周：有個時間限制。

蔡：現在去變成六年了。現在在臺灣和泰國沒有差別了。

周：收入差不多，是臺灣和泰國政府簽約。

蔡：是勞委會，臺灣勞委會和泰國勞委會簽約。

周：你們去是泰籍的？

蔡：我們去的一個優勢是中文，是管理那些泰國勞工。泰國很多大學畢業去的，我當時泰文是六年級，中文是三年級，那些大學生要聽我指揮了，薪水還比他拿得多。因為你書讀得多，但你不懂華語嘛。

周：泰國的大學生去那裡就業，臺灣人也不懂泰語。你去管理他們。

蔡：衣食住行，生病，是我們管理。

周：你們的薪水比大學生還高，有語言優勢。

蔡：這樣我更要回來讀華語了。現在這個時代，泰國這方面也很重視華語，我的太太就在湄賽那面一所學校，當老師，那邊有僑委會、僑辦、漢辦，每一年都派老師從中國當地過來，有三十幾個。據我了解，每一年中國大陸那邊，派泰國有一千位，分配到全國。但他們過來還是有限，最多待兩年，他們在中國國內是老師，派這邊在中國國內拿一份薪水，漢辦給他一份薪水，泰國給他一份薪水，總共拿三份薪水。他們很喜歡過來。他來過後，在泰國不能做補習，另外底下招泰國孩子不可以。

周：你太太也是華人？

蔡：我太太是緬甸的，是華人。

周：是從雲南去的？怎樣去的緬甸？

蔡：那我也不太清楚，她在緬甸受教育，國中畢業，就下泰國。我舅舅的女兒，我的表姐和她是同學，都是一個學校出來的，介紹我們認識。

周：她做中文老師？

蔡：對，她到中國北京讀過一年半大學。她任職是教務主任，她們學校要升任她做校長，她不願意，太累了，教務主任也不想當了。學校人很多了，不好管，管人是很大的學問。我自己有經驗，我在臺灣管人，一百以上，泰國勞工，一百、二百以上都有。

周：你一家七兄弟，他們現在怎麼樣？

蔡：像我們這一代，最小的弟弟，老七，到臺灣留學三年，讀大學，我們兄弟之中，他讀最高。我哥哥和我弟弟，他們都在普吉那邊，當導遊，帶的都是中國國內的。

周：是不是當導遊的非常多？

蔡：像我們這一代的非常多。

周：收入情況怎麼樣？

蔡：收入的話，我也不會說了，因為我沒有做過這一行，看個人的能力，各方面情況看，短時間也可能賺一點，少客人來了，如果沒什麼，要貼錢了，帶一個客人要給二、三千，比如我帶三十位客人，一位繳公司三千銖，繳公司九萬，要達不到這個水平，就會賠公司九萬。他是這樣規定，我不大清楚。

周：帶客人去消費，上繳公司餘下的才是自己的收入。

蔡：對。每次很辛苦，壓力很大。

周：跟其他工作不一樣，有時會很多，有時會很少。

蔡：我有一個同事，他有一次帶二十幾位客人，沒有消費，他把自己的東西賣了，全部賠公司了。

周：那還是風險很大。那你有幾個兄弟做導遊？

蔡：我哥哥有兩個做的，先前在工廠做，漳州的一位客人在泰國投資辦很大一個工廠，投了五十億泰銖，現在工廠蓋好了。他們考了導遊紙。現在泰國政府政策放寬，考的人多。沒有導遊紙，下邊警察抓，你被抓了，就被罰十幾萬，不罰十幾萬，就抓你坐牢。

周：一開始，我們第二代去做導遊，考不到旅遊紙，警察就要抓，抓到就罰十幾萬。

蔡：你被抓，你的後臺不幫你處理好，最少自己要出五、六萬。

周：考導遊證的難度在什麼地方呢？

蔡：泰國政府，每個地方不一樣，像清邁要你去讀十五天，或兩個禮拜，有的地方讀一個月的也有。這個也是收費的，一個人兩萬銖以上。我原來也上去，清邁考了三批了，要去一個月，我孩子兩歲，沒辦法，要照顧，沒有去考，像我兄弟，哥哥有考了。泰國旅遊證也分，靠下邊普吉島的，只能在這一個區。

周：旅遊證有範圍的，普吉的只能在普吉用。

蔡：你一出那個範圍就無效了，就被抓。我說的清邁考的三批，只能在北部帶六個省，就是六個府。北方有十二個省，只能在六個省，靠清邁、清萊等。

周：我去你家，你家的房子就是幾個孩子集資蓋的？

蔡：對。那所房之前，我去臺灣工作之前，把房子蓋好，把牆弄好，我去了六、七年，我哥哥、兄弟又來蓋。

周：老一代享受到你們第二代的福了。多大面積？

蔡：長二十三公尺，寬六公尺。

周：你母親年輕時付出了很大辛苦，也享受了兒孫的福了。

蔡：我的父親沒有享受到什麼，去世那麼早，過去長期在外邊，戰爭，下雨了，很辛苦，衣服下雨濕了，乾了，又濕，最後靠近肝的那塊叫什麼，壞掉了。

周：胰腺壞掉了。

蔡：好像是被砲彈。

周：震過。

蔡：不是，是砲彈在他旁邊炸過，摔了。那時還年輕，抵抗力還強一些，最後不行了。

周：戰爭留下內傷了。

蔡：年紀大了就復發了。我父親在地方服兵役嘛，他在的這一隊，什麼地方有仗，都是他們了。

周：幾團幾營？

蔡：他是八中隊。就是先鋒了。帕當也去了。打了好久。

周：前後兩次，第一次兩年多，第二次四、五十天。他都參加了？

蔡：都有參加。最後，慢慢這邊快解散了，解散了，軍長又把我父親調到清邁，去當警衛，又當了好幾年，到（李文煥）快去世的時候。

周：聽李橋林說，你父親曾是警衛營營長。

蔡：從十三歲開始，當了很多年。聽我爸爸說，在國內是由我大爹當兵，國內經濟狀況不好。要照顧家，我父親說我出來。

周：你大爹是長子。

蔡：他就沒去，我父親去了。替大爹去了。

周：你父親是在雲南，還是在緬甸當兵？

蔡：一路上就在，應該是在雲南。如果沒有記錯，他們打寮國，撤臺，人很多，我父親名字也寫好了，要撤臺，剛好我祖父，在這裡當到副師長，蔡萬廷，李文煥的二把手這樣的。

周：你爺爺也來了？

蔡：沒有。

周：那你祖父？

蔡：是我父親的阿叔。他說，我是你叔叔，都沒有去臺灣，你去臺灣幹啥。就把名字消掉了，沒去。老實說，我祖父，就是我父親這個叔叔死得很慘。

周：他是怎麼死的？

蔡：李文煥那個時候病得很重，腦子不清楚了。他們這邊要篡位嘛，就告訴我祖父要投靠張家，就把他抓關起來，就打，就烤，四肢都斷完了。

周：自己人整自己人。

蔡：對。

周：李文煥病了，他太太執政了，一手遮天了。就整李文煥身邊的人，整他的副手。

蔡：下邊的人整。就奪權嘛。不知你們聽到沒有，很多年前發生過一件事情，好像有位姓金的老闆，去做生意，在緬甸這邊做寶石，做鴉片，不清楚，做了一批生意，東西拿去了，沒給錢。

周：金老闆沒有給咱們錢？

蔡：不是。人家沒給金老闆。

周：三軍沒給金老闆？

蔡：不是。不但不是三軍做，是跟緬甸那邊做。他就認識李文煥他們，就說把我這個錢要回來，賣幾百包稻米給他們。這裡就派兵出去了，把那個錢要回來了。也搞不清楚，金老闆跑了，就把他抓回來。就關在軍部這邊那個小屋（專門用關押人）。關起來說，就變成說，塘窩關的最大的是找祖父了。金老闆就跑了。

周：其他人偷著放了，可能給點錢。

蔡：這樣一搞，罪名都落在我祖父身上。後面加一條，他要投靠張家。李文煥那時腦子得了什麼病，他太太是下邊說什麼，聽什麼，嚴刑拷打，那時候很殘酷就對了。那個時候我父親在清邁，如果在這裡也受牽連了。發生那個事情時，我父親正好在李文煥家裡當警衛。沒敢動手，說不清楚嘛。我父親就回來處理這個事情。

周：你祖父是怎麼死的，就是打死的？

蔡：打死的。

周：活活打死的？

蔡：李文煥下邊的人打的，現在這些人都去世了。

周：關押的人多不多？

蔡：多啦。師長級、副師長級，李文煥周圍的人都抓起了。

周：政變了。

蔡：把這批人殺了，他們家都垮了。李文煥這批人就是從中國大陸帶來的，三軍就垮了。

周：殺了一批。

蔡：有五、六個，都是大官，最核心的幹部。那些團長級、營長級的馬上就到他們那個位置去了。

周：三軍就這麼垮了。

蔡：就這樣垮了。

周：是部隊解散前什麼時間？

蔡：就是那前後兩年，具體時間沒記住。

周：可能是繳槍前。等於內外都有問題。李文煥的太太是站在政變這一方。

蔡：對。下邊報什麼，她就聽，就相信。到現在我們這個地方和美斯樂天壤之隔了。下來的時候，臺灣給了一批錢，要把九十三師陣亡的老兵，不管在什麼地方陣亡，在這個地方建一個忠烈祠。現在那個地方你看了，原來美斯樂那個館（文史館）在這裡的。兩個人嘛，段希文是正規學校上來的，李文煥是強盜的頭。臺灣的星雲法師親自來開的光，差不多有二十四、五年了，他說要來蓋忠烈祠嘛。星雲法師說，這些子女一口氣要和他要五千萬錢，他說我沒有辦法給你五千萬，你要蓋，我還要透過臺灣的民間團體，還要求哩，你這麼一口氣跟我要五千萬，我要去哪裡拿。如果今天你把要蓋的忠烈祠的圖畫出來，要什麼設備、什麼款式，怎麼蓋，我直接請臺灣工程師來蓋，不要說是五千萬，要蓋五億沒問題。他不得。到最後不了了之。

周：我聽長麗芳說，老兵私人還捐了很多錢。錢也不知道哪兒去了。

蔡：捐了很多。星雲法師就知道他們要吃錢，他說你們把圖畫好，我直接請臺灣工程師來蓋。不給他們經手。臺灣救總有一位姓龔（承業），現在去世了，這位龔先生透過一些管道說這裡不能蓋，溝通不了，然後就拿到美斯樂蓋了文史館。這裡要蓋忠烈祠。現在你要向臺灣要錢，臺灣說這筆錢我已經撥了。

周：臺灣救總在這裡蓋房子，修路這些事，李家沒有參與？

蔡：這些錢都是龔先生直接找地方的自治會。我這個人腸直，拐彎抹角不會，直說。拍馬屁我也不會拍。我父親也一樣。

周：性格也很直爽。

蔡：他們李家就跟龔先生關係不好了，臺灣把錢直接由龔先生掌握，沒有給李家。

周：救總是獨立操作，沒有和李家搞在一起。

蔡：像我們村子，救總撥了一百六十萬。

周：據說救總臺灣撥了四、五個億。

蔡：不止。蓋這個房子（指各家各戶）時，我正好在臺灣。臺灣政府透過民間團體，還有各工廠捐出來的，總共撥了兩億蓋這個房子。本來我不清楚，正好我在臺灣廠裡，在那邊聊天，廠裡老闆說我們也捐了二十萬到泰北蓋那個，給老兵後代蓋房子。錢是這樣來的，也不是政府一手包攬的，也透過民間捐助。那時候臺灣那邊比較注重這裡，起碼都是國民黨，一說出去，民間團體、老闆就拿出一部分錢給。救總還教我們農業呀，各個方面。

周：由蔣介石興起，主要是蔣經國，到李登輝就是每個老兵一次性發放補貼二十萬。

蔡：我父親也領了。

周：華亮的張有興，說是年齡不到，給了五萬。

蔡：最後一批都是五萬。我父親那一批是二十萬。老實說，（李文煥）他們那一家人，在我看，在我這一代看，各方面，思想跟不上這個時代，差得很遠，想法，做法都差得很遠。一個人嘛，說實話，要跟時代走，不是時代忘記你，是你跟不上時代。開會的時候我經常講，清明節要去祭拜，我說你為什麼要信，你講我聽聽，你去看忠烈祠，整整一個三軍的忠烈，裡面的牆都沒有了，你還祭什麼，你不害羞，我都感到羞。老實講，我去看忠烈祠的名單，很多人我都知道，有些是我爸爸的戰友，某某人，在某某單位，有三千多（人），戰爭死的，也有老了病死的。我不參與，我有六、七年不去參加祭拜。

周：像你這一代人，（前輩）大部分人都記得。

蔡：父親當兵時，很少在家，都在營部，我們小，經常跑來玩。一下來，就有人叫，又上來。

周：你們對上一代怎麼評價？

蔡：他們做的一生值得驕傲。

周：你們今天的生活，是他們創造出來的。李健園從小生活在清邁，她不理解老兵的感情。

蔡：在開會我就跟她討論問題，我說今天，我們塘窩成立以後，美斯樂還沒有成立，為什麼我們今天塘窩落後美斯樂那麼多年，問題就是你們的思想觀念差得跟不上時代，那個五軍段希文的兒子，人家下去看，你們不下去看，每天守著錢包，我看你怎麼樣，現在五軍美斯樂有模有樣，看三軍忠烈祠那麼老舊，要蓋、要蓋，這話說了多少年了，三十年了，還沒有蓋起，你還好意思說。我們講的是事實嘛。我說你把忠烈祠蓋好以後，也許老百姓的生活就會提高一點。你把它蓋好，人們就會來祭拜嘛。後代就可以有個平台，我們第二代出去就可以講。告訴他們，你們現在已經七、八十歲了，你再來十年，八十歲了，還能蓋嗎？你們這一代不把它弄好，我們這一代就不會料理這個事情。如果把忠烈祠整一下，有模有樣的像美斯樂那樣，如果你去世了，還有我們第二代、第三代。

周：就可以延續下去。段希文的兒子還可以。

蔡：那個各方面思想就很好。我經常跟他講，我說段希文子女和你們差得太遠。我做個比喻，如像今天，你們兩位將軍的子女站在一起，這裡有堆餅乾，這裡有堆更大的餅乾，你們李家的是會吃這一堆，不會再去吃大大的，因為你的眼界很小，等於你把這堆吃了，人家把大大的拿走了。我經常講，你們李家子女，還想打回中國，你拿什麼打，現在中國，美國都讓三分，怎麼打，你不要有這種想法了，你一定要開放。

周：想都不要想。

蔡：我和她吵好幾次，那個房子，要不把它拆了，做個模型放在裡邊，我們再栽花，再補氣，再做，她不同意。把這拍下來，做個小小的，說我們這個地方怎樣怎樣。把這個地方建設好，不是更好嗎？

周：李健園還想打回去，那不是笑話嘛。

蔡：現在人家中國改革開放了，美國也怕三分，你拿什麼打。你不要抱哪種想法。

周：這個想法也團結不了大家。

蔡：我們第二代不是我父親那一代，叫我們上我們就上，你不要妄想。

周：她在第二代中恐怕也沒有什麼威信。

蔡：沒有。只有出來十個，十個都罵她。

周：包括老兵，也都說她不好。他們雖然不說她，都說李文煥，在換身分問題不公平。

蔡：一說到身分，我要再講一下。我的朋友原來住在上邊，是做水泥方面，做軍部那個圍牆，用水泥打的，姓黃的師傅帶著這一群人做，用土做的，老式的。

周：土坯牆。

蔡：土坯磚做的塌了，又改成石頭做。從軍部搬出五箱，五箱身分證，泰國給的第一批身分證，藍色的，很薄，一份就是一小張，那麼多，五箱。他們都把它吃掉了，賣掉了。

周：施工的時候發現的？

蔡：他們叫他們拿山去燒掉，但他們拿出去賣給誰不知道了。你看，五箱多少人，很薄的。

周：沒有給你們？

蔡：用我們的名義。我們那個朋友講，三軍的那些老兵為什麼沒有身分證，你看這樣，五大箱。那些打苗共的，馬上就給了，這一批的沒有去參與的，泰國政府也給了。拿到華僑證的也可以申請身分證。沒有的原因就是被他們賣掉了。賣給誰，誰知道。

周：都是患難兄弟，做出這種事情。

蔡：李文煥病不是一天兩天，好多年了，後邊的事情都是他太太做主了。第二代不行。開會時我講，我們三軍第一代是一等一的人，下面到你們這一代，差得太遠了。思想一點不開放，不開放，你怎麼發展。還倒流。我最佩服一位，叫魯鳳，一位女孩子，六、七十歲的樣子，一直給他家做，做了那麼多年，很厲害。老家好像合肥那邊，清邁也在，軍部也在，她沒有架子，軍隊散解，帶你李健園到中國那邊投資，李健園也帶了幾千萬，一起合股投資，那邊做了一個程序，魯鳳就把李健園一腳踢開，那邊財產她一把拿。李健園什麼也輪不到了，就是說我為你李家賣命那麼多年，有這裡一些東西呢。我小小（年紀）就跟你們家，她和李健園在中國投

資什麼我不知道，好像帶去幾千萬銖的樣子，投資蓋廠，廠也蓋好了，就把李健園一腳踢回泰國了。那邊的財產全部是她的名義。這個人真佩服。我為你李家拚了一生，沒嫁人，今天我要拿回來，該有的通吃。

周：你們家也是二代老兵，你父親去世時多少歲？

蔡：我沒有記錯的話，是六十五歲。去世有三十年，如果在的話，九十多了。

周：你們和家鄉還有聯繫？

蔡：大陸改革開放，有聯繫兩、三年吧。

周：大陸親友多不多？

蔡：聽我弟弟說，有一個蔡家寨，全部是蔡家了。他是怎麼講我也不清楚，是騰衝那邊。

周：長麗芳也是騰衝人，八十四歲了，還是政工隊，從小跟著部隊，也沒有身分。

蔡：都在那個箱子裡，她沒有底子了。

周：做工程的那個朋友也是塘窩人？

蔡：他是緬甸人，是塘窩的姑爺。現在也去世了。我們去打馬蜂窩。

周：馬蜂窩掉下來打到頭？

蔡：不是，是砍樹，樹倒了砸死的。我也去了，那一次。

周：他也是第二代？

蔡：緬甸來的第二代。

周：美斯樂搞得好。

蔡：那邊叫小香港，泰國都到那邊開了銀行。美斯樂那個地方差我們這個地方很遠，十個斜坡，地形很不好。不小心喝醉了，掉下斜坡，沒辦法活。五軍段希文曾講過，今天我死在美斯樂。為什麼要死在美斯樂，可以看三國嘛。高嘛，看泰國，看緬甸，看寮國。我要去那裡，可以看三國。

周：風水寶地。

蔡：有機會你們去參觀，段希文的墓和他們（李）家的天壤之別，很壯麗。像美斯樂那邊，第二代，有學歷，有能力，可以參選泰國立法委員，段希文那邊是可以的，我們三軍的不行，因為泰國規定，參選泰國立法委員必須是泰國出生，你出生的時候你父母必須有身分。像段希文那裡就報給泰國政府了。一出生就報了。這邊就沒有。像我這一代是泰國出生的也沒有，因為那個時候他沒有呈報給泰國政府，我們這一代的資料就沒有呈報上去。現在我有能力也沒有辦法做。

周：不是沒有能力，是資格不夠，你這一代有泰籍，你上一代也有，才能有資格參選議員。等於上一代都在那五只箱子裡。如果第一代辦好了，第二代就沒有問題了。

蔡：查坊一個博士，六十多歲，又考了泰國博士學位，也是隨著部隊下來的，要參選。他雖然不是泰國出生，但是段希文都報給泰國政府，軍屬全部算泰國出生的。因為我就參選地方鎮長，就去找這些資料。為什麼，為什麼美斯樂（的人）什麼都可以當，我們這邊清邁的什麼都不可以。說你給我一個原因，我去找來。我找到一個泰國在這邊的老校長，他在這二十幾年了，他還在新村。清邁有五、六個縣的教育總主席，都歸他管。請他幫我查一下，為什麼清邁這邊差美斯樂那麼遠，美斯樂那邊五十歲可以當什麼，這邊為什麼不行。他就去找資料，找到的答案就是我剛才說的。因為起早五軍給了泰國政府資料，這邊沒給，這邊就沒有出生資料。

周：你有心意選鎮長，但不行。

蔡：無法。我實際是泰國出生的，三軍沒有給報，政府就沒有資料。當時泰國有駐兵，小孩子一出生，就拿資料給他，駐兵交給李文煥家，李文煥家不知丟到哪裡了，他沒有直接交給政府，底子也沒了。

周：十三個村有泰國政府聯絡組，塘窩當時也有。如果資料當時呈報進入政府系列，現在參選沒有問題，結果一查檔案沒有。

蔡：沒有。出生證明給聯絡組，聯絡組給李家，李家應交到政府，結果丟在哪裡不知道了。

周：他就是不重視，他不但害了第一代，還害了第二代。

蔡：我弟弟，第六個兄弟，快三十五、六了，才得身分證十年。那時塘窩、新寨、華亮、拉谷村，四個村子是一個保，第六保，有一個保長，兩個副保長，我是其中

一個副的，那個時候泰國還沒有說，你沒有出生證明你不能參與。這一條還沒有下來。我當副保長。我就說我父親去打苗共，我弟弟為什麼拿不到身分證，原因在哪裡，我就去查。到泰國內政部就找不到資料。李文煥家有一個缺點，好像你家去打苗共，有五個孩子，他就給四個身分故意漏掉一個。

周：好奇怪，凡是打苗共的後代，不論幾個孩子，都留一個不辦。不報泰國政府。

蔡：我就搞不清楚，現在也不清楚。

周：他是不是為了控制。留下一個還得求我？

蔡：不是我亂說，你可以去問，一家全部都給的沒有，起碼有一個、二個。那個時候他家不簽字，沒辦法。

周：保長是任命，還是選舉？

蔡：選舉的。保長是要選，副保長由保長提名。我當了一年。把我弟弟身分辦好了，拿回來。

周：保長是華人？

蔡：是，我們第二代的。

我是第二代，人民選我當了保長

口述人：吳廷升 三十九歲

訪問地點：泰國清邁省差巴干縣龍窩區六保新寨村吳廷升家

訪問時間：二〇一四年十二月八日

周：你多大年紀？

吳：我現在三十九歲。

周：聽說你哥哥是第一任保長？

吳：對。

周：聽說你大哥也是大陸的。什麼地方？

吳：是順寧，還是昌寧，我就忘掉了。應該是昌寧。

周：你父親是從昌寧到的緬甸，又到泰國，是什麼時候？

吳：他已經過世了，我沒有問他。我很小他就過世了。

周：你這個當保長是大家選嗎？

吳：大家選，按照泰國的法律，是人民選。

周：你這個保有多大範圍？

吳：三百二十八戶。

周：多少口人？

吳：一千七百多人。新寨、華亮、塘窩，還有一個蘭府沖，四個村。每一個村有一個村長，村長是屬於中國人的。像我們保長是屬於政府的。

周：村長是不是也要選呢？

吳：在村上選，老百姓選。村長有難民紙就可以。像保長，全泰國都一樣，要有泰國身分證的人投票，以投票為準。

周：幾年一屆？

吳：原來是五年，現在法律改了，一直到六十歲。

周：可以做到六十歲？

吳：只要你沒有什麼違法的，就可以。

周：就不用選了。

吳：但你不能犯錯，退步，犯很多錯誤也不行。你想怎樣做就怎麼做，那樣也不行。

周：那什麼條件下可以換？

吳：感覺你做得太爛了，或違法，做毒品這樣。

周：老百姓可以提出再選，你哥哥當的時候。

吳；也可以做到六十歲，他當不到就去世了。

周：你哥哥當的時候就已經可以做到六十歲？

吳：對。後來又改為十五年。現在又改回去了。

周：改十五年一任，又改五年一任，現在又改為做到六十歲。你哥哥第一任，就是泰國把難民村列入保了。

吳：對。

周：以前沒有。你哥哥是哪一年當的保長？

吳：記不得了。

周：你哥哥什麼時候去世的？

吳：有十幾年了，我哥哥不當，又有兩任，我現在又當了四年，差不多二十多年。

周：你哥哥當了多長時間？

吳：當了七年。我哥哥屬猴，（活著）差不多六十歲了。

周：你哥哥當過兵沒有？

吳：我大哥、二哥都當過，我沒有。

周：第一任保長是你大哥還是二哥？

吳：大哥。

周：你父親去世時有多大年紀？

吳：六十六歲，屬狗的。

周：你父親如果活著有多大了？

吳：八十多歲了。

周：你保長都做些什麼呢？

吳：身分證管理，老百姓政治管理方面，救濟方面。

周：錢從哪兒來呢？

吳：跟政府要。有鄉公所。

周：保上邊是鄉，鄉上邊是縣，縣、鄉、保？

吳：對。

周：你發不發工資？

吳：有，一個月八千塊。

周：這個工資誰支出？

吳：政府。

周：保有沒有其它機構？

吳：沒有，就一個人。

周：鄉呢？

吳：鄉有鄉議員，塘窩那邊。

周：鄉議員也是選嗎？

吳：選的，是泰國合法的。

周：華人可以當，泰國人可以當，選上誰誰當？

吳：沒有身分證不行。

周：你給我們說你的經歷，童年生活。

吳：從小讀書，讀到十五歲。後來打工。打工回家種些果樹。到臺灣做外勞，做建築工程，差不多八年。看到有什麼經驗，就把它弄好。

周；你哪裡讀書？

吳：就在新寨讀。中文讀到四年級，泰文讀到六年級。又補習中文六年。

周：相當高中。

吳：對。

周：你幾歲出去打工？

吳：我十六歲。

周：一開始在哪裡打工？

吳：在曼谷那邊。我二十五歲就當了鄉民代表，當了兩任。

周：鄉民代表是什麼意思？

吳：就是鄉里有個什麼建築，就和他們商議，去和鄉議長去講。

周：代表老百姓的意見，代表民意。

吳：對。

周：也是民選的嗎？四個村子一起選？鄉民代表有幾個？

吳：對。一個保就一個。

周：和保長是什麼關係？

吳：就是負責環境建設這方面，有治安。像我們保長，鄉里每個部門都靠我們這裡了，農業部也好，論政部也好，國防部也好，都要經過村上。鄉議員主要是建築，那個馬路不好，反映，但也要保長簽名，這樣人家才能拿到。

周：鄉民代表負責公共事務，道路、水、電等等。收集老百姓的意見，透過保長，再到鄉議員那裡反映。保長是上邊無論政、軍、民所有事務集中在保長，要你來配合。是這個意思吧？

吳：對。像自治會長，以前沒有保長，當兵有自治會，阿兵哥來管理社會。繳武器了，歸政府管理了，就是按照保長、縣長這些政策來做。

周：自從有了保，和自治會是什麼關係？

吳：就是大家配合，沒有什麼關係。

周：會不會有什麼矛盾呢？

吳：沒有。

周：如果你這個保長要選個泰國人怎麼辦？

吳：看大家來選。像議員就是泰國人，他就是坐著聯繫一下而已。他是中國人，還是泰國人，不要緊，只要工作就好了。不分什麼籍，只要工作好了。

周：要看能力，看工作好。

吳：這要老百姓來講。

周：這裡都是華人，華人當選機率就高。

吳：像我們這裡全部是華人。別的地方有身分的關係。

周：像你父親第一代人有沒有身分？

吳：第一代沒有，是難民證。

周：第二代呢？

吳：有。

周：你大哥、二哥、你都有身分證了。現在是不是有第三代了？

吳：有了，是孫女。

周：你父母已經去世？

吳：兩個（都去世了）。二個哥哥，還在一個。有三個姐姐。

周：他們怎麼樣呢？

吳：去臺灣兩個，去普吉島一個。

周：嫁到臺灣兩個，在那裡定居了嗎？

吳：定居了。

周：你們家什麼時候到的新寨？

吳：跟阿兵哥在，阿兵哥什麼時候在就什麼時候在了。五十幾年了。

周：你母親呢？

吳：我母親是這邊的，拉祜族。那個時候阿兵哥在這邊結婚，都是這樣。大陸帶來的很少。

周：拉祜族大陸也有，緬甸有，泰國有，你母親是哪裡的？

吳：她就是泰國長，從緬甸跑過來的，翻山，她的爸爸媽媽帶她跑過來，這樣。

周：等於有六個孩子，三個女孩，三個男孩。去世一個，還有五個。你覺得保長這個工作怎麼樣？

吳：人民要選你，你要儘量把工作表現出來，還要把它做得多好不敢講了，但你一定要負責這部分工作來做。因為你是人家投票出來的，就是你不想當，人家叫你出去。第二點要了解老百姓的生活方面，有困難的方面，到我們上級那兒反映。像我們（的）小孩子要怎麼做好，看新聞了，各個國家都要把教育辦好，培養二代，才能進步得到。我的計劃就是，有的時間在做保長期間一定要把它做好，就是這樣。做好了以後，去反映，那不對，要改善。我們很少有老百姓反映不好。

周：你可以做到六十歲，你對前途怎麼看？

吳：就是按照泰國的政策來，做下來，人家說幾年要做什麼樣預算，全部靠政府的話，金錢也沒那麼多，好像別的部門來，臺灣來，大陸來，也接頭。因為我們是難民村，什麼部門來，只要對人民和村子上好，什麼單位我們都接待，就是這樣。

我們這裡是觀光區，要把這個做好，人民的生活有改善，要免稅，就會有一些影響，觀光客到這裡有吃有住，有客人下來，工作就很多。我們這個地方比別的要好一點的地方，就是遊客經過去安康那邊，只要你做，他就會停。

周：救總來也是找保長聯繫嗎？

吳：救總來，他就去找會長。自治會長每個月去清邁，到雲南會館開會一次，那麼大陸來呀，臺灣來呀，都會經過雲南會館，就批發下來，會長就會叫我們配合。

周：雲南會館管的就是華人社團。是一個省，還是？

吳：清邁省，清萊是清萊的，夜豐頌是夜豐頌的。

周：各省都有一個雲南會館？

吳：有。

周：雲南會館主要依靠的是自治會。他們具體做了些什麼事情？據你了解。

吳：像我們一樣，有什麼事情告訴他們，就去做。

周：每個月開一次會？

吳：和我們保長一起開了。

周：什麼會？

吳：就是縣上，現在村子裡人少。一個月一次，保長到縣上開會。是政府的例行會。府上有什麼政策，開會就告訴你了，縣上發生什麼問題，要怎麼解決。

周：你這裡是差巴干縣。華人居住區在這個縣有幾個保？

吳：就是新村和這裡。新村是第十保，我們這裡是第六保。差巴干縣有四十四個保，華人有兩個保。

周：兩個保加起來有多少人口？

吳：新村多，差不多兩萬人口。一千多戶。

周：大谷地算哪兒？

吳：算清佬縣。

周：那邊有幾個華人保？

吳：有三、四個。

周：大谷地人口更多些？

吳：有二千多戶。

周：整個泰國有多少華人保，你了解嗎？

吳：這個不清楚，你要問大小姐。

周：我倒是問她了，她說有九十多個村。

吳：大小姐是雲南會館名譽主席，館長也做過。

周：人口指各種身分（證）都包括了？

吳：沒有（身分）的，緬甸跑過來的也有，做打工證有。

周：現在緬甸跑過來的不少。

吳：對。

周：大谷地很多，打工證是政府做的？

吳：對。政府做的，合法。

周：沒有非法的？

吳：很少，只是沒有錢去弄，花資料費他沒有。

周：你要辦打工證，要付資料費。

吳：也不是付給誰，是付給國家，註冊的。

周：辦一個打工證付多少錢？

吳：差不多四、五千塊，這樣。體檢、勞保都在內了。

周：那你這不錯，很有前途，一直可以做到六十歲。

吳：以前五年，要做什麼的話，等一下人家又不選了，就沒有辦法做。不說什麼國家了，每個村都有幾個搞亂的，大部分服從按照那個做就沒關係。就是五年請他們研究不能做什麼，做什麼，人家就說下一年就選舉，就會怎麼樣了。六十歲也不是就可以當到六十歲，政府每一年都要調查你的表現，是怎麼樣，五年就統計一下分數，就表決，可以就簽給你，不可以就選。不是說當到六十歲，就是怎麼想我怎麼做。

周：每年評估一次。五年一次大的評估。政府就通知不行了，再選。這裡治安情況怎樣？

吳：我們這裡沒有什麼，都是安全。

周：我們住在塘窩，出門都不鎖門的，治安很好，好的原因是什麼？

吳：第一村子上自助要好，一有事，就馬上處理了，如果有小偷的話，你就馬上處理，你要如果不處理就會出現別的了。小偷不處理好，強姦、搶劫就會有，大家互相。做個保長那個村可以用那幾個，那幾個可以信任，你要靠村上這些人，不管大孩子、小孩子，你要用這些人，你才知道什麼事情。那些吸毒的，他那個毒品哪裡拿，喜歡搞亂的專門從那裡拿。

周：你要消息靈通。掌握各個村子情況。發現小偷，吸毒的，馬上把他處理掉。不要泛濫。老兵後代販毒的多不多？

吳：很少。

周：我們這個地區，華人間的感情聯繫怎麼樣？

吳：像華人很團結了。

周：靠什麼凝聚大家呢？

吳：開開會，大家有什麼反映，怎麼樣解決，怎麼做，把華僑、華人在泰國的，要團結起來。給人家看到這個民族還有力量來團結。

周：還是有民族凝聚力的。

吳：要給人家看到，雖然我們在泰國，要重視泰國的法律，儘量把事情做好。我以前是華人，已經在泰國，就是泰國人嘛。祖籍是華僑而已。

周：要尊重泰國的法律，但我們華人有一種民族認同感。只要不違法，就不衝突。據你了解，其它地區的華人是不是也這樣？

吳：我不曉得了。現在差不多華僑很多，有的地方要看管理的方式了，按目前情形，華人團結的滿多。

周：現在出現第二代、第三代去曼谷、臺灣、馬來西亞各地打工很多，流動性很大，對村子有什麼影響？

吳：改善呀。去到外面，第一學到經驗，第二賺到錢回來，第三價格好些來。像我們山上的農產品價格完蛋了。向外面學習，人家小孩子是怎麼培養的，讀大學，工作穩定。在以前，你們看到了，星期天幫爸爸媽媽挖那些農產品。

周：他們依然回來，孝敬老人，寄錢啦，幫助家裡蓋房子啦。他們的孩子大部分是自己帶，還是送回來由老人帶？

吳：是老人帶。

周：跟大陸差不多，也有一個問題，小孩子老見不到父母。

吳：他們有回來，一年一次、二次、三次。

周：有生疏感，大陸這個問題比較嚴重。

吳：哪裡都一樣了。

周：生活和過去比較有沒有改善？

吳：有改善了。

周：大體從什麼時候開始？

吳：有十年。

周：現在看有很多家蓋新房子，救總幫助蓋的房子都淘汰掉了？

吳：我這個就是救總蓋的。

周：也是三間半，救總一家給了五萬五千塊。

我當了二次自治會會長

口述人：何長振 四十四歲

訪問地點：泰國清邁省差巴干縣龍窩區六保新寨村吳廷升家

訪問時間：二〇一四年十二月八日

何：我是華亮自治會會長。

周：你今年多大年紀了？

何：四十四歲。

周：你的父親是不是老兵？

何：是。

周：你父親是從什麼地方過來的？

何：雲南龍陵 ⑴

周：你父親什麼時候過的緬甸？

何：二十多歲就過緬甸了。

周：他在緬甸當兵？

何：他在大陸就當兵了。

周：你父親多大年紀？

何：去世了，那時八十三，去世十多年了。活著九十多歲了。

周：那你出生在哪兒？

何：我出生在泰國。

周：你們村自治會最早的會長是不是老兵？

何：是老兵。

周：最早的會長是軍裡指定的，現在的會長是怎麼當的？

何：村裡老百姓選。

周：你是什麼時候開始當的？

何：我是第二次當了，當了二次了。

周：第一次當了多長時間？

何：二年。

周：自治會會長是二年一選？

何：二年選一次。

周：你是連任？

何：不是，隔了一次。

周：自治會是不是主要管華人的事務，跟保長不一樣？

何：保長是管四個村，他要有身分證。自治會會長沒有身分證也可以。每家有一票。

周：以家庭為單位，一家一票。被選的沒有身分也可以？

何：有沒有身分證都可以。多數要挑有身分證的，因為行動方便。（沒有身分證）跟政府機構溝通也不方便。要懂泰語和中語，要懂兩樣，你要不懂這兩樣就行不通，到哪裡就講不通，政府來了也講不通。

周：咱們的會長一般做什麼呢？

何：村上雲南會館的事，管雲南人，雲南人有什麼事就找雲南會館，就像大陸到雲南會館，雲南會館就找村子，村子又捐錢幫助，窮幫窮，這樣。

周：雲南會館的館長也是選舉嗎？

何：一樣的選舉，也是兩年一任。

周：誰來選舉雲南會館的館長？

何：每一個村的會長都可以去競選館長。

周：投票呢？

何：每一個村的會長和校長參加投票。

周：這兩個人投票？

何：一人一票。

周：會長有沒有工資呢？

何：沒有。

周：雲南會館館長呢？

何：也沒有。都是自願幫助。

周：會長又是做什麼的？

何：聯絡、溝通，幫助村上大小事啊，吵嘴、打架都歸他，會長管不了交保長，保長管不了交鄉長，鄉長管不了就交警察局了。

周：那你還挺忙，婆媳吵架，夫妻吵架都管。

何：偷雞摸狗的都你管。

周：萍亮旁邊的俣河也歸華亮管？

何：是，算一個村子。那邊有個組長。大家互相幫忙，有什麼好事也分給他一點。

周：像臺灣、大陸有什麼救濟都是找自治會，不找村長、保長。

何：對。村長、會長是一樣的，是同一個人，叫法不同。

我們是九十三師的後代很開心

口述人：李仙香 三十二歲（女）

訪問地點：泰國清邁市某酒店

訪問時間：二〇一四年十二月十八日

（我們到清邁，出機場見的第一個人就是阿香，離開時，也是最後一個分手的。分別前我們在酒店房間訪問了她。）

周：你是不是就出生在塘窩？

李：我出生在新寨。我們家本來在新寨。

周：後來搬下去的。三十二年前，（一九）八二年，那時候已經有了兩個姐姐，一個哥哥。小的時候，你姐姐帶你，你媽媽很忙。你說說你上學的事情。

李：我六歲就去清邁那邊讀皇家的那個，一個村子每年給兩個名額。

周：什麼條件呢？

李：條件就是家裡要貧窮，要學習讀書好一點的。剛好我們那一年要選十個，我們村選兩個，都是屬狗的。

周：村子裡要先選出十個，然後抽籤。在新寨？

李：那時候已經搬到塘窩了，六歲。

周：（一九）八八年，你抽籤抽到了，然後到清邁。

李：有老兵來接我們。要出村子，不能自己出去，有老兵送我們到清邁。坐泰國阿兵哥的車出來。然後送我到清邁的學校。

周：那時候其他孩子出去玩，不能隨便出村，到什麼時候可以隨便出村？

李：我記得我在清邁讀書時，媽媽去找的時候，還要到政府開一個證明，才能出來。

周：媽媽還沒有確定身分？

李：那時候媽媽還沒有華僑身分。

周：你媽媽什麼時候確定華僑身分？

李：那是我小學畢業回去了。

周：那是一九九四年。

李：具體不清楚。只記得在清邁讀書時，她每年來看我都要開證明，除了這個麻煩，還有就是沒有錢。我是住校，回不去。

周：有車嗎？

李：她要到新村那裡坐公車。

周：走路，到新村坐公共汽車。

李：可能騎摩托車。

周：沒有路，哪來摩托車？

李：我也不清楚。

周：學校生活怎麼樣呢？

李：全部包吃包住，我們不用付一毛錢。

周：吃、住、學費，全部學校負擔。學校是哪裡辦的？

李：我們那個學校是二公主開的。

周：詩琳通辦的？

李：對。

周：這是一個全免費的，慈善性的。

李：要的全部是少數民族，把我們也列入到少數民族裡。

周：你入校的時候有多少學生，你知道嗎？

李：應該大概有八、九百學生。我剛去的時候有小學，慢慢有國中、高中。

周：你去的時侯是第幾屆？

李：我去的時候已經有（學生）了，因為住校和少數民族、泰國學生住，就要講泰文，不會講中文了。媽媽就捨不得，就把我帶回家了。

周：後面是不是繼續辦？

李：繼續辦。在我們後面，村子裡只送了一批而已。

周：也是兩個人？

李：兩個人。

周：你說後面你不讀了。

李：我不會講中文了。一年回去一次，和家裡人沒法溝通。

周：學校裡只講泰文？

李：只講泰文。

周：你讀到幾年級？

李：六年級。

周：小學已經畢業，沒有升國中。

李：媽媽就把我帶回去了。

周：按規定你可以升到國中。

李：因為是公辦，可以供到上大學。就在這個學校一直讀下去，它能供免費讀大學。當時回村裡，和大家無法溝通了，村子裡只講漢語。

周：可惜了，那時塘窩、新村出個大學生不容易，中文可以學。

李：接回來，就給我到易興（學校）那裡讀書。本來姐姐和妹妹在山上（塘窩）讀書，我回去不可能在山上讀書，因為山上讀的成績和我的成績相差太多了，媽媽就把全家搬到新村。

周：你到新村就是讀泰文中學了，那姐姐、妹妹呢？

李：姐姐讀中二，妹妹是六年級，她小我一歲。

周：後來讀到什麼時候？

李：在易興，泰文讀到中三，就到孟放讀高一。高中畢業就到曼谷讀大學。

周：那還不錯，最後還是讀了大學。學的什麼專業？

李：我學的是中文科，因為我中文比較弱，從清邁回去在新村只能讀一年級，我年紀大了，學中文。

周：曼谷大學是泰國的？

李：我讀的是政府的大學。

周：要考試嗎？

李：我讀的是開放的，半工半讀的，不用每天去上課。

周：學分制，考試累積的分數夠了，這門課就過去了。

李：對。有的兩年半就畢業了。

周：大學讀了幾年？

李：讀了四年。我讀時邊工作，導禮。還有中文沒有畢業，兩邊跑。

周：什麼意思？

李：我十二歲才讀中文一年級，我慢了六年。

周：泰文高中畢業，中文還沒有。兩個學制。

李：我跟老師說，中文不用上課，只是去考，兩邊跑。

周：高中還在新村。就是曼谷、新村兩邊跑。那時候是不是來去自由了，你是不是已經入籍了？

李：我國一時就有了身分證。

周：十三歲時有的。來去自由了。

李：我們小孩也不查什麼身分，不到十五歲就不查。

周：就是到十五歲才能辦身分證，大學畢業以後呢？

李：大學畢業，就在曼谷工作，工作了大概三年。

周：做什麼呢？

李：幫助臺灣辦助理。

周：後來你也去了臺灣？

李：嫁到臺灣。

周：你們家誰先去的臺灣？

李：大姐先去。她是辦仲介去的。去當翻譯，做得不錯，有錢了，然後哥哥去。這邊妹妹和弟弟中文中三畢業，然後考試去臺灣讀書。

周：阿國去做什麼？

李：做工廠的翻譯。

周：你二姐呢？

李：妹妹和弟弟去了兩年，二姐才去。

周：她做什麼？

李：也是做仲介。

周：你們全是做同一行。你大姐叫什麼？

李：李仙萍、李新國、李仙苗、李仙香、李仙園、李新宏。大姐、二姐在臺灣，大哥去過兩次，回來又去，又回來。

周：你們姐妹三人，都嫁給臺灣人？

李：弟弟在曼谷。妹妹是半工半讀，學校和公司有配合，三個月讀書，三個月工作，學費由工廠這邊處理。妹妹讀的是高中。弟弟讀的也是高中。

周：現在成家幾個？

李：五個，剩一個小老么，弟弟沒有成家。

周：你們家的情況挺好的，六個孩子都大了，都工作了，五個成家了，你媽媽還著什麼急。那天你說從你這一代，下邊就轉好了，什麼意思？

李：我小時候，肉也沒得吃，錢也沒得用，有時候一餐都吃不飽。有一塊肉，給哥哥吃，因為哥哥是男，如果有兩顆，哥哥吃一顆，其他人吃一顆。去讀書的時候，

政府如果有補助的話，也是二五二五年（一九八八）以上沒有，以下有。就是有補貼是從我下一代開始的。

周：有什麼優惠政策？

李：我讀書的時候，用的都是上一代，上一代留下的舊書，比如我下一代上學用的全部是新的。媽媽在家裡也常說，你是家裡最後一個苦。大姐、二姐、大哥在家裡比較苦，弟弟、妹妹就有得吃了。小時候，覺得很多事不公平，比我們小一歲的什麼都比我們好，比如買衣服，我們都是穿舊的，我妹妹就可以穿新的。

周：這是為什麼呢？中國也是這樣，過去窮，老大穿父母的，老二穿老大的。

李：倒過來，我妹就是穿新的。

周：因為家裡有錢了？

李：家境比較好一些。

周：家裡經濟狀況好了，從你妹妹開始，不用穿姐姐們留下的舊衣服了，需要就可以買新衣服穿。而你以前，都是穿舊衣服。你妹妹小你兩年。就是從一九八八年開始，部隊解散，生活開始好轉。你父親還年輕，從部隊拿二十塊錢，沒事也得站著。部隊解散，整個這一代，就是你們的上一代，開始種地、做生意、打工。打工不是從你們這一代開始的，上一代就開始了。收入從那時開始變化。比較自由了，沒有這個部隊約束了，放開了，願意做什麼，就做什麼。第一批去臺灣的，是他們，不是你們年輕人。

李：對，是老一代先去的。

周：尤其是女的，臺灣女工，大陸也有去的，有的假結婚，去的目的就是打工。訪問中很多人談又返回緬甸，種地，做生意。這樣生活慢慢好轉，你妹妹碰巧趕上了。

李：我記得小時候，班上很多同學沒有新衣服穿，拖鞋也沒有，媽媽比較辛苦，看我時找來給我穿。

周：山上很苦的。

李：大部分沒有鞋穿。

周：現在窮的是少數了。你這個歲數正好趕上了。

李：在中間嘛。

周：對吃不飽有沒有印象？

李：小時候沒有記憶。我運氣好是在皇家學校，皇家學校吃得特別好，每餐都給你五種營養品，有水果、牛奶、雞肉。

周：非常好。

李：對。就是缺少家庭的愛。我們住在那裡一個照顧一個，我們有學姐，照顧我們，我們又照顧下一代。小時候洗澡都不會洗。每天都哭。

周：沒離開過父母。

李：哭，就想家。

周：帶你們的是大的？

李：帶一年級的是六年級的。

周：五年級的帶二年級的。一年可以回一次家？

李：一年可以回兩次，暑假跟寒假。但是我都沒有回去。

周：為什麼沒有回去？

李：媽媽沒有錢。

周：沒錢付路費。

李：第一次來是阿兵哥帶我來的，媽媽不會講泰文。

周：你自己不能回去？

李：學校規定，沒有家長來接，不能回去。不能出去。好像被關在裡面。

周：你爸爸、媽媽不會泰文又來不了，可以委託個人嘛。

李：山上，媽媽算是很聰明了。她不知道，別人更不知道了。我讀書的時候為了看我，媽媽去學泰文。有時來看我，因為沒有錢沒有回去。

周：她來看你，能不能住學校？

李：不能，她只能看幾個小時就要回去。學校不給住。

周：住外面也要花錢，早一點返回去。當天往返。你爸爸去看過你沒有？

李：他很少出門，沒來過。有一次是我媽媽不舒服什麼的，我記不住了，是大姐從曼谷上班回來接我回家，要回來的時候是爸爸送我回來，他迷路了。是我四、五年級的時候，爸爸搭車回去迷路了。

周：那時候姐姐就出來打工了？

李：姐姐十二歲就出來打工了，在新村。我四、五年級的時候，姐姐十四、五歲了。

周：打工做什麼呢？

李：小時記不清她做什麼，只知道在曼谷打工，每個月都賺錢寄回來。我們家的姐妹都是靠姐姐，是姐姐撐的。

周：你這個大姐就是半個媽。

李：是半個媽。姐姐講的話，有時比媽媽講的話還要聽。

周：長姐如母。你姐姐六歲幫助做家務，做飯。包括你媽媽也是，五歲就開始做，割豬草，放牛。

李：帶小孩。十二歲打工，好像聽媽媽講，是幫助人家做家務。

周：十五、六歲去曼谷打工。那會兒她有身分了？

李：十二歲時不記得了，我們全家是一起有的。六個一起。

周：你大姐現在在臺灣有幾個孩子？

李：有三個。

周：你姐夫做什麼？

李：和朋友合夥辦公司，做建材，裝修。大姐開一個熟食店。

周：她回不回來？

李：幾乎每年有回來，今年是有第三個，沒回來。二姐比較少回來。阿國可能就沒回來家了。我妹妹經常回家，她從臺灣回來，就在泰國，嫁在泰國，媽媽有事她可以幫忙。

周：村裡的孩子，和你同齡的，情況都差不多嗎？

李：這個我不太清楚。

周：我的意思是吃不飽，也沒有鞋穿，生活困難。

李：應該大部分是。我為什麼去讀書，也是因為太窮了，吃不飽，媽媽也養不活六個小孩。大姐去打工了，要把二姐賣掉。因為養不活，正好有個人，賣梨時認識的，他沒有女孩，他想讓二姐去。正好媽媽想把姐姐給人。這時政府來招生，我去了，二姐就沒賣。

周；村子其他人家有沒有賣小孩的？

李：小的時候，我有聽說賣小孩的，不清楚賣過沒賣過。從小有聽到。

周：難民生孩子多，養不起，有可能。

李：有的有買小孩的，沒孩子的。

周：你們這一代對你父親這一代的歷史了解不了解？

李：不太了解，因為他們也不跟我們聊這些。小的時候有記得，我們常常要躲，說什麼人來，我們就躲在山洞裡面。印象裡面有躲在山洞裡面。也會聽到大砲的聲音，大谷地那裡也可以聽到炮聲。

周：挨著緬甸了嘛，說明八十年代中期還有戰事。

李：是不是打仗不知道，小孩子全部被安排躲在那裡。

周：上學前，上學後？

李：上學前。

周：四、五歲的時候？

李：那時候還沒有去清邁。

周：父母其他的知道什麼？

李：就知道政府不給我們讀書。上一輩不給讀書，要躲，不讓讀中文。泰文也沒有。聽他們講的。

周：像你哥哥、姐姐對上一代的歷史有沒有了解？

李：這個我就不清楚了。我爸爸也很少講，他跟別人不一樣，他很安靜，不大跟人講，問他，他也不講。我媽愛講。我小的時候還記得我爸爸帶著槍。

周：他什麼時候不帶槍的？

李：是我去清邁了。哪一年記不清了。他用槍去創傷。

周：什麼是創傷？

李：打野豬，大家靠那個養嘛。媽媽種地，爸爸上山去打獵。

周：是步槍，還是獵槍？

李：子彈有長的、短的。

周：還沒繳槍？

李：記得上面那家，馮家有槍。他爸爸就是管那個的。

周：管武器的。小學一年級，六歲以前還有槍，一九八八年以後繳的。你媽媽種地，你爸不管？

李：我爸當兵。我弟弟就是塘窩生的。

周：你媽媽家有十一個人到了大谷地，和你爸結婚到了新寨，又到塘窩。

李：生弟弟我看到。

周：那時都在家裡，不去醫院，也沒醫院可去。

李：新村不知有沒有醫院。

周：山路幾十里，那太困難了。對這個歷史，你們隱隱約約知道一點，怎麼看這個歷史？

李：我自己的感覺，是我們的祖先很棒，很厲害，不知道發生過什麼事情，他們打過仗，從中國來到泰國很棒。我們就是說我們是九十三師的後代，很開心。

周：比如你們去上學，到曼谷。

李：不要說曼谷，我們一出新村就被人家欺負了，人家就會看不起我們，泰國人沒有把我們當做中國人，把我們當做泰國的一個少數民族，列為少數民族，（稱）山上人就對了。他們經常叫我們說一句話，中國人後面加一個「囉」，「中國人囉」。

周：翻譯過來什麼意思？

李：不知道了。他也不叫中國人，而是在中國人後面加一個字「囉」，也不是泰國人，也不是中國人，被列入少數民族，泰國有十三個少數民族，加在裡面，很多人不知道。因為我是讀皇家學校，我才懂的，我們是被載入那個少數民族裡。他們聽到很生氣，我們村裡都說我們是中國人，我們又不是泰國人。

周：你讀書時不全是中國人，有少數民族？

李：有十三個少數民族，因為大家都一樣。

周：一到校外被人欺負。有什麼表現呢？

李：就是好像看不起你，講我們中國人讀書沒有他們好，泰文咬字不清楚，因為我從小就在這邊，咬字比較清楚，跟他們沒有差別。但很多從山上下去讀書，咬字不清楚，被人笑，跟不上人家。

周：你去讀大學時，泰國的學生對你怎樣？

李：我去的時候，中文已經受歡迎了。我已經和臺方合作，我懂中文，薪資比泰國大學生高，泰國學生薪資七、八千塊，而我一萬多。泰幣。

周：你讀大學時，風氣轉變了，沒人歧視你們了。

李：變成更要討好我們。

周：討好你們，和你們拉關係。

李：因為我們更能賺錢，更能吃苦。因為我們小時候苦，就比他們更努力一百倍。

周：這個轉變是什麼時候？

李：應該是我高中的時候就慢慢轉了。

周：你弟弟、妹妹更沒有問題，你姐姐可能更受歧視多一點。

李：從我就轉了。

周：之前就受到歧視。你父親那一代出來受不受歧視？

李：我不知道。那些老人家很少出來。也不願意出來。

周：都在山上待著。你們年輕一代，對買房子、買車、吸毒這些事情怎麼看？

李：說到吸毒。從小時候看到朋友在吸毒。

周：大家都吸？

李：都是男孩，女的很少。他們吸的是那種膠，是一顆一顆吃的。不是搖頭丸。泰國很多，叫麻藥，一粒一粒的，有白色的、粉紅色的。那時候泰國很流行，我們的同學，我中一的時候回去，就看同學，在新村，男的，就吃那個，在班上吸那個膠。也是毒品之一。學生普遍是這樣，警察也不管。那時候我們村子麻藥很多。

周：新村都是老兵的子弟，師長、團長，士兵的孩子有沒有差別？

李：沒有。就是那些有錢的，會看不起沒錢的。

周：現在年輕人出去都成家，買房，還願不願意回來？

李：都不願意，都是老人逼的。父母想要，小時候看不到父母的辛苦，長大儘量滿足父母的要求。

周：中國是你們老家，這是泰國。

李：我們沒有看到過中國。

周：你們還是把山上當做自己的老家。

李：對。對外面我們都講我們是中國人。我們不承認我們是泰國人。

周：這裡有個矛盾。人家問你是哪裡人，中國人，你家在哪兒，泰國。

李：我們說泰國雲南人。泰國給我們的證件上寫著，國籍泰國，另一欄寫著中國人。

周：這是戶籍本，爸爸媽媽寫中國人，你的是寫泰國人。

李：他們寫泰國籍後面加一個中國。讀書時填各種專科都會這麼寫。就是我的血統是中國。我們到那裡他們知道我們是中國人。給政府填寫什麼資料、找工作都要這麼寫。也可能是因為我爸爸媽媽是中國人，要寫。我們的小孩子可能就不寫了。

離家六十二年，孩子背我上長城

口述人：李小從 九十二歲

訪問地點：泰國清邁省差巴干縣龍窩區十保熱水塘新村養老院

訪問時間：二〇一四年十二月三日

周：你今年多大年紀了？

李：我九十二（歲）了。

周：你是什麼時候入伍的？

李：民國三十八年（一九四九）。

周：參加的那個部隊？

李：就是李彌將軍的（部隊）。

周：二十六軍？

李：對，二十六軍，李彌將軍了。

周：那就是在雲南就參加了。

李：後來到緬甸，受了很多苦了。緬甸是運輸大隊，馱炮、馱槍。在緬甸入伍，三十八年。後來又到泰國。

周：你老家是哪兒的？

李：我老家是鎮康。

周：你是怎麼去緬甸的？

李：大家都在緬甸呀。我十二歲父親就死了。大家都是中國人，就去了。大家一塊打共產黨嘛，現在共產（黨）國家大了。

周：你跟鄧（有照片在床頭）什麼時候結婚的？

李：在卡瓦山，大家都是中國人，我有八個小娃，在臺灣，在曼谷，都有證，打工了，有的進公司了，都有護照了。

周：你回過大陸沒有，回過鎮康沒有？

李：回過。

周：什麼時候？

李：前午回去的，還到過北京，（李拿出在北京拍的照片）這是天安門，這是我老婆，這是我三女兒、四女兒，這是我的三兒子。

周：這是在故宮裡照的，這是紫禁城。

李：紫禁城。這是曼谷了，我們有身分證了，入泰國（籍）了嘛，有身分證了。我老婆也有。

周：在鎮康還有沒有親屬？

李：多，不容易碰到，幾十年了，這是萬里長城。

周：你還去過萬里長城。

李：去過，我孩子背我，背我上長城，不簡單，中國變了，泰國也變了，（我是）中國軍人，又是泰國公民了，雙重國籍了。

周：所以，中國要回去看看。

李：看過了。長城我也走過了。臺灣有，曼谷也有，這是我女兒。

周：都不在，就老倆口在？

李：她不在，出去幫忙，做工。

周：你老婆還能做工？

李：能做，她小我二十歲呀，七十八了。

周：真不簡單。

從鎮康陸陸續續出來有幾萬人

口述人：羅仕達　七十歲

訪問地點：泰國清邁省差巴干縣龍窩區十保熱水塘新村羅仕達家

訪問時間：二〇一四年十二月十五日

羅：泰國政府地方官就是村委會。那我（們）是自治會，青年社、婦女會、學校的董事會。大家都很團結，互相配合，一個比較好的形象。那麼其他村委會有一點半點摩擦，我們這個村子沒有這個事，各方面大家比較配合，所以我們村子裡要辦什麼事情，人手都會配合。什麼人才我們都有。

周：這個村子有一萬多人口？

羅：有戶籍的一萬七、八。加上還沒有拿到泰國戶籍的，大概二萬多一點。我們這個村子接近泰國邊界，接近緬甸邊界，人口流動性比較大。

周：緬甸那邊來的多？

羅：對，不管怎麼說，緬甸那邊來的都是華人，我們都是炎黃子孫。

周：他們來也是打工，找工作？

羅：也是來打工，就在邊界住下。

周：昨天我們遇到一戶，還在這裡買了地。

羅：老實說，泰國邊界的這些華人村，都是李將軍、段將軍，兩位將軍帶著來，為泰國政府出兵，在接近泰國邊界，寮國邊界，幫助泰國把失去的土地收回來。那麼我們的人員也犧牲了不少，又到南部考克考亞那邊，又幫泰國。泰國政府打了八年，收不回來。我們這邊第三軍、第五軍派去的部隊，三個月就全部收回。那麼，得到泰國政府皇家的照顧，賜給我們土地，給我們定居下來。原本那個時候，華人村都沒有合法的居留權，打仗以後，泰國政府才給我們合法的居留權，給我們門牌

號碼。所以說我們現在是泰國的合法公民。大部分雲南過來的都是泰國合法的公民身分。

我呢，部隊下來以後，又去臺灣，過去了十九年。在臺灣住了十九年，臺灣形勢的各方面大概也了解一點。最主要是我母親九十六歲了，把我母親接到臺灣，她氣候不能適應，所以又回到這裡。我也有臺灣的國民身分。臺灣的軍事情報機構也有我們的資料。我是大陸出生，我家鄉是雲南鎮康，離開時我有七歲。剛要過年了，我剛才在上邊講，共產黨到我們的家鄉，受到迫害，把我家的牛、馬、騾全部拿光，糧食全部拿光，要用繩子來捆我母親。我母親就把我背著，我也沒有哭，沒有叫。迫不得已離開。那個時候叫我們地主、富農嘛。這樣的情形離開大陸，跟隨李將軍的部隊，我們一道出來。

結果出來了。臺灣國民黨又把我們丟在緬甸那邊，不聞不問。最後雖然有一點補濟，後一步就什麼也沒有。剛才我是有感而發。先一步是受共產黨的迫害，後一步是跟著國民黨。雲南電視臺也來訪問，前年來過，我也是講同樣的話。香港的電視新聞記者也來訪問過，我也是講同樣的話。

周：當時從鎮康出來的，就你們母子倆人？

羅：還有我父親。我父親，當時受到共產黨的武裝部隊（攻擊），家鄉的人，大家團結在一起，就組成部隊，跟著李將軍出來。我父親在第三軍是一個特別的戰將，是第八縱軍司令員。

周：你父親叫什麼名字？

羅：羅正華。

周：從家鄉跟著李將軍一起來。

羅：受到迫害以後，家鄉親親戚戚就組織起來，跟著部隊出來。

周：你估計鎮康出來多少人？

羅：陸陸續續有幾萬人。

周：（一九）五八年大躍進，還出來一些人。

羅：我們出來，那個時候在緬甸拉休一帶，我在中華中學畢業，畢業出來參加部隊，我是塘窩第一期軍官訓練團的。學習出來，就分配出來帶兵。

周：中華中學是誰辦的？

羅：我讀的是南洋課本。學校是由幾位參加中日戰爭的老軍人（辦的），我們的老校長現在還在，在臺灣高雄。今年是一百零二歲、三歲了。他姓姜，叫姜雲思，幾位高級老師，都是抗日戰爭時期的將軍。

周：二戰結束，他們沒有回大陸？

羅：他們也是國民黨的兵。拉休那時有個中山學校，是大陸支持的。中華中學是臺灣支持的。還有個華南學校，也是臺灣支持的。讀的課本都是南洋課本。

周：那個時候果敢地區跟大陸、跟臺灣是一種什麼關係？跟緬甸政府又是一種什麼關係？

羅：果敢全部是華人。它有自己的組織，它是緬甸的自衛人員。那個時候的果敢與緬甸政府，就像現在大陸與香港。

周：相對獨立，相對行政組織。

羅：對。

周：那行政區的領導都是華人。

羅：是楊家，楊振聲[47]，羅興漢。

周：先是楊振聲是行政區的負責人，後來是羅興漢。

羅：羅興漢是緬甸生長的華人的第二代。

周：你父親和李文煥是什麼時候出來的？

羅：一道出來的。我們出來以後，家屬、子弟就在緬甸停下來。當兵的就到江拉，總部在那裡，接受臺灣的軍訓。臺灣政府也派蔣經國來過[48]。蔣經國就是在江拉辦的軍事學校，需要物資臺灣也會送來。

羅：有機場。三、五軍設立的臨時機場。江拉那個地勢很平穩。

周：臨時機場離江邊不遠？

---

47 楊振聲，緬甸果敢地區楊氏土司家族最後一任世襲土司，一九五九年結束統治。

48 一九六一年十二月二十日蔣經國曾至泰北雲南人民反共志願軍總部視察。

周：主要是空投？

羅：實際江拉這個地方我也沒有到過。聽到講，看到一些記載而已。

周：你畢業，慢慢來到部隊。

羅：我一九六三年加入到部隊。

周：那個時候部隊裡文化人很缺的吧？

羅：也不少。我們畢業的那一次，正碰上緬甸政策改變，他的鈔票作廢，我們那一次出來的學生將近八百人。

周：那麼多。

羅：從緬甸出來的全部加入三軍的，五軍的，還有馬俊國的部隊，參加這幾個單位的將近八百人。全部是學生。單到我們三軍的有三百多。還有羅興漢的弟弟也來了。

周：果敢地區是不是羅興漢控制不住了？

羅：那時候是楊根生，不是控制不住。青年人的心，都是想跑到外國來，能夠有機會為國民黨服務。現在也不能講共產黨不好，也不能講國民黨不好，那個時候事實就是這樣。

周：歷史就是這樣。

羅：政黨上的問題，我們受害，不是個人的問題，是政黨的問題。我在易興中學給小娃講話，大家一定要記得，不管怎麼樣，我們中國人就是中國人。大家一定要記得，永遠我們是中國人。我們是炎黃子孫。我們的文化不能丟掉。現在我們的易興學校辦到高中。我們的學生一千六百多，這裡面有泰國人的子女將近四百。附近泰國人的子女來讀華文的有三百多。

周：中文，現在大家很熱烈的學習。

羅：所以，李將軍給我們的地，當時也花一定的錢買，當時辦泰文學校、中文學校。因為跟大陸沒有邦交，泰國政府就排斥中文，中文學校就變成泰文學校。那個時候就是對面張白鴻是會長，中文部的學生只能在這家的雞寮，那家的馬廄，這邊上一半，那邊上一半。不管怎麼樣，我們的想法就是我們的華文不能丟掉，由於張自鴻會長的熱心，想用這塊土地辦學校，也要讓小孩子讀書，改為補習班，能不能給你一點錢，把這個土地建一個補習班，我說好。你也是團體的高層，曾是我父

親司令部的主任，下來接任自治會會長。我說一毛錢我也不要。所以現在這個中文學校的土地是我捐出去的。時機轉變，泰國跟中國大陸有邦交了，這就不敢排斥中文，華文中學正式辦起來。

周：辦學的土地是你捐的。張會長說到當年辦補習班的情況。自治會做了很多事情。

羅：自治會的每一任會長是四年。我從臺灣回來以後，王會長退下來，叫我接這個會長。我到明年是八年，兩任期。

周：自治會是不是十三個難民村的基礎上建立的？

羅：自治會從團體裡面的軍屬，每個村子沒有泰國政府的警察、官員進來，完全是自治會來管理。那個時候政府警察、官員進來要事先通知，不敢隨便進來。哪一家都是機槍、大砲擺滿起。你要進來，要先通知，通知我，要問你們辦什麼、做什麼，我們准許你進來你就進來，不准許進來你就不能進來。他就不敢來。那個時候我們的勢力很強大。泰國政府準備派部隊剿我們，李將軍和段將軍都說歡迎，我們李將軍說沒有關係你來打。要把我們趕出泰國土地。李將軍說只要你的槍一響，不出一個禮拜，我一定要把清邁府拿掉。結果他們不敢來。最後只能坐下來和談，安撫，勸導。你看考克考亞，泰國政府打了八年，死了幾萬人，收不回來，我們這邊派部隊去，三個月全部收回來，交回泰國政府。那個時候泰國國務院是江薩[49]，他也是華裔。

周：他們好像還去過塘窩。

羅：對。

周：軍官團畢業你在哪個部隊？

羅：我就去八縱隊了，回我父親那邊。所以一直就是泰國緬甸，緬甸泰國，一直鬥爭。被跟在緬甸卡瓦山。和緬甸政府軍發生過很多次戰爭。

周：緬甸政府軍和我們是完全敵對的？

羅：敵對的。他們的直升機來轟炸我們，用機關槍掃，把直升機打掉兩架，兩次。所以緬甸政府軍那時也很脆弱，他們的武器沒有我們的好。我們的裝備全部是美國裝備。他們又不能走，又不能爬坡，每次都是吃了苦頭回去。

---

49 江薩·差瑪南，曾任泰國總理（一九七七）、武裝部隊最高司令。

周：泰國部隊有沒有跟我們打過？

羅：泰國部隊沒有跟我們打過。我們住在泰國領土上，上面有交代說，和睦相處，在不受他們的欺負之下，我們也不打他。

周：所以他們也不打我們？

羅：他們終究不敢打我們。我們出去到縣政府，都是別著手槍，你要不對，我就轟你。

周：三、五軍當時勢力大，清邁、清萊北部等於三、五軍控制了。

羅：完全控制。

周：寮共、泰共是個什麼說法？

羅：寮共是寮國人，在邊界慢慢占過來。泰共是南部，清萊那邊出去。一個山梁子，山那邊是寮國，山這邊就是泰國。把山攔起來，老百姓不能去種地，隨便埋著地雷。這邊老百姓一去種地就被他們打掉。這樣的情形。

周：三、五軍實際跟寮共打過，也跟泰共打過？

羅：對。帕當打的是寮共，那坡那邊打的是泰共。泰共那邊接近越南。是這樣的關係。

周：泰國的力量比寮共的是不是弱些？

羅：沒有。

周：都挺厲害？

羅：都厲害，你看不出來他是寮共，還是泰共。他那邊也是這樣，他沒有穿軍服，他都是老百姓。他們不打你的時候看不出來是軍人。

周：游擊戰術。

羅：他要打你就把槍拿出來。所以南部泰國政府打了八年。沒有辦法辨別他是軍人，還是老百姓。我們槍炮只要有煙火的地方就去了，有狗咬的地方我們的槍炮就去了，這樣子才把它收回來。

周：所以泰國政府不行，打不過。

羅：泰國政府死好幾萬人。我這邊包括三軍、五軍死傷了二百多人。戰場上就死了幾十個人。

周：沈師長就是坐飛機墜毀了，他指揮和寮共作戰。

羅：對。

周：墜毀是在新村附近？

羅：在清萊。在帕當下來，清萊那個機場，先讓民航飛機起飛，兩架直升機轉來轉去，不小心兩架撞到了。隨後帕當，還有南部的指揮官就是陳茂修。

周：很多人談到他，他原是師的參謀長。

羅：對。

周：這個人已過世了？

羅：在清萊過世了。

周：大家對他評價還可以？

羅：很不錯，很好。

周：五軍那邊跟三軍比較，好像這邊人多。

羅：這邊多。

周：段希文也去世在泰國了。

羅：他的墓也是在美斯樂。李將軍的墓在上邊。

周：二次返臺以後，國民黨也不管了。

羅：怎麼管。（一九）六三年受訓的時候，畢業以後派出去，臺灣政府來招安，把李將軍、段將軍招回臺灣。老蔣說，人生七十剛開始，你們多大。他們兩個那時五十多歲，叫他們在臺灣接受軍訓。他們說我們是指揮官，叫我們接受軍訓。他們就不理老蔣，自己坐飛機回來了。所以這樣的情形，你要臺灣的補給，先要接受軍訓，我們先派部隊去，代替你們的管理。這樣的安排，這兩個人哪可能接受，當然不接受。兩個回來後說，國民黨、臺灣政府失去信心，失去向心力。回來後，在孟洋山要圍剿馬俊國。馬俊國的核心大陸工作團。馬俊國的部隊和我們部隊，官兵有些摩擦。所以，李將軍命令，包圍起來，圍剿，雞犬不留。最後還是讓中層幹部，元麟縱隊

的司令馬老田和我父親勸軍長，說中國人不要殺中國人，勸下來了。那次沒有這兩個人的勸導，馬俊國就會被消滅掉。

周：馬俊國的部隊後來怎樣了？

羅：慢慢解散了，最後到寮國邊界這邊，　部分撤臺了，人部分仕張啟福這邊。

周：撤臺包括馬俊國的部隊？

羅：對。

周：撤臺一共有兩次？

羅：他們是最後一期了。臺灣把泰國方面的大陸工作團撤回臺灣去了。

周：這個大陸工作團，據說也差點和三軍打起來？

羅：就是那次。如果一打，五軍那邊就會同時發動。

周：返臺指的那部分，三、五軍沒有？

羅：沒有。我們三軍就是江拉那次有些，以後沒有。

周：據說第一次返臺，臺灣經濟不大好，加上老將統治比較專制，跑回來的也有。

羅：有。因為什麼，老蔣、國民黨，看歷史記載，在中國大陸的時候，他就是不相信我們雲南人，他對我們雲南人有防備心理。

周：曾澤生[50]就是嗎？

羅：對呀。老蔣對雲南人防範心很重，疑心重，這樣子。你看多少人撤去臺灣，大陸出來的雲南人，在臺灣只有兩個少將而已。

周：曾澤生是遠征軍的精銳，雲南部隊派去東北，最後沒辦法起義了，跟了共產黨。那天他們講了一個故事，說共產黨的政策，你可以參加，也可以回家，這個老兵生生的從東北回到雲南，又過緬甸，參加了三軍。說這個人還在新村住過。

羅：哪一個，叫什麼？

50　曾澤生，雲南講武堂畢業，曾任國民黨六十軍軍長，一九四八年十月參加中國人民解放軍，曾任五十軍軍長。

周：岳生存講的，說是九十多歲，現在去世了，叫什麼，他沒說。說這個人是曾澤生部隊的，還參加過抗戰，打過日本人。當年曾澤生的部隊就是打日本人出的名。被老蔣調到東北前線。還有人說，當年遠征軍一些老兵，流落在了果敢，後來參加了三軍，跟著上來了。

羅：有。

周：其中還有一個山東人。我沒弄明白，現在說遠征軍抗戰是很大的功臣了，他們卻留在了緬甸，沒有回大陸，奇怪。

羅：不曉得，這可能是個人的選擇。

周：還有一個老兵說，他在果敢高中畢業，他的分數可以到臺灣上大學。還說到一個女的，是北京人，叫夏瑩，在仰光辦了一個高中，他就是這所學校畢業，他的學分可以直接保送到臺灣大學。他沒有去，直接來當兵了。當時真有些人物、人才。

羅：第一期來塘窩受訓的時候，教員就有抗戰時期的老兵。

周：三百多中、小學生。

羅：這邊有個姓侯的參謀長，是黃埔軍校出來的。

周：對，說到這個人，還有一個雲南講武堂出來的。人才很多。

羅：那個時候，人才還是很多的，大家都是為了華人的生存，一定要把這個部隊維持下來，主要是緬甸的欺負，泰國政府的欺壓。

周：據說五十年代初，你父親那批上來的時候，有一千多家屬一直跟著這個部隊過來，不是李文煥後來接上來的那些。

羅：對。我們三軍、五軍從緬甸完全撤下來，家屬主要官兵的家屬，還有一部分是老百姓，接來很多。所以現在有這些華人村。

周：有一種說法，泰北的華人村有九十多個。

羅：對，九十多個。

周：人口，你估計有多少？

羅：包括清邁、清萊很多省，我只能大概估計。

周：有人說三十多萬，這個數字可靠不可靠？

羅：應該說差別不大。

周：還有開放以後來的。

羅：現在像我們這些華人村，很多。我一直跟大家講，很多華人村的華人，他的第二代、第三代就會變成不懂華語。今午清邁中國總領事來的時候，我跟他聊天也談到這個問題，希望我們中國大陸能在各大城市裡面辦華文學校。現在不是講華文大學。

周：聽說有個華僑大學。新寨華校的校長，姓熊，四十多歲，他的孩子就在華僑大學讀書。你估計一下這個前途，三十萬人中除了老一代，第二、第三代都入了泰籍，從法律上是泰國人了。

羅：心裡實實在在我們都是華人。我們都是炎黃子孫。

周：這個將來有處理上的問題。

羅：像我家的小孩子，我女兒的小孩子，就在家裡堅持講華語，在外邊講泰語。

周：塘窩的李鎮偉說他兩個哥哥的孩子，一句華語也不會。

羅：這邊過去的黃果園村，他們辦了一個教師聯誼會，他們的教材用的都是中國大陸的。但去年改過來了。為什麼改過來，黃果園的村長、校長、董事長經常和我們一起聊天，他們都改用臺灣版，中國大陸的教材承擔不了，一個是買的費用，第二是運費承擔不了。

周：太貴了？

羅：那麼臺灣的教材是免費的，只要有一點運費就好了。現在我們又要求臺灣的教材不在臺灣印，全部拿到曼谷來印。所以大陸的教材和臺灣的教材，學生家長的負擔差別很大。黃果園學校到海關報的費用，一車教材的運費要泰國錢四百多塊。

周：那麼貴。

羅：那麼一個小學生，那麼多的課本，家長就承擔不了。所以沒辦法，改用臺灣課本。臺灣課本在曼谷印了，一申請就給了，自己去拿，花一點運費就好了，曼谷運到這裡。中國大陸運到這兒，運費多，每一本又要花錢買。中國政府也不說，既然要普及華文，說教材給你們，你們花一點運費，那麼我們這裡呢，學校也來談過好幾次，易興學校也改成大陸的教材。大家心裡都在做一個參考，做一個評估。

我們學校既沒有泰國政府的支持，也沒有中國大陸的支持，也沒有臺灣政府的支持，都是學生家長自力更生。

周：華校的校長都是義工，連工資都沒有。

羅：對呀。要改用大陸教材，學生家長承擔不起。中國大陸也應該替華人想一想，你的規定當然有你的需要，但我們這邊承擔不起。中國大陸給我們的老師，這個問題也談一下，中國大陸要派教師來，有個困難在裡面，他派來的教師，一批來三個月，後來又改為六個月，六個月一定調回去。

周：時間太短。

羅：時間太短。這一批調回去，下一批調來，銜接不上。就是因為這個問題，我這裡完全不接受。大陸來的老師完全不接受。沒辦法接受。有幾個後期來的，學士學歷，也在易興中學教書，也有臺灣高級的教師，這邊氣候好，在這邊養老嘛。在這邊服務，大陸有幾個，臺灣有幾個。易興全部有四十四位老師。

中國大陸要普及華文教育，政策就要放寬一點，給大家方便一點，華人能夠承擔的範圍之內，來處理學校的這個事情。這個比較恰當。連黃果園的老百姓都說，一點課本那麼貴，中國大陸狗屁呀，那麼貴的課本我們那裡承擔得了。你中國強大，那麼有錢，發展得那麼快，對我們華人一點幫忙都沒有。老兵、老百姓都在講中國大陸，一本教材要花四百多塊錢。

周：大陸中、小學是義務教育，不掏錢的。你們自治會和雲南會館什麼關係？

羅：我們是一起的。

周：雲南會館算不算是總的機構？

羅：雲南會館召集活動、開會，但他的資金有限，他也不能幫忙到各個華人村。各個華人村要自力更生。

周：沒有上下級關係？

羅：沒有。

周：經濟上更沒有關係了？

羅：所以，曼谷總會館，清邁會館，每次開會，每次選舉，各個華人村會長、校長各有一票，到現在只保留會長一票，校長沒有投票權。大家對雲南會館開會，

我是軍人，講什麼話我是不怕，只要合情合理我就講，臺灣來的在塘窩開會，我也是講，我不怕你。我今天生活在泰國，心有什麼不平我就講。臺灣什麼狀況你清楚。塘窩的忠烈祠，我說你們不要去臺灣求了，為什麼，國民黨在國會上沒有那個實力，還有民進黨、新黨。你國民黨要是給錢，拿到國外做什麼，你要經過其他黨派的認同，簽字，才可以拿錢，你國民黨沒有那個權力嘛。

周：跟過去不一樣了。

羅：我說不要去求臺灣。你白白花那個機票錢，沒有用。最好自力更生，自己能做多少，就做多少，比較實在。

周：對。救總還是做了些事情。

羅：有些事確實不錯。像我們這裡的養老院，救總說丟了就丟了，什麼也不管。還好有這個慈濟單位，照顧這些老人。這些老人也慢慢凋謝了。現在只有一、二十個人，包括裡面住的幾個人。

周：九個。外面七個。一共還有十六個。現在吃都吃不飽，每人只給一百塊錢生活費。沒人管了。

羅：很可憐。

周：一去世，就結束了。你老母親還在，今年多大了？

羅：九十四（歲）了。

周：你今年多大？

羅：屬雞，今年滿七十歲。

周：你也入籍了？

羅：入了，有臺灣身分，臺灣戶籍，泰國身分，泰國戶籍。我還有緬甸國民身分，讀書時有的。

周：你有幾個孩子？

羅：四個，女兒結婚了，有了孩子，兒子還沒有結婚，三十多了，一直在拖。

周：四代同堂，還挺多的。

羅：他們都住在曼谷，我和我老婆在這兒照顧母親。

周：你老婆也是華人？

羅：她是緬甸的華人，第三代華人。

訪問者索引

（按訪問時間順序）

鄧聰美　泰國清邁省差巴干縣龍窩區六保塘窩村　華僑

李橋林　泰國清邁省差巴干縣龍窩區六保塘窩村　華僑

李學壕　泰國清邁省差巴干縣龍窩區六保塘窩村　泰籍華人

馮宛貞　泰國清邁省差巴干縣龍窩區六保塘窩村　泰籍華人

李英惠　泰國清邁省差巴干縣龍窩區六保塘窩村　泰籍華人

岳生存　泰國清邁省差巴干縣龍窩區十保熱水塘新村　泰籍華人

朱成亮　泰國清邁省差巴干縣龍窩區十保熱水塘新村　泰籍華人

張白鴻　泰國清邁省差巴干縣龍窩區十保熱水塘新村　華僑

查金旺　泰國清邁省差巴干縣龍窩區十保熱水塘新村　未詳

李朝相　泰國清邁省差巴干縣龍窩區十保熱水塘新村　未詳

李小從　泰國清邁省差巴干縣龍窩區十保熱水塘新村　泰籍華人

小四　泰國清邁省差巴干縣龍窩區六保塘窩村　華僑

茶石花　泰國清邁省差巴干縣龍窩區六保塘窩村　泰籍華人

查小雲　泰國清邁省差巴干縣龍窩區六保塘窩村　華僑

羅小知　泰國清邁省差巴干縣龍窩區六保塘窩村　未詳

蔣淑琨　泰國清邁省差巴干縣龍窩區六保塘窩村　未詳

李健園　泰國清邁省差巴干縣龍窩區六保塘窩村　泰籍華人

何紹芳　泰國清邁省清佬縣猛納區十保大谷地村　未詳

趙金菊　泰國清邁省清佬縣猛納區十保大谷地村　未詳

長麗芳　泰國清邁省清佬縣猛納區十保大谷地村　華僑

那絲　泰國清邁省差巴干縣龍窩區六保塘窩村　未詳

楊金花　泰國清邁省差巴干縣龍窩區六保新寨村　難民（證）

張有興　泰國清邁省差巴干縣龍窩區六保華亮村　泰籍華人

字光明　泰國清邁省差巴干縣龍窩區六保華亮村　難民（證）

蔡國安　泰國清邁省差巴干縣龍窩區六保塘窩村　泰籍華人

李菊娣　泰國清邁省差巴干縣龍窩區六保新寨村　華僑

吳廷升　泰國清邁省差巴干縣龍窩區六保新寨村　泰籍華人

何長振　泰國清邁省差巴干縣龍窩區六保華亮村　泰籍華人

鄒生雲　泰國清邁省差巴干縣龍窩區六保塘窩村　泰籍華人

鄒生榮　泰國清邁省差巴干縣龍窩區六保塘窩村　泰籍華人

王國相　泰國清邁省清佬縣猛納區十保大谷地村　華僑

徐世洲　泰國清邁省清佬縣猛納區十保大谷地村　難民（證）

高學廉　泰國清邁省清佬縣猛納區十保大谷地村　泰籍華人

李雙林　泰國清邁省清佬縣猛納區十保大谷地村　華僑

蔣順有　泰國清邁省清佬縣猛納區十保大谷地村　未詳

李學義　泰國清邁省清佬縣猛納區十保大谷地村　華僑

李正義　泰國清邁省清佬縣猛納區十保大谷地村　未詳

李老旺　泰國清邁省清佬縣猛納區十保大谷地村　華僑

林金良　泰國清邁省清佬縣猛納區十保大谷地村　華僑

李春華　泰國清邁省清佬縣猛納區十保大谷地村　華僑

杜美蘭　泰國清邁省清佬縣猛納區十保大谷地村　華僑

鄒明富　泰國清邁省差巴干縣龍窩區十保熱水塘新村　華僑

羅淑英　泰國清邁省差巴干縣龍窩區十保熱水塘新村　華僑

高學文　泰國清邁省差巴干縣龍窩區十保熱水塘新村　華僑

何橋貴　泰國清邁省差巴干縣龍窩區十保熱水塘新村　華僑

鄒亞新　泰國清邁省差巴干縣龍窩區十保熱水塘新村　難民（證）

何自堯　泰國清邁省差巴干縣龍窩區六保新寨村　泰籍華人

于七　泰國清邁省差巴丁縣龍窩區六保新寨村　難民（證）

熊文強　泰國清邁省差巴干縣龍窩區六保新寨村　未詳

楊小昌　泰國清邁省差巴干縣龍窩區六保新寨村　華僑

李鎮偉　泰國清邁省差巴干縣龍窩區六保塘窩村　泰籍華人

蔡鳳才　泰國清邁省差巴干縣龍窩區六保塘窩村　華僑

艾琴　泰國清邁省差巴干縣龍窩區六保塘窩村　難民（證）

曹芒貴　泰國清邁省差巴干縣龍窩區六保塘窩村　泰籍華人

羅新文　泰國清邁省差巴干縣龍窩區六保塘窩村　泰籍華人

長安富　泰國清邁省差巴干縣龍窩區六保塘窩村　泰籍華人

張鎮華　泰國清邁省差巴干縣龍窩區十保熱水塘新村　未詳

楊金鳳　泰國清邁省差巴干縣龍窩區十保熱水塘新村　未詳

羅有壽　泰國清邁省差巴干縣龍窩區十保熱水塘新村　華僑

馬四　泰國清邁省差巴干縣龍窩區十保熱水塘新村　泰籍華人

翟玉安　泰國清邁省差巴干縣龍窩區十保熱水塘新村　未詳

許慶潮　泰國清邁省差巴干縣龍窩區十保熱水塘新村　華僑

馬培成　泰國清邁省差巴干縣龍窩區十保熱水塘新村　華僑

周學貴　泰國清邁省差巴干縣龍窩區十保熱水塘新村　未詳

羅仕達　泰國清邁省差巴干縣龍窩區十保熱水塘新村　泰籍華人

翟從柱　泰國清邁省差巴干縣龍窩區十保熱水塘新村　泰籍華人

楊國清　泰國清邁省差巴干縣龍窩區十保熱水塘新村　未詳

楊意英　泰國清邁省差巴干縣龍窩區十保熱水塘新村　泰籍華人

魯金相　泰國清邁差巴干縣龍窩區十保熱水塘新村　泰籍華人

李仙香　泰國清邁省差巴干縣龍窩區六保塘窩村　泰籍華人

命運的經驗細節——讀泰北訪談記錄札記

二〇一四年十二月一日至二十四日間，訪問泰國清邁府差巴干縣龍窩區六保塘窩村、熱水塘新村、華亮村、新寨村，清佬縣猛納區十保大谷地村的七十位村民，其中女性村民二十位。

在訪問的村民中，曾參加中華民國政府軍的有四十一位，其中女性二位。年齡最長者為九十二歲，最小者為四十九歲。軍人家屬（配偶者）十七人。軍人後代九人。平民三人。少數民族二人。在身分分類中有重疊者，如軍人中有家屬者、有後代者、有少數民族者，再如軍人家屬中有軍人後代者，不單獨另分。

一個人的命運與另一個人的命運比較，既使發生在同一時間同一地點的經驗也是不同的，換句話說，每個人的命運經驗都是獨有的，有可能重複的敘述只能是形而上的感悟，而非實際發生的經驗細節。在處理口述回憶材料的方法選擇時，我認同「歷史不是科學」的研究，我使用「經驗細節」這一說法，試圖告訴有興趣的讀者，沒有經驗細節就不可能出現所謂人生感悟一類的箴言。歷史的存在也是如此，經驗細節塑造歷史，相反以邏輯加主義的實證歷史是不可靠的。只能讓我們陷入迷途。

米塞斯在回憶他研究經濟學時，在談到他採用的認識論方法時，對經驗的認知他提出五個疑問：「人們不遺餘力地質疑先天觀念，究竟又能得到什麼？對此我們毫無頭緒。即使我們假定經驗引導我們領會了手段和目的的範疇，問題仍然懸而未決：我們身上究竟是什麼使得經驗本身成為可能，而且在此經驗之中，一個稍有不同的結果似乎就是全然荒誕不經的？如果我們不能誇口知道其他經驗可能導致的其他結果，那麼，宣稱我們乃是透過經驗獲得此一知識，又有什麼意義呢？如果我說經驗顯示 A 是紅色的，那麼，設想我們的心智本來可能認知其他結果，這是可以的。但是若說經驗曾經引導我們明白否定的範疇或者手段和目的的範疇，又當如何？這是毫無意義的；其他經驗豈能教給我們什麼不同的東西呢？」

那麼，歷史既然不是科學，就不需要，或者也不可能推導出什麼「原理」、「規律」之類表述的內容。從所有被訪者的敘述中，我們能讀到的幾乎是清一色的經驗細節。這些經驗能告訴你什麼，你從這些經驗中能得到什麼，決定的恰恰又是你的經驗。最有可能獲得的是經驗知識。這就足夠了。

▌泰北中國難民

「泰北中國難民」概念的定義，不是一次突發事件的後果，而是一連串的事件後果產生的；也不是一個短時間內發生的，而是在長達三十餘年逐步形成的；也不是出現在一村一鄉一縣地域，而是出現在中國雲南省二洲三市十餘縣地域；也不是單一身分的群體，而是以漢族為主的多民族群體，有軍人、農民、學生等；從中國出走的難民最終獲得泰國政府承認難民身分，是經過血的代價才取得。

一九五〇年前後，至今六十餘年，從中國出走的軍人、農民、學生等，定居在清邁、清萊兩府泰北山區的華人村有九十二個，人口約三十萬。（李健園、朱成亮）

引發難民從中國出走的一連串事件：

一九四五年八月十日，日本政府發出乞降照會。兩個月後，國共兩黨簽署「雙十協定」，再三個月後，簽署「停止國內衝突的命令」。談判桌下，毛澤東和蔣介石都「準備對付內戰」。兩黨相爭不讓，兩份協議不過一紙空文，終擋不住爭奪政權的戰火。這場戰爭持續四年有餘，中共獲勝，一九四九年十月一日中共宣布中國政府的執政者由共產黨取代了國民黨。同年十二月九日，原民國政府雲南省主席盧漢宣布脫離國民黨政府，服從新政府的領導。隨後，雲南境內國共雙方軍隊爭戰的結果與全中國一樣，不同的是在交戰中，毛澤東在十二月二十四日、二十九日電告部隊防止李彌、余程萬的國軍入越、入緬的指示，未全部實現。一九五〇年一月二十日余程萬的部隊進入越南，二十五日被法軍繳械，後被遣返。二月十九日、二十四日李彌的部隊進入緬甸。由此，日後成為泰北中國難民定義的源頭之一。

進入緬甸的國軍殘部，在與緬甸政府軍的對峙中暫得自存。遷至臺灣島的民國政府原想作壁上觀，任其自生自滅。蔣介石執意延續國共之爭的初衷，派李彌赴緬指揮舊部，投送給養，以圖反共事業再展。蔣介石經營這股力量十餘年，反共事業僅停留在騷擾雲南邊境的狀況，事功乏善可陳。共軍也沒有忘記他們的存在，一九六〇年十一月過境緬甸，對「雲南人民反共志願軍」總部江拉等占據點發動打擊。雙方的敵對狀況由中國國內引至緬甸。形勢差強人意，蔣介石不得不先後兩次（一九五三年十一月至十二月，一九六一年三月至四月）將部隊撤回臺灣。以雲南籍士兵為主的三軍、五軍藉故未執行蔣介石的命令。民國政府斷了他們的給養。兩軍人員由緬北轉至泰緬邊界活動，再轉入泰國清邁、清萊兩府北部山區。這是泰北中國難民定義的源頭之二。

一九四六年五月四日，中共中央發布在根據地開展土地制度改革運動的指示。晉綏行署率先推行，運動中出現亂打亂殺、人口外流的所謂「暴力土改」情形。隨著內戰形勢的變化，由晉綏組成的幹部工作團，先後北上東三省，南下雲、貴、川，負責接管地方政權，成立新政府。暴力土改的做法也就隨著北上、南下的幹部遍地開花。雲南土改自會出現暴力土改的做法，土改前對地主、富農財產的清算，對地、富的亂打亂殺，使雲南南部地區出現新政權下的第一次人口外流，出走人員目的地的選擇首先是就近的緬北。除去土改造成的人口外流，還有一個原因，李彌在一九五〇年四月至緬甸重組國軍殘部時，以接任盧漢為雲南省主席的名義，成立雲南反共救國軍，指令雲南南部尚存的各種地方武裝過境集中，這部分地方武裝人員成為後成立的三軍、五軍的主體。地方武裝人員的親友同時尾隨過境，親友的出走一直持續到六十年代末。更大規模的農村人口外流是發生在一九五八年，雲南南部地區外流人口達數萬人。總之，新政權推行的合作化運動、大躍進運動、文化大革命運動等在激進狀況下都會引發人員出走的現象。這是泰北中國難民定義的源頭之三。

無論是第一次撤臺前的雲南反共救國軍，還是第二次撤臺前的雲南人民反共志願軍，十餘年間形成了一些緬北實際控制區，使得從雲南出走的大量農民與國軍殘部合流。合流的背景是軍、民雙方互有需求，軍方需要擴充兵源，過境的農民需要「討生活」。自願或被迫入伍當兵成為一種選擇。控制區的存在，自然產生了政治、軍事、經濟、文化、教育、商業諸元素的綜合作用。（一九）六〇年始，緬北的控制區模式移植泰北山區，隨著內外環境的演化，諸元素的內容形式發生著適應的變化，後被稱為難民村、華人村的難民居住村落，延續至今。這是泰北中國難民定義的源頭之四。

在緬北地區，一九五〇年代以前在雲南、廣東、江西等省流入的一代、二代、三代華人，面對國軍入緬，建立控制區的事實，出現一種生活選擇的機遇，紛紛以各種方式進入這種華人的「社區」。這是泰北中國難民定義的源頭之五。

一九六〇年代，三軍、五軍在清邁、清萊兩府陸續建立軍事控制區，為了軍事、生活的需要，同時逐步具備了一些條件，三軍從一九七〇年代初，分批將緬甸的家屬、親友遷往軍事控制區，並擴展出一些居民村，人數達數千人。在這些村落形成的過程，從緬甸又有從中國出走的難民陸續進入，據臺灣救總的估算，在一九七〇年代人口已達六萬人左右，難民村分布在清邁、清萊、夜豐頌、帕堯、南府五府。

在泰北建立難民村的同時，三軍並沒有放棄緬北的一些控制區，繼續從那裡補充兵源，及隨兵來的家人。這是泰北中國難民定義的源頭之六。

　　一九七〇年一月九日泰國軍事訪問團成員與臺方代表就三軍、五軍人員處置問題談判時，民國政府軍參謀長提出，他們對段、李無拘束力，段、李不服從，不能強制就範。意思很明確，由泰方自行處理。

　　泰國政府還就同一問題派代表到北京與北京政府商談，北京政府不承認中國有難民流出，希望泰國政府按華僑身分安置。（羅仕達）

　　同年二月三日，泰軍總參謀長會見段、李兩人，告知臺灣的態度。段、李表示「願意以難民身分居留泰國」。十月六日，泰國國務院會議通過的「遷徙難民計劃」，批准「國民黨中國軍隊難民」以難民身分繼續留居在泰國，大部分居住在目前的原駐地。

　　至此，經過近二十年，泰北中國難民身分正式得到合法地位。

　　承認難民身分不是無條件的，換取難民大部分居住在原駐地的條件在「遷徙難民計劃」中明確規定，居住在清邁府芳縣的三軍壯年者三百至五百人，遷往清萊府的萊帕孟山，居住在清萊府美占縣的五軍壯年者兩百至三百人，遷往清萊府的萊隆山。為什麼，替泰國政府與泰共武裝作戰。這場戰爭持續到一九七九年六月，三、五軍才逐步掃平、肅清清萊地區的泰共武裝。

　　有了難民的合法地位，一九七八年始逐步進入加入泰國籍程序，申請華僑身分程序，或仍保留難民身分。這些就是口述者講的難民紙、隨身紙、公民紙。

▌難民武裝團體

　　關於泰國中國難民的定義，仍需要釐清的問題，是上節涉及到的人員，哪些人員不是難民，哪些人員是難民，哪些是由軍人轉換為難民。

　　因中國內戰進入緬、泰的國軍，仍在編或新編入民國政府軍制的，受命民國政府指令行動的，接受民國政府給養的，這些人員不是難民。這些軍人，包括從中國境內入緬、入泰的，從臺灣政府派來的，從緬、泰當地招募的，正式列編的。這些軍人的去向，除個別遺漏者，基本撤回臺灣。

　　因中國內戰、土改、大躍進、文革等運動引起的波動，導致出走，進入緬、泰的農民，或其他身分的非軍事人員，應為難民。截止救總一九七〇年的人口估算，這部分人口占九〇％以上。

　　因臺灣政府斷其給養，放棄指揮，原授予番號的國軍人員，儘管這部分軍人的領導人繼續使用原國軍的名義，但他們的行為與臺灣政府已無任何關係，實際成為難民。這部分人口占不到一〇％。是帶武裝的難民。這部分人對泰北中國難民團體的形成和走向起了很大作用。

　　臺灣政府斷其給養，放棄指揮的部隊指三軍、五軍。據臺灣政府外交部檔案，一九五一年五～八月間，三軍的前身為雲南反共救國軍第八縱隊，主官為李文煥，人數一千一百人，包括兩個支隊，一九五二年七月改為第一四八縱隊，人數一千一百五十人，一九五三年十二月統計表為九百八十六人，一九六〇年五～十一月改為雲南人民反共志願軍三軍，下屬十二至十四二個師，三十四至四十二，九個團，人數為兩千兩百七十八人。五軍的前身為雲南反共救國軍第二十路，一九五二年七月，主官段希文，人數為四十人，一九五三年十二月改為第三十路司令部，人數為一百三十五人，一九六〇年五～十一月改為雲南人民反共志願軍五軍，下屬十五至二十，六個師，四十三至五十九，十五個團（缺五十一、五十七團番號），人數為兩千四百八十七人。

　　還有一組數字，是覃怡輝根據其它來源記載，一九五九年十一月，三軍是兩千兩百人，五軍是兩千九百九十九人；一九六〇年十月，五軍是三千零二十四人；一九六一年三月，三軍是兩千一百三十七人，五軍是兩千五百七十八人；一九六三年三月二十八日，三軍是一千五百二十八人，五軍是兩千四百六十五人。另據覃怡輝推算，一九七八年八月始啟動軍人入籍程序至一九八三年最後一批入籍結束，兩軍的人數各自為兩千人。

　　民國政府停止給養供應半年後，一九六一年十月十六日，泰國軍隊副參謀長他威對民國政府駐泰大使杭金武說，有兩千游擊隊（指五軍）在泰，生活甚苦，日食一餐，衣不蔽體。段希文四處借貸無門，請求民國政府國防部和外交部給予援助，兩部門答覆「撤退工作已經結束，關係早已結束，不再過問」。三軍的日子也好不了那裡去，為吃口飯，甚至一些散兵進山為匪，搶到什麼吃什麼。（張自鴻）

　　泰北的中國難民村不同於泰國境內的其他難民區。如筆者曾經到過的達府湄索緬甸克倫族人難民區。這個與中國難民村同期存在的難民區，不僅是泰國政府承認的合法的難民居住區，並得到國際社會美、加等一些國家的人道主義援助，還選派資助一些孩子去兩國讀書、就業等。兩個難民區的不同處置與國際冷戰時代相關國家的政治取向相關，克倫族武裝是反對緬甸軍政府的主要力量之一，美國透過泰國對其支持，自會對難民也採取援助的政策。柬埔寨、寮國難民區也如是。在沒有任何救援的條件，又身處泰北山區，自然資源匱乏的環境下，中國難民的生存狀況極其艱辛。

　　泰國政府的軍人政權，在上世紀五十、六十、七十年代執行的治國方針，首先是反對、打擊共產主義在國內的力量，其次對華人採取限制對策，並禁止華文教育。緬甸政府在五十年代就與中國建立外交關係，立場明確站在中國一邊。泰國政府在七十年代中期以前，一直與臺灣政府保持外交關係。這樣的背景使泰國政府對待泰北中國難民時不易做出清晰的決策，走了一條由限制到利用，再到承認合法地位，再進入行政管理的路線。這條路線是由泰國國內形勢和國際形勢變化形成的，它直接影響到中國難民的生存狀態。

　　六十年代初，至七十年代初，既是泰北中國難民居住區形成的時段，也是難民生存最艱難的時段。三、五軍接受泰國軍方的提議，替他們與泰共武裝作戰，從一九七〇年十二月三十日起，三、五軍的經費預算由泰國政府編造提供，每個軍人每月十二銖，兩軍每月各得二十五萬銖，一直持續到一九八六年。一九八七年繼續給予救濟，金額不等。雖然泰國提供的經費遠遠高於民國政府六十年代前提供的，甚至在前線對參戰的士兵另有獎勵（魯金相），但對軍屬及平民沒有絲毫的救濟。

　　三、五軍脫離民國政府後，不僅繼續保留國軍的名義，仍採用軍隊的建制、管理等一切內容，同時還在繼續招募新兵。有些新兵經過培訓，被輸送到與泰共作戰的前線。被泰國政府稱為「國民黨中國軍人難民」保持武裝的意義，至少有九個方面的效應：

　　一、在與緬政府軍敵對的狀態下，繼續保持緬北實際控制區；

　　二、滿足鴉片生意的需要；

　　三、保持泰方可能進入泰北難民村的軍事屏障；

　　四、以反共產主義的主張形成難民凝聚力；

五、難民不受泰國政府法律約束，自行選擇生產自救；

六、由軍隊提供資源（校舍、老師、教材），開展下一代教育；

七、給日後（一九八二年）臺灣政府啟動對難民的救濟提供了理由；

八、泰國政府批准難民入籍計劃是建立在三、五軍人員付出血與汗打仗有功的前提下；

九、軍隊首派難民村自治會會長，負責領導維持難民村秩序，為民選自治會領導打下基礎。

在泰北形成帶武裝的中國難民團體，是歷史存在各種因素偶然形成的。從上世紀六十年代至今，多數文獻過度詮釋難民與軍事關係的事實，依然停留在意識形態環境下的解讀，或者是忽略多數難民的存在，只關注武裝人員的行為，卻背離了中國難民存在的這一基本事實。

▌難民生存與鴉片

毋庸諱言，從訪談記錄中可以讀到，難民中凡中年以上者幾乎都能與毒品扯上關係，有的種過洋煙，有的加工過鴉片，有的運過鴉片，有的抽過鴉片，在難民團體中與鴉片沒有瓜葛的恐怕只有孩子了。正因如此，這也成為被外界媒體詬病的焦點。如何詮釋中國難民與鴉片的關係，也不是可有可無的問題。

英國政府發動三次戰爭，用了六十一年時間，於一八八五年實現了吞併緬甸的目的，直到一九四八年一月緬甸獨立，在這六十三年的殖民統治給緬甸留下很多至今抹不去的汗痕，其中之一就是鴉片。由於緬甸具有種植罌粟的良好環境，英國壟斷公司就把緬北，包括清朝雲南南部作為種植罌粟的基地。鴉片的收購價格高於其它作物，使得當地農民選擇了罌粟，放棄了其它糧食作物，同時鴉片可以充當政府稅收，不必付現金，也給手中根本沒有現金的農民減少一些壓力。由政府保護的合法的鴉片貿易無疑始於英國政府，而最大的獲利者是英國政府的壟斷公司，及寄生的商人，農民只為多吃一口飯，卻成為種植罌粟的最大群體。獨立後的緬甸政府在種植、加工、銷售鴉片的政策上並未結束殖民者的做法，依其存在。

因其鴉片的效用價值，李彌到緬甸後，立即與鴉片商人馬守一找到契合點，馬守一向李彌提供財力、人力、畜力的支持，李彌回贈馬守一武裝、番號。國軍殘部

一入緬就充分利用鴉片貿易獲得好處。幾年後的柳元麟，乾脆把民國政府每月發的軍費直接匯給在美國的兒子，部隊支出全賴經營鴉片生意的收入。士兵的軍餉少得可憐，鴉片貿易的大部收入全部轉入李彌、柳元麟等高級軍官的私囊。參與分肥的還有緬甸政府軍隊、泰國政府軍隊的高官。剔除所謂不值一提的「戰績」，這簡直就是一支鴉片部隊。

到了三、五軍獨自生存的時期，李文煥同樣和鴉片商人聯營，所控軍事人員為鴉片貿易服務，收入所得，除去購買武器裝備，向軍人家屬提供裹腹的稻米。大部成為李文煥的私人收入。為了爭奪鴉片，一九六七年六月，三、五軍曾發動一次最大規模的戰爭，對手就是另一支以坤沙為首領的軍閥武裝，雙方共投入兵力兩千一百人，泰國軍方還出動了飛機、坦克船，雙方陣亡人員共兩百一十七名，負傷三百七十四人。這場所謂被媒體稱為「震驚世界的鴉片戰爭」，與百年前英國政府首開的為鴉片發動的數次戰爭，可謂一脈相承，為利而戰。

李彌、柳元麟、李文煥、段希文等國軍殘部高級軍官的行為，驗證了「權力導致腐敗」的論斷，不因環境、制度、理由為何，有任何改變。無論是支持共產主義事業，還是反對共產主義事業，染指鴉片貿易的結果只有一種，權力者獲益，普通者受害。兩個世紀前英國人搬起的石頭，最終也砸到自己的腳上。所謂金三角的鴉片市場流出的毒品，大量輸入到歐美國家。迫使美國出重金收購三、五軍大量庫存的鴉片進行銷毀。

那麼，難民與鴉片發生關係是為了生存，這個說法有多少合情合理的部分。既使在緬北，鴉片與難民的生存並不存在必然的聯繫，這是一個偽問題。在中國新政權建立前，緬北的農民早已在種植罌粟了，包括雲南南部地區的農民在民國時期同樣在種罌粟，新政權禁止種植，卻因此出現為繼續種植而入緬的少量移民。依照自由市場的說辭，有人買，就有人種。主張充分自由市場制度的哈耶克卻堅持法律下的自由市場，也就是說種植罌粟的農民是在法律允許的條件下進行生產，但這也不能減輕種植罌粟後果的道德責任。英國殖民當局、緬甸政府、國軍殘部控制區允許農民，或者新加入的難民種植罌粟，這樣的法律和規矩不僅踐踏了人類的道德良知，純粹是一種惡法，鼓動人民從惡棄善。

寫出著名作品《動物農莊》的作家喬治歐威爾，在一九二二年十月赴緬甸，任殖民當局的一名警察，一九二七年九月離開，並毫不猶豫的辭去了有優厚報酬的工作，因為他不想為帝國主義服務了。他的經歷，使他對自己家族是在緬甸的剝削者，

是在印度的鴉片販運者受到良心感的折磨，他為自己當一名警察感到內疚。這種嚴厲反省內心的愧疚感，成為他寫作的動力，最終成為一名維護人類良知的著名作家。對比那些直接從鴉片貿易中獲利者，他們可有一絲一毫的反省和自責。有些人就是披著軍服的毒梟，無疑應受到譴責。

少數人犯的錯誤是錯誤，多數人犯的錯誤同樣是錯誤。泰北中國難民群體中涉毒人數無論有多少，都不能證明自己清白和無辜。張自鴻和羅新文在回憶幾十年前的吸毒的行為時，向訪問者毫不留情刻畫了當年的醜行，也敘述了重新開始的艱難選擇，令人動顏。

讓我們換一個角度來審視難民的個人行為，當你周圍的人都在種罌粟，當你周圍的人都在吸鴉片，當你周圍的人都在為爭奪鴉片而戰，誰又能做到潔身自好。我們無權苛求身處如此逆境中的難民選擇。當你今天在這些華人村中看到的，雖有個別家庭的第二代中，有為毒品坐牢的，有為毒品墮落的，甚至有為毒品喪失生命的，但瑕不掩瑜，即使在有這樣成員的家庭，安祥富裕的生活已是司空見慣了，黑暗的日子一去不復返了。

▌自由從哪裡來

一國出現戰亂，或推行激變的政治，迫使國民離鄉背井，到異國他鄉尋覓避難的場所，對由此形成的流民，稱為難民。難民避禍的行為經常是迫不得已，而非主動選擇。動機首先是保住性命，要努力活下去。等待他們的，有容納他們的胸懷，也有排異的族群，猶如出了虎口又入狼窩。難民之路，充滿了荊棘，但與留下繼續忍受禍害的人們相比，他們對選擇新生活有更多的勇氣。作為難民的個體，每個人選擇出走的動機各不相同，當有一個思緒是相似的，那就是想獲得某種自由，擺脫原住地對他們日常生活帶來的危險和強制性的約束，他們想過他們認為的正常生活。難民想獲得的自由，就是普遍存在於平常人中的保持日常生活的自由，並沒有特殊的要求。反證，他們原有的日常生活在原住地無法繼續，並受到生命的威脅。正因如此，難民也不是少數人選擇的生存方式，而是有受到威脅的一個群體，他們有共同的感受，不約而同的選擇了離鄉背井，出走異國他鄉。從這個意義上講，難民又是一種集體式的存在。

喬治歐威爾選擇了辭職，然後開始他的流浪生活，周圍的家人對他的行為感到迷惑不解。他獲得的自由，更多的是一個人內心的自由。與難民想獲得的自由不同，這是一種平常人的自由，可以旅行的自由，就業的自由，生活方式的自由。後者比前者實踐更困難些。有些難民為此做出多次選擇，他們從大陸出來，入緬後，緬甸警察抓到後會被遣返回原地，躲開他們進入國軍控制區又會遇到招兵的困擾，進入軍隊後，很多人再次選擇逃逸，泰國警察和軍方都不會放過，被軍方抓回後，或關押，或槍斃，只得尋找山地民族的居住區，獲得幫工的機會才能待下去。出現過二次、三次出走的選擇。一個人的自由，和多數人的自由是不同的。離開大陸的很多情況不是一個人的選擇，往往是家人的集體行為，除去無法行動的老人和幼兒不得不割捨，一走就是一家人，在難民居住地一般不可能再次分離，只能堅忍下去。多數人獲得自由的條件，僅有內心的選擇是遠遠不夠的。

約束難民選擇的外部條件，從一開始就不是單一的。對他們的選擇，凡涉及的國家政府，中國、緬甸、泰國，包括遷臺的民國政府都不公開承認他們的身分事實。在前二十年間，不但不施以人道主義援助，還先後設置各種障礙給予擠壓，軍事打擊、圍困、限制出行、禁止就業、斷其給養等等。直至上世紀八十年代，多數人被困守在泰北山區艱難生存。

在難民村內部同樣存在各類約束難民選擇的條件，民國政府雖然放棄了三、五軍，三、五軍領導人依然繼續用國軍的名義實行難民村控制，除去徵兵控制，還有意識形態控制、食品控制、紀律控制、生活控制等方面。如發表擁共的言論、吸毒、有不同政見、逃避當兵、走私食品、違反軍紀、逃避公差等等的事情發生，就會被懲罰、關押、施刑，甚至處死。擺脫了土改、大躍進、文革帶來的恐懼，卻又陷入另一種恐懼的環境。

在這種內外雙重壓迫下，難民的選擇更多的是單一的，就是暫時放下個人的願望，服從團體的決定，維護團體的秩序，成為集體意識中的一份子。在最終的結果出現時，當難民獲得了生活的自由時，你會發現難民中每一個人都為此付出了代價，做出了選擇。殘酷的現實，甚至數千難民埋骨異國他鄉。支撐他們的選擇，並付出努力的心理，是他們認為他們已經擺脫了限制他們自由的原環境，在另一種並不自由的環境中的處境是正常的，是應該付出的，是自己的自主選擇，是心甘情願的。從這個意義上看，難民的選擇與歐威爾的選擇又有相似之處。即兩個都不是可以自由生活的環境，但在心理上他們認為，原環境的不自由是外部壓迫造成的，新環境

的不自由是必須付出的代價。在口述者的回憶中，很多人認為他們付出的努力沒有白費，終於換來了今天的好日子。

從經驗細節層面可以看出，難民的心理並不是一種主觀的想像，而是形成在兩種不同秩序環境中。他們不自由的感受是來自不同的經驗。例如在原環境，他們覺得是受壓制的少數，土改中中共幹部支持的農會，發動所謂多數窮人鬥地主，分財產，分地，地主家的成員遭到迫害，感到孤立無援。受迫害的人，這時想不到鬥他們的窮人可能是隨大流，可能是想占便宜，也是不自由的。大躍進出走的人數最多，他們無法忍受日夜加班趕去修水渠的勞累，無法忍受大鍋飯的拘限。同樣，在人民公社的組織中，所有人和他們一樣的處境。文革看上去，鬧革命的人數更多，被鬥的人甚至絕望。他們體會到的是來白集體主義，來自多數人名義的壓迫，唯有出逃才能躲避。在難民村的不白由，是來自領導人的個人決策，即被他們稱為將軍、軍長、官家的李文煥。與此同時，他們又感恩於李文煥，認為是他帶領他們跑出來，又給他們一口飯。是一種個人間的、矛盾的體驗。在接受訪談的人中，意見最多的就是李文煥沒能讓他們得到公民紙，認為他是為進一步控制住難民有意為之。得了公民紙，就等於入了泰國籍，就可以自由進出難民村，可以出國，到臺灣打工，到雲南探親訪友，到清邁、曼谷打工。持難民紙是不得白由離開難民村，要經過當地縣政府的批准，拿著通行證才能通過軍警的檢查站，不但不能出國，在泰國境內的旅行也有時間限制，合法的打工更不可能了。這是對他們的自由最直接、最具體的限制。因此說，李文煥一世英名，一落千丈。（長麗芳）

可是，有多少難民意識到你獲得了公民身分，等於是泰國人了，不再是中國人了。有了公民身分的人依然繼續生活在難民村，這裡全部是華人，自然不會有外國人的感受。但在法律上，是他們當年從雲南出走時絕沒有預料到的，也沒有任何思想準備，去做一名外國人。當再次踏上家鄉的時候，與親友相聚的時候，可能也沒有想過，我是一名外國人。

泰國護照僅僅是一種自由的通行證嗎？

未來是中國人，還是泰國人

當泰北中國難民中一些人獲得泰國身分證、華僑證後，又有了出門的旅資，就盡可能的早早動身，回雲南，與失聯多年的親友相聚，修祖墳，敘家常，他們的心

還留在家鄉，他們的血脈還在家鄉，恩恩怨怨化作歡聚笑談。但短暫的相聚，不能迴避和代替一個殘酷的事實，他們再也回不去了。

在難民離開家園的二十八年後，中國政府調整了治國的方略，一九八〇年三月至一九八一年六月，鄧小平多次談話，總結和檢討了中共前三十年執政的得失。中共在農村的政策有了許多調整，一九七九年取消了地富的階級帽子，一九八〇年允許施行包產到戶，一九八三年解散了人民公社。這三項政策對於大多數難民是來自農村的農民而言，有著直接的關係，他們在家鄉的親友更早的進入了日常生活的自由狀態。雲南地方政府也表示歡迎難民回鄉。遺憾的是這時大多數難民還沒有取得自由之身，既使有這個願望，也無法實現。

臺灣政府在一九八二年十月以救總的名義，對難民實施救助工程，其中有資助難民後代到臺灣讀書的內容，後隨著取得泰籍或華僑身分人數的增加，及臺灣經濟的向好時期，難民以讀書的名義、或以其它名義進入臺灣打工，形成走出泰北山區第一波。第一波人員中既有難民第一代，也有第二代。其中有些人取得了臺灣籍，或者是泰國、臺灣雙重籍。也有兩代定居者，但往往是第二代定居，老人隨去。在第一代中，更多的人選擇又回到泰北生活，他們很難適應臺灣城市生活的方式。（長麗芳、杜美蘭、羅淑英）

難民所在國的政策反而不明晰，一方面持開放的政策，難民可以進入申請入籍的程序，另一方面依然設有防止難民自由進出山區的關卡，至今如此。限制華人的政策一直持續到一九八〇年代後期。進入九十年代，先是臺灣、大陸的企業到泰國工業區投資設廠，後是大陸遊客到泰北旅遊逐年猛增，為泰北難民的第二代提供選擇的機會，成為走出泰北山區的第二波。甚至赴臺灣打工的，也轉回加入這個行列。第二代大部分取得泰國身分，泰國政府只能接受這個現實。

緬甸民族紛爭的困擾始終得不到解決，由於泰北難民形成的華人居住村大量存在，加之泰緬邊境管控鬆弛，促使緬甸華人大量進入泰北華人村。泰北華人村反而形成了一個平台，聚集的華人越來越多，如號稱泰國的最大的村子大谷地，從緬甸來的華人已經超過了原難民的人口。

不知不覺中，泰北中國難民的概念已定型為歷史的概念，在涉及國中至今沒有哪個政府對中國難民給出明晰的定義時，在泰北山區確形成了一個華人社區。社區中，既有泰國的行政管理，又有華人自治的維護，成為一種雙重構架。在這種雙重

構架中存在的居民村，是由第一代難民選擇的歷史形成的，又在難民身分轉為華僑，或取得泰國公民身分的過程中，出現了華人村的社區，這不僅僅是由「難民村」轉變為「華人村」名稱的變更，而是具有法律地位的意義。

就在由非法的難民身分轉換成合法的華僑或公民身分時，新的身分又帶來了新的境遇，當可以自由進入泰國主流社會時，卻處於遭受某種歧視尷尬境地。（李仙香）

所有現代國家都有多民族共存的事實，也都有程度不同的民族主義存在，但對於泰北中國難民群體成員來說，是否做好了應對準備，及如何處置。華人的名稱，只具有血統、文化習俗的意義，一旦成為泰籍華人，即成為泰國的諸民族之一，具有了法律保障的地位。所謂民族間的歧視，往往產生在一種合法的環境中。

泰國像其他一些東南亞國家一樣，也存在一個「華人問題」。華人的存在之所以從所在國的族群中被單獨提出，至少有兩個原因，一個是華人的行為習俗與原住民差異，另一個是各國執政者中一些人認為華人的行為對其國家產生不利的影響，由此制定出抑制甚至反對華人的政策。這些政策從外部壓迫華人增加了凝聚力，減緩了華人融入主流社會的速度。泰國限制華人的政策時強時緩，但延續時間從暹羅的君主專制直到泰國的君主立憲。進入二十一世紀，有華人血統的他信和英拉先後成為泰國領導人，是否成為另一種象徵，從此泰國不再會出坭限制華人的政策。這是無法預測的。

有人觀察一些國家「華人移民和社群同樣處於非常邊緣化的位置」，由此使用「離散社群」的概念，提出華人「何以為家」的提問。這個問題幾乎無法回答。當移民一旦選擇離開原住地，進入另一個國家，原住地就不是你的家了。在進入的國家中成為少數族群，在多數族群存在的環境裡自然選擇保留原住地傳承的習俗，原習俗也就自然產生現住地不是家的感覺。其中放棄原習俗的移民個體，成為現住國的主流成員，這樣的例子遍地都是。

以泰北的中國難民為例，當這個群體中的大多數成為華僑或泰籍華人後，泰國就是他們的家。保留傳承華人習俗的選擇，正是區別泰國主流民族傣族的存在，也是現代國家民族多樣化的必由之路。

▌讓小孩子讀中文

　　山地叢林中，散落其中的難民村，村民一面要謹防各種力量的窺視和騷擾，還不能停下求生存的腳步。在這樣險惡的環境中，難民卻不忘幼兒的啟蒙，（長麗芳）請同村的居民教孩子讀中文。這個舉動又喚起辦華校的措施。一九八五年四月，泰國政府秉承泰國政治的一個舊傳統，一遇挫折，老路重走，轉嫁華人，採用禁止華人的華文教育給予顏色，出動軍警，一下子封閉了泰北山區難民村的華文學校七、八十所。口述者講出了許多面對這種封殺，難民村的師生如何躲避，堅持偷學中文的故事。雖已事過境遷，現在已是連泰人及其他民族的成員都趨之若鶩的學習中文。當年難民在朝不保夕的日子裡，為何硬要學中文呢？動機就是要傳承一脈，續存華人的習俗。這與當下很多人學中文的動機絕不是同一回事，在這些人的目的裡，中文只是求職的一種工具。

　　在難民離開雲南至今六十餘年的今天，你可以明白無誤的觀察到，華人的生活方式幾乎與離開家鄉時沒有什麼改變，包括語言（方言）、飲食、倫理、道德諸方面。無論是在封閉，或者開放的環境，一成不變的習俗依然故我。至於涉及到時尚的改觀在所難免，但那說明不了什麼，物質的變更，是無法取代人們心中的精神家園。

　　這種在異地留存原地習俗的現象，並不少見，即在原地故存的習俗已經弱化，甚至消失。而透過某種媒介傳遞下來，更是異常珍貴，給人類提供了審視歷史的機緣。例如，在華人村不僅有六十年前的道地雲南話，更有獨特的騰衝話與鎮康話的區別，所謂鄉音不改。在很多的家庭裡，無論子女多少，在何地打工，總有一個子女放棄工作在家照顧年邁的老人。還有葬禮，婚俗等等。

　　為什麼會這樣，似乎很難說清楚，可能只是一種偶然。但正是這種偶然，使我們能看到多樣化的存在，不論什麼政治，什麼軍事，什麼經濟都在不遺餘力想要實現某種一律，但這種偶然始終不能滅絕。在這種偶然中生存下來的人，付出的代價遠遠超過某個大多數人付出的，留給人類的價值極可能也超過大多數人的經驗。

　　難民選擇的生活，是命運帶給他們的，從自我選擇的立場，又不可以以偶然這樣簡單的下斷語。一位口述者在總結個人經歷的歷史，對造成今天的現實歸為「先是共產黨的迫害，後是國民黨的拋棄」，對事實層面的這個回憶，他又不怨共產黨，也不恨國民黨，反過來，又感謝共產黨，感謝國民黨，兩黨相爭他們是受害者，可是沒有兩黨相爭，也就不會有人關注他們。在這種他們無力去選擇的氛圍裡，他們

又做出了選擇，包括出走，參軍，讀書，打仗，甚至做鴉片生意，等等。出於同樣的立場，在為了生存的討生活的體驗裡，悟到這一切都是靠自己，靠個人選擇把握出的命運使然。

做出這種命運的選擇，儘管是被迫的，但又不是人人可以做到的，是要有勇氣的，不知前面是什麼，無法預知的風險會給他們帶來什麼，但是他們毫不猶豫的邁出了這一步。其中很多人沒有熬到今天的好生活，沒有等到可以返回家鄉再看一眼，卻埋骨在泰北的山野裡。而活過這段歷史的難民，多數人在回憶中沒有流露出絲毫悔意，認為當初的選擇不過是命運的安排。

命該如此。

就是要掌握在自己心中的那個命。

參考書目

《異域》柏楊著

《異域行泰北情》石炳銘著

《中國曾參加一場最祕密戰爭》劉開政、朱當奎著

《金三角國民血淚史（一九五〇～一九八一）》覃怡輝著

《何以為家》胡其瑜著

《毛澤東年譜》第一卷、修訂本下卷

《泰國史》戴維‧K.懷亞特著

《緬甸史》賀聖達著

《耿馬傣族佤族自治縣志》

《永德縣志》

《鎮康縣志》

《龍陵縣志》

《臨滄縣志》

《騰衝縣志》

《西盟縣志》

《保山縣志》

《盈江縣志》

《梁河縣志》

《德宏州志‧綜合卷》

《德宏州志‧政治卷》